実践 心理療法

治療に役立つ統合的・症状別アプローチ

鍋田恭孝 著
NABETA YASUTAKA

金剛出版

はじめに

　「治療に役立つ統合的・症状別アプローチ」というサブタイトルは，一見，奇妙に感じられるかもしれない。心理療法は治療法なのだから，「乗るための自動車」と言っているようなものである。しかし，このタイトルにはそれなりの意味がある。その点を私なりに述べたい。

　まず，20世紀初頭に，精神分析，ユング心理学（分析心理学ともいう），アドラー心理学（個人心理学ともいう）が確立されて後，多くの学派・流派が乱立してきた。現在，アメリカだけでも400の学派があるとのことである。そのため，どの流派が，どのような症状・悩みに，どの程度の治療的な力を持っているかは，すべてを学んで比較しなければわからない。各学派を比較検討する比較心理療法学とでもいえる研究も散見されるが，とても何かを語れるほどの成果は上げていない。私自身も，この果てしない世界に立ち尽くした思いを抱いたことを覚えている。<u>プロの臨床家としては，クライエント（患者）にもっとも役立つ治療法を選ぶ責任がある。もっと良い治療法があることを知らなかったということは許されない。</u>しかし，それがわからない。

　このような状況において，各セラピスト（治療者）はそれぞれの道を歩むことになる。多くは，大学などの指導教官の流派を学ぶことになる。私自身は，幸運にも，所属した医局にわが国でもっとも精神分析が盛んな研究室があったため，それを学ぶことになった。

　精神分析を学んでみてわかったことは，精神分析を学ぼうとする動機に大きく二つあることであった。一つは，私のように，治療法として学ぼうとするものであり，いま一つは，精神分析学そのものが何より好きで，それを学ぼうとするものである。後者はフロイトが大好きであるとか，精神分析理論に興味がある人が多かった。彼らは，生涯，精神分析だけを学び，国際精神分析学会の資格を得ることが目標となる。そのため，何年も精神分析のスーパービジョンを受け，自分自身も教育分析を受ける。結果，生きる指針そのものが精神分析的になっていく。ユング心理学においても似たような状況のようである。ある意味で，心酔する理論に出会えたことは幸運である。しかし，<u>理論体系が膨大で精緻にできている精神分析とユング心理学だけにのめりこむことは，臨床家としては危ういものを感じている。</u>欧米の理論体

系というものは，日本人が想像する以上の力を持っている。そのため，悪くすると原理主義に陥ることになる。

　また，<u>高名な精神分析家に私の研究会に来ていただいた折</u>，「<u>精神分析は治療のためのものではない</u>」<u>とはっきり言っておられた</u>。<u>治療とは別物であると</u>。私もずっとそのように思っていた。少なくとも，週4回前後のセッションを自由連想する純正の精神分析というものは治療を目指していない。現在，わが国で行われている精神分析と呼ばれるもののほとんどは，精神分析的心理療法であり，精神分析の理論的な枠組みをベースにして週一回の対面法で行われている。この方法は治療を目指しているが，やはり，精神分析の理論に沿って行えば行うほど，治療効果は限定的である。せいぜい，高機能の境界性パーソナリティ障害，ある種のヒステリー，そして，自己愛パーソナリティ障害にそれなりの効果があるものと考えている。つまり臨床で出会うすべての病態や悩みに有効なわけではない。また，うつ病には禁忌であるという意見もある。

　約100年ほどかけて，精神分析もユング心理学も面接における作法を完成してきたと言っても差し支えない。セラピストのすることは，精神分析では転移（その概念は対象関係論の発展とともに格段に多様性を増しているが）と防衛を扱うことであり，ユング心理学では無意識の世界を深め，その無意識の世界をセラピストと共有することだといえよう。そのため，どんな症状・悩みを持って治療を受けても，セラピストは，ひたすら，それぞれの治療的作法を行うことになる。それが，本当にクライエントの症状や悩みに効果があるかどうかは別にしてもである。もちろん，精神分析もケースによって治療的アプローチを変えることがある。精神分析では，これをパラメーターという。特に，パーソナリティ障害を扱うようになって，さまざまなアプローチの方法が議論されるようになっている。しかし，主たるアプローチに変わりはない。

　また，ユング心理学には，各病理に対する病理論そのものがない。京都大学で国際分析心理学会の会長を務めたグーゲンビュール博士の講演のタイトルは「Unpractical Jung」であり，いかにユング的アプローチが役立たないかを述べて「すぐに役立つようなものは，本当は役立たない」と述べられたとのことである。ここには，ユング派独特の逆説が含まれているから，文字通り受け取れないが，少なくとも，臨床に直結するようなアプローチを重視しないことは間違いないだろう。この話を紹介している河合隼雄氏も，「何もしないことに全力をあげる」ことを主張しておられる。

　このような状況のためか，精神分析もユング心理学も，各障害の治療として，どれほど効果的かという議論が看過されやすくなり，ひたすら，それぞれの面接作法

を遵守することになる。言い換えれば，このような態度は，精神分析学，ユング心理学を学問として究める態度としては正しいものであるが，セラピストとしての態度としてはいかがなものかと思っている。このような状況から，私自身は，臨床で出会うクライエントの治療に役立つ面接は何かを考えるようになっていった。

　また，わが国で多くの方が実践している来談者中心療法（カウンセリングの一つの立場）にも，治療のための面接としては不十分さを感じている。無条件のもとに，受容的に共感的に丁寧に傾聴するという態度は，心理療法においては必要条件である。しかし，臨床家であれば，多くの来談者中心療法の治療を受けたクライエントが「丁寧に話を聞いてくれたが，何も変わらなかった」というのを聞く機会が多いのではなかろうか。来談者中心療法を生み出したロジャースは，彼の言うセラピストの傾聴態度こそが，治療促進的な意味を持つという信念を持っていた。そういう場合もあると私は思うが，それでは不十分である局面も多い。つまり，必要条件は満たしていても十分条件は満たしていないと考えている。

　このように，わが国で主流となっている精神分析，ユング心理学，来談者中心療法の三大流派はすべて，その考えを原理的に守るとすれば，治療のための心理療法という方向性は希薄にならざるを得ないだろう。結局，各臨床家が，それぞれの理論をベースにしながらも，治療に役立つパラメーターを各自考案しているのが現状だろう。

　それでは，現在，わが国を席巻している認知行動療法はどうなのか。実は，認知療法を完成したベックも精神分析を学んで，上記のような反省もあって，治療的な面接に特化したアプローチを考案したものと考えている。治療的な面接に回帰したという点では意味があったと思う。しかし，認知療法・認知行動療法のアプローチを見ると，最近，かなり拡大してきたとはいえ，その扱うテーマがあまりに症状（不安・抑うつ気分など）とそれに伴う自動思考に限定しすぎていると考えている。つまり，このアプローチには，それまでの三大心理療法がテーマとしてきた生き方全体を扱うという側面と成長を促すという側面に欠けているような気がしている。たとえば，社交不安障害の治療では，対人場面での不安・緊張の背後にある自動思考を明確にし，認知の歪みを修正するという作業を行うことになるだろう。あるいは，その時の対応策を柔軟に考える練習などをすることにもなるだろう。それは，それでよいのだが，クライエントが自分に対して偽りの役割を身につけてきたために，彼の人との関係性そのものが偽りの関係性になっている可能性も少なくない。このようなケースでは，不安に焦点を当てて，認知の再構成をするという作業では必要な治療が行えない可能性もある。

　そういう意味では，心理療法というものは，症状や悩みの解決を目指すものでは

あるが，同時に，症状に複雑に絡まっている生き方や発達課題などを扱うことがどうしても必要になることが多い。逆に言えば，症状が出た時，あるいは悩み始めた時こそ，無理をしてきた生き方，誤った生き方を修正するチャンスともいえる。それを症状に特化した認知の修正と対応策の工夫のみで終わるというのは，もったいないともいえよう。

　時々，私はこんな譬を考える。アニメ「巨人の星」の星飛雄馬が不調に陥ったとしよう。その時に，認知の歪み（バッターに打たれるに違いないという思い込みなど）を修正したり，ボールの持ち方やフォームなどを工夫し，必要であれば変えることをアドバイスすることが認知行動療法的なアプローチだろう。しかし，もし彼が，父親に無理やり勧められて選んだ野球そのものを続けることを無意識に悩んでいたら，認知行動療法的なアプローチは役立ちにくいであろう。彼の生き方そのもの，求め続けた巨人の星という目標そのものを考え直すチャンスでもあるのだ。そのように私は考えている。

　ただ，心理療法はあくまで治療を目指すものであるが，深い人間関係でもある。人間の営みには，問題を解決し，より良い適応を合理的に目指すという方向性とともに，共感を代表とするように，人同士の響き合いとか，合理性や知性とは異なる生命性とでもいえる言葉では表せない側面もある。前者を代表するのが精神分析における「エスあるところに自我をあらしめよ」という態度や認知行動療法の態度であろうし，後者を代表するのが来談者中心療法とユング学派だと考えている。心理療法の世界には，つねに，この両側面が問題となる。また，後者のアプローチは言葉にしにくい心の世界の問題であり，時に，セラピストの態度そのものの問題でもあり，専門性を明確にしにくい側面がある。悪くすると精神主義にさえなる。この点でも，心理療法を学ぶということの独特の難しさがある。

　それでは，私はどのような道を歩んだのか。

　私自身は，精神分析の効能と限界を感ずるにしたがって，できる範囲で広く学ぶという道を選んだ。そのため，精神分析のスーパービジョンを受けつつ，ゲシュタルト療法やグループ療法に関して内外の専門家に指導を受けた。そして，研究会において来談者中心療法，ユング心理学，認知行動療法，家族療法などの専門家と，主にケース検討会を通じて研鑽を続けた。

　このように，私なりにできる範囲で広く学ぶとともに，各病理に対して，もっとも役立つ治療的アプローチは何かをさまざまに工夫してきた。最初にテーマとしたのが対人恐怖症であった。対人恐怖症に対して，精神分析的アプローチ，支持的アプローチ，グループワークと個人療法の併用治療などを試みた。そして，私なりに，この方法がベストであろうというアプローチを求めていった。同じことを強迫性障

害，うつ病，ヒステリー，身体醜形障害，そして不登校・ひきこもりをテーマとして，多くのクライエントの方にかかわらせていただいた。もちろん，その間，摂食障害，境界性パーソナリティ障害など他の疾患についても，それなりの工夫を試みた。その結果，各病態に対しては，それぞれに工夫が必要であるとともに，そこに共通の枠組みがあるという実感も抱いたので，それを本書にまとめようと考えた。結果的に，統合的・折衷的なアプローチになったと思う。

　つまり，本書で述べた考えやアプローチは，さまざまな理論を参考にして，治療現場から，経験に基づいてボトムアップ式にまとめたものである。そのため，理論好きなセラピストには，物足りなさを感じさせるかもしれないが，臨床現場で，自分なりに考えながら心理療法を実践してるセラピストには，手ごたえのあるものになっているのではないかと期待している。

　また，多くの学派を学んだ私だからこそ理解できたことがある。それは，詳細は本論で述べるが，各学派は「外傷体験モデル」「葛藤モデル」「偽りの自己モデル」「機能不全モデル」をベースにしているために，時に相反するような考えが述べられており，心理療法を学ぶ，あるいは実践している臨床家が混乱しているのではないかということである。

　そして，何よりも本書をまとめるにあたって気を配ったのは，心理療法を学ぶ，あるいは実践するにあたって，プロとして，ここまでは知っておいてほしい内容を包括的に述べることであった。そのため，主たる心理療法の考え方，その効用と限界，心理療法における治療促進因子や介入技法にはどのようなモノがあるのか，そして，各障害において知っておくべきことを丁寧に述べたつもりである。しかも，すべての内容のベースにあるのは私自身の治療経験である。

　すでに，別々に論文化したりモノグラフにしてきたものもある。それらを包括的に述べることで，治療的な面接をしたい，つまり，症状の改善にも役立ち，しかも，人生全体を扱えるような面接をしたいと考えている臨床家の役に立つものになればと考えている。

　なお，本書では，「著者」と言わず「私」とする。また，精神病理に関する文脈では，被面接者は「患者」と呼び，治療者・分析者は「治療者」と呼ぶ。そして，心理療法的な文脈では，それぞれ「クライエント」「セラピスト」と呼ぶこととする。そのほうが自然であると思う。

　ケースについては，個人が特定できないように修正しているが，本質は変わらないように努めた。一部，個人が想像できる症例については，書くことを承諾いただいている。

（参考文献は，総論については，総論の最後にまとめて記した。各論に関しては，各章の最後に記した。）

目次

はじめに ……… 3

総論 ……… 15

第1章
現代の心理療法の成立の背景にはどのような経験があったのか
……… 17

「外傷体験モデル」「葛藤モデル」「偽りの役割モデル」
「欠損モデル」「機能不全モデル」の系譜

1. 心理療法の発展の流れからは何を学ぶべきか
   ―どのような考えが生まれ，それはいかなる臨床的な意味があるのか― ……… 18
2. すべては催眠から始まった ……… 22
3. 深層心理学から力動論的心理療法への発展―第一段階― ……… 24
4. 精神分析における自我心理学・対象関係論の発展―第二段階― ……… 31
5. 対人関係論（ネオフロイディアンとも呼ばれる）の発展 ……… 41
6. 人間中心主義（human potential movement）の時代―第三段階― ……… 43
7. 現代の心理療法の世界―第四段階― ……… 47

おわりに：心理療法の現代的状況―統合的・折衷的アプローチ・クロスオーバー現象など― ……… 53

第2章
人は何を悩むのか ……… 55

「健康な悩み」「神経症的悩み」「人格の統合性の問題」
「病態化のプロセス」「素質の要因」

1. 悩みには健康な悩みと神経症的・病的な悩みがある ……… 56
2. 健康な悩みとは ……… 57
3. 学童期までに神経症構造・パーソナリティ構造が固まる ……… 60
4. 人は何を悩むようになるのか ……… 63
5. 神経症的な悩み―そのベースとなる対人関係― ……… 69
6. 人格構造から見た悩み・苦しみ―統合性・サブシステム・凝集性― ……… 80
7. 神経症的な悩みはどのように考えられてきたか ……… 83

8. 神経症状態を病態化させる要因－関係性以外の要因－ ………… 90
9. 素質の問題 ………… 92
おわりに ………… 94

第3章
セラピストの仕事 ………… 96
3-ステップアプローチ
「心理教育的アプローチ」「問題解決的アプローチ」「人生全体を扱うアプローチ」

1. セラピストがアプローチする必要のある三側面 ………… 96
2. 3-ステップアプローチの前提となる仕事 ………… 98
3. 「3-ステップアプローチ」の1st-step
   －心理教育的アプローチ・「病理」に対する専門家としての教育的仕事－ ………… 102
4. 「3-ステップアプローチ」の2nd-step －問題解決的アプローチ－ ………… 104
5. 「不快感情への過敏性」の問題へのアプローチ ………… 112
6. 「3-ステップアプローチ」の3rd-step －従来の心理療法家的な態度・スタンス－ ………… 114

おわりに ………… 127

第4章
治療促進因子（therapeutic factor）について ………… 128
何が治療的に意味があるのか

1. 治療者自身の存在・雰囲気－セラピストとの関係性における修正感情体験－ ………… 128
2. 探索的・知的因子：「汝自身を知れ」 ………… 132
3. 体験的要因：体験が生き方の修正と同時に成長に繋がることが多い ………… 133
4. 訓練的因子 ………… 139
5. 成長促進因子 ………… 139

第5章
神経科学から見た心理療法 ………… 142

1. 「夢」「単一恐怖症などの症状」「クライエントの話のすべて」に
   象徴的な意味があるわけではない ………… 142
2. ミラーニューロンと共感 ………… 144
3. オキシトシンという人をつなぐホルモン ………… 146
4. 左脳的機能と右脳的機能－心理療法の大きな二つの流れに関連している－ ………… 147
5. 体験の「再評価」が感情を修正する ………… 150
6. 「恐れている」のか「嫌悪」しているのか ………… 150
7. 神経科学から見た心理療法的アプローチの意味 ………… 151

おわりに ……… 152
- **ケース** 催眠を使用した斜頸の好事例 ……… 22
- **ケース** 保健管理センターでの経験 ……… 45
- **ケース** 飯島愛さんの場合 ……… 76
- **ケース** 先端恐怖のクライエント ……… 135

各論 ……… 155

第6章
不登校・ひきこもりの心理療法的アプローチ ……… 161

1. 不登校・ひきこもりの臨床で知っておくべきこと ……… 161
   - **ケース** 優等生の息切れ型の中学生のL君 ……… 164
2. 不登校・ひきこもりへの治療的アプローチ ……… 167
   - **ケース** 小学2年のAちゃん――不安の強い母親と子どもが立ち直るプロセス ……… 172
   - **ケース** 家族の問題が深かった中学生のB君 ……… 178
   - **ケース** 3rd-stepを体験し，順調に成長していったC子さん（中2）……… 186

おわりに ……… 191

第7章
対人恐怖症・社交不安障害に対する心理療法的アプローチ ……… 192

1. 「対人恐怖症」および「SAD」の心理療法のために知っておくべきこと ……… 192
2. 最近の軽症化の動向 ……… 202
3. 対人恐怖症に対する個人心理療法 ……… 205
   - **ケース** わが国の伝統的な葛藤を抱えた若者――O君 ……… 214
   - **ケース** 2011年に受診したR君――不全型対人恐怖症 ……… 217

おわりに ……… 219

第8章
身体醜形障害の心理療法 ……… 221
妄想様の悩みに対するアプローチ

1. 身体醜形障害に関して知っておくべきこと ……… 221
2. 治療過程－おもに中核群について述べる－ ……… 230
   - **ケース** 典型的なBDDの症状を呈したA君　初診時18歳　男子 ……… 235

3. セラピスト・クライエント関係の重要性とボディー・イメージの問題 ………… 238
おわりに ………… 239

第9章
強迫性障害（Obsessive Compulsive Disorder）の心理療法的アプローチ ………… 241

1. 強迫性障害（以後，OCDと記す）の臨床において知っておくべきこと ………… 241
2. 強迫現象に関して精神分析が考えた心理規制 ………… 250
3. OCDに対する3-ステップアプローチ ………… 253
4. 2nd-step－問題解決的アプローチ－ ………… 256
   - ケース 数字が気になった中学生　D君 ………… 257
5. 3rd-step－強迫的な生き方へのアプローチ－ ………… 259
   - ケース ゴミが捨てられなくなったFさん　31歳　女性 ………… 265
6. 症例の力動性および治療で動いたこと ………… 275

第10章
うつ病の心理療法 ………… 278

1. うつ病の診断に関して知っておくべきこと ………… 278
2. うつ病の発症のメカニズムを把握しておくこと ………… 282
3. 力動論はうつ病をどのように考えてきたのか－精神分析からCBTへの発展－ ………… 284
4. うつ病に必要な3-ステップアプローチ ………… 294
5. 2nd step－問題解決的アプローチ－ ………… 299
   - ケース 途方に暮れていた印刷業の技師　Rさん　38歳　男子 ………… 301
   - ケース 役割を果たしすぎていたIT企業の重役をしているAさん　45歳　女性 ………… 302
6. 3rd step：本格的な心理療法－性格や生き方の問題がテーマとなる－ ………… 304
   - ケース 上述のケースAさんの3rd-step ………… 305
   - ケース ある芸術家のケースGさん　女性　63歳 ………… 306
7. 「それなり」に生きてきて「そこそこ」にうつ状態に陥る新型うつ病へのアプローチ ………… 309
   - ケース 「やさしさ」「周囲に合わせすぎ」が目立ったW君　29歳 ………… 310
   - ケース 「それなりに」生きてきて「そこそこ」のうつ状態に陥ったZ君　30歳 ………… 311
   - ケース アニメ関連企業の社員のX君　32歳 ………… 311

おわりに ………… 314

第11章
ヒステリー・境界性パーソナリティ障害 ………… 316
ヒステリカル・スペクトラムについて

1. ヒステリー・演技性パーソナリティ・BPDについて知っておくべきこと ………… 316
2. ヒステリー性格について
   ―演技性パーソナリティ障害・BPDとの異同およびヒステリカル・スペクトラムという考え方― ………… 323
3. 心理療法で気をつけるべきこと ………… 327
   <u>ケース</u> オピストトーヌス，激しい行動化を呈したMさん　18歳　女性（反省を込めて述べる）
   ………… 332

おわりに ………… 334

第12章
パニック障害・嗜癖・心身症など ………… 336
各論の結びとして

1. 不安障害関連疾患 ………… 336
2. その他の病態および障害について ………… 340

むすび ………… 343
著者略歴 ………… 344

✚コラム
1. 語らせることが治療的になるのか ……24
2. 夢の臨床的な利用方法 ……27
3. 症状には象徴的な意味があるか ……30
4. ユング心理学のファンタジーを自我心理学から見た場合――ARISEについて ……37
5. 現代における精神分析的心理療法とは何なのか ……40
6. ユング心理学から続く心理療法のロマンティックな時代 ……46
7. 現実神経症・精神神経症 ……57
8. 外傷固着と快感固着 ……67
9. 最貧困女子 ……70
10. 愛せない苦しみ・愛する対象の不在―ヒステリー・BPDの悲劇 ……79
11. 思春期のイライラしやすさは遺伝による要因が強いという報告――遺伝か養育環境か？……94
12. 精神分析における治療構造の意味 ……101
13. コミュニケーション・モード ……106
14. 直面化・解釈とecho-functionとは相反する働きともいえる ……121
15. 「対象としてのセラピスト」「環境としてのセラピスト」……123
16. 森田療法と内観療法における治療状況の持つ雰囲気 ……130
17. グループセラピーにおける治療促進因子 ……137
18. 治療効果についての調査研究 ……140

総　論

第 **I** 章

現代の心理療法の成立の背景には
どのような経験があったのか
「外傷体験モデル」「葛藤モデル」「偽りの役割モデル」
「欠損モデル」「機能不全モデル」の系譜

　最近は，認知行動療法（Cognitive Behavioral Therapy，以下CBT）が世の中を席巻している。そのため，多くの臨床家がCBTを実践するようになっている。そして，CBTも，パニック障害・不安性障害およびうつ病の臨床から考案されて以来，成功を収めたので，パーソナリティ障害を含む他の病態に適応を拡大し始めている。実は，このような動きは，これまで何度か，新たな心理療法の発展期には見られた現象である。たとえば，精神分析もヒステリーの治療にある程度成功したのち，その治療対象を強迫神経症やうつ病などに拡大していった。その時点で，急速に治療効果が薄れ，理論の修正を迫られるなど反省期に入ったことがある。わが国でも，家族療法が一時期，すさまじいまでに人気を博し，今後は，家族療法が心理療法の主流になるのではないかと思わせる時期もあった。しかし，急速に反省期に入って，その後，それなりの定着をして流行は終わった。このような歴史を振り返ると，CBTもそろそろ反省期に入る可能性があると考えている。どうしても，<u>ある病理に対して考案された考えや方法は，適応を拡大していくと，その効力が弱まるという宿命</u>にあるように思う。それだけ，万能な治療法がないのかもしれない。
　私は，CBTの出現によって，心理療法が治療のための心理療法に帰ったことは，とても意義のあることだとは思っている。しかし，すでに触れたように，CBTには，それまでの心理療法が大切にしてきた人生全体を扱うという視点が弱いと考えている。また，言葉になりにくい人間関係（セラピスト・クライエント関係）のデリケートな側面が脱落しやすいとも考えている。たぶん，現場では，セラピストが個人的に，それらの側面を補おうと孤軍奮闘しているのではないかと想像している。あるCBTで有名なセラピストが，今一度，従来からの心理療法を学びたいと言われたことは印象的であった。センスの良い臨床家であれば，そのように感ずるのが当然なのではないかと感じている。精神分析においても，原理主義に偏らない臨床家は，現場ではさまざまな工夫をしてきた。そこから，新たな考えが発展するという

歴史的展開も見られた。

そこで，本書では，まず，心理療法の発展過程のポイントを述べ，いかなる経験から，病理・悩みをどのように考え，そのため，どのような理論と技法を発展させてきたかを理解していただこうと思う。ただし，本書は心理療法学を目的としているものではないので，あくまで，実践に関係する側面を中心に述べる。結果的には，私自身が，さまざまに学び，実践し，そのような経験をベースにして，治療的に意味のあるアプローチを模索した個人史となっている。

1. 心理療法の発展の流れからは何を学ぶべきか
―どのような考えが生まれ，それはいかなる臨床的な意味があるのか―

(1) 心理療法の発展には，大きく四つの時代がある（図1-1参照）

まず，第一段階は，近代心理療法が形成された催眠から深層心理学の発展期である。「無意識」が主役であった時代ともいえよう。この深層心理学をフロイト（Freud, S）とともに深め発展させたのがユング（Jung, CG）であり，彼の確立したユング心理学は現在まで続く一つの大きな潮流となっている。そして，ユング派は，一貫して深層心理学を探究し続け，現在に至るまで，不思議と，大きな理論体系の変化や技法の変更は見られない（「元型派」「発達派」などの一部の分派があるにはあるが）。この点は，さまざまな分派が生まれ，理論や技法の修正がなされた精神分析の発展とは明確にことなる。ユング派は，無意識を大切にし，知的に論理的に合理的に探究しようとする方向性はとらず，夢を代表とする非合理性と直感の世界の重要性を大切にし続けた学派ともいえよう。

また，フロイトも1900年に出版した「夢分析」の時代までは，無意識の世界への探究をしていたので，深層心理学的な考え方をしていたといえよう。

第二段階は，その深層心理学からスタートしたフロイトと弟子たちが，1920〜30年ごろまでに精神分析の理論体系を形成していった時期だろう。そして，精神分析は，その後，「適応の主体としての自我」を中心として，防衛機制を含むその機能（自我機能）や自我の発達などを整理して自我心理学へと発展した方向性と，転移というセラピスト・クライエント関係の主観・客観的な世界を推敲していき，精神内界における，あるいは，ファンタジーにおける対象像・自己像を重要視した対象関係論へと発展した時代となる。前者は主にアメリカで，後者は主にイギリスで発展し，自我心理学派，対象関係論学派と呼ばれ，現在でも精神分析の主流となっている。

第三段階として，アメリカで，主に精神分析の批判から展開した人間中心主義の学派が乱立した時代がくる。ロジャーズ（Rogers, C）の来談者中心療法，パールズ

（Pearls, F）のゲシュタルト療法，交流分析，バイオエナジェティックなどが含まれる。自己実現とか，本来の自己論（real self）が発展した時代である。純粋にアメリカ的な心理療法が発展した時代ともいえよう。

そして，最後の段階，つまり，現代の潮流には二つの大きな流れがある。一つは，主に臨床対象が神経症からパーソナリティ障害に移行したことによる精神分析の新たな展開であり，いま一つが，症状に沿って，問題を明確にし，短期にシステマティックに，そして，積極的に歪んだ思考法や問題の対処法を修正するCBTの発展である。この流れには，認知療法，問題解決療法（Problem-Solving Therapy，以後PST），対人関係療法（Interpersonal Psychotherapy，以後IPT），一部の行動療法などが含まれる。

また，このような，4段階の大きな流れとは別に，精神分析の主流から分派し，精神分析から生物学的な欲動論を廃した対人関係論や，自己愛の探求から独自の関係論を生んだ自己心理学などが独自の発展をし，力動論的立場の心理療法とされる。特に，対人関係論は，人の悩みの主たる要因が対人関係にあると考える学派であり，その考えが今日の対人関係療法（IPT）に大きく影響したし，また「real self論」も展開しており，第三段階の人間中心主義の考え方と共通した理論であるが，ここでは第三段階とは別に論ずる予定である。

以上，第一段階から第四段階の現代に至る流れに，自己心理学，対人関係論を含めれば，心理療法の主要な学派は，ほぼすべて網羅される。

(2) わが国における発展

わが国においては，戦後，欧米からの心理療法が凄まじい勢いで導入された。しかし，欧米とは異なる時間軸で導入された。まず，ロジャースの来談者中心療法が東京大学の佐治守夫氏を中心に導入され，現在はその弟子にあたる臨床家が活躍している。この考えは心理療法としては初めて本格的にわが国に広まったため，ある年代以上の方は，ほとんど，この理論を学ぶこととなり，わが国でカウンセラーといえば，来談者中心療法の臨床家を指すほどになった。

その次に，わが国に精神分析を導入した古沢平作氏の弟子である土居健郎氏，小此木啓吾氏を中心に精神分析が広がっていった。いまや，その弟子にあたる北山修氏や藤山直樹氏がわが国の精神分析の世界をリードしている。そして，その後，家族療法の流行があり，最後に，河合隼雄氏によって，ユング心理学が発展し，最後に大野裕氏によって認知療法が紹介され，急速に広まって現在に至る。

今や，それぞれの学派の臨床家が活躍するようになっている。そして，このように多様な学派の乱立に対して，それらを統合する（統合の仕方はそれぞれ異なるが）

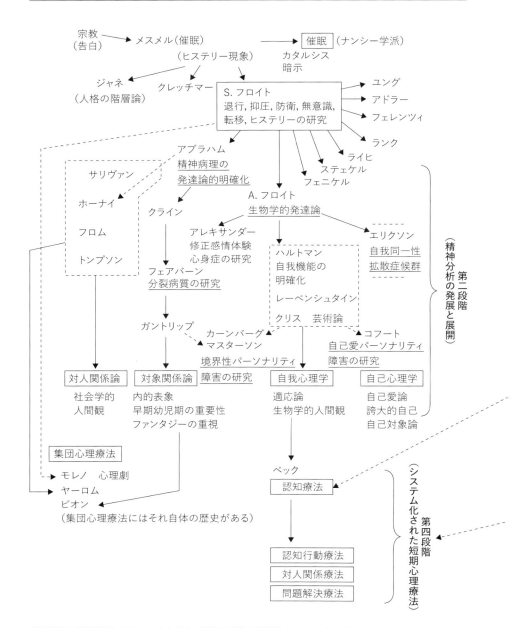

図1-1　心理療法の発展の流れ

第1章 現代の心理療法の成立の背景にはどのような経験があったのか

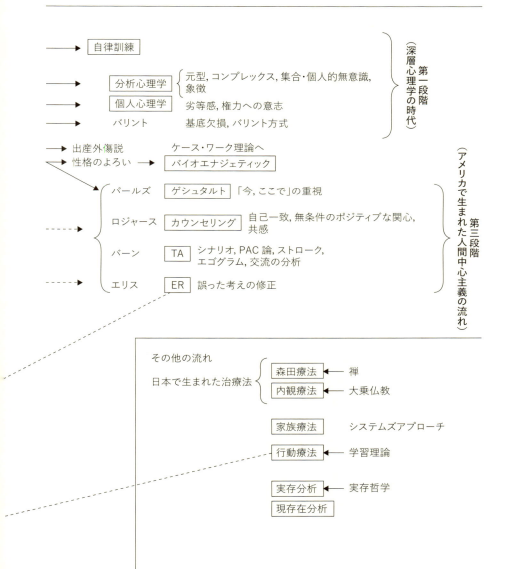

立場の臨床家，たとえば，村瀬嘉代子氏，平木典子氏のような臨床家も増えている。私もその立場の一人だと考えている。もちろん，わが国においては，森田療法や内観療法なども独自の発展をしている。

　以下に，私の経験と各学派に対する私なりの考え方を述べる。私の心理療法を学ぶ過程は，まさに心理療法の歴史をなぞってきたような歩みともいえる。

2．すべては催眠から始まった

　やや，古い話から始める。19世紀半ばから終わりにかけては，心理療法の中心は催眠療法であった。私自身，精神分析を学びながらも催眠の効能を模索することから臨床がスタートしたように思う。催眠については，幸運にも，催眠のエキスパートである医局の先輩にあたる中島節夫先生に学ぶことができた。

　私の経験からは，催眠には二つの臨床的な意義があると思う。一つは催眠状態（tranceとか変性意識状態とも呼ばれるが）が持つ心身にrelaxationを生じさせる効果であり，その効果を利用発展させたのが，現在，さかんに用いられている自律訓練法である。私も慶應病院の心身症外来で使用した時期があるが，それなりの効果があると考えている。ただ，方法は簡単なので深く学ぶものではない。いま一つは，催眠分析であり，19世紀以来，行われている。それは，催眠を使って症状の原因となっている（と推定される）忘れ去られた体験（多くは外傷体験）を思い出させるという方法である。この催眠分析の臨床からさまざまな現象が観察された。一つは，つらい体験を感情を込めて語ること自体に治療的な意味があるということである。これは催眠下であろうと普通の意識状態であろうと同様の効果があり，除反応（abreaction）とかカタルシス（catharsis：浄化法）と呼ばれ，現在でも心理療法過程でカタルシスが生ずることは治療的に意味があると考えられている。

　そして，このような臨床から，多くの患者が外傷体験を思い出し，そのことに苦しんでいることが確認され，悩みの「外傷体験モデル」が確立する。特に，記憶がよみがえるということはなくとも，感情体験を十分に体験し語ること自体が，気持ちを楽にしたり，その問題からの解放につながることが経験的に確認されていった。

ケース 催眠を使用した斜頸の好事例

　　　32歳の女性が首が斜めに傾いてしまう斜頸に苦しんでいた。整形外科で手術するしかないということで入院していたが，手術を控えて，整形外科の主治医が心因反応あるいはヒステリー性の可能性も否定しきれないということで，精神科に診断を依頼してきた。私が担当となり，面接を繰り返したが，

「悩んでいることは何もない」と言うばかりであった。そこで念のため，催眠に導入すると容易に深い催眠に導入できたので，催眠下で「苦しい場面が浮かんでくる」という暗示をすると，始めて大粒の涙を流して泣き始め，夫の冷たさを語った。このような催眠下での面接を繰り返すうちに2週間ほどで斜頸はすっかり改善された。もちろん，手術は中止となった。

　このように，催眠には，ある抵抗を突破して，外傷体験やつらい状況を話しやすくする力があることは確かである。しかし，このケースにおいては，斜頸は改善したが，その後，強い不安発作を訴えるようになり，通常の面接による治療が必要となった。

催眠の臨床的な応用としては，上記の症例のように，つらい体験を意識下では話せない場合に利用することだろう。解離性障害ではクライエントの被催眠性が高いことが多いので，注意しながら利用することは可能だろう。この点については，各論のヒステリーの章で触れる予定である。

また，主に被催眠性の高い学童期の子どもに対して，催眠の持つ暗示効果は現在でも利用されている（時期的には，この年代がもっとも被催眠性が高いといわれている。あるデータによれば，全体では10%強の人がかかりやすく，20%の人はまったくかからない。しかし，12歳以下であれば80%以上がかかるといわれている）。たとえば，疼痛を弱めたり（歯科領域で利用されることが多い），乗り物酔いや夜尿などをある程度コントロールできるため治療に利用されている。しかし，この暗示効果の本質がどのようなメカニズムから生ずるかは解明されていない。

私自身，催眠による疼痛のコントロールの研究を試みた時期があった。実際，かなり疼痛がコントロールされることは確かめられたが，メカニズムの解明の方法が見出せなかった（最近，f-MRIを使った研究が始められている）。ただ，疼痛の実験にボランティアで参加していた大学生が，数回，催眠に導入した後（光の点滅を導入に使っていた），道路信号を見た瞬間に一時的に体が動かなくなり，他の通行人がぶつかってくれて我に返ったということがあり，事故の可能性を考えて実験自体を中止した。このような副作用については，あまり語られていない。

また，治療法としては，どうしても，クライエントの依存性を高める傾向があり，特にヒステリー傾向のあるクライエントでは，独特の依存状態を引き起こしやすく，クライエントの主体性が治療過程に関与しにくい傾向がある。また，催眠下で語られる体験は，しばしば，本人の願望や想像から歪められることも多く，臨床に使用するのには難しい面がある。このようなこともあり，私自身は催眠を治療法としては使わなくなった。

しかし，催眠を実践すると，それまでまったく意識されなかった情動体験が，突然，意識化されるという現象に触れることができ，このような催眠現象から，フロイトの言った「無意識」「抑圧」「防衛」という心理的メカニズムが手ごたえをもって理解できる。

✚コラム1　語らせることが治療的になるのか

「外傷体験モデル」も含め，つらい体験や，つらい気持ちを語るということが治療的な意味を持つことは経験的に知られている。すでに述べたカタルシスとか除反応といわれるものである。しかし，ただ，思い出させる，あるいは，語らせればよいということではない。上記のケースにおいても，思い出し語ることによって斜頸という症状は消失したが，その後，強い不安発作に襲われるようになった。
　PTSDの論文を調べると，外傷体験を語らせることが治療促進的な意味を持つという論文もあれば，語らせたことが症状を悪化させるという報告も見られる。この点を私は以下のように考えている。本人がその外傷体験を語るだけの心理的な強さを持つときや，セラピスト・クライエント関係が安定していて，外傷体験を語る状況そのものがクライエントに安心感とともに，それをコントロール可能と思わせる準備ができていれば，語ることは治療促進的に働くと。逆にセラピストに引きずられたり，グループ療法などでグループの力に影響されて語ってしまう場合には悪影響を及ぼすものと考えている。そうであれば，個人治療でも，つらい体験をクライエントが語り始めたら，その点を留意する必要がある。時に，語るのを止める必要もあるだろう。

3．深層心理学から力動論的心理療法への発展
－第一段階－

　催眠を行うと，無意識の世界の存在と，その無意識の世界の何らかの働きが，われわれの日常の精神活動に強く影響していることが実感される。フロイトもユングも，この無意識の世界に魅了されたようだ。
　19世紀と20世紀の変わり目の時代において，心理療法の研究は無意識の探究が中心となっていた。無意識を探究する心理学を「深層心理学」と呼び，フロイト，ユング，そしてアドラー（Adler, A）がその中心的な役割を果たしたことは有名である。特にフロイト，ユングの二人にとって，無意識が極めて重要な存在であることを認識していた点では同意見であったが，無意識の内容あるいは中身についてはか

なり異なる考えを抱いていた。この点は有名なことなので詳述しない。

(1) 無意識を探究し続けたユング派——無意識の持つ治療促進的性質の発見へ

　精神症状はもちろんのこと，精神現象のすべてに，極めて重要な影響を与える無意識の世界に深く関心を持ったユングは，フロイトとは異なる方向に考えを進めていった。それは，ある意味で深層心理学的方向性を最後まで貫いたともいえる方向性であった。ユングはあくまで，夢分析などを重要視し，無意識のさまざまな心的イメージの探究に進んだ。

　私自身にユング派の訓練は受けていない。しかし，多くの臨床検討会やユング派の臨床家との付き合いを通じて学ばせていただいたので（もちろん，多くの文献には，目を通した），臨床的な有効性について私なりの考えを述べたい。

①無意識の持つ治療促進性の発見

　ユング派のアプローチは，臨床的な意味に限っていえば，無意識の持つ治療促進性あるいは自己実現（個性化）をはぐくむ性質を重視していったと考えている。極論すれば，あるクライエントが何らかの症状に苦しんでいたとする。その時にクライエントの深い無意識に触れさせる，あるいは無意識とつながるのを援助すると，何らかの心的世界の変容が進み，自己実現のプロセスが促進され，結果，症状も治癒にいたるという考え方を深めていったものである。そのため，治療もクライエントの無意識にどのようにつながらせるか，あるいはその無意識の世界をいかに十分に体験させるかということが重要となる。

　具体的な方法としては「夢分析」や「積極的な想像（active imagination）」（曖昧なイメージをさまざまな方法——描画など——を用いて膨らませ，明確にする方法）を用いたり，神話や伝説を用いて集合無意識（普遍的無意識）という個人を越えた無意識の世界と個人の無意識の世界をつなぎ深める「拡充法（amplification）」を用いたり，「箱庭」「描画」のような無意識の世界を体験しやすい作業にかかわらせるという方法がとられる。

　そして，セラピストの態度あるいは作業としては，積極的に働きかけるというよりも，クライエントが自らの無意識の世界を安全な状態で体験できるように配慮することが，何より重要なことと考える。たとえば，箱庭にこわい動物をたくさん置いたとしても，その無意識の意味を解釈することはせず（少しは，意味を話し合うことはあるが，それが必要とは考えていない），無意識の世界に圧倒されたり，混乱させられることのないように配慮しながら，そばにいることが大切とされる。つまり，無意識自体の持つ力で大切なプロセスが孵化（hatching）することを見守るの

がセラピストの役目と考えたようだ。悪くすれば，何もしないように見えるが，真のセラピストは心理療法家ではなく，無意識そのものと考えているので，治療としてはこれで十分と考える。「はじめに」で述べた，河合氏の「何もしないことに全力をあげる」に通ずる。

このような考えや方法を現在のユング派の立場にあるセラピストは踏襲しているし，最近，わが国において盛んになってきている。

私自身が考えるに，ユング派の考え方や方法によって，無意識の持つ力そのものの発見も重要であったが，それとともに象徴的な素材の持つ力や創造活動の持つ治療促進効果，あるいは成長・自己実現効果の発見が，その後の心理療法の領域に多大の影響を与えたように思う。特に芸術療法の源流はユングにあると考えられる。なぜ，創造活動や創造的な作業が治療促進的に働くのかは明確にはされていないが，さまざまな問題を抱える子どもが絵を描きつづけることで改善したり，音楽の演奏，踊ること，芝居を演ずることで症状が改善することは経験的に確認されている。創造性の持つ力は遊ぶこと自体の意味などとの関連で考えなくてはならず，今後の課題であろうが，ユング派的な方法によって，自分にとって重要な意味のある象徴に触れるとともに，創造活動そのものが治療促進効果を持つことが確認されたといえよう。そういう意味では，ユング派の考えには，生命的な活動の持つ力を重視しており，生命主義ともいえる側面がある。そして，そのような力を持つ場所こそ無意識だと考えたように思う。

②ユング派からわかる非言語的なアプローチの重要性

私も，私の主催する勉強会（東京心理療法研究会）で，多数のユング派の方の治療経験を聞くことができた。ユング研究所で資格を取られ，帰国されたばかりの臨床家の方に来てもらった時の印象が強く残っている。その時に紹介されたのは，舞台恐怖（stage flight）の音楽家のケースであった。治療としては，ひたすら，クライエントの夢を聞くという作業が続いた。当時，対人恐怖症の臨床に力を注いでいた私は，舞台恐怖についても臨床経験があったので，これでは治らないだろうと思っていた。しかし，何カ月かすると，クライエントの「失敗してはならない」という強迫的恐怖感は減じていき，徐々に，自分自身の人生を考えるようになり，最後には，自分探しの旅に出て終わるという経過をたどった。治療の後半では舞台恐怖は治っていた。それよりもクライエントは，もっと大切なものを考え始めたと言っていた。何か，生き方自体がシフトしたような印象を抱いた。

昨年も別なユング派の臨床家に来ていただいた。それはうつ病のケース・プレゼンテーションであった。やはり，夢を語ってもらうという作業が行われた。そして，

何がどういうプロセスで回復したのかわからないが，クライエントはうつ状態も回復し復職された。研究会の参加者も多くが驚いていた。問題解決的アプローチもほとんどなされず，人生上のテーマもほとんど出ていなかった。なぜ，クライエントは改善したのか，不思議である。ユング派の治療過程では，このようなことが起きるようだ。

　どうも，言語的ではなく，理屈ではなく，そのままに見つめ続ける，感じ続けるという姿勢そのものに，人が変容する効果がありそうだと考えている。「夢」を語りつづけるということは，完全なリアルな体験ではないが，情緒やファンタジー豊かな世界を体験することでもあり，プレイセラピーに似た効果をもたらすのではないかと思われる（第4章で，ユング派的アプローチを右脳的な機能からも考察しているので参照いただきたい）。

　そして，ユング派の治療に適しているのは，強い症状があって，その症状に対して何らかの具体的な対応が必要なケースではなく，比較的，安定しており，夢やイメージの世界をセラピストとともに語り合えるだけの心理的な健康度のあるケースだろうと考えている。ユングが後半生にかかわった，社会的には成功しているが（それだけの心理的力・健康度がある），人生に手ごたえが感じられず虚しさを抱いている中年のケースは，もっとも適したクライエントであったと思う。

　✚コラム2　夢の臨床的な利用方法

　心理療法において，夢という素材をどのように位置づけるかという点に関してはさまざまな立場がある。精神分析も当初，夢の内容を象徴的なものとして解釈していた。たとえば，とがったものがペニスであるとか，包み込むものは子宮を表すなど。しかし，このような夢解釈は，現在の精神分析でも力動的心理療法でもあまり行われなくなっている。また，神経科学的には，夢には特別な意味はないと考える説が有力になっている（第4章参照）。

　しかし，繰り返す夢とか，非常に印象的な夢や，クライエント自らが初めて心理療法過程に持ち込む夢には，何らかの重要な意味があるように感じている。また，セラピストやセラピストらしき人物が現れる夢もセラピストに対するクライエントの気持ちを表していることも多いように感じている（精神分析でいう転移にあたる）。

　もちろん現在では，夢に限らず，クライエントの語る素材に対して，セラピストが一方的に解釈するという占いのような方法はどの立場のセラピストもとらず，クライエントとともにその意味を探るというアプローチを取る。

私自身は，夢はクライエントの情緒状態を反映していると考えている。不安な情緒の時は不安な夢が現れるが，その個々の素材に明確な意味があるようには思えない。夢の素材には極めて雑多な夾雑物が含まれているようなので，個々の素材に注目しすぎると深読みをしすぎる可能性が高い。

　ユング心理学において，今でも夢の素材そのものの意味を論ずる傾向があるし（このような夢を見た場合は，このような無意識のなにものかが動いているなど），また，あるセラピストは，夢に現れる人物のすべてがクライエントの何らかの部分を代表しているという考えを提出している。また，ゲシュタルト療法においては，何であれ夢の素材になりきって（それが生き物でなくとも），それを演ずるという扱い方をする。対人関係論のホーナイ（Horny, K）は，真の自己（real self）からのメッセージが，日常の意識された内容よりも多く含まれると考えている。このように夢の臨床的利用法には未だコンセンサスが得られていない。もちろん，夢にクライエントの心理状態が反映することはありうるので，夢を語り続けることで，クライエントが心理状態に敏感になれることも確かだろう。そのうえ，夢ということで話しやすいということもありうる。セラピストを殺したとか，母親とセックスしたなどという内容も夢なら話しやすい。

　やはり，ユング派の治療のように，セラピストとの関係性の中で，夢に触れ語り続けてもらうことに意味がありそうだ。そのようなアプローチこそ無意識の力が働くようだ。無意識は，創造性や生命性を賦活する力があると考えている。考えてみれば，夢の体験は，他者にさまたげられることのない純正の自己体験である。それを再体験し，語ることが治療的な意味を持つのかもしれない。とにかく，ユング派にとって，現在も，「夢は無意識への王道」である。

（2）「外傷体験モデル」から「葛藤モデル」へ──フロイトの展開

　催眠下で忘れていた記憶を思い出させるという治療を行っていたフロイトは，最終的には催眠を捨てて（催眠が下手なためであったという報告もあるが），通常の意識のまま，頭に浮かんできたことを何でも話すという方法「自由連想法」を用いる治療に発展していき，現代の心理療法の基となっている精神分析を確立させていった。現在も正統派の精神分析は「自由連想法」で行われる。

①フロイトによる「葛藤モデル」への展開

　すでに述べたように，深層心理学の時代は，症状や悩みの背景に外傷体験があるという「外傷体験モデル」が有力な時代であった。とくにフロイトは，外傷体験というつらい記憶が無意識の世界に潜んでいるという考えを抱いていた。そのため，

催眠を捨てた後の自由連想法に移ってからも、治療の目的は外傷体験をさぐることにあった。最近、心的外傷後ストレス障害（Post Traumatic Stress Disorder、以後、PTSD）に対して、外傷体験を想起させる治療がアメリカで復活しているが、このような方法はすでにフロイトがさかんに研究したものと極めて近似している。それは「外傷体験モデル」の復活ともいえようが、現在行われているPTSDへの治療は、行動療法を応用したより洗練されたものになっている。

しかし、徐々に、クライエントの思い出す性的な外傷体験の記憶が、しばしば嘘であることが確認されていった。クライエントはしばしばセラピストの望むことを無意識に取り込むものであるが、特にフロイトが当時治療していたのはヒステリーであり、ヒステリーのクライエントは理想化した対象――治療においてはセラピスト――の望むものを取り入れることが多いので、フロイトが無意識に望んでいた内容を話したことによると考えられる。

そのことに気づいたフロイトは、以下のように考え方を変えていった。それは、体験した経験そのものより、そのような経験を望んでいたことに病因があるとした。言い換えれば、無意識の世界でクライエントを操っているのは、隠しているあるいは抑圧している性的な欲動（特に幼児期の）であると考えるようになった。たとえば、あるクライエントが幼児期に父親に性的ないたずらをされたという体験を思い出したとすれば、それは子どもがそのような経験を望んでいた（そのような欲動を抱いていた）と考える。そして、その欲動がかなえられず、抑圧せざるを得なかった葛藤状況こそが病因的に働いていると考えるようになった。この時点で、治療の目標は実際の経験を思い起こすことよりも、どのような欲動が幼児期に存在し、それがどのような理由で（あるいは誰によって）抑圧せざるを得なかったのかという葛藤状況の解明に向けられるようになった。

こうしてフロイトは単に経験を思い出させるということよりも（このことも依然として重要なことであるが）、幼児期の性的な欲求・親からの威嚇の恐怖という葛藤状況を明確にするという治療に転換していった。これが「去勢不安」・「エディプスコンプレックス」であり、ここに悩みの「葛藤モデル」が完成する。

②精神分析の初期の分派

しかし、この理論体系が完成されつつある時期は、治療対象がヒステリーから強迫性障害、うつ病、妄想状態などに拡大した時期でもあり、治療効果が希薄になり、多くの分派が生まれた時期でもあった。1950年代までの精神分析の症例報告を読むと、どのような病態であれ、ほとんどがエディプスコンプレックスで理解されており、あまりに機械的な理解で臨床がされていたことが推測される（たとえば、男性

のセラピストであれば，男性のクライエントは，いずれセラピストに去勢不安を向け，エディプスコンプレックスがテーマとなると考え，女性であれば，去勢されてしまった自分として，ペニスを持つセラピストに依存的に，愛着を持つか羨望を抱くと考える）。

このようなこともあって，治療効果が希薄になる状況に対して，精神分析理論の確立していく当初から，さまざまな新しい考えが提唱されていった。たとえば，「出産外傷説」に基づいて，期限設定を設け，短期心理療法を考案したランク（Rank, O），語る内容だけではなく，面接内での態度・ふるまいも分析対象とする「ふるまい分析」（この考えがゲシュタルト療法に発展する）とともに，「性格の鎧（character armor）」の考えを提唱したライヒ（Reich, W），セラピストの態度そのものの改変を訴えたフェレンツィ（Ferenczi, S）などの論文は，今でも読み直す価値あるものと考えている。

また，一方で，精神分析の理論的枠組みの中で，あらゆる悩みを整理するという作業もなされた。1945年に出版されたフェニケル（Fenichel, O）の『Psychoanalytic Theory of Neuroses』は，それまでに確立された古典的な精神分析理論から，彼なりの考えを含めて，すべての病理を包括的にまとめたものであり，一読の価値ある著作だと考えている。

つまり，この時期は，盛んに分派が生まれるという方向性とともに，古典的な精神分析の理論体系や面接法が確立されていった時期といえよう。

➕コラム3　症状には象徴的な意味があるか

　学校へ行き渋っていた子どもが，時に失立失歩（立てない・歩けない）の症状を呈することがある。このような場合，学校に行かないと親や先生に叱られるという不安と学校へ行きたくないという願望との葛藤状況が潜んでいることがある。特にこのようなヒステリー性の症状は，その症状そのものに秘められた願望が象徴的に示されていることが多く，声が出せなくなる失声症には「もうしゃべりたくない」という気持ちが潜んでいたり，かばんを持つ方の腕だけが麻痺している場合，「会社に行きたくない」という気持ちが潜んでいることもある。

　それゆえ，20世紀初頭から半ばにかけて，臨床家は，さまざまな症状には願望をうかがわせる象徴的な意味があると考えてしまった。たとえば，小児喘息は叫びたい気持ちが抑えられている（息が吐けない様子を見ると，そのように考えてみたくなるが）と考えたし，極端な場合，子宮筋腫は抑圧された子どもが欲しいという願望のために生ずるという考えをまじめに提唱した臨床家もいた（子宮に

> 腫瘍ができる様子は妊娠に似た面はあるが)。確かに，一部のヒステリー性の症状には象徴的な意味を考えてみる必要はあるが，他の症状については，ほとんどそのような意味を見出せないと私は考えている。特にチック症状はもちろんのこと，ヒステリーの全身痙攣や，否応なく頭に浮かぶ強迫観念なども，発作的に自動的に生ずるものもあり，象徴的な意味を持つとは考えられない。
>
> しかしその一方で，各種の心身症をはじめ，うつ病などのさまざまな疾患には起こりやすい性格傾向（病前性格）は確かに存在するので，その点は今でも考慮する必要があるが，症状そのものの象徴的な意味が重要だという考えは希薄になっている。現在は症状の象徴的な深読みをされることはなくなった。妥当な方向性かと思う。

4. 精神分析における自我心理学・対象関係論の発展
－第二段階－

(1) 自我心理学の発展

　私が心理療法を学び始めた時代には，慶應義塾大学の精神科の心理研究室では，小此木啓吾先生を中心に，まさに，自我心理学を他に先んじて導入しようという機運の強い時であった。そういう意味では，幸運であったともいえよう。

①欲動を中心とした「葛藤モデル」の発展系としての自我心理学

　欲動論中心の葛藤モデルを基本に発展し，現在も，アメリカを中心に広まっている学派が自我心理学である。この考えの特徴は，精神分析の基本理論（力動論，構造論，局所論，経済論，発達・発生論，適応論）の中でも，構造論（「超自我・自我・エス」という構造論）における適応の主体の自我を重視したことと，発達論を重視したことにある。

　そのために，実際の子どもの発達状況が観察され，子どもの精神的な発達のスタンダードが確立されていった。このような研究を通じて，初めて，それまで何もなかった子どもの精神病理を，平均的な発達とのズレとして明確にすることができるようになった。たとえば，この時期に，まだ，このような発達が進んでいないのであれば，病的な状態と考えるという枠組みをまとめたものである。この発達論的な研究に貢献したのが，アンナ・フロイト（Freud, A）の発達ライン研究であり（彼女の防衛機制の詳細化は，このような研究の中で行われた），スピッツ（Spitz, R）の乳児の研究などである。

また，やや時代は下がるが，境界性パーソナリティ障害（Borderline Personality Disorder，今後はBPDとする）の理解に貢献したマーラー（Mahler, M）の分離個体化論も発達的視点からBPDを見直したものといえよう。特に，マーラーの分離個体化論は，臨床に応用しにくかった肛門期の発達を，母子の関係性の文脈で見直すことで，大きく変革したことに意味がある。それとともに，当時，精神病との境界という誤った理解のあったBPDの本質を，病理を抱えた母親との相互関係の問題点から明確にするとともに，その不安定な関係性の背後にある「見捨てられ抑うつ（abandonment depression）」の視点から治療的アプローチを展開することで，臨床に多大な影響を与えることになった。私も彼女の理論やそれを応用したマスターソン（Masterson, JF）のBPDの治療論に感動したのを覚えている。そこには，「病的な母親との病的な発達状況」という原因論，それに由来する「独特の不安と病理」という病理論，それらに基づいた「治療構造論的な治療法」がセットになっており，これでBPDは解明されたと思わせる理論の力があった（国際学会で，マスターソンのそばに座った時の感動が忘れられない。当時，私は30歳前後であった）。わが国でも彼の考えは一世を風靡した。

　<u>自我心理学派は，このように一般の発達心理学にもつながる研究を発展させるとともに，自我そのものの発達および機能を詳細に検討するようになり，深層心理学のように無意識の世界ばかりをテーマとなる方向性を大きく変えていくこととなった。</u>また，自我心理学派は「欲動」と「恐怖」という悩みの「葛藤モデル」とともに，発達が「恐怖」体験によって停止するという「固着論」も完成させていった。たとえば，「口愛期」に好ましくない恐怖体験をすると「口愛期」の欲動段階に留まり続け，発達が滞るという考えである。私は，この考えは誤りだと考えているが，さまざまな心の問題には，発達すべき心の何かが発達できなかったことに由来するケースもあるとは考えている。以後，このような悩みのスタイルを悩みの「発達不全モデル」とする。

②構造論的な診たてと自我機能の診たての完成へ
　自我心理学の貢献は，構造論的な視点と発達論的視点を中心として，自我心理学的な診たての枠組みを完成したことにある。
　1989年に出版されたチェシック（Chethick, M）の『Techniques of Child Therapy』（邦訳『子どもの心理療法』創元社）に，その精華を見ることができる。表1-1がその診たての一覧表である。
　「欲動のアセスメント」では主に精神分析の考える欲動の発達理論（口愛期，肛門期，男根期）をもとに，クライエントの欲動レベルを診たてる。そして，さまざま

表1-1　Chethik, Mのアセスメントの項目（『子どもの心理療法』創元社より）

Ⅰ．欲動のアセスメント（リビドー的欲動および攻撃的欲動）
　　心理性的発達段階，発達水準，（おもにリビドーに関しての）
　　対象関係の質，量，攻撃性の配分
Ⅱ．自我のアセスメント
　　A．防衛機能：優先される防衛，適切性，効率
　　B．対象関係の質：関係する能力の幅
　　C．現実との関係：適応能力
　　D．思考プロセスの性質：抽象対具象，空想の利用
　　E．欲動の調整とコントロール：欲動備給（drive endowment）の発達，超自我機能，衝動性，欲求不満耐性，注意持続時間のアセスメント
　　F．自律機能：知能，記憶（短期および長期記憶の過誤やゆがみ），運動機能（調節と身体言語の使用），知覚（器質的あるいは心理的ゆがみ），言語
　　G．総合機能：経験を統合し組織化する能力のアセスメント
　　H．年齢と発達段階に相応した，自我の全般的機能の，上記の観点を踏まえたアセスメント
Ⅲ．超自我のアセスメント
　　罪悪感対外的権威へのおそれの性質と程度の全体的アセスメント
Ⅳ．子どもの発生的——力動論的見立て
　　下記の事項にかかわる，葛藤のおもな源泉についての検討
　　心理性的発達段階
　　子どもにかかわる外的および内的葛藤
　　主たる同一化とそれによる適応の促進度
Ⅴ．治療方針の設定

な自我機能を診たて，超自我を診たて，力動論的診たてを行う。このような枠組みは，心理状態の全体をスキャンできるという意味で有効である。他の臨床理論には，ここまで精緻に診たてる枠組みはない。

　特に，自我機能の診たては，実際の臨床現場では特に有効なものである。少なくとも，どのような自我機能が弱いかを知っておくことは，臨床に役立つ。多くの臨床家は，否応なく自我支持的なアプローチを必要に迫られて実践していると思う。それがマイナスに働くこともあるが，丁寧な自我支持的なアプローチが治療的意味を持つことは多くの臨床家は体験的に知っている。極論すれば，心理療法の基本は自我支持的なアプローチであるともいえよう。

　自我機能については，多くの自我心理学者が自分なりの枠組みを述べているが，もっとも詳細な検討をしたのが，「山嵐ジレンマ」で有名なベラック（Bellack, K）の12項目のリストである（表1-2参照）。彼は各機能の概念についても詳細に検討しているが，われわれ臨床家が実際に必要とする項目は，「現実検討力」「判断力」「思考過程（コミュニケーション能力を含む）」（コラム4参照）「情動と欲動のコン

表1-2　ベラックの自我機能の一覧（私なりの理解を含めて）

Reality testing：外界で起きていることと精神内界で起きていることを正確に認識できる能力。もっとも機能が低下すると幻覚妄想状態になる。神経症では，症状のテーマに関して一部機能が低下・混乱する。

Judgment：自己の行動の予測と結果についての判断の正確さ。お葬式でゲラゲラ笑うとか，自分の行為の危険性に気づかないなど。BPDでしばしば機能が低下している。

Sense of reality：自己と外界に対する現実感。安定した身体像を感ずる。離人症では，この機能が低下している。

（多くの自我心理学者はJudgmentとsense of realityを含めてreality testingとしていることが多い。）

Thought process：一次思考過程と二次思考過程を使える機能。イメージ化，概念化，コミュニケーション能力なども含まれる。（コラム4参照）

Autonomous function：一次的自律性としては，生来の知覚，記憶，思考などが正しく機能しているかを見る。二次的自律性には，幼児期から学んださまざまな機能──読み・書き・計算──などとともに防衛なども含まれる。このような機能がどの程度機能しているかを見る。ヒステリーでは，この機能が選択的に障害されることがある。

Stimulus barrier：さまざまなストレスや刺激に耐える力。うつ病時にさまざまな音が気になるというのは，この機能が低下しているとも考えられる。この機能の低い人は頭痛持ちが多いとも言っている。

Regulation and control of emotion and drive：欲動や情動をコントロールし，調整する機能。やはりBPDではこの機能が弱い。

Defense mechanisms：防衛が機能しているかどうか。

Object relation：対象関係の質と量を見る。質としては，対象恒常性や安定性の程度，量としては，どの程度，豊かな対人関係を持てるかという点を見る。

Mastery and competence：目標達成能力，外界に働きかけて自分の世界を作っていく力。一般の「生きる力」に相当する。

ARISE：自我の統制下での退行。自我の柔軟性や創造性がどの程度あるかを見る。（コラム4参照）

Synthetic integrative function：さまざまな局面を統合する能力。人格の統合性。治療での洞察が，統合能力が良いと速やかに生活の改善につながる。

（Bellak, L : Ego Functions of Normal, Neurotics and Psychotics, 1973 より）

トロール（regulation of emotionおよびimpulse control）」「防衛機能」「対象関係」「支配−達成の能力（competence）」「自我の適応的退行と進展（ARISE）」（コラム4参照）「総合的・統合的能力」だと考えている。これらの機能は調査面接でしっかり診たてるべき機能である。CBTの診たては，ある意味で，これらの項目（特に「現実検討力」「判断力」「対象関係」「支配−達成の能力」）に内包されているともいえよう。もちろん，診たての枠組みは異なるが。

　診たての手続きについては，参考文献にあげているチェシックの症例を参考にするとともに，ベラックの著書（『Ego Functions of Normal, Neurotics and Psychotics』）の文末の自我機能の評価法を参考にされたい。

　ただ，このような詳細な診たては，治療の初期には重要であるが，治療が進むと

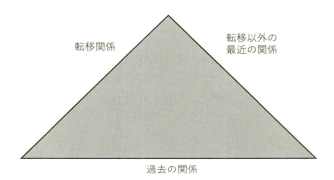

図1-2 洞察の三角形（メニンガー1958を修正）
(Menninger, K. "Theory of Psychanalytic Technique" より)

精神内界の深いイメージがテーマとなっていくので，深い治療関係においては，案外，治療的には有効ではないことが多い。このことが，対象関係論学派やユング派の臨床家には，物足りなさを感じさせているような気がする。

③自我心理学の技法，エリクソンのライフサイクル論など

　自我心理学が児童分析を通じて発展したことと関連するが，素朴な生物学的な欲動と家族間での葛藤という考え方は，成人よりも児童にフィットすると考えている。言い換えれば，自我心理学の枠組みは，児童の治療により有効だという印象を抱いている。幼少であればあるほど，精神内界の世界がシンプルで生物学的モデルがフィットするからであろう（後に触れるクライン学派はそのようには考えないであろうが）。

　自我心理学の治療技法としては，解釈が重要であるが，メニンガー（Menninger, K）の洞察の三角形（図1-2参照）が分析的な治療としては有効である。それは，治療において「治療者・患者間で起きていること」「幼児期の重要な人物との間で起きていたこと」「現在の日常生活で葛藤状態にある人物との関係で起きていること」が並行関係にあるという解釈をすることである。そして，この三つの領域に深い関連性があることを洞察させていくという技法である。この技法は今でも精神分析の中心的な介入法である。たとえば，会社で上司に不安を感じていれば，その不安は転移においてセラピストにも感じており，また，幼児期の父親に抱いた不安と同質のものと考えることである。それを適時，関連させて解釈する作業である。

　また，この欲動の発達ばかりでなく，自我の環境・社会との関係性での発達研究

を行ったのがエリクソン（Erikson, EH）のライフサイクル論である。ただ，彼の理論は，「自我同一性拡散症候群」に代表されるような，青年期の社会との関係性の分析に一石を投げた点は大きな貢献であったが，臨床的には，ほとんど新しい考えを提起していない。自我と社会・環境との関係性の中で，自我心理学の考えを整理したような作業が中心となっている。ただ，児童・青年期の発達理論をライフサイクルという人生全体に敷衍した点に新しさがあったことは間違いない。

　自我心理学派はあくまで，生物学的な衝動と，それに伴う不安あるいは恐怖との葛藤状況が人間の苦しみの本質であるという葛藤モデルを現在も踏襲している。私自身は，「葛藤モデル」の当てはまるケースは一部であると考えている。他の理論と同様にすべての悩みを「葛藤モデル」で説明しようとすると過ちを犯すこととなる。しかし，自我機能の発達レベルや，それぞれの機能がどの程度働いているかを診たて，未発達あるいは低機能の場合は育てるというアプローチの道を開いた点は大きく評価できるものと考えている。

　私自身は，この自我心理学的な考えをベースにして訓練を受けた。症状を中心に静的に診断する精神医学に比べ，人の悩みを中心に，精神症状などを力動論的に考える姿勢は，とても手ごたえがあった。また，構造論や発生・発達論的な視点も新鮮であった。特に，構造論的視点および自我機能の視点からの診たては，クライエントの精神全体を把握するのに役立つと感じていた。また，自由連想法による面接の力も十分に感じていた。しかし，数年の訓練期間を経るにしたがって，抑圧されている何モノかが，欲動としての性的欲求であるとか，攻撃衝動であるという視点には違和感を抱くようになった。また，不登校の治療やうつ病の治療においては，教育的アプローチや，家族を中心とした問題解決的アプローチが大切であることも臨床を通じて痛感し始めていた。そのような悩みを抱いているときに，ゲシュタルト療法，グループセラピーに出会うことで，精神分析以外にも広大な心理療法の世界が広がっていることを知ることとなり，その後は，精神分析のトレーニングを受けつつ，他の学派を学ぼうと決意するに至った。

╋コラム④　ユング心理学のファンタジーを自我心理学から見た場合
────ARISEについて

　「魂は現実を想像する。この活動を表現できるのはファンタジー以外にない」というユングの言葉からわかるとおり，ユング心理学ではファンタジーがとても大切にされる。ファンタジーは現実的な合理的な世界とは異質なものである。母親が女神であったり魔女になったり，物語の展開も因果律とは異なる関係性で展開するため，先が読めない。そして，何より，主観性が強く，論理的な説明が意味をなさない世界である。しかし，何かとても強く人の心に響く力を持っている。

　自我心理学では，ファンタジーのような思考システムを一次思考過程（primary thought process）とよび，子どもや原始社会に見られるプリミティブな思考スタイルと考える。そして，子どもが成長したり，文化が発展すると，より理性的，論理的，客観的，記号的，統計的な思考が可能となると考え，この思考スタイルを二次思考過程（secondary thought process）と呼んだ。そして，適応のために必要なのは，この二次思考過程と考えた。

　しかし，一方で，自我心理学も一次思考過程の重要さも認めており，芸術や創造性の領域では，この一次思考過程が機能すると考えた。しかし，それが適応的に機能するのは，自我がコントロールできるときだとした。その考えがARISEとなった。ARISEとは「adaptive regression in the service of ego」の略であり，「自我の関与内での適応的退行」を意味する。つまり，一次思考過程はあくまで退行的思考であり，この退行した思考が，自我の関与下（コントロール下といってもよい）で活動することが意味をなすと考えた。芸術活動を，このような視点で推敲したのが自我心理学者のクリス（Kris, E）であった。

　私自身も，長い間，このクリスの考えに影響を受けていた。つまり芸術家とは，適度に子どもの部分を持っていて，それが時に思わぬ創造性を発揮すると。しかし，60歳を過ぎたころより，何より重要だと考えていた客観性とか，論理的整合性などは，死を考えるようになり老いをヒシヒシと感ずるようになると，何の意味も持たないことに気づきだした。そのような日々に，心惹かれるのは，ファンタジーであったり（神話・伝説なども含めて），言葉にならないイメージの世界のような気がしだした。つまり，ファンタジーは，単に退行した思考過程とは異なるのではないかと考えるようになった。ただ，それが何であるかはわからない（右脳的機能である可能性については第4章参照のこと）。

　そういう意味では，ユングは，若いころから老人のような発想で世界を見ていたような気がする。彼の「人生の後半に前半（青年期だろう）の法則や自然の目的を持ち込もうとするものは，魂に傷を負うだろう」という言葉が心に強く残る。

　青年期の心理療法には精神分析を，中年以降の心理療法にはユング派が向くといわれるのもうなずける。

(2) 対象関係論の発展
①クラインから対象関係論へ

　病理の重い幼児の分析をベースに，クライン（Klein, M）がファンタジー豊かな口愛期の，新たな発達のプロセスを提唱してクライン学派（クライニアンと呼ばれる）が誕生した。クライニアンは精神分析各派の中でも，攻撃衝動を重視した考えであった（唯一，「死の本能」を認める学派である）。そして，その影響を受け精神内界のファンタジーを中心とした対象像・自己像の相互の関係性（広義には転移の世界）を精緻に見直していくというアプローチが生まれた。それが対象関係論である。ベースには，フェアバーン（Fairbairn, WRD）の「人は基本的に対象希求的である」という考えがあり，衝動をベースにしながらも，関係性を重視し，それも無意識のファンタジーの世界における関係性を治療の中心に置くようになった。臨床的には，他者との関係性を築こうとしない（関係性を破壊しようとするともいわれる）スキゾイド・パーソナリティの治療から発展したものである。

　この学派は，セラピスト・クライエント間における対象（悪い対象・良い対象）イメージ・自己（悪い自己・良き自己）イメージの相互反応性を重視した。特に，心理規制としては，投影同一視，分裂，理想化，価値下げなどが重視された。そして，その発展系が間主観的なアプローチとなった。つまり，セラピスト・クライエント間で生じる主観的な体験を重視するとともに，その内的体験と現実で起きている関係性とのズレを扱う学派として発展した。

　私の研究会にも，長年，イギリスで訓練を受けた対象関係論の臨床家に症例を提示していただいて，治療のプロセスを具体的に話していただいたことがある。しかし，私には，よくその動きがわからなかった。確かに，治療場面での転移・逆転移をきめ細やかに感じ取り，時に解釈的なアプローチもあったが，ほとんど，一緒に過ごしているだけであったような気がする。彼女の面接法が対象関係論的なアプローチとすると，関係性の中で生ずるさまざまなイメージや感情，あるいは衝動を，セラピストが感じ，セラピスト自身が，できる限り体験化するということが何より大切なようであった。

②私なりの理解

　対象関係論については，私なりに以下のように理解している。

　人というものは，対象と接触するやいなや，否応なく，快，不快を感ずる。それに反応して欲望や怒りや嫌悪が生ずる。その欲望や怒りや嫌悪には対象イメージ・自己イメージが伴う。そして，人は，そのイメージに苦しむようになる。それゆえ，そのイメージの世界（それはファンタジーにつながるが）はセラピスト・クライエ

ント間でも生ずるので，治療では，そのイメージや対象関係に由来するファンタジーを扱うことになる。結果，セラピストとともに苦しみの世界を生き抜き，やがて，その内的世界がファンタジーであったことに気づいていくと，苦しみがトーンダウンする。このように考えると，すべての苦しみは心が作り出したものという仏教的な考えに近いような印象も抱いている。

　このように対象関係論は，人の精神現象のすべてを対象との関係性の文脈で考える。つまり，存在するということ自体が対象関係性のもとにあると考える。そして，セラピストは，治療関係においては，クライエントが抱く迫害的な不安や怒りなどもすべて，セラピストとの関係性で生ずると考える（広義の転移にあたる）。<u>治療関係においては，すべてがつながっているという前提のもとに，つながろうとすると自分が破壊される恐怖などを，関係性の文脈で，丁寧に話し合うという作業を粘り強くしていく。そして，それだけをしていく。</u>すると，他者とつながっていないと思っていたクライエント（クライエントは，対象イメージを破壊してしまった，あるいは，対象に破壊されてしまった自己イメージをファンタジーの中で抱いている）が，イメージとファンタジーに苦しんでいたことに気づく。それとともに，深い無意識の世界においては，互いに強く響き合っているという体験をする。そのような営みによって，クライエントは対象イメージと強くつながっている自己イメージを体験していく。そして，つながりを回復するという方向性に向かうのではないかと考えている。

　このような，セラピスト・クライエント関係の中で，深い精神内界のイメージをやり取りするというアプローチはユング派に似ているともいえよう。もちろん，対象関係論では，セラピスト・クライエント関係における広い意味での転移性の対象イメージ・自己イメージの相互的な動きを扱うが，ユング派のアプローチでは原型に関連するイメージを扱う点は異なる。しかし，両者は，適応を促進させるような働きかけをせず，ひたすら，内的イメージを治療関係の中でテーマにし続ける点は共通している。どうも，<u>精神内界の深いイメージに触れあい続けるという作業には，何らかの治療促進的な力があるようである。それは何かにつながっているという自覚によるものかもしれない。</u>しかし，私自身は，このようなアプローチを深めたことがないので，これ以上は触れない。

✚コラム⑤　現代における精神分析的心理療法とは何なのか

　精神分析は，現在では，さまざまな分派があるので，具体的に何を指すのかが曖昧になっている。また，精神分析と精神分析的心理療法（狭義の力動論的心理療法）とは異なる。精神分析は，もはや治療法ではなく，精神分析理論を信ずる人が自分を探求する営みとなっている。それゆえ，治療的面接を考える本書では，これ以上は触れない。

　多様な学派があるが，精神分析的心理療法の最大公約数ともいえる内容は以下のような共通点にあると考えている。

1) 面接においては，治療者の能動性が低く，自由連想的に語られる話を傾聴することがベースになる。
2) 治療者・患者関係で患者が感じる不安やその対処法（不適切・神経症的な回避など）に患者の独特の病理が現われてくると考え，それを治療者・患者関係の中で直接的に修正する体験を繰り返すことを重視する。
3) 患者が治療者に対して無意識的に感じている不安やその他の感情は，自由連想的に話されるストーリーの中に象徴的に表現されてくると考え，患者が治療関係以外のエピソードを話しているときも，常に治療者・患者間の葛藤を象徴しているものとして解釈を伝えていく（転移解釈）作業が，治療的介入の重要なものと考えている（メニンガーの洞察の三角形を意味する）。
4) 治療には，明確な枠組みがあり，患者（治療者も）が枠組みを変更しようとするときには，何らかの無意識的な意図が働いていることを想定し，その意味合いを考えていく。
5) 常に，患者側（抵抗）・治療者側（逆抵抗）に反治療的なきもちが意識的・無意識的に働くことを想定しており，それを早期にみつけ，解消していくことを重視する。

　そして，治療の適応となるのは，DSMにおけるB群，C群のパーソナリティ障害とパニック障害であり，エビデンスをもって有効性が確認されているとされる。エビデンスは高くないものの，少なくともある程度の効果のあると考えられている障害は，摂食障害，全般性不安障害，抑うつ神経症，PTSD，ヒステリーである。あまり，効果がないとされるのは強迫性障害，うつ病であり，ほぼ効果がないとされるのは単一性恐怖症，統合失調症，双極性障害，発達障害である。

（なお，このコラムの内容は，東京精神療法研究会におけるラングス（Langs, R）にスーパービジョンを受けた小羽俊士氏の発表を参考にしている。）

5. 対人関係論（ネオフロイディアンとも呼ばれる）の発展

　第三の流れの人間中心主義の説明に入る前に，アメリカでは，自我心理学の発展に並行して，ネオフロイディアンともよばれる対人関係論が発展し，人間中心主義的な考えも先取りされているので，ここで対人関係論学派について述べることとする。

　なお，「対象関係論」と「対人関係論」には似た響きがあるが，前者は，あくまで，ファンタジーにおける対象イメージ・自己イメージの関係性を重視するのに対して，後者は，常識的な他者との関係性という意味で対人関係を重視するという点で，まったく異なる学派である。

　また，この学派は，精神分析の衝動論や欲動論などの生物学的な側面や，対象関係論のような部分対象とか，ファンタジーあふれる関係性を捨てて，日常的な対人関係をベースにした臨床理論を展開した。ある意味で，精神分析の力動論と局所論（無意識を重視する）は踏襲したが，それ以外の枠組みを捨てた学派ともいえよう。特に欲動をベースにした発達論（口愛期，肛門期，男根期など）は捨てられた。

　サリバン（Sullivan, HS），ホーナイ（Honey, K），フロム（From, E）が有名である。サリバンは，精神分析の欲動論をベースにした発達論を捨て（彼は，強迫性障害の治療をしても，一度として肛門期の欲動があらわれたケースに巡り合ったことがないと述べている），人の求めるものは，他者から自己が承認され守られているという「安全への欲求」と性欲・食欲など身体的・生物学的な「満足への欲求」とした（この考えは，マズロー（Maslow, A）の自己実現理論に発展する）。そして，神経症理論としては，「安全への欲求」を中心に展開した。そして，対人関係という文脈をとおして，さまざまな神経症的・病的なパーソナリティが発展することを明確にした。彼の理論においては「parataxic distorsion」が有名である。これは，他者を認識するときの歪みを意味している。治療においては，そのような歪みを「consensual validation（自分の認識を他者の認識と比較して妥当性を検証する作業）」を行うことで歪んだ認識を修正するという作業が重要だと考えた。

　ホーナイは「基底不安（basic anxiety）」で有名である。それは，「攻撃にさらされる世界の中で，helpless, small, insignificantな存在であるという感情」あるいは「他者に圧倒され，孤独で，無力である不安」と定義されている。また，基本的な敵意（basic hostility）が基底不安に導くともいっている。そして，主に親の養育態度（たとえば，冷たい態度，過保護など）が神経症を生むと考えた。彼女は自我心理学の複雑な縦軸の発達論は捨て，すべてを常識的な対人関係の文脈で論じようとした。この点を私は評価している。<u>臨床は，あまり哲学的に難しい込み入った理論をベースにしない方がよいと考えている。</u>

また，彼女は「偽りの自己（phony self）」という考えも提唱している（ウィニコットの「false self」とは異なる）。対人関係の文脈で偽りの役割を身につけるという考えであり，当然，ベースには，「本当の自己（real self）」が想定されており，「real self」をベースにした自己実現が治療目標となる。ここに悩みの「偽りの役割モデル」が展開されたといえよう（第2章で，彼女の神経症理論に触れているので参照のこと）。
　そして，この偽りの役割論をうつ病論で発展させたのが，対人関係論の流れをくむアリエティ（Arieti, S）である。支配的他者（dominant other）に支配されて育つことがうつ病の発症に決定的であるという彼の考えは，役割理論の発展であり，自己実現理論の発展であると考えている（この点は各論の「第10章 うつ病の心理療法」の章で詳述する）。
　また，「ミスター，グループサイコセラピー」と呼ばれ，グループサイコセラピーの権威であったヤーロム（Yalom, I）も，実存学派に含まれることもあるが，対人関係論学派である。彼の『Practice & Theory of Group Psychotherapy』は第4版まである力作である。特に，治療促進因子（therapeutic factor）の議論は必読すべきものと考えている（第4章・表4-1参照）。グループセラピーという枠組みでは，独立した個人感のコミュニケーションが重要視されるから，対人関係論的な考えがフィットしやすいことは容易に理解できる。
　「甘えの構造」で有名な土居健郎氏の「甘えたくても甘えられない」ことが神経症的な苦しみの中心的な問題であるという考えは，対人関係的な文脈での理論展開であり，欧米からは対人関係論学派とみなされている。自らの臨床経験から，新たな考えを提唱した分析家は，わが国では，彼だけなのではないかと考えている。多くの臨床家は，欧米の理論を翻案して，それをなぞっていることが多い。残念なことである。土居先生ご自身から「土居健郎賞」を直接いただいた折，私に，同じような嘆きを語られたのが印象的であった。
　対人関係論は，技法としては特別なものは提唱しなかった。また，考え方が常識的であったがゆえか，わが国においては，この学派は発展しなかった。しかし，私は丁寧に学ぶべき学派だと考えている。サリバン，ホーナイの主要な著作はほぼ翻訳されているので，ぜひ，学ぶべきだと考えている。
　対人関係論において，生きられてこなかった自分の部分が「real self」であるという考えは，精神分析のように抑圧されてきた部分が欲動と考える立場とはまったく異なる。欲動は，自覚され，コントロールされるべきものとされる。しかし，「real self」であれば，それを生きなおす，あるいは成長させると考えることとなり，私の臨床経験にフィットとしていた。私の考えには，対人関係論が大きく影響している。

心理療法の後半に，その人らしい生き方になると，生き生きとしてくることが多い。そのような姿を見ると，「real self」論は正しいと痛感する。生きられてこなかったのは，抑圧された「衝動」ではないとつくづく感ずる。次節で述べる人間中心主義は，この「real self」論を中心に展開したといっても過言ではない。しかし，「real self」とは何モノなのかという点は，明確に定義しにくい。

6. 人間中心主義（human potential movement）の時代
　　　－第三段階－

(1) きわめてアメリカ的な心理療法の発展

　第三段階としては，1960年代に，当時，もっとも文化的に力のあったアメリカにおいて，精神分析に対する批判としてさまざまな心理療法が展開した時期が当てはまる。それらの学派に共通しているのは，精神分析の見落としていた「人間の持つ潜在的な成長力」「本来的な可能性への確信」であった。

　ロジャース（Rogers, C）の来談者中心療法は，この流れにあると考えてよいだろう。また，パールズのゲシュタルト療法，ローウェン（Lowen, A）のバイオエナジェティック，エゴグラムで有名なエリック・バーン（Berne, E）の交流分析などが有名である。この考えのもとに考案された学派を挙げるとかなりの数になる。マズローが心理療法において，精神分析を第一勢力，行動療法を第二勢力と呼び，自らも含め，人間性心理学と呼んで第三勢力としたグループに相当する。このような人間の持つ潜在的な成長力を信ずる動きは人間中心主義の運動（human potential movement）と呼ばれた。1960～70年代には，アメリカを中心に極めて大きなうねりとなった。いわゆる自己実現を希求した時代であった。ある意味，アメリカの楽観的，自力本願的な考えが前面に出た考えであり，また，時代が求めた考えでもあったように思う。

(2) ゲシュタルト療法の意義

　私は，ゲシュタルト療法の訓練を受けたが，とにかく，本来の自己になりきることを目指すアプローチであった。しかも，体が，本来の自己を知っていると考えるため，体の感覚や体の動きを通じて，本来の自己に成りきることを目指すものであった。技法的には，「それでは体に聞いて見ましょう」ということで，何らかのアクションを行うことを通じて，体が本当の自分に気づかせてくれると考え，極力，100％，アクションしきることが大切とされた（精神分析の「解釈」を中心とした知的なアプローチへのアンチともいえるアプローチである）。

特異な技法としてはエンプティーチェアーなどが考案された。特に抑制的な性格のクライエントには，短期間で大きな変化を与えうるアプローチでもある。しかし，実際の臨床となると，特に精神科臨床においては，なかなか治療に応用することが難しい面もあり，徐々にすたれていった。私も，エンカウンターグループで利用する程度になっている。しかし，「今，ここで（here and now）」にすべてを集中するというアプローチや，心身が一体となることを目指すという考えなどは，禅的な考えともつながっているように思うし，「今，ここで」は，精神分析が過去ばかりをテーマにしたため，「あの時，あそこで（there and then）」ばかりが取り上げられた傾向に対するアンチテーゼであったが，他の学派にも大きな影響を与えたと考えている。面白いことに，アメリカのヒッピーに大変人気のあった学派である。また，身体こそ「本当の自分」を感じていると考え，ボディーワークを心理療法の世界に本格的に導入した功績もある。また，最近の神経科学の発展により，意識された内容よりも，無意識の身体感覚の方が，より本来の自分の気持ちを正しく示していることが解明されてきているので，今一度，そのような視点から見直す価値のある学派ともいえよう。

やがて，この流れで生まれた交流分析やバイオエナジェティックなどとゲシュタルト療法は統合されて実践されることが多くなり，一時期，とても人気があった。特に「real self」「自己実現」「フリーチャイルド」は若者に人気を博した。しかし，交流分析なども含め，このうねりは徐々に力を失っていった。

（3）ロジャースの来談者中心療法の発展

人間性中心主義の中でも，ロジャースの来談者中心療法は心理療法の世界に大きな影響を与えつづけた。心理療法家で，世界にもっとも影響を与えた人を一人選ぶとすれば，ロジャースだといわれている。ノーベル賞候補にもなっている。彼の考えやアプローチは，心理療法のベースとなるものなので，以下に簡単に触れる。

ロジャースはセラピストの受容的態度，共感的理解，純粋性あるいは自己一致性，無条件の積極的関与などが，何よりも大切なものと考えた。このようなセラピストの態度に基づいて傾聴されると，クライエントは自分の本来のありように触れられ，自己実現傾向が刺激され，偽りの自分や無理していた自分など，本来の自分とそぐわない自分から脱却し（誤った自己概念（self-concept）から脱却し），本来の自己（real self）のもとに生きられるようになると考えた。そして，その結果，神経症傾向や神経症症状そのものも消失すると考えた。

<u>このようなセラピストの態度やセラピスト・クライエントの関係性そのものが治療促進因子になるということは，心理療法においては極めて重要な発見であった。</u>

クライエントというものは驚くほどセラピストのさまざまな側面を取り入れるものである。それゆえ、セラピストが自分に正直に、クライエントには真摯に共感的に、そして、安定した気持ちで接していると、その態度そのものが、染み込むようにクライエントのものになっていくことが多い。それは、すべての修行において（特に宗教的修行において）、師匠の態度そのものを学ぶことに通ずると思う。

　しかし、ロジャースの方法は、安易に真似をすると、単に話を聞いてあげるだけの治療に終始したり、自分を犠牲にしてでも、そばに寄り添ってあげるという妙な理想主義に陥りやすい。宗教家の態度との差異性が時に曖昧になりやすいアプローチともいえよう（それがよくないといっているのではない）。

　反対に、治療における人間的な信頼関係とか出会いそのものの重要性を精神分析は見過ごしていた傾向は否めず、時に精神分析家はクライエントに冷たい雰囲気を与えることも多い。

　どうも人間関係には、ブーバー（Buber, M）の言うように、合理的、理知的、目的的な関係とともに、響き合うような、実存的な出会い、「我と汝」の関係性というものがあるようだ。そして、このような関係性が、人を本来の自己に導くとロジャースは考えたようだが、彼の言うような、本当の意味での実存的な出会いというものは、そんなに簡単に見出せるものではないだろう。個人的な資質が影響すると思われる。少なくとも、安易にまねできるものではないと考えている。

ケース 保健管理センターでの経験

　　私がある国立大学の保健管理センターに勤めていた折、多くの学生との面接経験をした。彼らは学校生活を中心としたさまざまな問題について相談に来た（就活でうまくいかないとか、学部があわないとか）。私は病院臨床とは異なるので、ひたすら傾聴するようにした。また、幸運にも同大学に来談者中心療法を研究する教官がいたので、時折、相談に乗ってもらった。

　　その結果、驚くほど彼らは自分で解決の道を発見していった。面接は平均、数回から10回程度で終了していくことが多かった。しかも、「先生のおかげで自分の気持ちがはっきりしました」とか「不安な気持ちを支えていただけて自分を落ち着いて見つめ直すことができました」などと感謝されることが多かった。私としては何もしていないような気持ちで歯がゆく感じた。この経験からこのような相談面接は、治療的面接とかなり異なることに気づかされた。

　　どうも、神経症者やパーソナリティ障害者とは異なり、健康度の高いケースでは、このようなことが起きるようである。

また，ある保健管理センターで，学部の変更についての悩みについて相談に来たケースのスーパーバイザーをしたことがある。この時のセラピストは精神分析の訓練を受けていたため，クライエントが何を言ってもひたすら，転移と幼児期の父親との関係を問題にした。そのため，学部変更のテーマはどこかへ行ってしまった。面接では，ひたすら潜在的な父親への怒りが語られるようになり，混乱が増し，結果，そのクライエント（学生）は留年することとなった。そのような混乱が続いている状況でのケース検討会であった。セラピストの理論的な背景がクライエントのニーズに合わないと，かえって状態を悪化させることがあるようだ。何が何でも深堀りすればよいというわけではない。

> **✚コラム⑥　ユング心理学から続く心理療法のロマンティックな時代**
>
> 　ヨーロッパにおいては，20世紀初頭に，精神分析を除いて，ユング心理学における個性化のプロセスや，アドラー（Adler, A）の個人心理学における本来のライフスタイルを取り戻すという考えなど，ある意味，ロマンティックともいえる考え方が発展していった。そして，それは対人関係論の自己実現理論に継承され，本節で述べた「human potential movement」の流れで花開いた。ある意味，ロジャースの考えは極めてロマンティックな考えであったともいえよう。
> 　ロマンティックな学派の考えに共通しているのは，潜在的には本来の自己（real self）が存在しており，その本来の自己に働きかけ，その成長を促すことができれば，さまざまな神経症症状や悩みが消失し，より成熟した生き方が可能となるという考えである。交流分析のフリーチャイルドも同じような考えといえる。そして，さまざまな問題も，この新たな生き方でおのずと解決できるものと考えていた。だから，どうしたら自己実現に至ることができるのかが問題とされた。
> 　私は，この時代を「心理療法のロマンティックな時代」と呼んでいる。今でも，それは心理療法の一つの中心的な考えかたであることに変わりはない。その特徴は，主に神経症の臨床であり，本来の自分「real self」探しの臨床であり，象徴が意味を持つ臨床である。また，これらの心理療法の発展期は思想が力を持つ時代でもあった。人間とは，本来このような生き方をし，このような本質を有するものという思想が治療の背景にあったともいえよう。「偽りの自己」「役割の自己」の背景に「本当の自分の物語」がどこかに存在し，それを発見することが心理療法の目的とされたともいえよう。その「本当の自分」がどこにあると考えるかで，各学派の考えは異なり，アプローチも異なった（表1-3，1-4参照）。
> 　ただ，ロマンティックな考えには，必然的に，問題解決へのアプローチや訓練

的な側面が欠けることになる。また，神経症を対象にしていたため，病理の重いケースにはフィットしなかったとも考えている。つまり，パーソナリティ障害のように，当然のごとく前提とされた「健康な主体者」そのものに病理を抱えるケースが問題となるにしたがって，その影響力を低下させたようだ。また，時代そのものが，システムやテクニカルなものにしか信頼を置けない時代になったことがロマンティックな思考性を失わせ，次節に述べるCBTなどのシステム化されたアプローチが全盛を迎えたことに影響しているだろう。

表1-3 各学派はどこに「本当の自分」や「本当に自分の求めるもの」があると考えたか

精神分析	無意識の欲動　各発達段階の欲動
ユング心理学	無意識そのもの
個人心理学	本当のライフスタイル　劣ったものを克服しようとする欲求
来談者中心療法	本来の自己（real self）
対人関係論	本来の自己（real self）
ゲシュタルト療法	体　身体感覚　統一した意味ある身体を含む自己全体
自己心理学	自己愛的響き合いこそ，自己を強化する。

表1-4 ロマンティックな心理療法の特徴（思想の時代の心理療法）

1 治療対象は主に神経症。
2 本当の自分や自分の求める欲求が必ずある。
3 それに気づいて，それを生きなおせれば，神経症症状はおのずと消失する。
4 その本当の自分の物語を探索する。
5 物語が隠されているので，症状や夢には必ず象徴的な意味がある。それを読み解いて手がかりとする。

7. 現代の心理療法の世界
－第四段階－

　そして，第四段階としての現代においては，これまで述べたさまざまな学派も，それなりに臨床に生かされているが，大きく二つの新たな潮流が生まれてきた。一つは，パーソナリティ障害の臨床を中心として，精神分析が新たな理論的・技法的な展開をしていることであり，いま一つがCBT，IPTなどシステム化プログラム化された短期心理療法が発展したことである。

(1) 精神分析における新たな展開——「葛藤モデル」から「欠損モデル」「人格構造の病理」へ，あるいは神経症からパーソナリティ障害へ

ロマンティックな心理療法が全盛期の頃に，同時に，思春期・青年期のクライエントを中心に，従来の心理療法が機能しない病態が注目され始めた。そのため，精神分析を中心に，病理の理解に根本的な変革がせまられることになった。それまでの神経症者においては，治らないことがあったり，セラピストが考えているような治療的な展開が見られない（精神分析では抵抗と考える）ことがあっても，治療関係を維持していけるだけの社会性や適応能力が備わっていた。言い方を変えれば，人格的にはある程度の健康さが備わっていて，その中で悩んでいる状態と考えられていた。しかし，さまざまなクライエントを治療していく過程で，精神病圏ではないにもかかわらず，基本的な治療関係そのものを形成することができないケースの存在が問題となっていった。一つは，イギリス対象関係論への発展のきっかけとなったスキゾイド（分裂質）・パーソナリティ障害であり，彼らは関係形成そのものができない，あるいは関係性そのものを破壊するような心理機制を示していることが少しずつ明らかになっていった（対象関係論につながった）。いま一つは，境界性パーソナリティ障害（以後，BPD）であり，対象関係の不安定さ（しがみつくかと思えば，突然，拒否したり攻撃的になったりするなど）が特徴的なケースであった。これらのケースは，ある程度健康な人格の中で悩んでいる神経症者とは異なり，人格そのもの，存在の仕方そのものに何らかの病理があるものと考えられるようになり，その病的な人格の構造が盛んに議論されるようになった。

当然，それに伴って，新たな治療論もさまざまに提案されることとなった。スキゾイド・パーソナリティ障害に関しては，対象関係論において「in and out program」や自己そのものが引き裂かれたり分裂しているという病理構造が提案された。BPDにおいても，分裂した自己，人格のいくつかの機能が未熟な原初レベルにあるという病態水準・人格水準理論などが展開され，彼らの理解が進み，臨床において大いに心理療法家を救った。治療技法においては，スキゾイド・パーソナリティ障害に対しては，人とつながれないことに対するアプローチの一つの答えとして，ウイニコット（Winnicot, DW）によって「holding（抱っこする）」することの必要性が提唱され，わが国おいて広く人気を博した。また，不安定で衝動のコントロールが悪く，行動化でしか自分の気持ちを表しにくいBPDに対しては，治療構造論や限界設定という考えが発展し，何とか対応できるようになったのは，それほど古いことではない。これらは「人格の病的構造モデル」ともいえよう。

また，この時期は摂食障害が急増することに伴って，この病態に対する理解と治療が課題となっていった。そして，ブルック（Bruch, H）らは，これまでの葛藤モ

デルとは異なる，母子関係を中心とした，発達上の体験の欠損にともなう人格上の欠損という考えを提唱した。これが「欠損モデル」といえる新たな理解の枠組みである。精神分析の世界では，有名なバリント（Balint, M）により基底欠損（basic fault）という考えが示された。それは，それまで精神分析で議論されてきたエディプス状況の三者関係ではなく，二者関係における独特の心的世界を描いたものであり，解釈の機能しないクライエントの特異な欠損感を初めて提唱したものである。

　自己心理学を提唱したコフート（Kohut, H）も自己愛の病理の臨床から，親との体験において，親の理想化を可能とする関係性の欠如や，自己愛的な気持ちを親に響いてもらえない（ミラーリングの欠如と呼ぶ）関係性が病理を生むと考えた。彼の理論も，恐怖感による抑圧のような「葛藤モデル」とは異なり，「欠損モデル」ということができる。精神的な発達上，不可欠な何かが欠けているという病理モデルである。

　この「欠損モデル」の発展については，心理療法の流れとは別に，ボールビー（Bowlby, J）の母性的ケアーを受けなかった子どもにさまざまな問題が起きる「母性的養育の剥奪」の問題が臨床に影響を与えたことも関係しているだろう。

　このように，摂食障害，パーソナリティ障害などを中心に，これまで，当然のごとくあるものとされていた主体の中心たる「自我」「自己」「自己感覚」そのものが欠損している，あるいは分裂している可能性が論じられるようになった。この時点で，対象関係論の考えを自我心理学に導入し，アメリカ的な対象関係論ともいえる臨床家があらわれた。それがカンバーグ（Kernberg, O）やマスターソンであった。とくにカンバーグの人格水準の考えは，自我心理学の構造論・発達論に対象関係論的な内的対象の概念を取り入れた優れたものといえよう。また，マスターソンは「自己の障害」（self disorder）を提唱し，BPD，自己愛パーソナリティ障害の病理の中心に「自己の障害」があるという理論を展開し，自己の成長を促す共感的アプローチに近い「communicative matching」という技法・アプローチを考案している。かつて，当然のものとして想定されていた「本来の自分という物語」・「real self論」は通用しない時代に至ったともいえよう。

　言い換えれば，対人関係論やロジャースが想定していた「本来の自己」は，ある程度，その「本来の自己」が育ってはいたが，何らかの環境要因で抑圧されざるを得なかったことが想定されていた。しかし，ブルック，マスターソン，コフートの「自己」は，その「本来の自己」の種になるような核そのものが育っていないと考えたところに相違点があると思う。そのため，これらのすべての新たな考えは「共感」を大切にしつつも，ロジャースの言った共感を越えた何らかの修正を加えているよ

うに思われる。特に独特の「響き合い」の重要性をそれぞれに主張しているように思う。それが「ミラーリング」であり「communicative matching」である。

私の臨床経験としては以下のようなことがあった。

パーソナリティ障害の治療のために発展した，自我心理学に対象関係論を組み込んだようなアメリカ生まれのBPD論が，盛んにわが国に導入されたのが，私が大学病院で病棟医長をしていた時代あった。当時は，必ず，何人かのBPDのクライエントが入院しており，それらのクライエントに振り回された時代でもあった。1970年代から80年代にかけて，思春期精神医学や心理療法分野の学会においては，BPD中心に議論された時代であった。それに伴って精神分析的な考え方が必要とされた時代でもあった。私もマスターソンやカンバーグを学び，リンズレイ（Rinsley, DB）の思春期の入院治療に関する本を皆で訳したりして研究に励んだ。とにかく不安定なBPDのクライエントの行動を，分裂対象関係として理解したり，思い込みの強い認知を投影同一視として理解することで，かなり整理できる印象を抱いたのを覚えている。しかし，何らかの解釈やそれに伴う洞察などで改善するクライエントはほとんどなく，セラピストが限界設定などを重視した安定した枠組みで付き合い続けると，やがて少しずつ安定していくという流れをたどったように思う。そういう意味では，クライエントとの付き合い方を学んだのは，マスターソンらの考えによるところが大きい。

また，欠損モデルとしては，マスターソンの「自己の障害」に対する考えやコフート的な考えと技法を応用しながら，脆弱な自己愛を抱く対人恐怖症者の治療に私なりの工夫を試みたこともあった。しかし，当時は，このようなアプローチが従来の精神分析のアプローチとどのように異なるかが理解できていなかった。それが，「葛藤モデル」と「欠損モデル」あるいは「成長不全モデル」との考えの違いによることに徐々に気づくようになった。とくに「欠損モデル」「成長不全モデル」の考えをベースにすると不登校や摂食障害などの治療が進むことを痛感するようになり，全体として，「葛藤モデル」「欠損モデル」の考えを統合した考えをベースとした統合的なアプローチに向かうこととなった。

(2) 認知行動療法を中心としたシステム化された短期心理療法の発展
——「機能不全モデル」へ

最近までの心理療法の展開は，神経症臨床を中心に，「外傷体験モデル」「葛藤モデル」「偽りの自己論」など，すべてが，ある程度，本来の自己が前提として想定されており，個人の物語を探索し，その本来の自己の成長を促すという考えであった。そして，現代においては，より病理の重いパーソナリティ障害を中心に，本来の自分

や主体の中心たる自己そのものが分裂していたり欠損しているという「分裂モデル」「欠損モデル」への展開であったといえよう。しかし，これらはあくまで病的な心理構造（心の内容といってもよい）を想定し，それをいかにより健康な構造に転換せしめるかという議論であり，心の本質論的な考えであることには変わりがなかった。

しかし，近年，広汎性発達障害のさまざまな機能障害の研究や前頭葉を中心とした脳機能研究の発展にともなって，多くの病態やケースにおいて，さまざまな機能不全や低い機能状態が存在することが注目されてきている。つまり，「機能不全モデル」が病理論に新たに現れた。

小羽俊士氏を中心とした私の研究グループも，摂食障害とBPDにおいて，前頭葉機能の低下を示す研究を報告している。また，私が，長年，力を注いできたひきこもり・不登校の児童においても，communication能力や他者に働きかける力そのものが落ちているし，問題解決能力の柔軟性や主体的探索能力も極めて低いことを痛感している。つまり，さまざまな機能そのものが落ちていることが問題や悩みの中心にあるという見方が必要になった。そのため，これまでの狭い部屋での言葉による心理療法的アプローチの限界を感じ，新たな治療的アプローチを提案して実行し始めたのも（このアプローチについては第6章で詳述する），「機能不全・低下モデル」への一つの展開といえよう。また，うつ病の心理療法においても，最大公約数的なタイプにおいては，問題解決の柔軟性のなさ，ワンパターンの思考過程に陥りやすい傾向も一つの機能不全とも捉えられる。

このような流れをもっとも端的に示しているのがBPDの病理の理解に関する変遷である。自己実現の時代においては，母親との関係の不安定性が原因とされた分離個体化論が主流であった。次に，多くの症例が虐待経験を持つことから，幼児期の虐待体験が原因とされた時代を経て，近年では，前頭葉機能を中心とした機能の脆弱性があるのではないかという考えが提唱されてきている。病理の理解そのものが時代とともに変わってきた。

このような臨床状況に答える形で認知行動療法（以後CBT）が発展してきたともいえよう。

認知療法の考案者であるベック（Beck, AT）は，うつ病に対する精神分析理論やアプローチの無効性から，彼の考えを発展させたが，彼の考えは，時代の要請に応えて，人間性全体を扱うことはやめて，認知機能と問題への対処機能に焦点化した訓練的なアプローチを整理したものともいえよう。しかも，アメリカ生まれらしく，極めて，具体的でわかりやすく，シンプルで戦略的なアプローチである。今や，多くの臨床家がこのアプローチを学び始めている。CBTや，関連する「問題解決療法」「対人関係療法（対人関係論の理論に影響を受けているが異なるもの）」につい

ては，多くの成書があるので，詳しくは述べないが，すべて現時点で，問題の明確化と解決策の検討，認知の歪みとその修正，対人関係における期待と現実とのズレなどを扱うものであり，従来の心理療法があまりに複雑な神経症構造や人格にテーマを絞りすぎたために，看過されてきた問題を中心テーマとしたものである。臨床現場では，問題点にはまれば，とても役立つアプローチである。

　機能上の問題に対しては，物語を探ったり，明確にするというアプローチでは不十分であり，機能を育てる訓練的なアプローチを含む何らかの新たな技法が必要となるのは当然である。認知の歪みや，対応の拙劣さや，問題解決能力の低さや，対人関係上の歪みなどに限定し，そこを訓練するためのコーチ的作業は短期に治療効果が上げられる可能性が高い（このような学派の発展には，アメリカの保険状況とも関連しているだろう）。

　また，「はじめに」でも触れたように，精神分析を代表とする従来からの心理療法が「生き方全体」ばかりをあつかっていたため，治療という臨床の要請から離れてしまったものを，再び，臨床的な心理療法に特化した考えと技法にしたことは，極めて重要な貢献をしたと考えている。

　このような最近の「機能不全・低下モデル」は，悩んでいるから機能に混乱をきたすという考え方から（不安が強いために話ができないなど），機能の偏り，機能の低下が問題であるという考え方（もともとコミュニケーション能力が低いなど）への転換ともいえるし，人間を全体としての構造として見る見方から，個々の機能やスタイルに注目するというアプローチへの転換ともいえよう。

　私自身も，精神科の一般外来においては，CBTのようにシステマティックではないが，心の癖や，思い込みの歪みの修正などを行っていたので，このようなアプローチは身近なものであった。すでに触れたように，ある時期に発症するDSMの一軸診断の不安性障害や軽症うつ病は，一般外来で対応することが多く，少なくとも，軽症の「葛藤モデル」で理解できるクライエントまではCBT的なアプローチは意味があると考えている。しかし，深い「葛藤モデル」や「欠損モデル」「偽りの自己」のような問題に対しては，不十分であると考えている。

　また，CBTの発展には，時代の要請もあったように思う。すでに触れたように，1970～80年代にかけてBPD臨床が心理療法の中心となり精神分析的な考えが浸透した。並行して，不登校・摂食障害が増加の一途をたどったために，カウンセリング理論や行動療法的アプローチが広まった。そして，21世紀の初めには，激しい行動化を起こすBPDは減り，不登校に伴うことの多かった激しい家庭内暴力も影を潜め，死に物狂いで拒食を続ける摂食障害も目立たなくなり，全体にエネルギーが低

下していった。それに反比例するようにうつ病が増加の一途をたどった。BPD華やかなりしころが「自己実現ブーム」のロマンティックな時代であり，そのために葛藤や自己の欠損感に苦しんだ時代であったとすれば，うつ病を代表とする現代は，方向性を失いあきらめにも似た精神状態が蔓延した時代ともいえよう。それに答えるかのように認知療法が導入されCBTが発展して今に至ったのかもしれない。心理療法というものは世の中の要請によって，はやりすたりが起きるのは間違いないだろう。

おわりに：心理療法の現代的状況
－統合的・折衷的アプローチ・クロスオーバー現象など－

このように心理療法の歴史から見ると現代は百花繚乱の時代ともいえよう。臨床対象を一つに選べる場合は（たとえば，PTSD，パーソナリティ障害，うつ病のみに特化して行う），それに合ったアプローチを選択し深めればよい。しかし，一般の臨床においては，多様な病理・病態を扱うことになり，唯一の考え方のもとに心理療法を行うことは不可能になっている。一つの考えに固執する立場は，悪い意味での原理主義者となってしまう。時には，治療が合わないと悪影響さえ与える可能性がある。そのため，多くの心ある臨床家はさまざまな考えを学び，それらをケースに合わせて，さまざまに応用し繋ぎあわせて行っているし，そうせざるを得ないと思っている。私自身も催眠を学び，精神分析とゲシュタルト療法のトレーニングを受け，その後，グループワークを学び，ロジャース派やユング派の臨床家，CBT，IPTの臨床家とも共同で症例検討会をして，さまざまな考えや技法を学んできたし，それらをさまざまな病態やケースに応用もしてきた。これらは統合的アプローチと呼ばれたり折衷主義とされる。この方向性を目指す臨床家も増えており国際学会もある。しかし，統合的アプローチといっても，何らかの枠組みがないと，何でもありであり，何でもないということになってしまう。本書は，私なりの，統合的アプローチの一つの方向性を目指したものと考えている。

また，統合的とは異なるが，各学派間でのクロスオーバーの作業も盛んになっている。

たとえば，訓練的なアプローチで思い出されるのは行動療法である。行動療法は当初の動物の訓練のようなアプローチの後に，認知的側面（誤った思い込みや，歪んだ認知というのは，従来の心理療法では当たり前のことではあったが）を導入した時期を経て，最近の第Ⅲ世代の行動療法では，治療者患者関係を重視する方向にシフトしているようである。精神分析の流れを汲むコフートの自己心理学において

も，解釈よりも共感的なセラピストの態度が何より大切なものとされているし，前述したマスターソンの「communicative matching」も共感に近い態度でもあり，これはロジャース派が論じて久しい内容であるともいえる。反対に，ロジャース派の臨床家が精神分析の枠組みに近い診たてや治療構造論の必要性を論じるようになっている。これらもクロスオーバー現象といえよう。このようなクロスオーバーを通じて，本格的な統合がなされる時期に入ったのかもしれない。

　こういう時代であるからこそ，100年以上の歴史の中で展開してきた各学派の考えや，そのベースとなった臨床状況を学び，それらをもとにしたアプローチや技法の効能と限界を学び，自らの臨床に生かすことが必要な時代となっている。しかし，多すぎる情報は，脳の機能を低下させることがわかっている。そのため，適切な選択をしながら学ぶことも必要な時代になっているともいえよう。

　私自身は，これまで述べたように，多くの学派を学び，多くのエキスパートと研究会で学んできた。その結果，私なりの結論として以下のように考えている。ヒステリーとBPDに対しては，精神分析とその治療的アプローチがもっとも適している。対人恐怖症には，「葛藤モデル」としての精神分析と「偽りの役割モデル」としての対人関係論的な考えを応用した個人面接とグループワークとの統合が，うつ病には，治療初期にCBT的アプローチが，そして本格的治療としては「偽りの役割モデル」が効果的だと考えるようになった。また，不登校・ひきこもりには，「成長不全モデル」が特に大切であり，そのために，フリースペースを並行するアプローチが，OCD，身体醜形障害にたいしては，CBT的なアプローチを含めた独特のアプローチが適していると考えるに至った。そして，心理療法全般としては，本書で述べる統合的な3ステップアプローチが，もっとも包括的・実践的アプローチであるという確信を抱くようになった。

第2章

人は何を悩むのか
「健康な悩み」「神経症的悩み」「人格の統合性の問題」「病態化のプロセス」「素質の要因」

　第1章では，心理療法の歴史的展開の中で，悩みの本質は何かということに関してさまざまなモデルが提案されてきた流れを見てきた。

　それは「外傷体験モデル」に始まり，自我心理学が中心テーマとする「葛藤モデル（発達の固着を含む発達不全モデルも含む）」，主にパーソナリティ障害と摂食障害の臨床から発展した「欠損モデル（病的な自己論を含む）」，ロマンティックな心理療法の流れからは「偽りの自己モデル（役割論ともいえよう）」，そして，今日における認知や機能を問題とする「機能不全モデル」という流れである（表2-1参照）。

　本章では，さまざまな学派を学び，各種の病態の臨床を経験したものとして，人は何を悩むのかという問題について，私なりの考えを述べたい。ここでの私の整理の枠組みは対人関係論に近いとも思っている。つまり，精神分析のようにスタンダードな時間軸に沿った縦軸の発達を想定し，どの発達段階で問題が生じているか（固着論）という枠組みはとらず，重要な他者（母親が多いが）との関係性の質をベースに並列に考える枠組みである。

　もちろん，震災などによるPTSD，個人的な外傷体験（レイプなど），大切な人

表2-1　病理モデルの発展

病理モデル	その根拠となった病態
外傷体験モデル	ヒステリー　PTSD　境界性パーソナリティ障害
葛藤モデル	神経症
偽りの役割モデル	神経症
人格の病理構造モデル	パーソナリティ障害
欠損モデル	パーソナリティ障害　摂食障害
機能不全モデル （成熟不全モデル）	ひきこもり　発達障害　境界性パーソナリティ障害　摂食障害

を失うという「grief reaction」など，本人の耐えうる苦しみを越えた体験をするということが悩みの中心テーマとなることはある。このような明確な出来事による悩みは，広い意味で「外傷体験モデル」といってよい。そういう意味では「外傷体験モデル」は今でも大切な考えである。しかし，<u>圧倒的な大多数の悩みは，比較的長い時間の中で，本人の心に内在化されるものと考えている</u>。そして，このような悩みが「葛藤モデル」「偽りの役割モデル」「欠損モデル」「機能不全モデル」として臨床において推敲されてきたものと考えている。

1. 悩みには健康な悩みと神経症的・病的な悩みがある

　人は悩む存在である。そういう意味では，すべての人が悩んでいるともいえる。しかし，私は「健康な悩み」と「病的な悩み」とを分けたほうがよいと考えている。もちろん，一人のクライエントが両者を抱えていることもある。

　たとえば，ある教師をしているクライエントは，自己愛的な母親との関係で，自分が愛されたという体験がなく，自分は他者に対して邪魔者でしかないという思い込みがあった。だから，人に何かを頼むときには，「こんな自分が何かを頼むなんて，生意気だと思われる」という思いから，ひどく遠慮がちになり，心の底では図々しい奴と責められているという被害的思いが強かった。そして，このような局面に出会う状況では，発熱などの身体症状が出ていた。このような悩みは神経症的といってよいだろう。しかし，彼女は仕事上，コミュニケーション能力や時間を配分する能力に弱点があった。そして，そのことに悩んでいた。それは教師として当然悩むべきテーマでもあった。言い換えれば，そのような悩みは健康な悩みといえよう。もちろん，教育上の悩みにおいても，「こんな自分に教えられる子どもはかわいそうだ」という気持ちが強ければ，神経症的な悩みが反映している可能性は高い。だから，一見，健康な悩みが訴えられた時にも，慎重に神経症的な悩みが背景に潜んでいる可能性を考えなくてはならないが，人の悩みに両種の悩みがあることを知っておく必要はある。いたずらにすべての悩みを神経症的悩みに還元するのは誤ったアプローチだとも考えている。

> **＋コラム 7　現実神経症・精神神経症**
>
> 　フロイトは，一時期，神経症を二つのタイプに分類したことがある。一つは，現実神経症であり，心的葛藤とは無関係に，現実の性生活の不適切さ（過剰な自慰や性的興奮の鬱積など）から生ずると考えれるもので，神経衰弱，不安神経症，心気症を含めた。そして，これらには生理的メカニズムが強く働いていると考えた。いま一つは，精神神経症とし，幼児期に抑圧された性的欲動や葛藤の象徴的表現という精神的メカニズムが強く働いていると考えた。ヒステリー，強迫神経症などが含まれた。
>
> 　現在，この分類は使用されなくなっているが，本章での「健康な悩み」と「神経症的な悩み」という分類に通ずるものがある。つまり，比較的，その時点でのさまざまなストレスにさらされて，主として現実的な要因で発症するものと，もともと生活史的に何らかの神経症構造が準備されていて，それが問題化して発症するという二つのタイプがあることである。ただ，フロイトは性欲との関連で，それを考えたところが間違っていたと考えている。
>
> 　また，症状神経症と性格神経症という分け方も提案されたことがあり，近似した考えにみえるが，この場合，症状神経症においては，症状を苦痛に感じる（自我違和的という）のにたいして，性格神経症では，性格に内在化しているために，症状への苦痛感が少ない場合をいう（自我親和的という）。つまり，前者は葛藤に対する妥協形成が症状として現れるのに対して，後者は性格の問題そのものが葛藤に対する妥協形成として現れるものと考えた。神経症研究がパーソナリティ障害研究へ発展する過渡期の概念ともいえよう。

2. 健康な悩みとは

　それでは心の健康さとはなんだろうか。精神分析では，エディプス期までに達している場合を健康な状態と考えている。しかし，逆に，すべての人はエディプス的悩みを抱えていると考え，神経症レベルと健康なレベルとを区別しない。この考え方も誤りだと考えている。明らかにエディプス的な悩みを抱えていない人も多数存在する。

　私自身は，心の健康については以下の三つの側面があると考えている。一つは，「自己イメージ」の安定感・肯定感，一つは不安・恐怖・抑うつなど「不快感情に対する感受性」の問題，そして，最後は「適応するための機能」の問題である。前二者が，いわゆる神経症のベースとなるものであり，「適応するための機能」の問題だ

けであれば，神経症的悩みとはいわない方がよいと考えている。もちろん，これらの三要因は重なることも多い。

(1) 安定した「自己イメージ」の問題

　エリクソンは「基本的信頼感 (basic trust)」をベースにして，「自律性」「主体性」「生産性」「自我同一性」など，発達に即して，健康な感覚（彼は「sense of ego」としている）が親や周囲との関係性で身につくと考えた。そして，何より「基本的信頼感」（自他に対する信頼感，この世に対する信頼感，時間などに対する信頼感）が重要だと考えたようである。ある意味，健康な精神は何かといえば，「信頼感」とくに「自他に対する信頼感」といえよう。言い換えれば，「自他に対する基本的な信頼感」があるうえでの悩みであれば，健康な悩みであるが，この信頼感そのものが失われている，あるいは揺らいでいることによる悩みが神経症的な悩みということもできる。もっと極端にいえば，「他者に対する信頼感」がなくとも「自分に対する信頼感」があれば，自分を頼りに生きていけばよく，精神的には健康だともいえよう。つまり，健康な精神には「自己信頼」こそが重要だと考えられる。これは「肯定的な自己イメージ」ともいえよう。

　ロジャースの「real self」と「self-concept」がより一致している人がより健康であるという考えも，安定した自己感と自己への信頼感と言い換えてもよい。

　対象関係論の「分裂した自己」に対する「安定した自己同一性」とか，コフートの「誇大化した自己 (grandiose self)」にたいする「凝集された自己 (cohesive self)」などは，すべて，健康な安定感のある自己感・自己表象を指しているともいえよう。「葛藤モデル」「偽りの役割モデル」「欠損モデル」は，このような健康な自己あるいは自己感・自己イメージが育たない状況を議論したものである。

　逆に言えば，このような考えはすべて，安定した自己感，信頼できる自己イメージがないことが神経症的な生き方を生み，パーソナリティ障害のベースにあると考えたものといえよう。

(2) 不安を抱いていることの問題——不快感情への過敏性

　サリバンは「安心感」が得られないことが神経症的生き方を生むと考えていたので，そのことから考えると「安心感」が得られていることが健康な精神には不可欠ということになる。言い換えれば，「安心感」を求め続けざるを得ない精神状態こそ神経症的な状態と考えたようだ。この点はホーナイの「基底不安」に繋がる考えである。つまり，常に不安を抱いている生き方こそが神経症的な生き方だともいえよう。この考えは「偽りの役割モデル」に発展するが，あくまで，不安を抱くことが

悩みの根本にあるという考えである。

　また，自己感が不安定であれば，結果的に不安を抱くことになると思う。しかし，自己感が安定していても，不安を抱くことは，それも十分に強い不安を抱くことはあり得る。パニック障害のケースでは，自己への信頼感はともかく，自己感あるいは自己の一貫性が安定しているケースも少なくない。そういう意味では，<u>自己感の安定性と不安を抱きやすい傾向とは同じではない。</u>そして，不安が強ければ十分に神経症的になり得る。それは不安性障害に発展しやすい。

　精神分析はエディプスコンプレックスをはじめ，不安と自己不信とを常にセットで考えてきた。サリバンやホーナイも不安の基本を対人不安にあると考えた。これらの考えは，不安の背景に対人関係上の問題や認知の問題を考えていることになる。つまり，不安には，必ず，葛藤が生じたり，偽りの自己を身につけるなどして，自己の疎外化の物語が伴うものと考えている。そういうケースもあるが，まず，不安を抱きやすい傾向があり，自己の疎外化の物語が比較的薄いケースもあると考えている。つまり，純粋に「不快感情への過敏さ」が問題の神経症状態の本質である，というケースもあり得ると考えている。このようなケースこそ，不安に伴う認知を扱う認知療法的アプローチが功を奏するのではとも考えている。

　ここでは不安について述べたが，不安に限らず，恐怖感，抑うつ感のような不快感情への過敏性は，後に述べるように，親から直接に響いて子どもに身につくことがあり得ると考えている。つまり，自己の疎外化のメカニズムや物語性の希薄な「不快感情への過敏性」というものがあるのではと考えている。

(3) 機能の問題

　アンナ・フロイトは，児童臨床を通じて，防衛機制も含めた年齢相応の自我機能の発達レベルが，ある程度の健康度を示すと考えた。臨床的にも，自己感が安定していても，不安に対する過敏性がなくとも，防衛が未熟で情動のコントロールが悪いとか，問題解決能力が低いとか，対人関係能力が低いとか，情報処理能力に問題があるなどの機能面に問題があると，そのような機能が必要とされるさまざまな状況で混乱し悩みこむこととなる。その悩みが深ければ，神経症とすべきかどうかは別として，神経症的な悩みと区別がつかないほど苦しいものとなる。

　また，アンナ・フロイトの研究からもわかるように，機能の問題は，成熟の問題と不可分である。逆に言えば，「成熟不全」の問題として「機能不全」を考えることができる。しかし，ここでは，理論が複雑になるので，「機能不全」として考える。

　そういう意味では，さまざまな機能不全による悩みも不適応に導くが，この機能面のみの悩みであれば，神経症的な悩みとはしない方がよいかもしれない。ある意

味，CBT，PST，IPTなどは，この点に特化してアプローチするものとも考えられる。認知の歪みなども状況判断の悪さという機能の問題とも考えられる。

このように，臨床分野でも，健康な精神をどのように考えるかはさまざまに考えられてきた。また，「健康心理学」という一つの学問分野があるほどに「心の健康」というものをどのように捉えるかは多岐にわたっている。しかし，臨床的には，ある程度の「安定した自己感」「不快感情への感受性の適正さ」，そして，「生きていくうえでのさまざまな機能」を備えていることが健康な心の必要条件だと考えている。

3. 学童期までに神経症構造・パーソナリティ構造が固まる

それでは，この心の健康に必要な「安定した自己感」「不安への感受性の適正さ」，そして，「生きていくうえでのさまざまな機能」はいつごろまでに固まるのか？ 言い換えれば，いつごろ悩みの構造やさまざまな機能が内在化され身につくものかという点について，まず，私なりの考えを述べたい。

(1) 学童期までに生き方の基本が決まる

人の悩みというものは，その人の生き方と深い関連性がある。それゆえ，人の生き方が決まれば，悩みの構造も決まるのではないかと考えている。そして，人の生き方・ライフスタイルが固まるのは学童期までではないかと考えている。ここで，学童期という場合，4歳から10歳ごろまでを意味している。つまり，多少，幼児期の後期も含むものとする。

3～5歳ごろまでの乳幼児期は，歩く，食べる，話す，一人でいられるなど，子どもの基本的な機能が備わって，母親が不在でも，何とか一人で生きていけるだけの小さな子どもが完成するときと考えられる。精神分析の発達論は，ここまでが大切と考えている。しかし，少なくとも6～7歳ごろまでの脳の可塑性は極めて高いので，それまでの問題のある状況は，まだ内在化されていないと考えたほうがよい。ただ，多くの家庭では，5歳ごろまでの養育者がそのまま継続して育てるので，5歳ごろまでの問題がそのまま，その後に，内在化することは十分にありうる。

そして，その後は，思春期における変化を迎えるまでは安定して成長するときである。質的な変化はなく，体が大きくなり，走るのが早くなり，言葉が増えるなど，量的な変化のみが目立つ時期である。そのため，精神分析では潜伏期とされ，ドラマティックな変化のない時期と考えられていた。確かに，ドラマティックな変化はないが，生き方やライフスタイルが固まるという意味では，とても大切な時期であり，潜伏期とした点は誤りだと考えている。

また，思春期は，第二次性徴に伴う変化も劇的なので，やはり，私を含め，多くの研究者から注目され，さまざまな問題が解明されてきた。臨床的にも，思春期に入ると，学童期までに比べると，病理がかなり固定化する。

　私自身は，思春期の心の病は，学童期までに家族の中の重要な他者（母親が多いが）との関係性（不在も含めて）で形成された心の問題を，本人が自覚的に意識することから生ずると考えている。<u>一言で言えば，「こんな自分では生きていけない」という思いに追い込まれ，それに対して自分なりの対応を，しかも多くは誤った対応をすることから生ずると考えている。</u>先ほど述べた「自己不信」「否定的な自己像」・「自己嫌悪」である。そして，このような自己像を抱くことこそが狭義の神経症的な悩みといえる神経症構造だと考えている。この自己像は，CBTでは自動思考のベースとなる「愛されない自分」「無力な自分」という思い込みに相当する。

　言い換えれば，自覚的に自分の存在そのものを悩むという，いかにも人間的な悩みを抱くのが思春期という時期といえよう（すべての神経症的な悩みに通ずるものともいえようが）。また，学童期に比べ，病的な心理構造が人格の内部にまで形成されつつあるので，治療としては，環境調整や親への治療的アプローチだけでは不十分になる。しかし，成人よりは環境との関係性がまだ深く絡まっているので，親への治療なども含め，環境への働きかけも必要となる年代である。つまり，<u>心の粘土は，学童期までは固まりつつあるが，まだ十分に柔らかさを保っているときだと考えられる。そして，思春期までには，ある程度，粘土は硬くなる。</u>そういう意味で，思春期になって本格的な神経症的悩みが始まるともいえよう。

(2) 学童期までに生き方が決まるという根拠
①運動神経などの手続き記憶との関連

　学童期までに神経症構造が身につくという考えは，運動神経の良さ・悪さも6～7歳ごろまでに決まるという報告とも関係している。運動神経は無意識の手続き記憶をベースにしているともいえよう。このように無意識の手続き記憶が固まるのが，この時期であれば，「自分」を感ずるシステムも，このころまでにプログラム化される可能性が高い。神経科学的にいえば，無意識の手続き記憶は淡蒼球で，無意識の考えは尾状核に蓄えられるといわれている。淡蒼球も尾状核も大脳基底核に含まれる古いシステムであり，早期に発達する組織である。

　この他にも，学童期に生き方が固まると考える根拠や研究は数多くある。アドラー学派では，ライフスタイルが固まるのは，4～10歳ごろまでの範囲で議論されている。これは，まさに私の言う学童期である。また，うつ病研究で有名なセリグマン（Seligman, ME）も7歳ごろまでが重要と言っている。ここでは，彼の報告につい

て触れたい。

②セリグマンの報告

　セリグマンという学者は、「説明スタイル」という、認知に関する研究もしている。彼の「説明スタイル」論はうつ病の発症要因として研究されており、認知療法の「認知の歪み」とともに、うつ病の「認知の脆弱性仮説」に含まれる。

　「説明スタイル」とは、人が何かを体験すると、その出来事に、それなりの説明を加えることをいう。そして、個人個人の特徴ある「説明スタイル」が形成されるのが7歳ごろであり、そのスタイルは40歳になっても変わらない傾向があると報告している。7歳ごろである。

　たとえば、何か悪い出来事に出会うと、「それはすべて自分のせいであり、自分にはいつも悪い結果が起き、何をしても結局そうなる」というような説明をするスタイルを、彼は「悲観的説明スタイル」と呼んでいる。つまり、いつもすべての体験に対して、自己否定的で、ネガティブな考えをするスタイルである。そして、このような説明スタイルをしやすい人がうつ病になりやすいとも言っている。つまり、彼の考えによれば、大人になってうつ病になりやすい人は、7歳ごろまでに身につく「悲観的説明スタイル」に原因があると考える。つまり、7歳ごろまでにうつ病になりやすさが決まると考えた。セリグマンの考えが正しければ、学童期に固まる考え方のスタイルが大人のうつ病にも影響していることになる。

　一方で、悪い出来事が起きても、「それは、たまたま起きたことであり、自分のせいではなく、しかも、その時、その状況での特異な出来事だ」と説明する人もいる。彼は、このスタイルを「楽観的説明スタイル」と呼んでいて、このような説明スタイルをする人が成功者になる傾向があるとも言っている。そして、日記や言動などを研究して、ほとんどのアメリカの大統領、メジャーリーグで活躍するスタープレーヤーなど、アメリカでの成功者は、この「楽観的説明スタイル」の考え方をする人だとも言っている。そのため、学童期までに、この「楽観的説明スタイル」を子どもに学習させることを勧めている。そうすれば、あなたの子どもは成功者になれるとも言っている。行動療法のワトソン（Watson, JB）に通ずるアメリカ的なシンプルな考えであるが、とにかく、彼は説明スタイルの特徴が学童期の半ばである7歳前後に固まり、それが40歳まで変わらないという調査結果を報告している。

　そして、繰り返すが、思春期臨床を通じて痛感することは、学童期までの環境要因がとても大きいということである。学童期こそ、個人の生き方・ライフスタイルのベースができる重要な時期だと考えている。言い換えれば、世の中をどのように生きていくかという生き方を身につける時期であり、柔らかい粘土が固まっていく時期だ

ろうと考えている。つまり，未だ，外からの新しい刺激によって変化しやすい時期であると同時に，一方で少しずつ固まろうとしている時期であると考えている。

③親子関係の持続の問題

また，学童期までの親子関係が心の問題に一層重要になったのには，いま一つ，時代状況も関係していると思う。以前は，学童期に入ると友達関係の群れ世界に入っていったため，親子関係の重要度は低下した。発達心理学でも，学童期といえば，友人関係が中心テーマとなることが多かった。サリバンの学童期から思春期までの子ども同士の関係性の研究も有名である。しかし，現代社会においては，子ども同士の自然な群れ社会が消え，幼児期からの親子関係がいつまでも続くため，その親子関係の子どもへの影響力が続くことが多くなった。言い換えれば，子どもの群れ社会によって家族間の問題が修正される機会がなくなったこととも関係していると思う。

それゆえ，学童期までは，虐待を受けたような子どもを除いて，何か子どもが苦しんでいれば，リアルタイムの何かが影響している可能性が高く（その時点での親子関係や，学校などの問題），ましてや，心がいまだ柔らかい状態にあるので，その関係性や問題点にアプローチすることが最優先されるだろう。しかし，思春期になると，かなり，悩みの構造や，生き方そのものに問題が生じているので，家族などへのアプローチも必要ではあるが，本人へのアプローチも重要になる。もちろん，思春期も成人期よりは未だ可塑性が高い。

そういう視点からは，学童期までの親（特に母親）との関係性が決定的に重要になったと考えている。精神分析の分離個体化や分裂対象関係などの議論は，すでに群れ社会の力を失いつつあった先進国での状況が反映している可能性が高く，このような考えがフィットするようになったのは，わが国がやっと，そのような状況になりつつあることによるとも考えている。

4. 人は何を悩むようになるのか

(1) 日常的な健康な範囲の悩み

まず，病的な問題を抱えていない，ほぼ安定した自己感を抱き，不快感情への過敏性もなく，極端な機能面の問題を持たない健康な人の悩みについて述べたい。このような健康な人が陥る悩みは，脆弱な機能面（適応能力としてのさまざまな機能－自我機能）における適応の問題として生じやすい。そのため，新たな適応を迫られる発達課題に直面して生ずることが多いので，以下に発達段階に即して述べる。

①子どもの時代の悩み

　すでに述べたように，学童期までの子どもは，強い外傷体験にあうこともなく，機能不全家族のような厳しい環境ではなく（このような環境であれば，病的なパーソナリティが発展する），ほぼ平均的な環境で育っていて，何かに悩んでいれば，環境要因が悩みの中心にある。それとともに，子どもの成熟度と，それに伴う機能面の問題が関与していることが多い。

　家庭環境は直接影響する。両親の不和，親の病気などで，家庭内が不安や緊張に溢れるようになると，子どもも不安・緊張に圧倒されやすい。子どもはリアルタイムに不安・緊張に巻き込まれている。しかし，まだ内在化されていない。つまり適応障害といえる。

　また，家庭と家庭外環境との違いに戸惑うことから悩みが生じていることも多い。子どもは，4～5歳までに，家庭での過ごし方に適応する。しつけが緩く，枠組みがなさすぎる場合は，学校環境そのものの枠組み・スケジュールなどに違和感を感ずるだろう。しかし，家庭できつめのしつけをされた子は，比較的，この時期には問題は起こらない。ただ，将来，神経症構造を抱くようになる可能性がある。

　本人の能力の問題もある。学校などで，できないこと・苦手なことをしなくてはならず，自分の無力に直面する。同年齢の仲間に入ることでのつらい体験もある。何かと遅れがちとか，周囲の流れについていけない，攻撃を受けて対処できないなどである。

　そして，問題にぶつかると，比較的シンプルな反応・対応をする。

　不安・緊張が続くとチックや発熱などの身体症状が出やすい。本人としてできる対応としては，つらい環境を避けることであるが，学校のような外の環境であれば，それが可能であり不登校につながる。しかし，家庭そのものの問題は避けようがない。この場合，子どもとしては不安や恐怖感を心理的に否認するしかない。あるいは，家族の中の誰かにしがみつくか，寄り添うことしかできない。しかし，最近では，少子化・核家族化のため，寄り添える人がいないことが多い。そして，このような対応を続けていると，やがては，神経症的な構造に発展しやすい（このような子どもの不安に対する対応については，ホーナイが詳細に論じている）。

②思春期の悩み

　思春期の悩みについては，各論のスタートの章で触れているので，ここでは詳述しない。ただ，思春期には，すでに述べたように神経症構造が確立しており，自分の中にある不全感，自己感覚の希薄さ，対人関係上の無能感，被圧倒感，受け入れがたい身体への直面化などに混乱をきたし，それを何とかしようとすることで混乱

が増すことが多い。

　しかし，神経症構造が強くなくとも，思春期には，第二の分離個体化期といわれるように，自分の主体性が問われ，自己意識の増大や，より信頼のできる友人（chum論につながる）を求めることからくる不安や，異性への関心の高まりなどから，ほとんどの若者が何らかの悩みを抱くことになる。これらの悩みは「思春期の混乱」「思春期危機」といわれる。これらの悩みはどんなにつらくとも健康な悩みである。つまり，病的な悩みの方が一般にはつらいことが多いが，健康な悩みがそれを上回ることも十分にあり得る。そういう意味では，悩みの強度では，「健康な悩み」「神経症的悩み」は区別できない。

　もっとも重要な課題は，自分として受け入れられない自己を意識しながら，よくわからない他者を意識しながら，自分の立ち位置を意識的に確立しなくてはならないことである。そのため，自己愛も含め，自己像を巡って悩み，他者との間合いについて悩むことが多い。そのような悩みが深刻化すると，摂食障害，身体醜形障害，対人恐怖症，ひきこもり，BPDとしての悩みに発展する。これらの病が本格的に発展する場合は，背景に神経症構造が潜んでいると考えなければならない。

③青年期の悩み

　わが国においては，大学までは，至れり尽くせりの環境であり，与えられたシステムに沿ってくれば，大学卒業までは比較的やりこなせる。しかし，就活から就職については，急激に厳しい生存競争をベースとした社会に参入することになり，このような状況にであって，それまでとは異なる攻撃性や厳しさに直面し，心身症，うつ病，不安性障害などに陥りやすい。これらの障害は神経症構造がなくとも発症し得る。つまり，現実神経症的な障害も含まれる。

　多くは，厳しい枠組み，与えられる枠組みでの役割に縛られることなどに違和感を感ずることで，その枠組みや役割を受け入れるかどうかの悩みとなることが多い。古典的に言えば，自我同一性の問題に直面することになる。つまり，自分の社会での立ち位置に混乱しやすい時期なのである。

　また，役割が求める能力や対人関係などについていけないとか，自分のやり方が許されないなどの問題にであう。そして，自分を守るため，フリーター的な生き方を選ぶ若者もいる。

　アスペルガー障害傾向のある若者は，特にこの時期に対人関係能力などの問題で不適応を起こすことが多い。

　ただ，一昔のように，自分探し，自己実現をめざして彷徨するというような青年は目立たなくなった。しかし，潜在的には，社会における自分の在り様を模索する

心の作業は，激しくはないが続いていると考えたほうがよい。特に，希望通りの就職に失敗して転々とフリーターをしている場合や，家業を継ぐなど，否応なく何かの仕事につかねばならいなかった状況では，しばしば，さまざまな不定愁訴をはじめ，不安・抑うつ症状を訴えることになる。そのようなケースでは，背景にこの種の迷い苦しみがある可能性を考える必要がある。しかし，これらの悩みも多くは健康な悩みといえよう。

④成人期・中年期・老年期

　成人期は，仕事上の問題，結婚の問題，夫婦の問題，子どもについての悩みなど，現実的な悩みが中心となる。過剰な役割を果たさなくてはならなくなったとか，苦手な仕事に就いたとか，経済的な困窮などに出会うこともあろう。また，浮気を含めた夫婦間の問題や，子どもの成長などに伴う変化に対応できないなどの問題が生ずる。

　特に20代，30代は，つぎつぎと新たな役割が迫ってくる。女性であれば，結婚して妻となり，母となり，現代では，結婚生活と仕事とを両立しなくてはならぬことが多い。男性も夫になり，父になり，仕事上も責任が重くなっていく。どこかで苦手な局面にも出会うことが多くなる。

　中年期に入ると，若さを失い，将来が見えてくるなど，さまざまな可能性が失われる。つまり成長路線から下降路線に入ることを自覚する。また，子どもは自立していく（最近は，自立しない子どもも増えてきているが）など，それまで，維持してきたものが，少しずつ失われていくことを感じ始める。そのため，このような生き方でよかったろうかという，人生そのものを考え出す。ユングの言う「人生の正午」である。エリクソン的に言えば，統合と絶望の岐路に立たされる。すなわち「中年期危機」がテーマとなる。

　特に，自己愛傾向のある人が，それなりに自己愛を満たせるような生き方をしてくると，この下降線の中年期は，どうにも耐えられないものになる。主たる気持ちは「虚しさ（emptiness）」である。

　反対に，自分を殺して役割に徹してきた女性が，突然，自分探しを始めて，男性に走るなどということも起きる。それは，ゲシュタルト療法でいう，「未完の仕事（unfinished business）」であり，自分の人生に先がないことを意識して，やり残していた何ものかを探し求める作業である。この場合は，「満たされなさ」に悩む。

　最近は，この時期に，親の介護が始まることも多く，そのストレスで体調を崩す方も多い。

　そして，老年期は，病気と老化への直面化，そして，身近な人の死とともに自ら

の死，および，死後のことに悩む時期である。

　このようなライフサイクルに沿った悩みについては，エリクソンが参考になる。また，中年期や老年期の研究も盛んである。これらは，すべての人が出会う悩みを述べているので，参考にしていただきたい。

> **✚コラム⑧　外傷固着と快感固着**
>
> 　発達上の危機や，初めての就職などで，新たな慣れない状況で混乱することも悩みにつながる。このような悩み・混乱はすでに，一般の人も出会う悩みとして述べた。しかし，自分の快い生き方が通用しなくなることに拒否感を抱いてひきこもったり，それまでの快い生き方だけに固執することは，「快感固着」と呼ばれ，かなり問題となる神経症構造につながる。溺愛された子どもが学校環境になじめないで，快い家族との関係のみで生きようとしたり，自己愛的な何ものかにしがみつくような生き方しかできないケースなどが，快感固着として理解することができる。このような問題は，案外，面接による心理療法では改善が望めないことも多い。
>
> 　固着という意味では，精神分析が考察してきた外傷による固着が一般的であり，これを快感固着に対して「外傷固着」と呼ぶことがある。精神分析の介入のほとんどは外傷固着をテーマにしていることは間違いない。そういう意味で，快感固着に対する面接技法は，いまだ確立されたものがないともいえよう。自己愛パーソナリティ障害の治療，カンバーグやコフートの治療も，ベースには外傷体験や欠損体験を想定しているので，「快感固着」を考えていない。純正に快い幼児期からの生き方にしがみついている病理について包括的に議論した学派はないようだ。もちろん，「快感固着」を未熟さと考えて，「成長不全」としての議論はある。

(2) 健康な悩みへの対処法

　健康な悩みへの対処法としては，不快感情への過敏性がない，神経症構造がない，あるいはそれらが希薄ということで，機能の脆弱性も含めて，現時点での問題にアプローチすることになる。

　現時点での問題にアプローチする作業には二種類ある。

① 各発達段階での混乱についての心理教育的アプローチ

　このアプローチは，それまでの生きてきた道筋と，その発達課題での混乱がそのクライエントの生き方とどのように絡んでいるかを明確にしていく作業である。つ

まり，発達上の問題に限って言えば，役割が変わったり，それまでの対応が有効でなくなったり，まったく，体験したことのない何ものかに出会うことが悩みを生む。そのため，人は，何とか，それまでの自分を保とうとしたり，逆に極端に無理をして状況に合わせようとすることで混乱を深めることがある。アプローチとしては，このような混乱している状態を明確にし，何が変わっていて，どのような対応をしているかを明確にし，本人の選択を促すことであろう。混乱状況に気づけば，それなりの対応は可能である。

②現時点での問題を明確にし，より有効な対処を模索するアプローチ

このアプローチには，ラザルス（Lazarus, RA）らの研究とCBTなどのアプローチが参考になる。つまり，「ストレスとなる出来事・環境」「認知，対応スタイルと能力」，そして，「周囲からのサポート」という観点から考え，問題点を整理するというアプローチである。ある意味，とても常識的なアプローチである。

出来事には，不安・緊張を強めるもの，喪失体験，傷つき，自他への不信などがある。そして，そのような出来事に対して，人は必ず，独特の意味付けをする。それが悩みを深めることが多い。また，その出来事に対処する能力や，柔軟なスタイルなどが欠けていることが悩みを強化する。そして，周囲のサポートがどの程度得られているかで，悩みの深まり方，悩みの強度が変わってくる。

この種のアプローチは，一言で言えば，健康な悩みに対する自我支持的（ego-supportive）なアプローチといえよう。CBTなどのアプローチは，従来の心理療法の枠組みとしては自我支持的なアプローチである。問題を整理し，問題点を明確にし，それに伴う認知の歪みを明確にし，対応策をいろいろ相談するというアプローチである。

このようなアプローチにおいては，私自身は機能面の問題を明確にするようにしている。健康な心の人にも，適応上，苦手な局面がある。それは，その人の機能の弱い状況に出会っていることを意味する。特にチェックすべき機能は以下の項目だろう。自分から動く力・主体性（自分で解決する能力が低い——自我機能のcompetenceに近い），問題解決能力（プラニングの力，柔軟性，多様性など），対人関係能力（多様性，コミュニケーション能力など），決断力や割り切りの能力などをクライエントに即して検討すべきである。とくに若い世代では，機能に偏りが見られることが多い。柔軟性に欠けてワンパターンであることも多い。その点を考慮すべきである。

5. 神経症的な悩み —そのベースとなる対人関係—

　健康な悩みに対して、神経症的な悩みという場合、クライエント本人に神経症となる要因がある場合をいう。それには、すでに健康である条件として述べた「安定した自己感」「不快感情への適正な感受性」「適応に必要なさまざまな機能が身についていること」の三条件に問題があることを意味する。すなわち「自己への不信」「不快感情への過敏性」「必要な機能の不全」が神経症発症の準備性となる。

　しかし、あくまで狭義の神経症的な悩みとしては、自己の在り様に問題を持つという意味で（神経症構造のある）、「自己不信」（自分というものを受け入れられないという意味で「自己の疎外化」ともいえよう）の物語を伴う悩みが当てはまるだろう。そして、「不快感情への過敏性」は神経症的な病態を呈しやすいという意味での広義の神経症に含むべきだと考えている。そして、すでに述べたように「脆弱な機能」「機能不全」の問題は神経症的な悩みというより、適応上の問題であり、心理的なメカニズムとしては健康な悩みと考えたほうがよいだろう。もちろん、日常の生活すらままならぬほどの機能低下があれば、病的な状態に陥るので、症状としては神経症症状を呈しうるが、神経症構造がないという意味では、健康な悩みのベースとなるものと考えている。

　それでは、このような神経症となる準備性は、どのような要因によって生まれるのであろうか。

　私自身は、何らかの素質とともに学童期までの重要な人物（親が多い）との問題のある関係性によると考えている。このような考え方は精神分析と基本的には同じであるが、精神分析の欲動論はとらないので、より対人関係論のカレン・ホーナイの考え方に近い。

(1) 神経症および神経症類似の病態を生む関係性

　以下に、私なりに、問題のある「自己不信」「自己の疎外化」という神経症構造を生む関係性および、神経症類似の病態を生む「不快感情への過敏性」「機能の脆弱性」のベースとなる重要な他者との関係性をリストアップする。これらは、AであればBではないというような分類的なカテゴリーではなく、互いに重なりうるものである。つまり、実際には、それぞれの傾向がどの程度あるかを検討するという方法で使ってもらいたい。また、すでに述べたように、神経症構造などは学童期までに固定化しやすいので、それ以前に、問題点に気づいて改善することがとても重要である。

　また、激しい外傷体験であれば、一度でも体験すれば、人生を決定するような心

的な影響を受けると思われるが，一般の生活においては，一度や二度の出来事よりも，日常生活全般に，持続的に存在する重要な人物との問題のある関係性こそが，神経症的な悩みを生むと考えている。そして，現代は，そのような問題のある関係性が，学童期まで時には生涯続くことが多い。

①虐待・機能不全家族

　親の側が，安定した関係性や家庭状況を作ることができず，あるいは作ろうとせず，子どもは，耐えられる範囲を超えたストレスや攻撃性を受けるような環境・関係性で育つ状況である。それは，子どもからすれば，激しい傷つき・侵入される恐怖・圧倒される脅威などとして体験される。

　このような激しい攻撃性にさらされた子どもは，健康な心の統合ができず，怒りや無力感から生ずる救済願望のため，過度に理想化されたイメージを他者に投影したり，激しい怒りを投影することから，現実を歪めて捉えることになる。このような心的世界を描いたのが，クラインであり，このパーソナリティ構造を考案したのがカンバーグであろう。

　どの時期に，どのような状況で，どの程度の攻撃性を受けることが，あるいはまた，必要なケアーを与えられないことが，どの程度の病的な構造を生むかはわかっていない。

　このような環境にある子，あるいは，このような環境で育ったクライエントの症状は多彩であり限定できない。治療場面では，安定した関係性が持てないとか，激しい被害感，不信感を抱きやすいとか，感情がnumb状態で，失感情症のような状態であることも多い。

　このような状況であれば，自己の疎外化は当然であり，それも自己崩壊というような状態をもたらすし，さまざまな不安・恐怖なども抱きやすくなるであろう。さまざまな機能面にも問題が起こるだろう。

＋コラム⑨　最貧困女子

　臨床領域からの報告ではないが，幼児期から安定した環境のなかった子の，その後の姿を，セックスワークに携わる若い女性の中に描き出した鈴木大介氏の『最貧困女子』（幻冬社，2014）が参考になる。登場する女性からは，生き方そのもの，自分そのものが断片化していると言ってもよい深刻な姿が見られる。

　まず，登場する多くの女性は家族との絆が壊れている。誰かと安定したつながりを持ったことがない子がほとんどである。親から虐待を受けていることも多い。

そのため，児童養護施設に保護されたりするが，そこでも孤独に過ごしたり，脱走した子もいる。思春期になると淋しさゆえか，男性と同棲しだす。そこでも長続きせずに，転々と風俗業を渡り歩くことになる。
　同棲していても，女性は風俗の仕事を辞めない子も多いという。何の抵抗もないようだ。同棲している男性もそのことに不満を持たないという。彼らも似たような生い立ちを持つことが多いという。彼らには，共に生きる，相手を大切に思う，そして，そのような生活・関係性の中にセックスがあるという全体性が崩れているともいえよう。
　また，ある登場人物，加奈さんは，同棲していた男性との間に二人の子どもを産むが，彼とも長続きせず，子どもを育てながら出会い系サイトで客を求めて，何とか日々を生きているような子だ。手首にはリストカットの傷が生々しく，本当にいつまで生きられるかわからないような子だ。しかし，彼女には，驚くほど深刻味がないという。このような深刻な状況を著者に話しながらも，FMラジオから流れるJポップスに合わせて身体を揺らせていたという。強い感情を抱くには，それなりの自分の気持ちへの集中が必要だ。彼女にはそれができないともいえよう。自己の障害ともいえようし，心が断片化しているともいえよう。

　以下に述べる②③のタイプは，ある程度の養育環境は得られているが，そこに潜在的な問題が秘められている関係性である。また，このような関係性では，問題のある関係性だと気づかないまま育っていくことが多く，結果的に，「神経症構造」や「不快感情への過敏性」「機能の脆弱性」を生むことになる（素質の影響は後述する）。圧倒的多数の神経症者の問題に繋がる関係性である。それはまた，極端になれば，パーソナリティ障害のような神経症レベルを超える問題を起こしうるし，また，軽度であれば，健康な人も同様の傾向を抱くことになるような関係性である。つまり，程度の問題もおおきく影響するということである。
　大別すると，親子関係のかかわりが「過剰な関係性」あるいは密着構造と，「過度に希薄な関係性」に分けられる。以下，それぞれについて述べる（なお，以下の内容は，アメリカ小児精神医学会編纂のDC：0-3Rを参考にした部分もある）。

②過剰な二人の関係性
　親子が密着しすぎている関係性である。この関係性には，「感情の問題」「行動上のコントロール」「イメージや役割を投げ込みすぎる」問題がある。

a. 感情で強く影響する場合

○**不安の響き合う関係性**　子どもは親の感情に共鳴しやすい。「不安の共鳴現象」はその一例である。響き合うのは，あるいは影響を受けるのは不安ばかりではない。以下に可能性のあるマイナスの影響を与える感情について述べる。

　わが国にもっとも多く見られるのが不安の強い親である。子どもが少なくなったことも関係しているだろう。現代の親は孤立して，一人二人の子どもを育てる。当然，自信もないまま，不安を抱えて育てることになりやすい。それを子どもは敏感に感じ取る。

　親は，子どもからのサインに極度に感受性を高めていることが多い。子どもに強い関心を示し過保護的になりやすい。また，不安なため，身体の扱いは不器用で力の入りすぎたものであることも多い。

　不安や緊張のため，子どもの振る舞いや気持ちに適切に対応できない傾向もある。特に長子，一人っ子は，不慣れで不安な養育態度の中で育つことが多い。そのために慎重な性格になりやすい。時には，このような不安の強い親に育てられると，子どもは従順でもないし，親を求めてまとわりつくこともない。それは，親の自信の無さを感じ取るからである。

　先ほど述べた神経症傾向の一つである「不安への過敏性」を高める関係性である。不安な親を避けて自力で生きようとする子は，比較的，自己感は安定している。しかし，不安への過敏性が高いことが多い。

○**緊張の強い親**　この世は危険に満ち満ちている，人は信用できないと感じている親，姑やパートナーと喧嘩ばかりしている親など，怒り・敵意に満ちている関係の中で育つと，どうしても子どもは緊張を強いられるし，時に，攻撃性を抱くこともある。最近は，母親が働くことが多く，母親の抱えるストレスが多くなっている。そのため，緊張しやすい状況に母親が置かれている。

　緊張の強い親の育てかたは，子どもの扱いが粗くぞんざいなものになる可能性がある。また，情緒的な相互性が見られないとか，子どもからのサインに鈍感であるかもしれない。また，子どもがせがむときには特に拒絶的になることが多い。

　時に，子どもを，あざけったり，けちをつけたりする。

　子どもは，おびえ，不安げで，抑制的で，衝動的で，あらゆるところで攻撃的になることもある。親には反抗的であり，要求がましくもある。常に周囲に注意を払い，恐れを示し，回避的でもある。対応は硬い傾向がある。情緒は限定的である。緊張感があり，楽しみや興奮に欠けている。

　強い緊張は，恐怖感や不安感に発展するので，やはり「不快感情への過敏性」を高める関係になりやすい。また，親からの恐怖のために，自分の感情や在り様

を防衛的に無理やり抑圧したり、相手に迎合してごまかそうとすると「自己の疎外化」につながる。その典型的な状況が去勢恐怖の伴うエディプスコンプレックスである。
○抑うつ状態にある親・つかれきっている親・心気的な親・病気に負けている親
　このような親や家族状況で育てられると、どこかあきらめにも似た生き方になりやすい。子どもも思春期を越えると身体症状を訴えたり、抑うつ傾向を示す傾向がある。
　しかし、不安な親への態度同様に、親に頼らずに距離を置いて自立して生きる子は、自己感は安定していることが多い。しかし、やはり、うまくいかない状況に出会うと抑うつに傾きやすい傾向を示す。つまり、抑うつ感情に陥りやすい。

　このような気分・感情に支配されると、症状的には、さまざまな身体症状、心気症、不安性障害、抑うつ傾向として表れやすい。また、不安・緊張などはどうしても人が抱くものである。そのため、そのような感情の蔓延度・強度も問題となるし、それを緩和する存在の有無も関係してくるだろう。そして、<u>不安・緊張・抑うつ感を抱く親本人が、そのような気分に対して、どう対処していたかも大きく関係してくる</u>。クライエントなどの生活史を見ると、親自身が不安などの感情の対処が悪く、それを子どもに垂れ流している場合がもっとも悪影響を及ぼすものと考えている。つまり、子どもは親の態度から、不安・緊張などの不快感情に対する対応の悪さも、同時に学んでしまう可能性が高い。
　それゆえ、このような気分がベースにあるときは、その気分そのものを明確化しつつそれを支え、それとともに認知の歪みを修正するというアプローチや、対応などを工夫するとともに、そのような気分や状況に対する適切な姿勢を指導することが治療には必要となる。それゆえ、CBTの適応となるし、セラピスト自身が、クライエントの不安に対して安定した態度で向き合うという姿勢を示して、不安に対する姿勢のモデルとなることが重要な治療的働きかけとなる。
　ある家庭においては、いろいろな状況から、母親が絶望とイラつきと緊張の強い心理状態で二人のきょうだいを育てた。思春期以降、兄は不登校から閉所恐怖症、妹は不潔恐怖中心の強迫性障害に悩むようになった。このような神経症症状の発症には、家庭に蔓延していた緊張状態が影響していたものと考えられる。しかし、二人とも仕事能力は高く、順調に出世した。このことからも神経症的な不安と適応能力とは別物だと考えられる。

b. 行動上あるいは生きる枠組みを支配する働きかけ
○過剰にコントロールする親・支配的な親　親が過ごし方をコントロールしすぎる状況である。フロイトの時代は，父権性が強く，父親が支配コントロールしていた。そのような環境での男の子の葛藤を描いたのが，エディプスコンプレックスである。わが国では，母親のコントロールが強いことも多い。葛藤モデルに発展する関係性でもある。
○手を出しすぎる，過干渉，テンポの速い親，待てない親など　このようなタイプも，結果的に子どもをコントロールすることになる。わが国に多い母親である。しっかり者の母親であることが多い。いわゆる「アーしなさい」「コーしなさい」と言いすぎる親である。
○いろいろ世話をしすぎる，きめ細かく気がつきすぎる親　このような親も，結果的には子どもの行動に干渉しすぎることになる。

　以上のような行動上の規制ばかりであれば，比較的，心の中にまで問題を起こすことは少ない。しかし，主体性が落ちやすい。不登校児の中には，このような環境で育ち，主体的に動く力が落ちるために身動きの取れない状態になった結果，不登校になるケースが見られる。つまり，このような関係性では，適応に必要な機能が育たないために，「機能の脆弱性」が起きる可能性が高い。また，相手の言うことに合わせてばかりいると，能動的な自己感や，自分への信頼感が育たないという意味では，「自己不信」にもつながる関係性である。
　しかし，心の中にまで問題化しやすいのは，やはり，精神分析や対人関係論が述べたような行動上のコントロール（自己の疎外化につながる）に，不安や恐怖感が伴う場合である。つまり，二つの要因が重なる場合である。エディプス状況は，圧倒される恐怖感が伴った支配であるため，従わなければ，厳しい超自我に代表されるような，責められる恐怖が伴う。また，わが国に多いのは，「不安の先取り型」の母親であり，不安であるために，先に先に，子どもに干渉するタイプである。子どもは，不安な気持ちを抱きながら，親の働きかけにゆだねるようになる。そのため自分で主体的に動く力が低下するとともに，自分で動くことに不安を抱くようにもなる。また，親からは無意識のうちに，「無力な子」というイメージを投げかけられることもある。それでも，このような働きかけだけであれば，自己に対するイメージまでが強く歪むことは少ない。心の世界までが強く歪むのは，次に述べるイメージや役割を投げかけられる場合である。

c. 子どもの気持ち・願望を決めつける・イメージや役割を強く投げこむ親

　人は，常に，自分にも他者にも外界にも，さまざまなイメージを投げかける。健康な状態であれば，その主観的なイメージと現実とを検討して修正していくものである。しかし，強い欲求や願望がある場合や，強い不安と恐怖感，あるいは無力感があると，そのイメージは歪みやすい。そして，そのような欲求と不安から生じたイメージ，あるいは，それに基づいた役割を子どもに投げかけると，子どもは，それを取り入れることになる。そして，その取り入れた自己イメージ・役割と本来の自己とに大きな解離があると神経症構造に発展する。このような関係性こそ，「自己の疎外化」を生み，「偽りの自己論」のベースとなる関係性である。ホーナイが示した「本当の自己の喪失」は，まさにこのような関係性を述べたものであるし，アリス・ミラー (Miller, A) の親の欠損部を補う子どもの描写もこのことを述べたものである。

　具体的には，親の願望が子どもに投げかけられ，投影同一視的に「あなたは，これが好きでしょ」「あなたはこれで幸せでしょ」という決めつけが起きやすい。また，自分に欠損した部分を補ってもらうことを期待する場合と，自分の期待そのものを投げかける場合もある。また，このような関係性では，子どもと親との自我境界は希薄になりやすい。このような関係性は，子どもの自己感覚を混乱させるため，安定した自己同一性が得られない。そういう意味では「欠損モデル」に通ずる。

　子どもに期待する，あるいは投げかけるイメージ・役割には，未熟な子，無力な子（これらは親の存在価値を高めてくれる），親の身代わりとして親の自己愛を満たす子（ステイジ・ママなど），親自身が求めて得られなかった強い親役，世話役，親の抱く理想像，親が抱く否定したい自己像の反対のイメージ（弱い自分を否定するために強いイメージを要求する）などが多い。しかし，期待するイメージを投げかけるだけなら，大きく欠損部分をうむことはなく，本来の自己が育ちにくい程度であり，「偽りの役割モデル」に発展する。

　このような環境で育つと，子どもは思春期になって，何かがおかしいと感じ始める。しかし，それが何かがわからない。感じられるのは，それまで，頑張ってきた何かが壊れ始めることだ。主観的には，「自分の気持ちがわからない」「自分が生きている感じがしない」「なぜか，普通の役割にも違和感を感ずる」「とにかく，親の言うことは聞きたくない」などである。

　中年期まで，何らかの自己愛的な役割を生きて空虚感 (emptiness) に悩んだユングのクライエントや，自己愛の病理のもとに，成功しているにもかかわらず，空虚感を抱く自己愛パーソナリティ障害のクライエントも，このような問題を抱えていたことが考えられる。つまり，このような問題は中年期まで引きずることがあり得る。

当然，このようなイメージの投げかけや，何らかの役割を課す場合は，程度がさまざまにみられる。与えられたイメージや役割だけを自分の生き方とし，自分自身（いわゆる真の自己）を否認し続ける生き方を思春期まで続けていると，「自己喪失」（「自己の障害」と言ってもよい）という状態にまで陥る。摂食障害や自己愛パーソナリティ障害などのベースにしばしば見出される悩みの構造である。もちろん，一定の自己感が維持されていれば「葛藤モデル」に発展する。言い換えれば，「自己疎外」を生む典型的な関係性である。

それよりも，もう少し自分があるが，やはり，与えられた自己像や役割にしがみついている病理には，対人恐怖症，うつ病，自己愛の病理がある。

そして，社会的な役割など，何らかの役割を果たしながら，自己の部分と統合しながら生きているのが健康な成人ということができよう。また，<u>すべての人が何らかの役割を果たしているという点では，人というものはすべて，すこしずつ神経症的だともいえよう</u>。

また，「溺愛する親」も，ある意味，一定のイメージ・役割を投げかけているという理解が可能である。つまり，永遠のエンジェルというイメージを投げかけつつ，こうしてあげることが幸せなはずという思い込みで育てる関係性である。とうぜん，自己愛や，幼児性が過剰に育まれ，主体性，耐える力が育たず，要求がましさなどが育まれる。このようなケースでは，思春期になると，親が子どもの横暴に振り回されているケースが見られる。特に，母親と息子との関係で起きやすい。

ケース 飯島愛さんの場合

臨床例ではないが，2008年のクリスマスイブに，たった一人で死んでいるのが発見されて話題になった飯島愛さんは，思春期に非行の世界に入ったが，子どものころは「礼儀正しく，おとなしい子」と言われるような子どもであった。

彼女は，弟二人の三人きょうだいの長女として下町に生まれ，まじめな父親と完璧な良妻賢母として近所に評判の高かった母親に育てられた。成績もよく，ひょうきんなところもあり，表面上は問題のない子として育った。

しかし，以下のようなエピソードから，彼女の家庭に潜む問題点が見えてくる。

父親のしつけは厳しく，お茶碗や箸の持ち方にもうるさく，テーブルに肘をつくと容赦なく手が飛んできたという。これは過剰な支配・コントロールにあたる。

また，母親との関係は同一視の強いモノであったことが予想される。

良妻賢母の母親は，絶対的な父親にかしずいて幸せにしてもらうことが何

より大切だと考えていた(いわゆる女性のエディプス状況)。それを子どもにも期待した。つまり、母親の期待する役割を、子どもに同一視的に投げかけたともいえよう。

　母親はしばしば、娘に対しては同一視しやすい。自分と同じように生きるのが幸せなはずだと考えやすい。母親の口癖の「こうすることが、あなたのためよ」という言葉は本心だったと思う。父親に期待される妻という自分と同じように、父親に期待される娘を演じなさいというメッセージが送られ続けていた。

　母親は、娘と距離が近すぎることが多い。息子に対しては、やはり異性という一線があることが多く、息子にかしずいたり、逆に永遠の子どものままにしておく傾向があるのとは対照的である。

　彼女が、好きになった男性に対して、まさに身を犠牲にして尽くす姿は、実は母親の姿と同じだった。

　親は、「この子のため」と思っても、それが本当に、その子のためになることなのかを考えてみる必要がある。そこには、一方的なイメージの投げかけがありうる。

　彼女のように、父親を中心に家庭の価値観や枠組みが強く、その反抗としての非行というプロセスを辿るような激しい非行は少なくなっている。古典的な非行ともいえよう。

③かかわりの過小な関係性
　子どもに関心がない、子どもからのさまざまなサインに対する感受性がないか無反応である、関心があっても、子どもの気持ちを見過ごしたり誤解しやすい関係性も同様の影響を子どもに与える。

　このような関係性においては、親子のやり取りの流れには予測可能性や相互性が欠けることになり、結果、いわゆる信頼感を育てられない関係性となる。具体的には、子どもを無視し、拒絶し、快くすることに失敗している、子どもの内的な感情に対する十分な響き合い(ミラーリングともいえよう)をしていないなどの傾向が見られる。親子のやり取りには、生気がとぼしく、喜びにかけるように感じられるケースもある。具体的には、以下の三つの関係性が問題となるだろう。

a. **無関心・ネグレクト・低い感受性の問題**
　親の無関心には、生んだまま養育にまったく無関心というあからさまなものもある。また、それなりの世話をしながらも、子どもの気持ちに無関心であるとか、自

分の状態が悪く（うつ状態など）子どもに関心が向けられないとか，もともと，他者の気持ちへの共感性に欠けるとか，自分の欲求や育て方にのみ関心があり，子どもの気持ちに関心がないなど，さまざまな関係性が見られる。

　イギリスのスキゾイドパーソナリティのケースには，親から冷ややかな態度で厳しいしつけをされたケースがしばしば登場する。この場合は，子どもの気持ちへの無関心と支配・コントロールが重なっている。

　程度がひどいと，子どもは，人との共感的な世界を持てなくなる。

　親が自己愛的・ヒステリー的性格で，自分のことで手一杯のため，子どもに関心が向けられない場合も見出される。芸術家の子どもなどに見出されやすい関係性である。

　また，親からの快い応答や響き合う働きかけのない問題は，情動調律のできない母親，子どもの自己愛的な投げかけにミラーリングのできない母親として議論されている。

　また，アブラハム（Abraham, K）がうつ病の問題として，幼児期に愛の幻滅を体験すると言っているが，そのような体験には，親の応答の無さも含まれていたろう。

b. 気まぐれ・親が子どものままの問題

　親が気まぐれで，愛情を示すときと（これも一方的な愛情を向けているのだが），すぐに飽きてしまい，他に関心を向けたり，気分屋で突然不快がったりするため，子どもは不安定な気持ちを抱き，結果しがみつくこととなる。マスターソンが描いたBPDの世界ともいえよう。男子であれば非行に走りやすい関係性である。対象像・自己像が不安定になり，心の内部には，孤独感や空虚感が存在する。

c. ズレたコミュニケーション

　親が，子どもの心をいつも読み違えている関係性である。親なりに関係性を持とうとしているが，子どもの欲求に応答できない関係性ともいえよう。親の不安や欲求や，決めつけが強い時に起きやすいので，イメージを投げかける関係性に伴いやすい。摂食障害の親子のコミュニケーションに，しばしば，このようなズレた関係性が見出される。

　上記のような関係性では，自分に適切な安定した関心を向けられないため，自分の気持ちが分からないという「自己喪失」「自己の障害」に発展することもあるし，スキゾイド的に，他者に対して無関心という防衛を用いる場合もあるし，単純にひきこもる場合もある。時に，他者にしがみつこうとしたり，自己愛的な一人の世界

を構築することもある。

　このような状況で育てば，自己の疎外というより，自己の核のような何モノか，自己感覚そのものが育たない可能性がある。人の感情は，他者に共感されて初めてしっかりとしたものに成長する。そのような体験がないと，他者としっかりした関係性を結ぶ力も育たない。親がしっかりと子どもにコミットした姿勢を示さないので，子どもも真剣に何かにコミットするという姿勢を学べない。そのため，衝動の抑制力をはじめ，集中力やさまざまな機能も育たないであろう。フラフラと生きていくことになりやすい。自己の欠損につながり「欠損モデル」の典型的なケースとなる。

> **✚コラム⑩　愛せない苦しみ・愛する対象の不在──ヒステリー・BPDの悲劇**
>
> 　一般に，人は，他者に愛されないことを悩む。しかし，実は，愛する人を見出せない，愛すべき人を愛せないことの悩みは深刻である。親との関係性が希薄な場合は，愛する対象を得られないことになる。また，ヒステリーの女性の場合，しばしば，本人の期待する理想化できる母親が見出せない，母親を愛せないという関係性が見出される。ヒステリーの場合は，母親が男性に依存するしかないという生き方をしていることに幻滅していることがある。そのため，同じ女性である自分自身にも幻滅している。つまり，自分自身をも愛せない。この幻滅を理想の男性に愛される世界で補うことに生涯をささげるため，男性遍歴に生きる女性も少なくない。その人生は，ロマンティックな非現実な世界を求め続けるという意味で，現実喪失という心的状況が生ずる。BPDのしがみつき方も幻想的な期待が伴っているために，現実に直面すると急激に醒める。そういう意味では，ヒステリーと同様の愛せなさ，愛する対象の不在に悩んでいるケースも少なくない。
>
> 　愛憎半ばするアンビバレントな関係は苦しくはあるが，愛する対象の不在よりは，はるかに幸福であるともいえよう。なぜなら，そこに手ごたえのある対象が存在するからである。ある意味で，もっとも不幸なのは，身近な存在を愛せない，愛する対象の不在なのではなかろうか。

④発達に伴う「応答性」の問題

　問題となる親子の関係性という意味では，いま一つ，子どもの発達に伴う親の応答性も問題となり得る。これは③の親の感受性の問題ともいえるが，柔軟性の問題ともいえるので，別なものとして述べる。

　親との関係性は，当然，子どもの成長とともに変質・変容する。親との関係性に

おいては，それぞれの状況での子どもの変化や，子どもから発してくる新しい気持ちや行動に，どの程度，応答できるかも問題となる。つまり，子どもの変化に即して柔軟に対応を変えていく必要がある。それができないことが問題になり得る。

特に，学童期の子どもは，発達に伴って自己主張や探索行動をするようになる。このような状況で問題化しやすいのも，きつすぎる枠組みと緩すぎる枠組みであろう（上記の②「過剰な関係性」，③「希薄な関係性」の関係がそのまま続くことを意味する）。親のやり方を押し続ける態度とか，逆に，子どもに振り回される・流される親・枠組みのない親・主体性のない親が問題となる。また，子どもが失敗して傷ついたり，何かを達成して自己愛的な満足を共有することを期待するときに，適切な応答ができない親も問題となる。このような問題は，幼児期の分離個体化のプロセスや自己愛論のミラーリングなどの文脈で議論されてきたが，私は学童期こそ探索行動が活発になるために起きやすい問題だと考えている。学童期は，子どもが外界を探索し冒険したい欲求がもっとも強い時である。親が，このような探索行動を共にしたり，失敗には共感的なサポートをし，時に勇気づけるような関係性であることが望ましい。

このような応答性や柔軟性が欠如していると，子どもの主体性ばかりではなく，さまざまな適応機能が育ちにくく「適応能力の不全」が起きやすい。守られすぎている子どもたち，システムに囲まれて育つ現代の子どもたちに起きやすい問題である。

また，思春期の変化に対しての応答性の問題は，子どもの思春期の混乱に対する対応の悪さとなり，混乱を助長することになる。

上記に述べた関係性が複合的に重なって神経症状態は生まれると考えている。

6. 人格構造から見た悩み・苦しみ
－統合性・サブシステム・凝集性－

一般に，人格構造といわれる「自分」のまとまり，あるいは統合性のレベルによっても，人の悩みや苦しみの様相は異なる。脳のシステムとして，何らかの統合性のあるネットワークが「自分」というまとまりのある意識や主体性感を維持している可能性が高い。そのまとまりには大きく三つのレベルが想定される（カンバーグの有名な neurotic, borderline, psychotic personality organization の三つの構造論は，病態水準としてわが国において有名であるが，あまりにすべての病理性を三つにあてはめすぎていて誤解を生じやすいものと考えている。ただ，borderline 構造については，参考となるものを含んでいる。少なくとも，ここで述べる三レベルは，彼の

枠組みとは異なる)。

(1) もっとも統合性が脆弱なレベル

　複雑性PTSDや,不安定なBPDに見出されるタイプである。生き方のすべてが不安定で一貫性がない。対象関係も不安定で情動も不安定である。認知も状況によって極端に変動する。

　このような状態は,核となる「自分」というシステムの統合性の低さからきていると考えられる。この状態が生じやすいのは,幼児期の虐待であることが多い。それは,無力な状況で,圧倒的な力で攻撃され,精神の内部的な世界までが崩されるか,そのような統合的な「自分」を育てる関係性が欠けたときに起きるだろう(コラム9参照)。

　また,後述するヒステリカルスペクトルと私が呼んでいる,ヒステリー,演技性パーソナリティ障害,BPDの患者には,過度に状況依存的で,状況からの刺激によって自分を変容させる傾向が強い。そのため,ストレス状況に置かれると自分そのものがさまざまに変容して,さまざまな症状を呈しやすい。このような症状も「自分」という統合性の低さを示している。多重人格を代表とする解離性の障害の多くは,自分のさまざまな側面の統合性が失われた結果,現れると考えられる。

　BPDにおいては,情動に伴って,ある部分のみに機能が偏ると他の機能が停止する様子がうかがえる。セラピストに良いイメージを向けていて快い気持ちでいると,ひたすら良いイメージが活性化され,悪いイメージは遮断される。しかし,気持ちを不安にする刺激を受け,悪いイメージが活性化されたとたん,良いイメージは遮断される。このような「all good」「all bad」の心的世界の亀裂については,マスターソンなどBPD論で盛んに議論されたが,このような状態も人格の統合性の脆弱性として理解可能である。

　どうもヒステリカルスペクトルの病理を呈するクライエントは,もともと,この「自分」というネットワークが緩い傾向がある。そのため,統合が解体しやすい傾向とともに,自己の変容を起こしやすい傾向がある。それが素質に由来するかは不明であるが,女性に圧倒的に多いことからも,何らかの素質の要因が関与しているのは間違いなかろう。

　また,健康な人でも,洗脳や拷問などの時に,無力化され絶望状態に陥ると,人格の解体ともいえるような精神がバラバラな状態に陥る。このような状態も,何らかのまとまりのある「自分」というネットワークの解体と考えると理解しやすい。

　このようなシステムの解体であれば,治療としては,再構成的なアプローチが必要になろう。ナラティブ・セラピーは,BPDに対して,積極的に過去のエピソード

を語らせて，生きてきた流れを物語として再構成するし，弁証法的行動療法においては，治療が徹底的にシステム化された方法で行われる。このような方法は，人格構造が脆弱な場合には不可欠であろう。

(2) 自分の中の自我違和的なサブシステムに苦しむレベル

自分のものであるという意識もあるが，自我違和的なサブシステムとでも呼べる，何らかのシステムに苦しむタイプがある。まさにこのような苦しみに出会って精神分析は「葛藤モデル」を見出したし，対人関係論は「偽りの役割モデル」を見出した。

たとえば，精神分析のいう，厳しい「超自我」，コントロールできない欲動としての「エス」も，ある意味で自我違和的なサブシステムに苦しんでいる状態といえよう。また，思春期の悩みでよく見られる「理想の自己像」に至らないことを苦しむ状況も，結晶化した理想像とリアリティーの解離に悩む状態ともいえよう。そういう意味では，自己愛の病理がそのような枠組みで理解可能である。

うつ病などでみられる「役割としての自己」が肥大して，それ以外の本来の自分の部分が失われている状態も，このような枠組みで理解可能であろう。そして，外部への過剰な適応が「自分」を失わせるレベルになると，「葛藤」というより「欠損感」が強くなる。いわゆる「自己喪失」の状態である。うつ病，摂食障害，自己愛の病理を抱える患者に見出される「自分の無さ」も，いわゆる「本来の自己の部分」が「葛藤」を生じさせるほどには育っていないと考えることができる。

「葛藤」の意識化とシステム間の亀裂を統合するのが精神分析の一つの目的であり，「役割としての自己」からは，自己実現的なアプローチがさまざまに工夫された。また，ゲシュタルト療法では，葛藤状況で動きが取れない状態を「impasse（行き詰まり）」と呼び，その解消のためのワークをさまざまに工夫している。

また，「外傷体験モデル」のように，外傷体験が，サブシステムを形成することもある。それは，強い感情を伴う体験により，扁桃体が活性化し，海馬と共に強固な長期記憶を形成することによるものと考えられる。激しい心の傷つきは，ある思考過程あるいは思考のプログラムを凝縮化する作用があるようである。

(3) 統合性はあるがそのシステムの凝集性が高すぎる問題

ヒステリカルスペクトルのように，統合性を解体しやすい傾向や自己を変容しやすい傾向を有するのとは反対の傾向を示すケースも多い。それは，妄想様に悩むタイプ，強迫傾向の強いタイプ，自己愛的イメージにしがみつくようなタイプである。このようなタイプでは，統合性はあるが，その思考のシステムが硬すぎることが問題となる。

また，性格的に思考が全般的に硬いタイプもある。
　このような思考システムが硬すぎるタイプについては，積極的な訓練的・行動療法的なアプローチが必要となることが多い（第8章の「身体醜形障害の心理療法」参照）。

7. 神経症的な悩みはどのように考えられてきたか

(1) 精神分析的な考え

　精神分析はこれまで，口愛期，肛門期，男根期というフロイト以来の精神性的な発達論，マーラーの分離個体化論，クラインのファンタジーと攻撃性を重視したポジション論，コフートの自己愛の発達論をベースにした悩みの構造などを定式化してきた。これらすべての考えに共通したテーマはやはり，恐怖・不安に由来する自己不信あるいは脆弱な自己論であろう。言い換えれば，それぞれの発達段階において，さまざまな不安に圧倒され，各段階に固着し神経症になるという考えも，それぞれの段階での自己信頼を失う状況を描いたものといえよう。

　なにより精神分析の不安に関する功績は，発達段階に即して，あるいは対象関係に即して，さまざまな不安のあることを明記したことだと思う。口愛期のannihilation anxiety，見捨てられ不安，肛門期の支配される不安，期待に沿えない不安，男根期の圧倒される不安，自己主張をつぶされる不安などである。これら以外にもさまざまな分析家が（クラインのように），さまざまな不安の存在を提起している。このような考えは参考になる。ただ，精神分析関連の理論は，欲動をベースにした枠組みを考えざるを得なかったために，かえって，複雑なものにしているような気がする。

(2) カレン・ホーナイの考え

　これに対して，このような時間軸に沿った発達論を捨てたのが対人関係論であった。中でも，ホーナイは以下のような親の養育態度（支配的，過保護，威嚇的，怒りっぽい，厳しすぎる，甘やかしすぎる，一貫性がない，他のきょうだいを依怙ひいきする，偽善的，無関心など）が彼女の言う基底不安（basic anxiety）を子どもにあたえると考えた。この考えが私の考えに似ている。ただ，彼女は類型化はしていない。そして，子どもは不安を避けるため，「人にあらがう方向性」（敵対して，負けないようにする），「人に向かう方向性」（他者に依存し，愛されようとする），「人と距離」をとる方向性を身につけると考えた。「あらがう」方向性をとるのは，精神分析では，男根的態度であり，「向かう」方向性をとるのは，精神分析的には，口愛期的な態度，あるいは，ネガティブ・エディプスの状況ともいえ，「距離をと

る」方向性は，口愛期的欲求の放棄ともいえよう。しかし，彼女はそのような理論的な統合はしなかった。

　また，さまざまな執拗に求める神経症的な欲求（愛を求める，力を欲するなど10種類の神経症的欲求を考えていた）を彼女なりにまとめた。そして，後年には，不安をごまかすために，想像上の自分（理想化された自己など）を作り出して，それにしがみつくようになり，そのために，本来の自己が失われ，神経症を生むとも考えた。ここに「偽りの自己論」とともに彼女の自己愛論が展開された。つまり，彼女は，基底不安に対するさまざまな対応が真の自己を失わせることになり，神経症を生むと考えた。やはり，不安ゆえに真の自己という信頼できる自己像が失われることが神経症を生むと考えた。つまり，精神分析と同様に「不安の問題」と「自己の問題」とが不可分なものと考えていた。
　<u>私は，彼女あるいは対人関係論の，重要な人物との幼児期からの関係性が神経症的な悩みを生むという考えに賛同している。</u>しかし，今述べたように，どのような養育態度がどのような悩みに発展するかという点になると，サリバンもホーナイも具体的な内容を語ることが少なかったように思う。

(3) ゲシュタルト療法の考え

　似たようなことをゲシュタルト療法のパールズも言っている。彼は，神経症状態の例として，以下のような状況を例に挙げている。「ある人が皆でコーラスを歌っていた。その時に突然，尿意を催した。もう，頭の中はおしっこしたいことでいっぱいになる。しかし，立場上，動けない。この状態こそ，神経症的状態である」と。そして，彼が意を決して，本当に求めている排尿のため，その場をそっと去り排尿すれば，その時，彼の神経症は消えると。コーラスという対人場面と尿意という「地」と「図」があるべき姿になったと考える。逆にいつまでもコーラスという対人状況のために，本来の欲求たる尿意を否認しすぎると，いつまでも誤った「地」と「図」の状況が続き，それが神経症状態を生むと考えた。言い換えれば，対人状況のために，自分の本来の欲求や生き方が否定されている時が神経症状態と考えるわけであり，「自己の疎外化」こそ，神経症を生むと考えたようである。

　このような考えが，当時のヒッピーに受けたようだ。また，この考えは，「本来の自分になれない」あるいは「本来の自分の気持ちに沿って生きられない」ことが神経症的な悩みを生むというものであり，ロジャースの考えにも通ずる。

(4) 欠損モデルの系譜

　神経症理論，あるいは，より病理の重いとされる病態の理論においては「欠損モデル」が重要である。精神分析の世界からは，バリントの「基底欠損」理論，コフートのミラーリングなどの欠損による自己愛論などがこれに相当する。臨床の世界からは，摂食障害の臨床からブルックの理論とボールビーの「母性的養育の剥奪論」の展開が「欠損モデル」を明確にしたものと考えている。

　また，マスターソンの「自己の障害」も欠損モデルに含まれるだろう。彼はBPD，自己愛パーソナリティ障害のベースに，健康な自己の欠損を考えている。私は，対人恐怖症者の一部にマスターソンの言う自己の障害があると考えている。また，わが国の不登校児の主体性の無さは欠損モデルで理解できると考えている。

(5) 自分の描く物語に苦しんでいるという視点

　<u>人の人格をサブシステムに分けない，あるいはそのような視点を持たない学派においては，悩みの本質を物語として考える学派が多い。</u>アドラー心理学においても「誤ったライフスタイル」という考えがあるが，もともとアドラー心理学が個人心理学（individual psychology）と呼ばれるのは，人の精神は分けられない（individe）ものと考えたからである。ドイツ語では「ライフスタイル」とは「人生の文脈」という意味であった。内容としては，「自己概念」「世界像」「自己理想」を考えており，これらをどのように思い描いているかを意味している。そして，生きにくいライフスタイルを描いていることが人の苦しみの根源にあると考える。

　交流分析においては，物語は「シナリオ分析」と呼ばれ，人は，自分に独自のシナリオを描いていると考えている。中でも，交流分析の一派であるグールディング夫妻（Goulding, B & M）の再決断療法においては，親から与えられる禁止系のメッセージ「injunction（禁止令）」を以下の12に分類している。「Don't Be（Don't Exist）いるな（存在するな）」「Don't Be You（おまえであるな）」「Don't Be a Child（子どもであるな）」「Don't Grow Up（成長するな）」「Don't Make It（成功するな）」「Don't Do Anything（何もするな）」「Don't Be Important（重要であるな）」「Don't Belong（属するな）」「Don't Be Close（近づくな）」「Don't Be Well（健康であるな）（正気であるな）」「Don't think（考えるな）」「Don't Feel（感じるな）」である。このようなシナリオを描いていることが，苦しみを生むと考える。

　認知療法や，その発展型であるスキーマ療法においても，ネガティブな思い込みこそが人の悩みの基本にあると考える。特に「スキーマ療法」においては，過去からの対人関係によって形成された問題を「早期不適応的スキーマ（early maladaptive schema）」と呼び，これを「治療的再養育法」で修正することを目指している。そ

して，「見捨てられ／不安定スキーマ」など18種類の「早期不適応スキーマ」を挙げている。

　精神分析においては，「固着論」「コンプレックス」がこの物語に相当するだろう。口愛期的苦しみや願望，エディプス的恐怖感や欲動などとして描かれる。エディプスコンプレックス，エレクトラコンプレックスはまさにギリシャ悲劇の物語に由来している。エリクソンの「信頼　対　不信」「自律性　対　恥」「主体性　対　罪悪感」などのライフサイクル論も問題となる主要なテーマを欲動論から離して論じたものといえよう。

　ホーナイの考えも，欲動論から離れて，彼女なりの物語を「基底不安」から描こうとしたものである。多くは，どのような基本的な欲求（欲動）があり，どのような不安があり，それはどのような幼児期体験に由来するかを，さまざまに想定している。

　このような，思い込みが悩みの中心にあるという考えが最もフィットしたのがパニック障害であり，かなりフィットしたのがうつ病であった。そのために，認知療法は，パニック障害とうつ病の治療でかなり成功をおさめた。しかし，このようなDSMではⅠ軸診断に相当する，ある時期から症状化する病態に即した「思い込み」には，認知療法的なアプローチが効果的であるが，生き方の底辺にある，人生上の物語そのものを修正するのは，多くの困難に出会うものである。ある意味，多くの心理療法というものが，クライエントの抱く，この生きにくい物語をどのように修正するかに苦心しさまざまな技法を編み出してきたものといえよう。スキーマ療法も，結局，認知を扱うばかりでなく，力動的なアプローチやゲシュタルト的なアプローチなどを取り入れようとしている。

　それでは，この物語には，どのようなテーマがあるのだろうか。表2-2「悩みの構造」は，私なりに，精神分析，対人関係論，スキーマセラピー，交流分析などを参考にしつつ，すでに5節の「神経症的な悩み－そのベースとなる対人関係－」において触れた私の臨床経験からの分類をベースにして，悩みのテーマとしてはどのようなテーマがあるかを整理したものである（なお，太字はすでに私が述べた私が考える重要な関係性を示している）。

　表2-2にあるように，「物語の基礎となる体験」には，それに伴う特定のさまざまな不安がある。この不安を重視したのが精神分析を代表する学派の「葛藤モデル」である。そして，欠けてしまった体験や，そのために育たなかった精神機能を重視したのが「欠損モデル」である。表には「育たない部分（欠損部分）」としてある。また，このような体験から描きこまれる物語が「思い込み（自己像・他者像・世界

表2-2 悩みの構造

物語の基礎となる体験 (「‥」は近似するスキーマ) (『‥』は交流分析の禁止令)	不安の質および影響 ({‥}は精神分析の提出した不安)	育たない部分 （欠損部分）	思い込み（自己像・他者像・世界像）
○ 健康な人格構造の形成に不可欠な養育環境の欠如 （attachmentの問題ともいえるし，精神分析では口愛期的問題といえる）			
• 虐待・機能不全家族という養育環境 「剥奪のスキーマ（養育の剥奪）（保護の剥奪）」	{崩壊不安・被抹殺（annihilation）の不安} 絶望感・無力感・感覚麻痺	統合的な人格構造のなさ 健全な感情のなさ	この世は恐ろしい世界であり自分は完全に無力
• 無関心・ニグレクト・低い感受性 「孤立のスキーマ」 「剥奪のスキーマ」 『いるな』『存在するな』『近づくな』	無価値観，空虚感	繋がれなさ，愛する能力の低下 さまざまな適応機能の低下，信頼感を持てない	
○ 親との関係性の問題（attachmentの問題でもあり，精神分析では，口愛期的・肛門期的・分離個体化的問題といえる）			
• 発達に伴う「応答性」のなさ（情動調律的体験・ミラーリングの欠如） 「共感の剥奪」 「評価と承認の希求スキーマ」 『感じるな』	空虚感，体験の手ごたえのなさ	共感能力の低下，自己感覚の低下 喜ぶ能力の低下	自分は喜ばれる存在ではない
• 親が気まぐれ・子どものまま 「見捨てられ・不安定スキーマ」 「不信・虐待スキーマ」	見捨てられ不安。不安定性。 {対象を失う不安}	安定した自己同一性，対象恒常性が内在化されない	自他への不信 自他のイメージの曖昧さ
• 幼児期に大切な人を失った体験	失う不安，悲哀		大切なものはもろい つながるのは危うい
• 溺愛の関係 「依存・無能スキーマ」 「自制と抑制の欠如スキーマ」 「権利要求・尊大スキーマ」 『成長するな』『健康であるな』	自己愛の肥大， {自己愛の傷つきへの不安}	生きる枠組みの欠如 抑制系の欠如	人は自分のために動いてくれる 自分は何もしないでよい 自分は何もできない

※表は次頁へ続く

表2-2 悩みの構造

物語の基礎となる体験 (「・・」は近似するスキーマ) (『・・』は交流分析の禁止令)	不安の質および影響 ({・・}は精神分析の提出した不安)	育たない部分 (欠損部分)	思い込み(自己像・他者像・世界像)
• 子どもの気持ちの決めつけ(投影同一視 過剰の関係性) 「巻き込まれ・未発達スキーマ」 『感ずるな』	自己疎外,役割としての自分の肥大 自分の気持ちがわからない,空虚感	自己像の曖昧化 自己の疎外化	本当の自分を示すと見捨てられる 相手が気に入る部分のみ愛される
○以下が神経症レベルに相当する(精神分析ではエディパル期以降,分離個体化期以降)			
• 親が一方的に期待するイメージを押し付ける 「自己犠牲スキーマ」 「罰スキーマ」 「厳密な基準・過度の批判スキーマ」 『お前であるな』『子どもであるな』 『成長するな』	義務感,生きづらさ	本当の自分を失う	本当の自分は愛されない
• 親に気に入られなかった 「欠陥と恥のスキーマ」 「評価と承認の希求スキーマ」 『成功するな』	自己嫌悪	自己主張の力を失う	自分は遠慮すべきだ 誰からも愛されない
• 自分の存在が親を不幸にする 『存在するな』	{罪悪感},絶望感	幸福感の喪失	自分は存在してはいけない
• 不安の響きあう関係性 『するな(何もするな)』	不安を抱きやすい。頼れなさ	安心感の欠如 冒険心の欠如	この世は危険なものに満ちている
• 緊張の強い関係性 「過剰警戒と抑制のテーマのスキーマ」 (エディプスコンプレックスに近い)	恐怖感 {去勢不安}	安心感の欠如	この世は敵意に満ちている
• 過剰にコントロールする親 (肛門期葛藤に近い) 「服従スキーマ」「感情抑制スキーマ」 『考えるな』	被圧倒感,無力感 従属感・あきらめ	主体性の低下	圧倒的な他者 無力な自己

※表は次頁へ続く

表2-2 悩みの構造

物語の基礎となる体験 (「‥」は近似するスキーマ) (『‥』は交流分析の禁止令)	不安の質および影響 ({‥}は精神分析の提出した不安)	育たない部分 (欠損部分)	思い込み(自己像・他者像・世界像)
・過干渉の親	自信のなさ・あきらめ	主体性の低下 自己感覚の低下	わずらわしい他者
・抑うつ状態, 疲れ切っている, 心気的な親 「否定・悲観スキーマ」	あきらめ	自信のなさ	この世はつらいものに満ちている 自分には何もできない
・親を愛せない子ども	孤独感・空虚感	コミットできない	誰も愛せない
○幼児期以降の問題			
・病気がちであった 「損害や疾病に対する脆弱性スキーマ」	心気的不安	自己の身体への不信	世話がないと生きられない
・他者(同胞など)に愛や能力で負ける	劣等感	有能感の欠如	自分は負ける人間
・同胞や仲間に省かれる 『属するな』	居場所のなさ		いてはいけない自分
・重要な他者に過剰に気に入ってもらえた	自己愛の肥大	気に入られないと向き合えない	自分は完全であるべきだ 自分はスターであるべきだ
・同胞の病気／死	生存者の罪悪感・無力感		
・いじめられ体験	不信, 恨み, 否定的自己像の内在化	共同体感覚の欠如	この世は敵意に満ちている
・皆の中で, 自分だけ能力がない 「失敗のスキーマ」	自信のなさ	劣等感	自分は負け犬
・群れ体験のなさ 『属するな』	孤立する不安・圧倒される不安	多様な対人関係能力の喪失 社会感情の喪失	群れは怖い
・厳しい体験のない・それなりの生き方 (現代的な不安)	漠然たる不安	しっかりコミットする力の喪失	曖昧な自己像

像)」であり，認知の歪みに発展する。ただ，実際の臨床では，物語は多様に紡がれるので，個人個人に沿って，クライエントとセラピストとの共同作業で明確にしていくものである。そういう意味で，このようなチャートは，考えるときの参考にするものであり，どれかにあてはめるものではない。

　そして，このような心のベースにあるテーマは，パーソナリティ障害であれば，そのテーマがそのまま症状や行動に表れていることがありうるが，多くは，思春期において，分離個体化や対人関係などの刺激によって表面に表れることが多く，それ以外であれば，危機的な状況や，テーマに似た状況に遭遇して表面化する（症状化するともいえよう）ことが多い。逆に言えば，それまでは表面的には問題とならないことも多い。問題となる物語の表面化も，当初は症状や不適応行動として表れ，テーマそのものは意識されないが，適切な心理療法によって明確化されることとなる。

　治療的には，表2-2の「不安」としての感情に注目するのが「emotion-focused therapy」であり，感情に共感することを大切にしたのが来談者中心療法である。欠損部分に注目したのが自己心理学であり一部の対象関係論である。そして，思い込みの修正に焦点化するのがCBTであり，ライフスタイルとして物語を重視するのがアドラー心理学であり，シナリオとして重視するのが交流分析である。

　私自身は，治療関係を大切にしつつ，これらの局面のすべてにアプローチすべきだと考えているが，それは次節で詳述する。

8. 神経症状態を病態化させる要因
－関係性以外の要因－

　これまで述べてきたような問題のある関係性だけでも，「障害」といえるような状態になり得るが，「障害」がより深刻化して，明確な病理性を示すようになるのには，以下のような要因が関与していると考えている。

(1) 精神機能の持つ特性――認知の特性と創造性・想像性
　精神機能には特性（癖といってもよい）がある。それは認知を極端化するという特性と，創造的であるという特性である。

　人が何かを認知するときに極端化しやすい特性については認知療法が詳細に検討している。「過度の一般化（一つの事象から，すべてを意味づける）」「二分割（成功でなければ失敗というような極端な分割法）」「極端な結論付け」「選択的抽出（複雑な事象の一側面のみから決めつける）」「レッテル貼り」などは，人間の心の癖といってもよい。しかし，このような特性は誰もがしていることである。人は，常にある

程度，ある部分や特徴を極端化して認知していることは神経科学的にも確認されてきている。このような特性は肯定的にも働くし否定的にも働く。だから，この特性そのものを変えることは不可能である。そのため，臨床では，この特性によるマイナスの認知の歪みのみを扱うこととなる。

ただし認知療法でいう「肯定的な側面の否定」「縮小視（良い面の軽視）」「破局視」などは．この認知そのものにすでにネガティブな意味づけが関与しているので，このような認知自体，神経症的な認知ともいえよう（認知の歪みはフリーマン（Freeman, A）による）。そういう意味で，認知療法では，認知の特性そのものと，神経症者に見られやすい否定的な認知とを区別しないで論じている。とにかく，人は，さまざまな体験の側面を主観的に意味づけしているものである。

また，認知の歪みとともに創造性や想像性も悩みを深めることに関与している。OCDにおける数字やシステムに絶対性を求めたり，自己愛パーソナリティにおける自己愛的な世界，スキゾイド・パーソナリティにおける独特の完結した世界なども，人の創造性や想像性が関与しているだろう。対象関係論が指摘した分裂対象関係も，理想化できる対象はall goodとなり，おどろおどろしい対象はall badとなるというメカニズムは，極端化ともいえるが，創造性・想像性が関与しているだろう。<u>少なくとも精神分析のいうように，幼児期の体験の単なる再現では説明しえないことは確かである</u>。つまり，人の心には，心に抱くイメージ（自己イメージ・他者イメージ・世界そのもののイメージ）を純化し結晶化させる特性がある。そのため，極端な理想化したイメージや極端に嫌悪するイメージを作り出す。そして，それが悩みを深める。このような特性についてセラピストは知っておく必要がある。そのため創造性豊かな思春期で悩みがおきやすく，創造性豊かな小説家や芸術家も神経症に陥りやすい。

反対に，傷つきや悩みが深いと，創造性・想像性が高まる可能性がある。リアルな自分や世界に満足しにくくなるからだろう。「天才と狂気は紙一重」という言葉があるが，私は「神経症者と芸術家は紙一重」だと考えている。

(2) 悪循環が病理性を深める

これまで，述べた「不快感情への過敏性」とか「自己不信・自己嫌悪」だけでは，本格的な障害に発展しないかもしれない。神経症症状のない自己不信もあり得る。どうも，そのような心理状態に加えて，神経症症状が病態化するには，生理的なメカニズムが関与していそうだ。そのメカニズムとは，悪循環ではないかと考えている。つまり，悩んで何とかしようとしていることが，かえって，生理的な変化を増大させ悪化させるというメカニズムである。そして，この悪循環が続くと，ずっと

ある筋肉に力を入れつづけていると痙攣しはじめるように，さまざまな精神症状が発作性に痙攣のようにおきるようになる。

　もっとも典型的にみられるのはうつ病である。何かがうまくいかなくなり，途方にくれると抑うつ的になる。そのことをクヨクヨし続ける（ruminationという）と疲れが増し，抑うつ状態を強化する。あるいは，仕事上での問題を，無理して働くことで解決しようとすると過労から抑うつ的になる。すると働く効率がさがる。ますます焦って働き続ける。疲れが増し，抑うつが増してくる。そして，脳のある部分に機能低下が起き病態化する。

　OCDにおいても，まず，何かこれではコントロールできないと感ずる。すると，強い警戒状態が続く。その結果，痙攣のように不随意な強迫観念が浮かび，それに苦しむ。すると絶対に大丈夫と自分に思わせるような行動をする。しかし，大丈夫とは思えない。絶対に大丈夫と思わせるものはないからである。すると今度は，その行動が不安になり，ますます行動の完成度を高めようとする。それで，間違いのない回数を行うとか，何度も繰り返すとか，パターンを決めてそれから外れないようにする。しかし，絶対に大丈夫という感覚が得られず，ますます，行動をエスカレートさせ，ますます完全にできないことに不安を抱くようになる。そして，脳のある回路の過活動が固定化し，ますます症状が固まり病態化する。

　摂食障害においても，まず，痩せなくてはならないと思う。そして，痩せ続けることで，脳の委縮などが起き，ボディーイメージに歪みが生じたり，認知の歪みや判断力の機能低下が生ずる。すると，痩せていても痩せていると思えなくなってしまう。そして，延々と痩せていく。

　このように，悩み始めた時に，心理的な悪循環が生ずることが病態を悪化させることは間違いないが，その悪循環が生ずると，脳の機能に何らかの不具合が生じる可能性がある。それがまた，悪循環を生むともいえよう。脳は可塑性が高いので，悪循環が起きうることは十分に考えられる。最近，神経科学でいわれている機能の変化（うつ病では前頭葉中心の機能の低下，OCDでは尾状核・前頭葉眼窩皮質・帯状回の過活動など）は，そのような結果とも考えられる。

9. 素質の問題

　最後に，悩みのベースとなり得る素質の問題に触れたい。同じような状況でも，健康に育っていく子どもがいる可能性はある。逆に良い環境でも問題化する子どもがいることも事実である。

　もっとも考えられる可能性は，もともと不安を抱きやすい，緊張を抱きやすい，

抑うつに傾きやすいというような傾向が，素質的に準備されていることが神経症構造の形成に関与している可能性である。いずれ，このような素質や気質についてはケンドラー（Kendler, KS）らのような研究（コラム11参照）が解明するだろう。また，多くの神経症障害が思春期などに好発するということは，この時期に遺伝的効果が発現してくるのかもしれない。

　また，アカゲザルの研究では，遺伝子多型により，不安や攻撃行動に関与するセロトニントランスポーターの遺伝子がL型とS型との二種に分かれることがわかっている。そして，L型のサルはS型のサルに比べ，不安反応・攻撃行動が穏やかであるが，この差は，両者がともに母ザルによって育てられなかったときにのみ現れることが確認されている。つまり，母ザルに育てられると，両者の攻撃行動に差がみられなくなるということである。つまり，不安反応や攻撃性に関しては，遺伝の影響もあり得るが，養育環境がおおきく関与しているということである。遺伝も環境もということである。

　このように，「不快感情への過敏性」などは，環境要因とともに，遺伝の関与する可能性が十分にあると思っているが，いま一つ神経症になりやすい素質としては，子どもの心の柔らかさ，対象や環境に影響を受けやすい素質というものであると考えている。共感過剰の傾向といってもよい。そのような子が，上記のような母子関係・環境で，容易に神経症構造を身につける可能性は否定できない。実は，セロトニンスランスポーターについて，人に関した研究もある。遺伝子は二つで一対なので，LL型，LS型，SS型の人がいる。そして，このSS型の人が環境の影響を受けやすく，良い環境であれば良い精神状態に育ち，悪い環境であれば悪い影響を受けやすいという報告がある。このことは私の臨床経験と一致する。もちろん，神経症者の多くがSS型だという報告はないが，この素質が「偽りの自己」に発展させやすいのではないだろうか。親からのコントロールがそれほど強くなくとも，共感能力過剰なために神経症構造を取り入れる子もいるだろう。しかし，一方で，かなり親からのコントロールが強くとも神経症構造を身につけない子もいる。しかし，この問題は，現時点では解明できない。心理療法家としては，精神が柔らかいクライエントであれば，治療反応が良いことに通ずるから，問題はないともいえよう。

> **＋コラム[11]** 思春期のイライラしやすさは遺伝による要因が強いという報告
> ――遺伝か養育環境か？
>
> 　神経症的な悩みを抱くことに，どれほど遺伝要因がかかわっているのだろうか。遺伝要因の研究で有名なケンドラーは2015年の，American Journal of Psychiatryに「イライラしやすさ」について以下のような報告をしている。「イライラしやすさ」は神経症傾向につながる資質ともいえよう。
> 　子どもは幼少期～学童期くらいまでは家族・生育環境要因（shared environmental factor）の影響を強く受けるが，思春期頃には遺伝子的なスイッチが入るようであり，遺伝子的要因（genetic factor）がどんどん強まる。結果として青年期～成人になるころには，性格というか行動特性の大部分を遺伝子的要因と個別の環境要因（non-shared environmental factor）がしめることになり，家族・生育環境要因の影響はほぼ0になるという報告をしている。面白いことに，そこに男子と女子とに微妙な違いがあり，男子は思春期以降，どんどん遺伝子的な要因が開花していき，全体として遺伝子的要因の影響が年とともにどんどん強くなる（どう育てられてきたかはあまり関係なくなってしまう）のに対して，女子は，男子よりも少し早く学童期～思春期前くらいに遺伝子的な要因が開花したあとは，遺伝子的な要因は少しずつ小さくなっていき，それよりも「個別の環境要因」，つまりその子が独自に自分が身を置く環境の影響をどんどん受けるようになり，後期青年期～成人期くらいでほぼ固定してくるとも報告している。

おわりに

　本章の内容をまとめると以下のようになる。

　神経症様の状態を生む要因には，「不快感情の過敏性」の問題，何らかの適応能力の低さによる「機能不全」の問題もあるが，何といっても，神経症の中心テーマは「自己の疎外化」である。そして，この「自己の疎外化」を生むメカニズムに大きく三つの流れがある。

　まず「葛藤モデル」「偽りの役割モデル」から生ずる「自己の疎外化」である。それは他者との関係性から抱かざるを得なかった不安・恐怖，傷つけられた体験のために，自分の大切な部分を否認する，あるいは，相手に不本意に従うことに由来する「偽りの役割」の形成によるものと考えている。このような考えは，精神分析，ホーナイの考えと同じである。

　次に，重要な他者から否認され，嫌悪された自分の何モノかを，自らも嫌悪する

ことから生ずるメカニズムである。それが「自己嫌悪」からくる「自己の疎外化」である。

　そして，最後は，自己の大切な部分に共感してもらえなかった，あるいはミラーリングしてもらえなかったことによる「欠損した自己」に由来する「自己の疎外化」である。「欠損モデル」の学派で議論されたものである。

　そして，恐怖体験と同様に，「自己嫌悪」においても，他者に対して自分を偽らざるを得ず「偽りの自己」を身につけるし，「自己の欠損」は，必然的にすべてが「偽りの自己」となる。この「偽りの自己」の生き方をパールズは言っているのだと思う。そのため，神経症者は，いつも生き方に不全感を抱き，あるがままの自分を受け入れられない。そのことが，一層，「自己不信」を抱かせるようになるという悪循環を生む。それが，漠然たる不安であったり，自己不全感であったり，生き生きとした生き方になれないことにつながる。そういう意味では，神経症者は失われた自己を求め続ける人と言えるだろう。

　また，神経症的な悩みには，本章で述べたさまざまな要因が重層的に重なっている。しかし，心理療法過程においては，表2-2にあるように，「物語の基本となっている体験・関係性」「不安などの感情」「思い込み」さらに「欠損した部分」など，さまざまな側面を扱いつつも，どこかで中心テーマを同定し，それに働きかけることになる。各学派は，理論的に中心テーマが決まっているが，現場では，クライエントとの話し合いの中で決めていくというプロセスをとる。このスタンスが統合的アプローチの特徴ともいえよう。そして，心理療法のある段階では，やはり，中心テーマを決めることが大切かと考えている。「何でもありは何でもない」になってしまう。統合的なアプローチでは特に気をつけるべきことである。

第3章
セラピストの仕事
3-ステップアプローチ
「心理教育的アプローチ」「問題解決的アプローチ」
「人生全体を扱うアプローチ」

1. セラピストがアプローチする必要のある三側面

　ここまでの論述から，人の悩みには，大別して，現時点での適応上の悩み（健康な範囲もあれば，病態化する場合もある）と幼児期から身についた神経症的な悩みとがあることは理解していただけたと思う。そして，この二つに，何らかの要因によって生ずる生理的変化による病理（素質や悪循環からの病態化）からくる要因を加えれば，臨床で出会う悩みのメカニズムのすべてが網羅される。そして，それらは複雑に絡みあって現場では訴えられることとなる。逆に言えば，<u>心理療法家の仕事は，クライエントの訴える内容から，「現在の適応上の問題」「神経症的な悩みの問題」「病理から生まれる問題」のすべてについて検討し，最終的には，その中心的な問題に焦点を絞ってアプローチすることになる。</u>

　（「神経症的な悩み」は神経症構造を生む生き方の問題であるので，「生き方そのものの問題」とも言い換えられる。そこで，本章では「生き方の問題」として述べる。）

　まず，「病理から生まれる問題」が中心にある場合は，「病理」そのものにアプローチすることが心理的アプローチの中心となる。統合失調症，発達障害にたいする心理教育的アプローチに相当する。また，この心理教育的アプローチは，うつ病や強迫性障害など病理構造がはっきりしている神経症やパーソナリティ障害にも治療初期には必要なアプローチとなる。

　また，「現在の適応上の問題」に焦点化するアプローチには，環境そのものの改善に向けたアドバイスやストレス状況への対処法などの一般的なアプローチが行われる。このようなアプローチには，CBT，IPT，PSTのアプローチなどが参考となる。また，特定の神経症やうつ病などの病態には，比較的共通の状況因が見出されるので，そのことを考慮したアプローチがなされる。この点に関しては各論で詳細に述べる。

そして，従来からの三大心理療法ともいえる精神分析，来談者中心療法，ユング心理学は，「生き方の問題」にアプローチする心理療法といえよう（「生き方へのアプローチ」という意味では，交流分析，ゲシュタルト療法，アドラー心理学，スキーマ療法なども含まれよう）。精神分析が盛んに治療対象としてきたパーソナリティ障害に伴う人格構造にアプローチするのも「生き方の問題」へのアプローチということができよう。このアプローチには，どうしても人間観が反映するので，各種の学派によって，アプローチが異なることになる。私自身は，「葛藤モデル」「欠損モデル」「偽りの役割モデル」のすべてを考慮したアプローチを行うべきだと考えている。表2-2に沿って言えば，まず，「物語の基礎となる体験」とは異なる治療関係をベースにすることが何より重要である。その上で，「不安」を中心とした感情に焦点化したり，「育ってこなかった欠損部分」を育むアプローチをし，それとともに「思い込み」を明確にしつつ，その修正を目指すアプローチをすることとなろう。

　とうぜん，これらすべてを扱うことになれば，治療は統合的にならざるを得ない。私の臨床の歴史は，この統合的アプローチを目指し，完成させる営みであったともいえよう。言い換えれば，<u>現場のクライエントのニーズに沿ったアプローチを模索したら，結果的に，統合的・折衷的なアプローチとなったものである。</u>厳密には，統合的心理療法と折衷的心理療法とは異なるという考えもあるが，ここでは区別せず，多くの心理療法の考え方を取り入れた心理療法と考えていただければよい。わが国には多い立場だと思う。さまざまな学派の良いところを取り入れて，一層良いものにするという折衷的な態度である。日本的な良さともいえる。

　原理・原則を生み出す力は，どうも日本人は弱い。しかし，良いものを柔軟に取り入れて，元のものより，より良いものを作り出す能力は日本人が優れていると思う。私は，極めて日本人的な人間なので，ここでの治療論全体が，多くの考えを取り入れて，それなりにより良いものに作り直されているのではないかと期待している。

　この方向性が日本的であると言ったが，統合的心理療法の方向性は海外にもあり，学会としてもSEPI（Society for Exploration of Psychotherapy Integration）が有名である。また，私が常任理事をしている日本サイコセラピー学会も，国際学会の支部であるが，一つの学派に限定しないオープンな学会である。このような動きが世界的にあるのも事実である。以下に私なりの統合的アプローチとしての3-ステップアプローチについて述べる。

　統合的アプローチや折衷的アプローチは何でもアリということではない。<u>何でもアリというものは，下手をすると何でもないことになってしまう。</u>やはり，心理療法には，一定の枠組みとか理論的な背景が必要である。そして，長年の経験から，

私は以下に述べる3-ステップアプローチが統合的アプローチとしてベストではないかと考えるようになっている。それは，すでに述べたように，「病理」を扱う心理教育的アプローチ，「現時点の適応上の問題」を扱う問題解決型のアプローチ，そして「生き方・神経症的構造」を扱うアプローチを統合したものである。

2. 3-ステップアプローチの前提となる仕事

治療面接に入る前に，治療への導入としての仕事がある。それが診たてと，治療構造の設定である。

(1) 診たて（「見立て」と書くこともあるが本書では「診たて」を用いる）

まず，治療のスタートとしては，診たてが仕事の中心となる。診たてがある程度済めば，治療構造を決定する。ここまでが治療導入までの仕事となる。

診たてについては，一冊の本が必要なほど内容は多岐にわたるので，ここではポイントのみを述べる。

診たてには，<u>一般的総合的な診たてと，病理と理論に特化された診たてとがある。両者は分けて考えたほうがよい</u>。

一般的な診たてとしては，①初診の受け方，②面接での様子，③紹介状の情報，④病理の有無および病理の特徴と経過，⑤発症状況・発症の誘因，⑥発達・生育状況，⑦家族状況などの情報がベースとなる。

私自身は，これらの情報から以下のような，一般的な枠組みで診たてをする。①病理の診たて，②現時点での問題点，③発症のメカニズム，④本人の適応能力の問題（自我心理学の自我機能にあたる），⑤周囲のサポート機能，⑥生き方・神経症構造などを診たてる（生き方そのものについてはゆっくりと診たてていくという方法もある）。

そして，病理が明確になれば，各病理でポイントが異なるので，各病理に即した診たてをすることが必要となる。たとえば，うつ病には他の疾患とは異なる診たてが必要となるなど。その点は各論で述べる。

これらの情報から，各学派は，どこにどのような重要度を置くかで，異なったまとめ方（formulation）をする。CBTであれば，現時点での問題点，不快な感情の同定，認知の歪み，対応の適否などを診たてる。しかも，アセスメント・シートなどを用いて，抱えている問題や悩みを書きだすことによって「外在化」するという作業をする。この作業自体がクライエントの洞察を深める働きがあるように思われる。IPTであれば，クライエントにとっての現時点でのもっとも重要な人物を同定

し，その人物への期待と現実とのズレおよびコミュニケーションの在り様を詳細に診たてることとなる。自我心理学派であれば，すでに触れたチェシックのような枠組みに沿って，現時点での問題や，超自我・自我・エスなどの構造論的な枠組み，および発達論的な枠組みに沿ってなされる。対人関係論においては，幻想としての，あるいは役割としての偽りの自己・生き方と，その背景になっている重要な対人関係に絞っていくだろう。

　ただ，セラピストによっては，調査面接で詳細な診たてをするタイプと，いずれ，面接を通じて中心テーマは診たてられると考えて，あまり，導入期に詳細な診たてをしないタイプとがいる。特に，精神分析家の一部には，導入期の詳細な診たての作業そのものが，治療関係に歪みを与えると考える立場もある。ただ一つ言えることは，心理療法を学んでいくときには，しっかりと診たてる習慣をつける方がよいと考えている。スーパービジョンをすると，やみくもに治療面接に入るセラピストも少なくなく，危惧を感ずることがある。

(2) 治療構造の設定──外的治療構造・セラピストの態度（内的治療構造）

　ある程度，診たてた上で治療構造を決める。治療構造については，ヒステリーやBPDの治療に携わってきた精神分析的な立場から多くの議論がなされている。精神分析以外の学派においては治療構造に対する関心はあまり高くない。

　治療構造には，面接の回数や対面法とするかどうかなど契約に関する「外的治療構造」と，セラピストの態度としての「内的治療構造」とがある。

　適切な治療構造，適切なセラピストの態度に出会えば，クライエントは大きな安心と信頼感の中で，自分の問題と向き合うことができる。とても大切なテーマである。

①外的治療構造

　外的治療構造については，衝動のコントロールが悪く判断力が主観的に歪みやすいパーソナリティ障害に対する限界設定としての治療構造は，とても重要なものとなる。決してあいまいにしてはならない。また，容易に転移を起こしやすく，それが抵抗となりやすいヒステリーなどにおいても，治療構造は重要な意味を持つ。

　コミュニケーション能力が低い場合や年少のクライエントの場合に，プレイセラピーを含む言語的コミュニケーション以外の何らかの治療的アプローチを検討することも必要となるだろう。それ以外は，わが国においては，ほとんど週一回の対面法が用いられている。

　私自身は，思春期の不登校など，主体性や対人関係能力に問題のある子どもに対しては，面接とともにフリースペースを併用する。また，対人恐怖症には，個人心

理療法とともにグループワークを併用することもある。また，心の生き直しが必要な神経症構造のある場合には，対面法ではなく寝椅子による自由連想を用いることもある。極めてまれにゲシュタルト療法の技法を用いることもある。それ以外は，対面法の面接をする。対面法と自由連想法の違いについては，すでにさまざまに議論されているので，ここでこれを繰り返すことはないが，自由連想法の方が，構造的にも退行を起こしやすい点と，自分の中から生まれくるさまざまな気持ちに，より素直にゆだねやすい構造だと考えている。つまり，「欠損モデル」や「偽りの自己モデル」にフィットする構造だと考えている。特に，対人意識過剰な対人恐怖症に対しては自由連想法は有効である。この点は各論でも述べる。

②セラピストの態度・内的治療構造

　また，セラピストの態度あるいはスタンスも重要である。「内的治療構造」ともいわれる。

　それは，面接を通じてのベースとなるセラピストの態度を意味する。来談者中心療法のような共感をベースにした傾聴的態度をとるか，精神分析的な距離のある態度をとるかという問題である。精神分析の中では，「フロイト的態度」と「フェレンツィ的態度」の議論に相当する問題である。

　しかし，何と言っても，それぞれの学派では，セラピストの態度が異なりはするが，安定して一貫していることは共通している。ロジャースにおいては真摯な誠実な態度。フロイトではどのような問題もごまかさず向き合う態度。ユングでは，目の前の事象を人類史的な視点でみるという姿勢。フランクルでは，生きることそのものに不可避的に存在する苦しみに向き合うというような態度である。

　外的・内的治療構造によって，治療環境は整えられる。実は，良い治療環境には，治療促進効果があるのではないかとも考えている（ウィニコットの「facilitating environment」に通ずる）。

　私自身は，心理療法を長く実践していると，最終的には，クライエントの抱くセラピストへの不信感，アンビバレントな気持ち，自分の深い問題に向きあうつらさなどが（精神分析では抵抗と考えるが），無意識に治療関係にあらわれるたびに，適時，適切に対応しつつ，セラピストの安定した，共感性豊かな，そして，できることを誠実に行い，クライエントに期待されてもできないことはできないという誠実な態度で関係性を維持することが，何より治療促進的に働くのではないかと思うようになっている。それは，クライエントがいつの間にか，そのような態度をモデル化し，取り入れることが起きているからである。つまり，このような態度こそ，心理療法の必要条件であろうと考えている。親子も響き合うが，セラピスト・クライ

エントの関係も響き合うからである。

 そういう意味では、私の態度は精神分析的なセラピストの態度よりはるかに来談者中心療法的な態度に近いと考えている。来談者中心療法の態度は、精神分析における態度の批判として提唱されたが、心理療法の基本的な態度、あるいは対人援助における基礎となる態度だと考えている。つまり、心理療法における必要条件としての態度と考えている。

 しかし、病理も含め、さまざまに特化されている問題に対しては、それぞれに、より効果的な介入もあり、来談者中心療法的な態度とともに、特化された働きかけが伴うと、心理療法の必要条件と十分条件を満たすこととなる。そういう意味では、<u>来談者中心療法的アプローチは、必要条件は満たしたアプローチであるが、時に十分条件を満たしえないアプローチでもある</u>。

 とにかく、セラピストのクライエントへの姿勢・スタンスはとても重要であることを明記しておきたい。

✚コラム⑫　精神分析における治療構造の意味

 精神分析あるいは精神分析的精神療法をどのように定義するかは難しい点があるが、一つには、エディプスコンプレックスにおける去勢恐怖が代表するように、神経症者はもちろんのこと、人というものは不安と恐れを抱いていると考える点にある。

 しかも、本当に人を動かしている不安・恐れは無意識になっており、その無意識にある不安・恐れのために、クライエントは、面接を受けているにもかかわらず、面接という状況をさまざまに避けようとしたり、逸脱しようとすると考える。いわゆる「治療への抵抗」である。逆に言えば、人の無意識の不安や恐れは、このような面接内での行動に必ず現れるものであり、セラピストは、そのような動きに含まれる不安・恐れを直視し「治療への抵抗」をそのような文脈で見直し、それを直面化や解釈で意識化させるのが精神分析的治療の中心になると考えている。そのため、治療構造が極めて大切となり、治療構造を安易に変更することは治療そのものの意義を失わせるものとなる。それほど、治療構造は精神分析の臨床においては重要な要素なのである。

 このように「治療への抵抗」の問題と、すでに述べた「セラピストへの転移」の問題を扱うために、現在の精神分析的な治療構造が完成されたと言ってよいだろう。逆に言えば、「抵抗」と「転移」を治療の中心にしないアプローチでは、精神分析的な治療構造は意味をなさないばかりかマイナスの影響を与える可能性も高い。

3.「3-ステップアプローチ」の1st-step
― 心理教育的アプローチ・「病理」に対する専門家としての教育的仕事 ―

　診たても終わり，治療構造も決まった後は，一貫したセラピストの態度により，信頼関係を深めるとともに1st-stepの作業に入る。この態度は，一般に言われている**心理教育的アプローチ**のスタンスに相当する。クライエントは病気については知らない。セラピストは知っている。それゆえ，セラピストは専門家として診断を伝えるとともに，病気の性質，経過，予想される予後などの情報を提供する。それとともに，セラピストが医師であれば，薬物療法の必要性，副作用の注意，日常生活において，どのようにその病と付き合うことが適切なのかをも教育する。明確に「何はしてよく」「何はしていけないか」「何をした方が望ましく」「何をすることが必要であるか」などを具体的に指示する。周囲のサポート体制も望ましい体制を整えるように指導する。そして，それらが適切に守られているかを確認しながら，病理に対する対応が望ましい状態になるように指導する。望ましい対応ができるようになれば，1st-stepは終了となる。

　特に，うつ病をはじめ心の病は，中長期の治療が必要になるから，特にこの点が大切になる。どのような内容を具体的に伝えるかは各論で説明するが，治療初期には，このようなアプローチがとても重要である。精神科の一般外来では，このような教育的アプローチのみと薬物療法が行われていることが多いのが現状である。時には，薬物療法だけという精神科医もいるので注意が必要となる。また，精神科医ではない臨床心理士の方は，この病理に対する教育的アプローチが弱いことが多い。

　うつ病や各種神経症や思春期の悩みなどは，本人に病理や症状の性質を熟知してもらうことがとても大切になる。そして，適切な症状との付き合い方が大切になる。心理療法の面接は，ほぼ一週間に一回である。それ以外の時間をどのように過ごせばよいか本人や家族がわかっていないと，そのストレスが病状そのものにも影響しかねない。

　この心理教育的アプローチで教育的な態度をとるとはいえ，クライエントと相談しながらの相互的なやり取りがとても大切である。何はできそうで，何は無理そうなのか，それはなぜなのかとか，試みてもうまくいかなかったときは，なぜなのかなどを話し合うことが必要である。また，本人が納得しにくい内容であれば，どのように納得いかないのか（会社を休みたくないとか），あるいは，どうすれば納得いくかを話し合うことも必要である。指導内容がうまく進まない時も，それはなぜなのかを話し合うことは極めて重要である。ただ単に頭ごなしに教え込むというものではない。それは教育者にもいえよう。

> **✚野球の譬①**
>
> 　野球に譬えると，初めて野球を始める子に，野球を指導する状況に似ている。その子は野球については少し見たことがある程度である。このような場合，指導者は，野球のルールを教え，バットの持ち方，ボールの握り型，チームプレーの在り方とともに，練習するときの注意点も教える。特に危険な行為はしっかりと戒める。そして，実践してみて，いろいろの問題が起これば，そこで話し合い，部分的な修正などを行う。
>
> 　精神疾患にかかった人も，ある意味で，病気を直すための「教室」に入った新入生のようなものである。病気については何も知らない。名前を聞いた程度である。誤った情報を持っていることもありうる。このような場合，当然，各疾患の病気の性質や，してはならないこと，した方が良いことなどをしっかり教育する必要がある。
>
> 　ただ，ケースによっては，精神疾患としての病理を伴っていないケースもある。その場合は，1st-stepは省くことができる。

「1st-stepにおける介入法」

　まず，診断を伝え病理に関する**情報を提供**する。そして，各症状に対しての対応を**指示**する。その病を抱えての生活の仕方についても**アドバイス**する。特に，病態化した症状は，痙攣発作のように習慣的に不随意に生ずるので，十分な薬物療法とともに，個々の症状に対する心構えと対応についてしっかり教育する必要がある。時に，典型例や他のケースの様子を示すことで**好ましいモデルを提示**する。そのうえで，クライエントからの**質問に十分に答える**。また，自分の状態に対する**セルフモニタリング能力を育てる働きかけ**をする（CBTなどのように症状の程度を数量化させるのも一つの方法である）。そして，ある程度の見通しを示すとともに，ともに病理に向き合っていくという**姿勢を共有する**（精神分析でいうところの「治療同盟」にあたる）。

　時に，楽観的な見通しに基づく希望ではなく，しっかりとした診たてのもとに，期待できる良い方向性についての**希望を与えること**が必要である。治療の初期に，クライエントが，その治療あるいはセラピストに期待を持てると感じた場合の方が，そのように感じなかった場合よりも，治療経過が好ましかったという報告がある。ただ，安易に与える希望はマイナスに働くこともある。この点は難しい面があり，慎重になされるべきである。

具体的なアドバイスや指示の内容は各疾患で異なるので，各論を参照いただきたい。

4.「3-ステップアプローチ」の2nd-step
―問題解決的アプローチ―

(1) 問題解決的アプローチにおけるコーチ的な態度の必要性

　病理に対して適正な態度が取れるようになれば，次の仕事は「現在の適応上の問題」へのアプローチにうつる。それは，現在の状態（病理も含む）に関与している問題を解決するためのアプローチといえる。ある時期から何らかの症状（うつ病やパニック症状など）が発症したとか，不適応状態が始まったケースに特に必要なアプローチである。大体，このような症状が始まる半年ほど前からの生活の変化に原因があることが多い。ただ，本人は気づいていないこともあるので，セラピストが丁寧に原因となっている状況を明確にしなくてはならない。

　このアプローチでは，セラピストは問題を解決するためのコーチ的なスタンスをとることが望ましい。ストレスへの対応の指導などの産業カウンセリングのアプローチや，CBT，IPT，PSTなどにおいては，セラピストはすべてコーチ的なスタンスをとっている。家族療法も現在の家族関係にアプローチすることから，このタイプに含んでよいだろう（臨床家によっては，このタイプを心理教育的アプローチに含む方もいる）。

　ここまでの1st-step，2nd-stepを，従来からの三大心理療法である精神分析・来談者中心療法・ユング心理学派は行わなかったことが，時に，クライエントの必要としている働きかけを提供しきれなかったように感じている。唯一，自我心理学派における「ガイダンスセラピー」が私の1st-step，2nd-stepのアプローチに相当すると考えている。

　このアプローチでは，現在の悩み（病理を含む）に関与しているであろう現在の問題点を明確にし，解決することを目的とする。この問題点を明確にするというところで，学派によって重視している要因が異なる。CBTでは，現在抱えている問題を明確にし，その問題に関与する認知の歪みと対応法を重視するし，IPTでは現在の対人関係のコミュニケーションの問題や一方的な期待感と現実とのズレなどを重視する。

　また，各種の病理によって，ある程度，共通した問題を抱えていることが多いので（うつ病では，「途方に暮れた状況」，OCDでは「コントロール不能な状況」など），その専門的な知識から問題を明確にし，解決に導くことも必要である。この点については各論で述べる。私自身は，長年，多くのケースを見てきたので，このア

プローチが得意だと思っている。

　ただし，<u>ヒステリー・BPDなど，各論で述べるヒステリカル・スペクトラムのような他者から影響を受けやすいクライエントや，PTSDや「ひきこもり」などのように，他者からの働きかけそのものに傷つきやすいクライエントに対しては，このようなセラピストの積極的な介入は，彼らの混乱を増すだけであることが多いので控えるべきである。</u>ただちに，3rd-stepに入ったほうがよい。しばしば，BPDなどのクライエントが，CBTなどの治療を受けている間は，それなりに安定しているが，治療が終了した後，激しく悪化するというケースを耳にする。このようなケースでは，クライエントは，セラピストの枠組みに，それなりに合わせていただけであったことが結果的にわかる。それほどセラピストに合わせやすいクライエントがいることに気をつけるべきである。精神分析はヒステリーの治療を通じて，このような反省もあって，コーチ的アプローチを棄てたことを知っておくべきである。

> **✚野球の譬②**
>
> 　スポーツ（たとえば野球など）でもそうであるが，成績が上がらない，練習すると体調を崩すなどと選手が言ってきたらコーチはどうするか。子どものころからの母親との関係性や生き方などを聞くだろうか。ある時期からは問題になるかもしれないが，当面，生き方そのものについて話し合うということはない。それより，まず選手をよく見て，練習の仕方，体調，さまざまな悪いくせなどを把握し問題点を明確にしていくのではなかろうか。そのうえで，自分の経験や知識を駆使し，コーチ自身の理論に沿って，その問題点を解決するように積極的な指導をするだろう。自信を失っていて「どうせ打たれるに違いない」という思い込みを抱くピッチャーには，その思い込みに気づかせてそれを修正させるだろう。フォームや，ボールの持ち方などもいろいろ工夫するだろう。そして，それを図や表にして整理したり，宿題を出すなどというアプローチを行う。つまり，セラピストの態度としては，CBT，IPTなどの現代型の短期心理療法の態度が，治療初期から中期には必要だと考えている。しかし，あまりに一定の理論に沿った方法でのアプローチでは，時に，フィットしない選手がいることも心しておく必要がある。合わないコーチに指導されるほどの不幸はない。

(2) 2nd-stepにおける問題点と中心となる介入法
①エピソード的に聞くこととコミュニケーション・モード

<u>クライエントから話を聞くときは，エピソード的に聞くことが大切である。</u>何が，いつどのような状況で起こり，その時にどのように考え，どのような気持ちになり，どのような対応をしたか。また，周囲の人はどのように反応したのか。そして，どのような結果となったのかというような物語として聞くことである。

<u>エピソード的に話せないクライエントの場合は，まず，それがどのような要因に依るかを考えなくてはならない。</u>不登校・ひきこもりの子に見られる，自分を語ること自体が苦手なのか，BPDや摂食障害の女性のように，体験を物語化する能力に問題があるのか，発達障害傾向があるのかなどという点を検討しなくてはならない。コミュニケーションの苦手な若者が増えている印象を持っている。

このようなクライエントの場合，コミュニケーション能力を育てながら面接をすることも必要となる。その場合は，性急にエピソード的に語らせようとすると，それが彼らの負担になることがあることも知っておく必要がある。

✚コラム⑬　コミュニケーション・モード

日本にはほとんど紹介されていないがグループに「communicative-psychoanalysis」という一派がある。精神分析の技法論の著書で有名なラングスが中心となっている。その学派の一人ドーパット（Dorpat, T.L）が患者の示すコミュニケーションの特徴を三つのモードとして分けている。参考になる考えなので，ここに記す。

Type A mode：symbolic imageryや物語性や情緒性やmetaphorなどが含まれていて，心理療法的には，もっとも適したコミュニケーションであり，洞察にも至りやすいモード。

Type B mode：投影同一視（「どうせ先生は私が嫌いでしょ」と決めつけるなど）や積極的な情動の発散（「不安だから何とかして」など）に特徴づけられるコミュニケーションである（一方的に自分の思い込みや感情を投げかけてくるようなコミュニケーション——著者）。

Type C mode：基本的に否認の規制が働いているコミュニケーション。言葉や情動や考えが出現するのを防ぐバリアとして機能するコミュニケーションである（内容に乏しく，感情も表れず，淡々と事実関係のみを語り，相互的なコミュニケーションが成立しにくいコミュニケーション——著者）。

Type B modeはBPDに多く見られ，Type C modeはアレキシサイミアに見られ

るコミュニケーションに近い。

この三種のコミュニケーションに，コミュニケーションそのものが成立しにくいひきこもりの子の示すコミュニケーションを含めれば，臨床で問題となるコミュニケーションはすべて網羅されるともいえよう。心理療法過程では，心理療法に向かないB, C modeのコミュニケーションに対しては，どうするかが問題となる。

また，各種，神経症者およびBPDの患者におけるコミュニケーションの特徴を示すと表3-1のようになる。心理療法は言葉によるコミュニケーションなので，コミュニケーションそのものにも配慮する必要がある。

表3-1 各種の病態のコミュニケーションの特徴（鍋田，2000c）

1) 不安神経症	怖いあるいは危険な世界の中でがんばってきたが，もうがんばれないという不安・恐怖感の感情が表れるとともに，治療者に支えてほしいという関係性を求める。
2) 強迫神経症	自分で決められない（大丈夫と思えない）ので，決めてほしい（大丈夫といってほしい）。しかし，そうして頼ろうとする治療者も本当には信じてよいのかわからないというアンビバレントな治療者・患者関係が生じやすい。
3) 対人恐怖症	認めてもらいたい（評価してもらいたい）という自己愛欲求あるいは転移を治療者に向けてくるとともに，どうせ，認めてもらえないだろうという恐れや抑うつ感が背後に存在する。
4) ヒステリー	治療者を理想化し，その治療者に愛される自分を投げかけてくる，あるいは治療者に同一化しようとする。その背後にその治療者がいなければ，自分は生きていけないという強い無力感が存在する。
5) 境界性パーソナリティ障害	全般に不安定性・漠然性が目立つ。また，しがみつこうとする強い欲求がむけられる。さまざまなイメージを投げかけてくる。背後に見捨てられ不安が存在する。

②問題点を明確にする枠組み

エピソード的な話ができるようであれば（type-Aのcommunication modeにあたる），セラピストのする仕事は，問題点を明確にすることである。適応上の問題というものは，外界要因と本人の要因が重なることが多い。本人の適応能力については，自我機能チェックも役立つ。

私自身は，以下のような内容を重視している。

a. 「状況因の明確化（何が問題なのかを明確にする）」：本人から問題が語られることもあるが，本人が自覚していない問題もある。本人から語られれば，その語りを膨らませ，明確にしていけばよいが，本人もあいまいなことも多い。

　　問題のテーマとしては，以下の内容の可能性が高い（病理によって聞く内容は異なるが）。
○問題自体が過酷　事故を起こしたとか，過労とか，借金を抱えたなど。
○強い不安・緊張を抱かせる問題　失敗してはならない仕事に就いた。厳しい上司に叱られるようになった。いじめられる。
○大切なものを失った　大切な人を失った。目的を失った。生き甲斐が消えた。地位や名誉を失った。自信を失ったなど。
○発達上の変化を含む状況の変化に気づいていない，ついていけない
○これまで出合ったことのない問題（人を含め）に出合って対応できない
○役割が変わった　苦手な役割についた。負荷の高い役割についた。新たな役割の果たし方がわからない。
○何か起きたときに周囲の対応が悪い場合　介護する家族がいるのに誰も協力してくれない。不登校の子どもに対して父親が激しく叱るだけなど。

b. 「本人の要因を明確化」：適応上の出来事の問題化には，多くは本人の問題に対する態度や対応も影響してくる。
○認知の歪みの問題　人は，すべての事象に自分なりの主観的な意味づけをする。そのことが大きくストレスにかかわってくる。そのため，問題のある状況をどのようにとらえているのか，そのとらえ方に問題がないのか，悲観的すぎないか，楽観的すぎないかなどを明確にする。多くは過去の記憶から認知は歪むので，どのような体験が影響しているかも検討する。クライエントの願望・期待，不安・恐れなどを明確にすると，どのように認知されているかを明確にできることが多い
○対応能力を検討する　クライエントの対応のスタイルの特徴を明確にする。どのような対応をしやすく，どのような対応が得意あるいは苦手なのかなど。
○自我機能の中でも，情動の調整能力（情動の安定性），全体を統合的に見渡せ，さまざまな側面を統合する能力，自我の柔軟性（考え方・対応の多様性と柔軟性などを明確にする。ワンパターンにすぎないか，かたくなすぎないか。割り切りが悪くクヨクヨとしすぎなのではないかなど）を診たてる（そして，本人の要因が大きければ「生き方」の問題を扱う 3rd-step に移行する）。

③2nd-stepの介入法
a.「問題を明確にする介入法」
　話を聞いていくプロセスでは，具体的な言葉よりも，セラピスト自身が何を明確にしようとしているのかを自覚していることが大切である。それとともに，**話を膨らます介入**と，**限定していく介入**とのどちらをしているかも自覚していることが大切である。それらが適切に交互に行われ，徐々に問題点を絞ることとなる。
　まず**質問**をする。そして，相手のペースで話すのを**丁寧に傾聴**する。
　質問には，エピソードを具体化したり物語を明確にするような限定的な質問と，内容を多面的に見るような膨らませる方向性とがある。状況や出来事を具体化する質問は限定的な答えを得ることが多い。限定的な質問は日常的な質問と変わらないのでここには例示しない。膨らませる質問としては，以下のような質問があるだろう。

　　「この出来事の，どの部分がつらかったのでしょうか」
　　「この人のどのような態度に傷ついたのでしょうか」
　　「その時の気持ちをもう少し聞かせてください」
　　「相手は，どのように考えていたと思いますか」
　　「本当はどうしたかったんでしょう」「どうなることを期待・心配していたのでしょう」
　　「その時，何を望んでいたのでしょう」

　そして，ある程度聞いたうえで，問題の**明確化，要約**を行って，病理や悩みに関連して何が問題になっているかをはっきりさせる。つまり問題を**焦点化**しテーマを絞る。この作業は**問題の同定**ともいわれるが，私は**焦点化**の方がよいと考えている。具体的には，以下のような介入をする。

　　「その時に抱いた気持ちは……のような感じですか」
　　「このテーマが大切なように思いますが」
　　「この人との関係性に問題があるようですね」
　　「いつも，このテーマが出てきますね」
　　「この出来事が何よりショックだったようですね」
　　「気持ちが落ちるときは，このようなことを体験しているときが多いようですね」
　　「お母さんとのこのようなかかわりが，あなたを傷つけたようですね」
　　「期待と現実がズレたのでしょうか」

そして，中心テーマとなっているエピソードが明確になり，現時点での問題点がある程度明確になり，クライエントも，そのあたりに問題がありそうだと納得がいくようであれば，セラピストなりの仮説を伝える。それが，**要約してクライエントと確認していく介入**である。

b. 「視野を広げ・問題を解決するための思い込みの修正や対応を変えるための介入」

そして，このように問題が焦点化されてくれば，その問題点に対して，さまざまな側面から考えてみるという視野を広げる介入が必要となる。少なくとも，その問題をどのように捉えるかという側面，そして，その問題に対してどのように対応するかという側面に対してさまざまな可能性を検討することになる。PSTでは**ブレインストーミング**にあたり，視野を広げる作業を意味する。また，問題に対する思い込みに歪みがあれば，それを明確にして修正することを勧める。これはCBTの中心作業となる。対人関係に問題があれば，ITP的なアプローチも可能であろう。具体的には以下のような介入になる。

　「他の方法はなかったのでしょうか」「こういう方法は考えなかったのですか」
　「相手の考えについて，ほかには考えられないでしょうか」
　「相手は，このように思っていた可能性はないですか」
　「自分の気持ちに素直になると，どのように対応すると思いますか」
　「期待と現実がずれたのでしょうか」「別な期待を持つことはできますか」

（CBTについてもITPについても多くの成書があるので，ここでは具体的な介入法を羅列しない）

c. 「共感・勇気づけなど，他の介入法」

もちろん，問題を明確化していく作業においても，クライエントの**気持ち・感情への共感的な態度・介入**も必要である。そのようなセラピストの働きかけでクライエントはよりセラピストへの信頼感を増すとともに，自らの体験を情緒を込めて語れるようになり，話が深まっていく。具体的には，以下のような介入である。

　「このような体験はとてもつらかったでしょうね」
　「心細かった気持ちが伝わってきます」
　「期待を外されて，ひどくがっかりされたようですね」
　「頑張っても，頑張っても仕事が終わらず，疲れきって，どうしたらよいか途方

にくれていられたようですね」

　このような介入は来談者中心療法の得意とするところであるが，すべての心理療法で大切な態度であり，介入法だと考えられる。
　また，解決する方向性が見えているのに，なかなか，具体的にチャレンジできない時もある。その時は，**勇気づけ**，**チャレンジを促す**ことも必要となる。変わろうとする働きかけに抵抗することを精神分析では「自己愛抵抗」という。この自己愛抵抗に対するアプローチは，つねに難しい面を持っていることは認識しておく必要がある。
　勇気づけは従来型の心理療法では基本的にしないことになっている。唯一，人生全体を扱う学派では，アドラーの個人心理学のみが，この勇気づけの重要さを述べている。私も人が変わろうとするときには，勇気が必要だと思っているので，アドラー学派の指摘は重要だと考えている。ただ，私としては「**チャレンジ**」という言葉のほうを好んでいる。私がトレーニングを受けたゲシュタルト療法では，このチャレンジを極めて重視する。ゲシュタルト療法のワークのすべてがチャレンジと言っても過言ではない。また，児童思春期の治療では，特に必要となる局面がある。
　具体的な介入例は以下のようになろう。

　「ここは頑張るところだね」
　「チャレンジしてみようか？　今の君ならできる可能性が高いと思うけど」

　そして，チャレンジして失敗した時は「残念ながら，今回はうまくいかなかったね。でもチャレンジしたこと自体は素晴らしいね。勇気があったね」と，うまくいかなかったことを素直に受けとめる態度を示す。
　そして，この体験について話し合うとよい。
　しかし，<u>焦ってはならない。セラピスト側からの変化への促しは，慎重にすべきであるということを，従来型の心理療法にかかわってきた者なら嫌というほど知っている</u>。クライエントは，セラピストを喜ばせようとしたり，セラピストに無意識のうちに引きづられかねないからである。あわてず，期間を設けず，クライエントの主体的な気持ちを大切にしながら，試行錯誤するプロセスを大切にする必要がある。この点が，短期に限定された期間内での治療的アプローチには危険性がある。
　人が変化するのには時間がかかるし，迷い，選択し，試行錯誤するプロセスが必要である。自分の気持ちに耳を傾けながら，試行錯誤して，自分にフィットした対人関係，問題の解決の仕方などを探っていくことそのものが成長を促す。もちろん，

気の利いた臨床家であれば、これらの短期のアプローチをしていても、このような心くばりができていることを期待している。

このような現在のさまざまな問題に対して、クライエントなりに問題を整理し、これまでとは異なる対応を試み・チャレンジしていくうちに、新しい生き方に向かうようになる。これが3rd-stepに発展する。たとえば、初めて不安を抱きながらも避けるのではなく自分なりに向き合うというチャレンジをすると、うまくいけばもちろん、うまくいかなくとも、自分がいかにいつも避けてばかりいたことに気づくものである。そうすると自分の生き方そのものを自ら考えたくなる。「なぜ、このような生き方になってしまったのか？」と。そのような心の準備ができれば、3rd-stepに移行する。

5.「不快感情への過敏性」の問題へのアプローチ

3rd-stepに入る前に、「不快感情への過敏性」に対するアプローチに触れておきたい。前章「人は何を悩むのか」で述べた通り、神経症傾向として「不快感情への過敏性」と「自己不信・自己の疎外化」があることを述べた。この後述べる3-ステップアプローチの3rd-stepは、「自己不信・自己の疎外化」についてのアプローチを述べることになる。従来型の心理療法は、このことをテーマとしてきた。

しかし、私自身は、そういう自己不信への物語の問題とは別に、親との直接的な響きあいから不快感情を抱きやすくなる傾向が身につくこともあると考えている（多少、素質も影響しているかもしれないが）。後に述べるが、神経科学的にいえば、他者の不快感情がミラーニューロンなどの神経機能によって、そのまま映し出されることによって身につくメカニズムである。つまり、不快感情は発作のように自動的に響きあう傾向がある。

そして、この不快感情（不安・抑うつなど）そのものに注目したのが認知療法だったと考えている。ベックは、不快感情に注目すると、それまでの精神分析などの心理療法の自己疎外の物語よりも、まず、不快感情が表れる。そして、その不快感情には、認知の歪み、身体反応などが一体となっているシステムを見出した。つまり、従来からの心理療法のように、自己の疎外化を生む深い個人史全体の物語の問題とは考えなかった。それが良かったと考えている。なぜなら、そういうクライエントがいたからだ。

現在、CBTは、本格的な神経症やパーソナリティ障害の治療へ進むにしたがって、自己の疎外化の物語も必要となり、いろいろと修正を迫られているのではないかと考えている。その発展形がスキーマ療法だと考えている。それは、自己の疎外

化ばかりを扱ってきた従来からの心理療法が，反省期を迎えているのとは，逆の流れで進んできているような気がする。

そのような状況を考えても，「不快感情への過敏性」へのアプローチはCBT的なアプローチが参考になるが，私は以下の三点が重要かと考えている。

(1) セラピストの姿勢と存在

何より，不快感情に対しては，その感情に圧倒され逃げ腰になっている姿勢そのものが問題である。その姿勢を積極的なものに変えることが大切である。不快感情というものは，その感情に向かう姿勢で苦痛感が大きく違ってくることは経験的にも知られている。セラピストは，心理療法的アプローチにおいて，そのような姿勢を提供する。そして，ともに考えてくれる他者の存在も苦痛の緩和にはおおきく影響する。

(2) 悪循環を止めるアプローチ

次のアプローチは，悪循環を断つことである。不快感情を抱くと認知が歪み，認知が歪むと不快感情を抱きやすくなり，不快感情とともに認知も歪むと誤った対応をしがちになり，問題を深めてしまうというプロセスである。このメカニズムを明確にしたのが，まさにCBTである。そして，行動療法的なアプローチにより，良い体験を重ねることで，良い循環が生まれるようになれば，不快感情に対する問題は解消する。

また，いずれ，「神経科学と心理療法」の章（第5章）で述べるが，不快感情に伴うエピソードを「再評価」すること自体が，その不快感情を緩和することも知られている。それゆえ，どのような枠組みであれ，不快感情にともなうエピソードをセラピストと話し合う作業そのものが悪循環を緩和する可能性がある。

(3) 不快感情そのものへのアプローチ

また，不快感情そのものへのアプローチとして**リラクゼーション**や**自律訓練法**なども効果があるだろう。もちろん，このようなアプローチは自己不信とか自己の疎外化による悩みには無効である。このように心理療法の歴史においては，「不快感情への過敏性」という生理的・身体的なメカニズムに近い問題と「自己不信・自己の疎外化」という人生の物語の問題とが混乱して議論されてきたように思う。ただし，両者が重なるケースも少なくない。それゆえ，一層，セラピストとしては両者の違いを知っておく必要がある。

しかし，このような技法を用いる前に，本当に不快感情への過敏性が問題なのか

を慎重に検討する必要がある。さまざまな悩み・問題を抱えているために不安などに陥っている場合には，以下に述べる3rd-stepが必要となる。

6．「3-ステップアプローチ」の3rd-step
― 従来の心理療法家的な態度・スタンス ―

　すでに述べたように，精神分析，来談者中心療法，ユング心理学は，原則的には，問題解決的なアプローチではなく，人生そのものを扱うアプローチだと考えている。もちろん，各学派共に，現場では必要に迫られて心理教育的アプローチや問題解決的なアプローチも行っている可能性がある。その方がよいと考えているが，三大心理療法の中心となる治療目標は，問題解決的ではなく，生き方そのもの，あるいは自分の在り方そのものの洞察と必要なライフスタイルの変更にあると考えている。つまり，私の言ってきた神経症構造へのアプローチである。

　言い換えれば，生きてくる間に，対人関係などの何らかの理由で，深く傷ついた体験に苦しんでいる（「外傷体験モデル」），あるいは不安・恐怖からの葛藤状況にあって（「葛藤モデル」），あるいは必要な体験が欠落していて（「欠損モデル」），自分の内部の生きられてこなかった大切な何ものか（精神分析では抑圧された衝動，対人関係論では重要な他者との関係で無視せざるを得なかった部分）を明確にし，育て，生き直すというアプローチである。とてもデリケートな作業となる。

　それゆえ，<u>セラピストは積極的な介入よりも，安心できる治療関係の中で，クライエントの心の中に浮かぶセラピストへのイメージや，本当に感じているはずの何ものかや，無意識からのメッセージを読み解き，時に，それをクライエントと話し合うという態度にほとんどの時間が費やされる。そのため，セラピストからの積極的な働きかけは控えられる。</u>

　安心でき，自分の主体性を大切にされ，自分のペースで面接できるという雰囲気の中で，クライエントは気づいていなかったさまざまな自分の内面を語り，それまで自覚できなかった自分の何かを感じ取り，新たな生き方を模索し始めるのを待つというスタンスである。

　セラピストの仕事としては，このような成長促進的な環境としての治療関係・治療構造を大切にするとともに，不安や恐怖のために自己の疎外化が起きたと考えられるときは，その不安・恐怖を明確にして，それに伴う「思い込み（認知の歪みなど）」を明確にし，無意識のうちに自己の疎外化が生じているメカニズムを洞察するというアプローチが必要である。それとともに，疎外された自己そのものに共感し，響きあうことで，育ってこなかった欠損部分を育くみ，自己感覚そのものを強化・

成長させるというアプローチとが必要となる。前者が精神分析的なアプローチであり，後者が来談者中心療法やユング心理学のアプローチといえよう。

(1)「3rd-stepの介入法」

3rd-stepで何より大切なことは，セラピストの適正な**沈黙**である。**沈黙**も介入法の一つと考えるべきである。適正な沈黙はとても治療促進的である。それとともに，クライエントの沈黙を守ることにもなる。特に，何か語ることが課題となっている面接状況で，語りたくない，語ることがないのであれば，語らなくてもよいという関係性は，「あるがまま」でよいという暗黙の受容・承認を意味することになる。もちろん，コミュニケーションの問題，不安のために語れずにいる沈黙，抵抗としての沈黙などには適切な介入が必要となる。そのあたりのセラピストの判断が大切である。特に，治療が深まったときの両者の快い沈黙は，大切な何かが起きていることをセラピストは知っておくべきである。そのうえで，**共感的な傾聴**が大切になる。この点は2nd-stepとも同様であるが，3rd-stepではより重要になる。沈黙し・傾聴することが増える。このことはすべての心理療法において当てはまる。

そして3rd-stepでは表2-2「悩みの構造」のすべての要因を扱うこととなる。つまり，そのテーマを決定づけた状況や対人関係（対象関係），そのために身につけた自己否定・自己嫌悪・他者不信などの「思い込み」「ネガティブなイメージ」を明確にするとともに，そして，そのような体験のために育ってこなかった本来の自己の何モノか（「欠損部分」ともいえる）を明確にする作業である。

治療の流れからは，問題となった状況・対人関係の明確化が初めにくるだろう。そして，それに伴う否定的な思い込みや「自己嫌悪」などのネガティブなイメージ，それに伴う不安の質などが明確にされる。ここまでがCBTの作業となるし，精神分析的心理療法の主たる作業となる。しかし，徐々に，生きられなかった問題が現れてきて，その欠損や，育てられてこなかった自分や自分のある部分が明確にされていくという作業が必要となる。それが「本当の自己」論につながる作業である。正統派の精神分析においては，生きられなかった部分を衝動あるいは欲動と考えたところが大きな間違いであったと考えている。心理療法を実践していれば，生きられてこなかった部分というものは決して衝動ではないことがわかる。

①精神分析が発展させてきた介入法

主に不安・恐怖による自己の疎外化である「葛藤モデル」に対して精神分析が工夫発展させてきた「**質問**」「**明確化**」「**直面化**」「**解釈**」（「再構成」を入れる場合もあるがここでは省く）が介入の中心となる。これらの介入には「無意識」が強く意識

されている。

　そして，語られたエピソードをさまざまに**想像し膨らませる**ように促し，また，多様な視点から見直し，人生上のテーマあるいは問題となった対人状況を明確にしていく。そして，ここぞというときに，セラピスト側から，重要なテーマに焦点を絞っていく。これが，やはり**焦点化**の作業にあたる。もちろん，焦点化するテーマは各学派で異なる。精神分析では，葛藤・防衛・転移について焦点化する。対人関係論では，偽りの自己を身につけざるを得なかった対人状況が明確にされる。多くは，不安・恐怖のために防衛したり，ごまかしているような葛藤状況に焦点化する。

　「思い込み」としての認知の歪みを明確にする作業も，この中心テーマの明確化と似た作業となるだろう。しかし，私自身，認知の歪みともいえる「思い込み」なども，どのような対人関係状況のなかで，どのような「思い込み」を抱くようになったのかを明確にするアプローチを好んでいる。たとえば，「私はだれからも愛されない」という思い込みも，その起源となった自分の体験が明確にされることが重要だと考えている。そして，過去と現在の違い，セラピストに向けてしまった思い込み（転移）とリアルなセラピストとの違いなどを体験的に気づいていくことが，「思い込み」を修正するものと考えている。ただ，私自身，問題を明確にするために「あなたの中心テーマは『誰からも愛されない』という思い込みですね」という介入をすることはある。

　そして，心理療法においては，やはり無意識のレベルにある問題を明確にしていく作業が何より大切なものとなる。この点がCBTなどでは弱いように感じている。せいぜい，不安などの感情に伴う前意識レベルの自動思考にアプローチする程度ではなかろうか。前意識とは，そこに意識を向ければ，比較的，容易に気づく内容である。より深い無意識の問題は，感情体験が伴っていないと近づけなかったり，クライエントの心構えに準備がないと意識されにくい問題である。本人が気づいていない前意識・無意識の内容については，セラピスト側の仮説や考えに沿って（これが間違えているかもしれないが），いろいろなヒントを提供して，気づきを深める作業が必要となる。この作業としては，精神分析の**直面化**（特に，防衛，抵抗，転移のために起きている，前意識的な言動に注意を向ける介入である）や**解釈**（解釈とは，精神分析理論に基づいてセラピストの仮説・想像を伝えて洞察を促す介入である）が用いられる。また，解釈の一種である**洞察の三角形**を利用したり，ユング心理学では**拡充法**などが用いられる。

　直面化は，クライエントが前意識的には意識しているものの，まだ，十分には意識化されていない面に目を向けさせることで意識化を促す介入法である。つまり，「そこに大切なことが起きていますよ」というヒントを与えるような介入である。そ

のため，精神分析では防衛や抵抗や転移が無意識に起きていることを直面化することが多い。それゆえ，タイミングを間違えると傷つけてしまうことがあることをセラピストはしっかりと認識していることが大切である。特に，精神分析は，セラピスト・クライエント関係におけるビビッドな体験に直面化させるという介入法がすぐれている。これは，今，その場で起きている体験に沿った「思い込み」や神経症的な関係性を明確にする作業である。具体的には以下のような例が挙げられる。

○セラピスト・クライエント関係ではない直面化
「妹をいじめるのは，その友達に会った後が多いようですね」
「そのような課題に出会うと，手洗いの回数が増えることに気づいていますか」
「母親に何か言われると落ち込みやすいようですね」など。

○セラピスト・クライエント関係における直面化
「今日，面接に遅れたのは，私（治療者）に，何かわだかまりがあったからではないでしょうか」（抵抗の直面化）
「このテーマになると避けようとしているようですが」（防衛の直面化）
「私の喜びそうな話をしてくれていませんか」（転移の直面化）
「また，いつもの役割に引っ込んでしまいましたね」（役割論的な直面化）

　ただし，このような介入は，不安を抱いて何とかごまかそうとしている（直面化を避けようとしている）神経症レベルの自己感の安定しているクライエントでは，「そうか，こんな不安から，このように考え，このようなごまかしをしたんですね」と洞察が進み，その洞察によって，不安から解放されることもある。しかし，自己感の脆弱なレベルのクライエントでは，かえって，恐れをなして不安定になることもある。それゆえ，直面化した後は，クライエントの意識化が深まることもあるが，別なごまかし方をしていたり（まだ，直面する気持ちになれないことを意味する），逆に混乱する場合もあるので，その後のアプローチについては，セラピストは慎重に対応する必要がある。どうしてもクライエントの気づきが深まらない場合には，次に述べる解釈を伝えることもある。
　また，直面化するテーマとしては，葛藤状況に対して生じている神経症的不安などのつらい感情であったり，そのベースにあるネガティブな思い込みであることも多い。
　今一つ，その葛藤状況に対して，誤った対応をしていることに焦点化することも必要である。それは精神分析では防衛であり，中でも反動形成的動きであり，とき

に超自我に支配されている動きと考えるべきであり，交流分析では「ドライバー」と呼ばれる駆り立てられる動きであり，ホーナイによれば，対象にすり寄る，あるいは，対象に抗する動きであったり，彼女の言う神経症的欲求（「愛を求める」「力を求める」）に相当する。何か，無理な動きをしていたり，いわゆる「こうであるべき」「こうでなくてはならない」「どうしてもこうありたい」などの気持ちに伴う心の動きを焦点化して，その背後にある神経症的な不安を自覚してもらう介入である。

　そして，セラピストの想像を伝えることはすべて**解釈**になる。具体的には以下のような内容が伝えられる。

　　「このことは，このようなことと関連しているようですね？」
　　「あなたのある気持ちが，この治療を拒みたくなっているようですね」
　　　　　　　　　　　　　　　　　　　　　　　　　　　　（抵抗の解釈）
　　「一方では信頼していても，どこかで何かが引っかかるようですね。二つの気持ちで揺れ動いているようですね」
　　　　　　　（これは直面化ともいえるが，アンビバレンスの解釈ともいえる）
　　「この不安は，お母さんといるときの不安に似ていませんか？」（発生論的解釈）
　　「会社で他の社員が大切にされていると思うと，激しい怒りを感じるのは，妹さんが母親に大切にされている時に感じた怒りと似ていませんか。そして，それは，私が他のクライエントさんと話をしていることに嫉妬することとも関連していませんか」　　　　　　　　　　　　　　　　　　　（洞察の三角形）
　　「本当は怒っていたのですね？　でも言えなかったのですね？　そうすると，このような行動に出るようですね」
　　　　　　　　　　　　　　　（エス解釈とともに防衛の解釈ともいえよう）
　　「本当はしがみつきたかったのですね，抱きしめてほしかったのですね」
　　　　　　　　　　　　　　　　　　　　　　　　　　　　　（エス解釈）
（精神分析のエス解釈というのは，対人関係論だと，本来の自分への気づきを促す介入ともいえる）
　　「このような役割を果たさないと不安を感じるのは，お母さんの期待が関係しているようですね」　　　　　　　　　　　　　　　　　（役割論的解釈）
　　「この夢の内容は，あの伝説の話と関連しているかもしれませんね」
　　　　　　　　　　　　　　　　　　　　　　　　　　　　（夢の拡充法）

　解釈は，安易に，あるいはクライエントの準備ができていないうちに与えられると，

知的な会話に終始したり，かえって，深く傷つけることがあるので注意を要する。

このように，解釈は，中心テーマを明確にして洞察を深める作業であるが，多くは，不安な体験，否定的な思い込みに至った物語を明確にする作業である。そして，このような歪んだ思い込みや対象関係が明確になれば，精神分析であれば，歪んだ転移状況を明確にするというアプローチで，その歪みを是正することになるが，スキーマ療法であれば，「思い込み」と現実状況とのズレを明確にするという作業が必要となる。つねに，問題状況の明確化，思い込み，歪んだ対象関係の明確化，その現実とのズレとを明確にするという作業が中長期に行われる。

健康度の高いクライエントにおいては，このような否定的な思い込み，歪んだ対象関係に気づくと，並行して，自分の新たな生き方を模索し始めることが多く，その場合は，ここまでのアプローチを続けることで治療の終結に至ることとなる。しかし，新たな生き方を始めるときに必要なアプローチ，育ってこなかった・生きてこなかった自分に対するアプローチというものも一方で大切になる。

このようなアプローチは無理をした生き方に気づき，自分の本来あるべき生き方に気づき，その方向性に生きなおすことである。「誤ったライフスタイルの修正」「自分探し」「本当の自己」「自己実現」などのことばで言われてきた内容に相当する。

②生きてこられなかった側面を持つ欠損モデルや成長不全モデルに対しては，以下に述べる成長促進的な介入が有効である

実は，解釈で挙げた「エス解釈」（「本当はどうしたかったのでしょうか」「本当は甘えたかったのでしょうか」）のように，怒りの解釈ではなく，欲求の解釈は，生きられてこなかった部分を明確にする作業に相当するので，健康度の高いクライエントなら，このような介入・解釈で少しずつ，自分の生きられてこなかった，自分の本当に求めていたものに気づいて，それを模索するようになる。しかし，その成長のプロセスを促す介入もある。それが以下に述べる介入法である。

特に自己の疎外化が，体験の欠損や，それに伴う成長不全に由来している場合は，成長促進的な介入として「共感」やクライエントの投げかけてくるものに響き合うという介入が必要となる。

来談者中心療法の「共感」はセラピストの態度であるが，それは介入法の意味合いもある。また，自己心理学でいう**ミラーリング**も大切である。一緒に喜んでほしい，自分の理想化に響いてほしいという投げかけに応える態度である。

具体的には「こんなに頑張って学校に行けたよ」と言ってきた場合，「やったね！」と共に喜ぶように返すことである。

また，マスターソンは「communicative matching」という介入法を述べている。

それは，クライエントが関心のあることを話しているときに，セラピストも自らの体験を含めて，その関心のあるテーマを語り合うことを意味する。たとえば，クライエントが「釣りが楽しい」といえば，「私も釣りが好きで，海釣りは空気がうまくて素晴らしいね」などとコミュニケーションをマッチさせて楽しむことを意味する。広い意味では響き合いともいえよう。響き合いの体験には，共感的体験とも異なる成長促進的な効果があるように思っている。つまり，共感は主にクライエントの気持ちへの響き合いであるが，**ミラーリング**，「**communicative matching**」は，クライエントがセラピストに投げかけてきた何ものかに響くことを意味する。そういう意味では，スターン（Stern, DN）の**情動調律**に近いものである。
　私自身は，これらの介入をセラピストの「**echo-function**」と呼んでいる。母親の機能として大切な機能ともいえよう。クライエントの心的世界を共有する作業ともいえよう。
　また，介入技法とは言えないかもしれないが，セラピストが自分の体験を適時述べる**自己開示**も，私はecho-function的機能を果たすと考えている。「私も，このようなつらい体験がありました」「私もそのような体験の時には，このようにしてみました」「私も似たような問題を抱えています」など。特に思春期のケースでは大切となる。「communicative matching」も自己開示的な側面もある。転移の発生を妨げるということで，精神分析は自己開示はもとより，隠れ蓑によって，すべてを隠す必要があると考えているが，中心テーマに由来する転移の動きは，ある程度の自己開示があっても十分に起きる。「セラピストも似たような体験をしながら，このように何とか生きているのだ」ということに気づくことは，さまざまな意味を持つ。もちろん，自分のことを話しすぎるのは治療の妨げになる。
　また，病理の重いケース（自己感の不安定なケースともいえよう）などに対して，精神分析の領域のセラピストが「解釈」に代わるものとして，さまざまな介入法を考案している。たとえば，ウィニコットの「holding」，ビオン（Bion, WR）の「containing」などである。これらすべて，脆弱な自己に対する「解釈」とは異なるアプローチを述べたものといえよう。このようなアプローチも参考になるが，なかなか理論的に難しい点もある（両者は介入法というより，セラピストの態度ともいえる）。
　そして，クライエントが変わろうとしたり，あらたな試みをしようとするときには，すでに2nd-stepで述べた**勇気づけ**や**チャレンジ**を促す働きが必要なこともある。そして，成功すれば，それをともに喜び，失敗したら，残念ではあるが，チャレンジしたことの意味を大切にするような態度が必要となる。

> **＋コラム⑭　直面化・解釈とecho-functionとは相反する働きともいえる**
>
> 　もしクライエントが，防衛的な態度でいたり，抵抗となるような転移を起こしていたり，偽りの役割としての態度を示しているときは，直面化・解釈が中心の介入が必要であり，echo-function的な響き合う態度や介入は，防衛や抵抗を助長させることになり，悪い影響を与えることだろう。逆に，バリントの言うnew・beginningのような，クライエントが自分の本来の気持ちからセラピストに何かを投げかけた時や，何かを新たに始めた時は，防衛として，あるいは抵抗として直面化したり解釈することは，激しい幻滅や傷つきを生じさせてしまうだろう。
> 　そういう意味で，この両者の介入のタイミングは，心理療法においては，とても大切な問題となる。
> 　たとえば，セラピストに無意識に不安・怒りを抱いていながらも，その防衛のためにセラピストが喜ぶような内容を語っている時に，その語りの背後にある不安・怒りを直面化することは，クライエントにとって，ある種の解放感と自分の本当の気持ちを示された安心感を抱くことができる。ところが，その語りを心からのセラピストへの働きかけと考えて，それと響くような態度をとり続けると，クライエントは窮屈になり，何らかの治療の滞りに発展するだろう。
> 　セラピストは，精神分析が見出してきた，クライエントの無意識の不安・怒りやアンビバレンツに対して敏感であることが大切である。それとともに，本来の自己からの働きかけに関しては，積極的な響き合いが大切になるものと考えている。後者のアプローチの重要性を来談者中心療法，自己心理学は述べたものと考えている。この両側面に気づくことが心理療法では，きわめて重要である。

③その他の態度や介入法

　一般の面接ではめったに使わないが，<u>体験を積極的に提供するという介入法がある</u>。セラピストとクライエントとでrole playingするとか，**家族合同面接**を設定して，そこで，実際にやり取りしてもらうなどが，それに相当する。体験は劇的に効果を与えることが多いので，取り入れる場合は，クライエントの心の準備性や自我の強さなどを考慮しなくてはならない。

　<u>治療における訓練的な側面も大切</u>である。精神分析では，治療構造そのものに耐えられるようになるという訓練的な側面以外にも，**徹底操作**という働きかけがある。同じテーマが何度も現れるたびに，そのテーマを繰り返し扱うことを意味する。ある程度，治療が深まれば，テーマを絞っていくことが必要になることも多い。

　CBTなどは，宿題として，いろいろと現実生活で試させるので，そのことが新た

な体験を提供するとともに訓練的な意味も持つだろう。

　ただ，個々の機能を伸ばすという意味での訓練的な働きは，一般の面接にはないことも知っておく必要がある。

　このように，3rd-stepでは，精神分析的な介入である直面化・解釈という，ある意味で知的なアプローチとともに，成長促進的な響き合いやモデルを示すことも大切になる。そして，このような多様な介入法をどのように使用するかは，セラピストの判断にかかっている。すべての介入法は，沈黙でさえ，時にマイナスの効果を与えかねない。ましてや体験を提供するような刺激的な介入法は危険性を秘めている。セラピストは，ある程度，どの局面では，どのような介入法を用いているかを自覚している必要がある。そして，慎重に，時に大胆に働きかけることが必要である。

(2) 3rd-stepで重要になる転移について——治療促進的な転移と抵抗となる転移

　面接がクライエントにとって大切になり，セラピストが重要な人物になると，クライエントは大きく二つの方向性に向かうように思っている。

　一つは，良性の転移というべきか，セラピストを理想化し，セラピストとの時間をとても楽しみにし，極端な性愛化もなく，その理想化が治療促進的に働く転移（これを転移というべきかは別にして）である。

　ある女性のクライエント（「第10章　うつ病の心理療法」参照）は，面接を楽しみにするようになると，化粧も派手になり，ファッションも派手になり，面接での態度も，女性っぽい雰囲気が強くなった。しかし，ある時点で，みずから，「この面接は，とても楽しみです。まるで先生に恋しているみたい。でも，個人的に付き合えないのはわかっていますよ」「あまり，女性を生きてこなかったから，先生と恋愛ごっこをしているような気持ちなのかもしれない」と述べ，「このファッション素敵でしょ」などと私の反応を求めるようになった。しかし，これを転移と考えても（私自身は，転移というより，自己成長促進的な対象に出会えて，喜びに溢れて高揚した状態と考える），この転移は治療促進的であり，自分を大切に，自分の女性性を大切にするという営みを，セラピストと安心して試していると考える。このようなケースであれば，このような転移現象は本来の自分探しの一環として起きるものであり，自己実現に向かわせる基本的な力となる。性愛転移というよりは，理想化転移への序章として恋愛感情が生まれるものと考えている。セラピストは，このような関係性をともに楽しむことがミラーリングに繋がり成長を促すこととなる。自己心理学は，このような良性の理想化転移を大切に考えたものともいえよう。

　しかし，一方で，強い不安や葛藤，傷つきを秘めているクライエントでは，セラ

ピストが重要な人物になると，どうしても，アンビバレントになったり，強い見捨てられ不安や，自分の攻撃性を投影して，セラピストの攻撃性におびえるという状況が起きる。このようなケースでは，ネガティブな転移を扱うことは必須の作業となる。パーソナリティ障害において特に大切になるが，エディプス状況などの葛藤状況を秘めているクライエントもしばしばアンビバレントになる。このような転移は，しっかりと扱わなければ間違いなく抵抗に発展する。しかし，そのネガティブな転移に対する洞察が，治療関係を通じて進めば，極めて治療促進的な効果がある。精神分析は，この点を深め続けてきたともいえよう。

　ただ，機能不全家族で育ったとか，PTSDのような心的世界を深く凌辱されているようなケースでは，対象認知が強く歪んでおり，その歪みを転移として扱うことは危険を伴うように感じている。転移を扱うことが治療的に働くには，対象へのイメージと，現実のセラピストのイメージを同時に感知するだけの健康度が必要かと思っている。病理の深いケースについてはクライン派の考察が参考にはなるが，治療的アプローチとしては，確立されていないのではないかと考えている。

✚コラム15　「対象としてのセラピスト」「環境としてのセラピスト」

　精神分析的なトレーニングを受けたセラピストは，クライエントの転移関係に向き合う。また，来談者中心療法のトレーニングを受けたセラピストは熱心にクライエントに共感しようとする。これらは，クライエントがセラピストを対象とした関係性にあることを意味する。このような関係性のセラピストを「対象としてのセラピスト」と呼ぶ。

　また，このような転移を向けたり，共感的に響きあったりするという積極的な対象としてのセラピストというより，セラピストが，クライエントにとって，安心して自分を体験しなおすプロセスを見守ってくれる存在となることもある。このようなセラピストを「環境としてのセラピスト」という。両者については，主に精神分析において議論されている（このような議論には，ウィニコットの「環境としての母親」という考えがベースにある）。

　特に，自分の中で生きてこられなかった部分に響いてもらい，自己感覚が強化され，新たな成長が始まるための働きかけとしては，「環境としてのセラピスト」がとても大切かと考えている。当然，「欠損モデル」に対しては，「環境としてのセラピスト」というスタンスをとることが大切だと考えている。また，自己の脆弱なパーソナリティ障害や，ヒステリーなどの対象意識過剰傾向のあるクライエントに対しては，セラピストが対象となることは，刺激が強すぎて，かえって，

> クライエントの自己の状態を悪化させることがあると考えている。
> 　また，クライエントが投げかけてくる響きあいを期待する気持ちにミラーリングするような態度，イライラした攻撃性を受け止め穏やかに抱え込む態度（containingに通ずる）も「環境としてのセラピスト」の大切な機能だろう。そういう意味で，クライエントの無意識の世界の旅路をともにするようなユング的な態度も「環境としてのセラピスト」のスタンスに近いと思っている（コラム16参照）。

(3)「フィードバック」について

　最後に，比較的，従来からの心理療法では行われない**フィードバック**について触れたい。ここでいうフィードバックとは，クライエントが良い方向に向かった行動や正しい認知や自己表現をした時などに，それをしっかりと評価することである。もちろん，悪い方向に向かえば，それもフィードバックする。この介入は，一般には，積極的にしないことになっているのは，セラピストの価値観に巻き込むことを防ぐためである。

　しかし，実際の面接では，意識的・無意識的にフィードバックがなされている。たとえばロジャースは（ロジャースの面接ビデオを見ればわかるが），明確に，自己一致している発言や態度には，彼が態度で積極的に是認している様子がうかがえるし，自己一致していない言動には，明確に「本当の気持ちを言っていない」と述べている。精神分析も，セラピストの琴線に触れた時に解釈などをすることで，何が大切かを無言のうちに伝えている。CBTやITPなどは，積極的にうまく進んでいるかそうではないかを伝える。

　私も，クライエントが良い方向性に向かっているときは，「新しい見方ができましたね」「自分の思いを大切にできるようになりましたね，素晴らしいですね」「不安を抱きながらもチャレンジしましたね。がんばりましたね」などと**フィードバック**することを心がけている。逆に，クライエントなりに何らかの頑張りを試みたのに，あるいは何か変化し始めたのに，何のフィードバックもないと，自分は間違った方向に行っているかもしれないと混乱しかねないと考えている。もちろん，やりすぎはいけない。また，セラピストが無意識の価値観に縛られて行うフィードバックがもっともクライエントを巻き込む可能性がある。

　フィードバックは適切に行われれば，ミラーリングや，適切な応答，あるいは正当な承認でもあり，成長促進的な働きかけになり得る。

(4) 治療が順調にいくとき,停滞するとき

　本章を終了するにあたって,治療が順調にいくときと順調にいかないケースについて述べたい。

　まず,治療が順調に進む場合は以下のような経過をたどる。

　共感的な傾聴がなされ,クライエントが安心できる環境としてのセラピストとなれば,健康度の高いクライエントは,少しずつ信頼を抱くようになり,不安を抱くことも弱まり,つらい体験について語り,より自由に面接を受けるようになる。そして,共感的傾聴と適切な質問・明確化を通じて,自分の問題となっていた状況に対する理解が深まるとともに,症状や苦悩感が緩和することが多い。精神分析的に言えば,転移性治癒ということになるが,そのように考えなくとも,安心できる何者かに出会え,解決していく方向性が得られたという希望が持てることによるものと考えている。<u>このような動きは,数回から10回程度までに起きることが多い。</u>健康度の高いケースではこのような流れになることが多い。つまり,激しい不安・傷つきもなく,無理した生き方も深く根付いていることもなく,思い込みも比較的容易に修正でき,それなりにセラピストを信頼できるケースでは,このような流れになる。

　それより問題が深く,何らかの生き方や思い込みの修正が必要な場合は,以下のような流れになる。セラピストを支えにして,自分を見つめ,自分の不安のメカニズムをより深く理解し,新たな自分なりの生き方を模索するようになる。<u>この時点で,クライエントは自分の中心テーマを自覚し,そのテーマを中心に面接が展開するようになる。つまり,この段階こそ,一般にいわれる治療の「中期」に移行したことを意味する。</u>それゆえ,「中期」には,生き方そのものを考え始める3rd-stepを行うこととなる。セラピストは,ベースにある「思い込み」を明確にし,時にその修正的なアプローチをし,「葛藤モデル」「偽りの役割モデル」に沿って無理な生き方に気づかせる。それとともに,新たな自分によりフィットした生き方や自分の納得いく生き方を模索するようになる。このような時期に,echo-functionを中心とした介入,すなわち「real self」を育てるためのサポートをしていくと,治療は進んでいく。そして,30～50回程度のセッションを経て,終結を迎えることが多い。

　しかし,しばしば,治療が停滞することがある。そのようなときには,以下のような問題点を検討すべきである。

①病理の問題が残っていたり,思わぬ病理が潜んでいる可能性がある。

　　遷延するうつ状態や強迫症状の場合は,病理に対する対応がしっかりなされていないとか,薬物療法が不十分なことが考えられる。また,気分の波打つ問題の

場合，双極性障害がベースにあることもありうる。後者は意外と多いので注意を要する。

②その時点で，リアルタイムにクライエントを苦しめている問題が継続していて，悪い刺激が与えられ続けているということも考えられる。特に児童・思春期のクライエントでは，親の対応が変わっていないとか，主婦であれば，夫との関係性が悪しき影響を与え続けているとか，会社員であれば，就労状況が改善していないなど。要するに，問題解決が不十分であるとか，問題そのものを見逃している場合である。

③さまざまな悩みのベースに発達障害が存在する場合も，なかなか治療が進まないことが多い。発達障害においては，一見，感情障害，強迫性障害，対人恐怖症，身体醜形障害などと思われるケースも少なくない。また，どうして，この程度の状況でブレークダウンするのだろうと思われるケースも注意を要する。発達障害傾向に気づかないと，セラピストもクライエントも混乱しやすい。ただし，大人になってからの診断は難しい面もあり，今後の課題である。

④セラピストの行っているアプローチが，クライエントの悩みや問題に合っていないと，とうぜん治療は停滞する。時に悪影響すら与える。ひきこもり・不登校の若者に，精神分析的アプローチをしたり，欠損モデルをベースにした悩みにCBTを行うなどである。この点はセラピストの問題であり，セラピストは，自分のしているアプローチが，クライエントの悩みや問題に合っているかを常に考えなくてはならない。この点を検討するときにこそ，本書が役立つと考えている。

⑤セラピスト・クライエントの関係性にひずみがある場合も治療は停滞する。精神分析では「抵抗」と考える。治療そのものへのモチベーションがないこともあるが，セラピスト，あるいは治療への無意識の不信感・敵意などが潜んでいると治療は停滞する。

特に，OCDのクライエントの抱く不信感や猜疑心，対人恐怖症やヒステリー関連のクライエントのセラピストへの演技的態度，自己愛パーソナリティ障害者のセラピストへの敵意，思春期のクライエント全体に言えるアンビバレントな気持ちなどには敏感でなくてはならない。

> **✚野球の譬[3]**
>
> 　3rd-stepのアプローチを野球で譬えると以下のようになろう。不調な選手に対して，練習の仕方，フォーム，バットの持ち方などに問題がないかをコーチがチェックして，より適したものをアドバイスし，問題を解決し，スランプを乗り越えさせるのが，すでに述べた2nd-stepまでのコーチの態度にあたる。自分のフォームを変えるのには勇気が必要なのも心理療法過程に似ている。
>
> 　しかし，もし，そのスランプの背景に，無理に野球をやらされて，あるところまで頑張ったが，自分にとっての人生選択として間違っていたのではないかという悩みが心の底にあるような場合は，フォームを変える程度では何の効果もないだろう。本人のこれまでの人生全体，野球をやれと言い続けた親との関係性について丁寧に聞いていく必要がある。
>
> 　そして，父親に逆らえば叱られる恐怖が自己疎外の背景にあれば，その恐怖を精神分析的なアプローチで扱うこととなろう。また，自分は，やはり，いやいや親を喜ばせるためにのみ頑張ってきたということに気づき，本当の自分の生き方を今一度探したいと思った場合には，その自分探しを支えていくアプローチが必要になる。このときは，「echo-function」を中心とした「偽りの役割モデル」「欠損モデル」による人生全体に対するアプローチが必要となろう。

おわりに

　私自身は，特殊な体験を提供するというアプローチ以外（グループワーク，何らかの体験的プログラムなど）は，このような3-ステップアプローチで心理療法を行っている。各ステップでは，各種の理論を参考にさせていただいている。ただ，「欠損モデル」に相当するケースや，自我状態の脆弱なケースなどでは，3rd-stepでのアプローチでも滞ることが多い。そのようなケースに対しても，精神分析的な不安・恐怖を扱うアプローチや，自己感を強化し，成長を促すecho-functionなどのかかわりをしつつ，粘り強く関係性を維持することが，現在できる最善のアプローチだと考えている。現時点では，自我・自己そのものを強化するアプローチというものは心理療法の世界では確立されていない（ナラティブセラピーのように自伝的記憶を再構成することに効果があるともいわれているが）。

　本章では，すべてのクライエントに対する最大公約数的なアプローチを述べたが，実際は，各論に述べるように，各病理に即してアプローチを変えるという方法が必要となる。

第4章
治療促進因子（therapeutic factor）について
何が治療的に意味があるのか

　これまで具体的に治療的アプローチについて述べてきた。それでは，どのような働きかけを受けると人は変わるのだろうか。つまり治療促進因子には，どのような要因があるのだろうか。セラピストは時にそれを意識して治療に臨むが，時に，思わぬ何らかの要因が機能することもある。<u>私自身は，セラピストは，ある程度意識している必要があると考えている。つまり，今，自分の働きかけは，このような変化を求めて行っているということを，自覚していることが必要だと考えている。</u>ただ，現場では予想を超えたことが起きることも確かである。そのことも自覚している必要がある。今，何か自分の考えていない何かが起きているという感性が大切かと思っている。すべての新しい学派の生まれるときは，そのような感性が働いたことがスタートになっている。

　以下に私の考える各治療促進因子について述べる。

1．治療者自身の存在・雰囲気
－セラピストとの関係性における修正感情体験－

(1) セラピストの態度，セラピストとの出会い，セラピストへのモデル化などの要因

　すでに触れたように，ロジャースに代表されるように，出会うだけで信頼感が増すようなセラピストなら，それだけで何かが変わる。ユングのような個人を超えた世界と共にあるようなセラピストと出会えば，日常のこせこせした不安がバカバカしくなるかもしれない。CBTやIPTなどのように，ともに問題を解決しましょうという積極的な態度のセラピストに出会うだけで，自分の問題に前向きになることもあるだろう。そこに自分とは異なる生き方を感じ，希望を抱くこともあるだろう。

このセラピストの存在，セラピストの生き方そのもの，セラピストの悩みに対する姿勢などが，知らず知らずのうちにクライエントに取り入れられる。クライエントは，自分のすべてをセラピストにゆだねるものであり，セラピストとの出会いはとても重要になる。

そして，そのような関係性を含めて，セラピストとのさまざまな体験が修正感情体験として治療促進的に働くことが多い。

すでに第2章で触れたように，親が，不安・緊張などに対する適切な対応のモデルを示せなかったことも神経症的状態をもたらすと述べた。逆に言えば，セラピストが不安や苦悩に対する適切な姿勢・構えを示すことができたり，そのモデルとなりえれば，その出会いはクライエントにとって初めての体験であり，とても治療促進的に働くだろう。特に不安・恐怖を抱く状況に対する態度が重要だろう。それは，子どもが何か不安な状況に直面したときに，そばにいる親が，落ち着いて，それなりに対処する姿を見て，子どもが安定し，その姿をモデル化するのに似ている。この苦悩に対する姿勢の在り方そのものの重要性を積極的に主張したのが，実存分析のフランクル（Frankl, VE）だと考えている。

精神分析は，ある意味で，隠れ蓑と呼ばれるようなセラピストの守秘性の高い関係性を維持するし，なるべく中立であろうという態度のため，このような要因が脱落しがちである。しかし，多くの分析家は，精神分析の営みの重要性を信頼しており，一見，そっけない契約的な関係性にこそ重要性があると考えているので，長期に面接をすれば，その関係性に信頼感が得られるであろうと考えている。言い過ぎかもしれないが，そのような理不尽ともいえるような関係性（積極的に援助してくれない態度，セラピストとクライエントの不平等性など）をセラピスト・クライエントとがともに継続し続けるという姿勢にこそ，信頼感を抱いているような気がする。精神分析は理不尽さに耐えられるようになるための営みのような側面がある。

このように，セラピストは，ある程度まで経験を積んでいけば，意識するにせよ無意識にせよ，何ものかを信頼して面接するようになる。それは，共感であるとか，何かにつながることであるとか，悩みに対する姿勢などであろう。そのことがクライエントに響き，いつの間にか変化を促すことになる。

しかし，このセラピストの何ものかへの信頼感は，時にマイナスにも働くと思う。セラピストは少なくとも，自分自身が，何を信頼しているかを自覚していることが大切かと考えている。そして，それがクライエントあるいはクライエントの悩みにフィットしていないかもしれないという謙虚さが必要だとも考えている。

また，すべての心理療法のセラピストに共通している態度ともいえるが，クライエントの主体性を重要視することが重要である。来談者中心療法ではもとより，精

神分析もユング心理学も，またCBTなどのセラピストが積極的な役割を果たす心理療法においても，この点は変わりない。

> **✚コラム16　森田療法と内観療法における治療状況の持つ雰囲気**
>
> 　わが国の代表的な心理療法として森田療法と内観療法がある。この両者とも本来は創立者の森田正馬と吉本伊信の自宅で行われていたという。セラピストの生活しているところで生活をともにするという方法である。当然，そこにはセラピストの思想性や生き方が反映している。
> 　ある内観療法を受けたクライエントの記述には以下のような内容が見出される。それは，奈良の吉本先生のところを尋ねた折の話である。「玄関を入ると，本当に人の良さそうな先生が出迎えてくださり，やさしい声をかけて下さった。そして，家の中に入ると素朴でしみじみとした雰囲気のある老婦人に配慮のある対応をしてもらえた。しかも，家の中は質素であるが，気配りの行き届いた雰囲気に満ちていて，そこにいるだけで何か心に感ずるものがあった」と。内観療法は親への恨みを抱いていることの多い非行問題を持つクライエントを対象として始まった。そのようなクライエントがこのような雰囲気の中で過ごすことの持つ力は計り知れない。私は不登校の子どもたちの治療スペースを行っていたが，そのスペースの雰囲気として，ともかく自由で明るく楽しい，しかも人といて楽しいという雰囲気を作るよう工夫もしてきた。フロイトも面接室にさまざまなお気に入りの置物を置いていたという。
> 　また，欧米の心理療法は対面構造を基本にしている。そのため，セラピストとの出会いや，セラピストの共感がクライエントに響き，セラピストへの転移などを扱うのに向いている。しかし，すでに述べたように，このような対面構造は「対象としてのセラピスト」としての関係性となり，ヒステリーなどの対人関係過剰性（人に気持ちが向きすぎている）のあるクライエントには，クライエントに影響しすぎる可能性がある。このようなクライエントの場合は，セラピストが治療環境の一部として存在し，その治療環境そのものが治療促進的な機能を持つ構造のほうが望ましい（「環境としてのセラピスト」）。そういう意味で，日本人は，対人関係過剰傾向があるので，他者と向き合う関係性ではなく，森田療法や内観療法のような治療環境の中で，一人になることが大切にされる構造がフィットする可能性がある。もちろん，このような環境が仏教修行に由来することは確かであるが。
> 　この点は，「対象としてのセラピスト」「環境としてのセラピスト」の議論に通ずる（コラム15参照）。

(2) セラピストとの響き合いの重要性・echo-functionの因子

　セラピストとの響き合う関係性そのものが治療促進的に働くことを，ロジャースは探究した。来談者中心療法のいうようなクライエントの気持ちや存在そのものへの共感的態度が，クライエントの本来の自己の成長を促すことはすでに十分に語られている。しかし，それが何を引き起こしているかは難しい問題である。それは人間としての存在の在り様と関係しているので，とても深い問題である。ロジャースの実証的な研究からも明確な結果は得られなかったように思う（コラム18参照）。

　また，クライエントからの何らかの投げかけに対して響くという態度は，主体性や積極性を促すように思われる。すでに述べた母子間での情動調律のような関係性もそうであるし，コフートのミラーリングもマスターソンのcommunicative matchingなども，響き合う側面は異なるが，響き合いという意味では共通の促進効果があると考えている。そして，適切なセラピストの自己開示も響き合いを促進する。

　特に，「偽りの自己」や「欠損モデル」に相当するクライエントが，本来の自分を模索するときや，思春期のクライエントの成長を促し，その試行錯誤を見守るときに必要な因子である。すでに述べたように，治療のプロセスとしては，中期以降に特に必要な因子である。

　私は以下のように考えている。<u>いわゆる共感はクライエントの自分感覚を強化する。そしてクライエントの投げかけに響くecho-functionは，成長促進的な働きを持っていると</u>。

　ともに，自分のあるべき物語を生きる上で大切な働きかけである。特に後者は，自分の投げかけが外界の存在に力を及ぼしうるという有能感を育てることになると考えている。

　自己心理学においては，自己の障害を持つ自己の不安定なクライエントに，「解釈」ではなく，このecho-functionが重要だという考えが，さまざまに議論されている。

　今後，ミラーニューロンなどの神経科学的なアプローチで，響き合うことの意味が解明されるかもしれない（第5章参照）。

(3) セラピストの一貫性・テーマの一貫性

　セラピストの態度の安定性や確固たる信頼感なども，セラピストの一貫性と関係するが，ここでいう一貫性は，テーマの一貫性に関することである。CBTなどのように，考え方が明確で治療の枠組みやアプローチが限定的な場合は，治療の途中で，中心テーマが変わることは，それほどないだろう。しかし，従来の三大心理療法のように治療が長期におよび，さまざまな側面を扱いうる治療においては，治療の途中で，思うような改善が進まずアプローチすべきテーマに迷うことがある。このよ

うなときには、もちろん、中心テーマを見誤っているのではないかという謙虚な気持ちが必要ではあるが、中心テーマが間違っていなくとも、手ごたえをもって変化や改善が見られないことも知っておく必要がある。この点を、精神分析は「抵抗」特に「自己愛抵抗」（変わることへの抵抗）という考えをすでに提唱しているし、中心テーマに対しては、**徹底操作（work-through）**という作業が必要なこともすでに議論している。

　セラピストが迷って揺らぎすぎていると、そのことが治療に反映して、治療が混沌とすることになりかねない。特に、治療の後半には、クライエントの問題のパターンやテーマが明確になれば、ある程度、そのテーマにアプローチし続けることが大切になる。特に、統合的アプローチでは、さまざまな技法や考え方を知るがゆえに迷うことが多い。

　しっかりと面接経過を見直しながら、自分のアプローチの在り様を確認していく態度が必要だと考えている。

2. 探索的・知的因子：「汝自身を知れ」

　人が問題を抱えた時に、知的な作業で問題が解決されることもある。それをここでは知的因子と呼ぶ。1st-stepにおける病理に必要な理解が得られることや、2nd-stepの何らかの混乱状態を整理する作業なども知的因子といえよう。このような作業では、セラピストは各混乱に対して専門的な知識を持っている必要があり、それをもとに混乱を整理することとなる。一つのテーマの専門家になることもセラピストの選択である。文化摩擦に詳しいとか、思春期の変化に伴う混乱に詳しいなど……。世の中に溢れている「……カウンセラー」というセラピストは、ほとんど専門知識をベースにした知的な作業を行っている。

　また、ストレスというものは、極めて主観的な体験だから、人が抱える問題というものには、必ず、人の主観性がかかわる。だから、知的な問題解明と解決という場合には、クライエントの問題のとらえ方や、それに対する対応の問題をも明確にし、それをクライエントが自覚することで、捉え方を修正したり、対応を変えることで悩みから解放されることもある（CBTの認知の修正など）。これらの変化も主に知的な要因がかかわっている。精神分析の「洞察」につながる因子である。

　クライエントの主観的な問題点を明確にする作業には以下の内容が含まれよう。何より、自分の人生上のテーマが何であり、その物語の基礎となっている重要な人物は誰なのかという認識である。そして、それに伴う、歪んだ自己像・他者像の「思い込み」や日常における認知の歪みの自覚である。そして、このようなテーマに伴

う不安の質の理解であり、そのような不安に駆られて無理に動き回ったり、執拗に求め続ける態度（神経症的欲求）や偽りの自己に強いられる振る舞いへの自覚である。あるいは、自分が無意識に生きてきた役割はどのような役割で、それは何故に身につけざるを得なかったのかなど、そのような役割のために、生きてこなかった自分の部分（欠損部）への気づきである（表2-2参照）。

　そして、このような知的因子に働きかけるのが、**明確化**であり、**直面化**であり、**焦点化**であり、**解釈**である。

　私自身は対人関係論のように、重要な他者との関係性を明確にし、どのような体験に傷つき、どのような不安（見捨てられ不安、責められる不安など）、どのような絶望（愛されない絶望、愛せない絶望、関係が持てない絶望など）、どのような欠損感・空虚感を抱き、そのために、何を求めているか（誇大的な自己愛など）、何を諦めているか、何にしがみついているかを明確にすることが重要かと考えている。このようなことが自覚できると、それに向き合うことができる。向き合うことができると何かが変わるとも考えている。

　すくなくともクライエントは、自分の抱える問題の本質や、自分が無意識のうちに身につけてきた神経症的な生き方のパターン（誤ったライフスタイルとか、偽りの自己論、精神分析の固着論に通ずる）を自覚すると、それが惨めなものであっても、何か生きるスタンスが変わるようだ。「そうか、私はこのような悲しみを抱きつづけていたのか」「そうか、誰からも愛されないと思っていたのは、母親との関係性が影響していたのか」「何をしても手ごたえがなかったので、異性にしがみついていたのか」「一番でいないと深く傷ついてしまうのは、もともと、深く傷ついていたからなのか」「この悲しみは、一生持ち続けるしかないのかもしれない」などの自覚が、クライエントの生き方を変えることとなる。

3. 体験的要因：
体験が生き方の修正と同時に成長に繋がることが多い

　知的な洞察、自分自身を深く知ることで、自分自身との向き合い方が変わることも可能であるが、情緒的な体験こそが大きく変容を促す要因であることは、すべての心理療法の学派で強調されてきた。ユング心理学における自分の深き心的世界に触れるという体験、自分を超えた何ものかに触れるという体験も治療促進的に働くだろう。ゲシュタルト療法は、精神分析の知的な作業に対するアンチとして生まれたこともあり、すべてが体験的なアプローチである。クライエントが一回のセッションで劇的に変わるのを、グループ枠によるゲシュタルト療法でよく目にしたことを

覚えている。

　私が，長年，実践してきた構成的エンカウンターグループでも，3〜4日の合宿体験でドラマティックな変化を見せる参加者も少なくなかった。

　それでは，どのような体験をすることがクライエントを良い方向に変えるのだろうか。あるいは，各心理療法は，どのような体験を提供しうるのだろうか。（すでに述べた，セラピストとの出会い，信頼できる人との出会いなども，体験という視点から見ることもできるが，ここでは繰り返さない）。

（1）「カタルシス」

　自分が抱えていた気持ちを語れるという体験そのものも人の気持ちを楽にすることは，「カタルシス」として日常的に知られている。外傷的な体験を語れることをフロイトは「除反応」と呼んでいた。悩みを語ることの意味については，**コラム1**を参照のこと。

（2）「転移・逆転移の相互関係性の体験」

　セラピスト・クライエントがともに見つめ合いながら関係性を明確にする作業は，知的な作業でもあるが，極めて情緒的な体験である。「あなたは今，このようなことで私に怒りを抱いているのではないですか」「そうかもしれません。先生が休みを取ると聞いて，自分のことなどどうでもよいに違いないと思ったようです」など，互いの無意識に動くネガティブな気持ちを，関係性を続ける中で語るという体験，あるいは，語りながら体験するという営みは，日常的な体験とは異なる体験である。

　精神分析，自己心理学における修正技法ともいえる「holding」「containing」「mirroring」なども知的作業に傾きやすい精神分析的面接に体験的な要素を取り入れたものとみることもできる。

（3）「退行」

　プレイセラピーにおいて，無邪気に子ども帰りして遊べるようになると，子どもは健康さを増すことが知られている。また，グループワークなどで，若者が子どものように遊びだすと元気を取り戻すとともに主体性なども高まる。子ども帰りすることの意味は大きいようだ。

　ただ，「退行」には，治療促進的な「良性の退行」とクライエントがバランスを崩しかねない「悪性の退行」とがある。この点は気をつけるべきである。バリント（Balint, M）の論じた「治療論から見た退行」を参考にしていただきたい。

　また，自由連想法などで治療すると起きやすいのも「退行」である。寝椅子その

ものが，人を退行させる効果があると考えている。クライエントが寝椅子で連想しながら，子ども帰りしているな，子どものころを再体験しているな，という様子がよく見られる。もちろん，対面法でも退行は起きうるが寝椅子の方が起きやすい。

ケース 先端恐怖のクライエント

30歳半ばになる先端恐怖症の大工さんのケースでは，自由連想法のもつ退行への効果がとても治療促進的に働いた。彼は，教育レベルも高くなく，自分を物語る力も低く，心理療法には向かないのではないかと考えていたが，スーパービジョンのケースとしてスーパーバイザーから指名されたので，やや不本意な中で週一回の自由連想法による面接を始めた。

当初は，大工なのに尖ったものを恐れるため，仕事ができないことを嘆く内容が多かった。私はほとんど傾聴していた。面接を数回重ねるころより，徐々に「親方が怖い」と言い出し，ときには，子どもが怖いものを前にして嘆くような様子となり，寝椅子のうえで体を丸めてむせび泣くことが続いた。それでも，面接が終了するとお礼を言って面接を終えていた。そのような面接が5〜6回繰り返されていくうちに，「最近，尖ったものをみても怖さが和らいできた」と言われ，かなり症状は改善した。その後は，「どのように尖った道具を持つことを試していくか」とか，親方との付き合い方を話し合うという内容が面接の中心となっていった。半年ほどで，仕事に差し支えないほどに改善したので，面接を終了した。このクライエントの場合，自由連想法という治療構造そのものが退行を促し，彼の恐怖体験を和らげる要因になっていたと考えられる。

また，寝椅子は，性的なファンタジーを刺激することもあり，ある性的な外傷体験を持つ女性は，どうしても寝椅子に横になれなかった。このように面接構造には，その構造の持つ特性があることも知っておく必要がある。

(4)「修正感情体験」

また，精神分析においては，アレキサンダー（Alexander, F）が児童期における親子関係を，治療の中で，セラピスト・クライエント間で体験し直すことで修正するという技法を提案している。それは広く「修正的感情体験」（corrective emotional experience）と呼ばれている。ただ，彼の技法は，やや意図的に修正的な体験を提供するという傾向があったので，一般の心理療法には広がらなかったように思う。しかし，修正感情体験という考え方そのものは重要な意味を持っていると考えている。

そして，すでに述べたように，セラピスト・クライエント関係における修正感情

体験こそが，何よりも大切な因子となることが多い。特に，長期の治療になれば，セラピストの存在，セラピストの生きざま・態度などを通じてさまざまな体験をクライエントが得ることが何より重要な因子となる。

(5)「チャレンジ体験」

　ある程度，自分の問題点が自覚されてくると，変わろうとする動きが始まる。私は，これを**チャレンジ**と呼んでいる。そして，クライエントは勇気をもって，新しい対応（自己主張など）をする。このような体験そのものが，大きくクライエントを変える。また，児童思春期にしばしばみられるが（成人でもありうるが），自分なりに探索行動をし，自己選択し，自己決断するという体験そのものが，体験的な因子となる。そして，その成功をセラピストとともに喜ぶ，あるいは，失敗しても，その試みを評価してもらうという体験も，そのような体験のなかった親との関係性にたいして修正的に働くだろう。CBT，ITPなどでも，新たな行動スタイルを試すというチャレンジの体験が成功体験に繋がれば，治療促進的に働くことは誰もが理解できよう。とくに自己主張を試みる。他者に働きかけたら期待以上に受け止めてもらえた。何かを達成した，というような体験は自己への信頼感を高める。

　また，私が長くかかわってきた思春期を中心とした不登校・ひきこもり・対人恐怖症的な若者に対してのフリースペースは，彼らが，安心して，自分のスタイルで過ごせ，時に，チャレンジ体験を促すような環境であったと思う。

(6)「想像的・創作的活動」

　芸術療法やユング心理学の箱庭体験などの想像的・創造的体験は何かをもたらすようだ。安心した環境で，自分の主体性だけをベースにして世界を想像し作り出す体験は，さまざまな意味があると思われる。

　しかし，このような臨床については，私は詳しくないので，これ以上は語れないが，次章で述べる「右脳マインド」の持つ力も関係していると考えている。

　また，この想像的・創造的活動は「遊び」の意味との関連もある。すでに述べた「良性の退行」も「遊び」との関連性を考えるべきである。この点はウィニコットが十分な議論をしているので，彼の理論を参考にしていただきたい。

✚コラム⑰　グループセラピーにおける治療促進因子

　治療促進因子は治療的アプローチによっても異なるだろう。たとえば，すでにふれたヤーロムが，集団心理療法における治療促進因子についての研究を行っている。治療促進因子について調査し統計的な手続きを行っている研究は，このヤーロムの研究とロジャースの研究が有名である。ロジャースの研究は，期待した有意差が得られなかったという意味で成功しなかったが，ヤーロムの研究は意義があるように思う。

　彼は，ある程度，良い治療経過を示したグループメンバーに，彼らを変えたのはどのような体験なのかを質問し，それを因子分析し，それぞれの因子について検討している。結果として12因子が抽出された（表4-1参照）。

　この因子の中で，特に体験的な要因と思われるのは，「catharsis」「cohesiveness」「universality」「altruism」「family reenactment」だろう。「catharsis」についてはすでに触れた。「cohesiveness」とは，グループへの一体感体験といってよい。「universality」とは他のメンバーと自分も大同小異で，自分だけが不幸でも，ひどい存在ではないという体験をすることである。「altruism」は，人に援助できるという体験である。「family reenactment」はグループの中で，かつての家族的な関係性を体験することで，より自分の家族における問題を自覚するという洞察的な機能もあるが，家族とは異なる働きかけを受けることで変わることを意味する。

　他の因子，「interpersonal learning」（自分の対人関係の在り様を自覚する），「guidance」（悩みに対する対応を学ぶ），「identification」（他のメンバーから学ぶ），「instillation of hope」（他のメンバーが改善していくのを見る），「existential factors」（世の中には，避けえない苦しみがあることを自覚する）などは，知的な因子であったり，この後述べる学習的な因子に相当する。

　「universality」「altruism」などはグループ体験でなければ得られない因子であるが，「interpersonal learning」「guidance」などは知的な因子であろうし，「cohesiveness」は個人治療であれば，治療者への信頼感に相当する因子ともいえよう。

表4-1 ヤーロムによるグループセラピーにおける治療促進因子（私なりに簡潔化している）

Altruism：（グループセラピー独特の因子）
　　他者を助けることで自尊心が増す。人の必要性を自分のものより優先する。
　　自分のことより，他者を大事にする体験。
Cohesiveness：（グループセラピー独特の因子）
　　グループに所属している，グループに受け入れられているという体験。自分の戸惑いなどを開示しても他者に受け入れられる。もはや一人ではないという気持ち。
Universality：（グループセラピー独特の因子）
　　自分の問題は自分だけの問題ではないことを認識する。
　　他者と自分とは同じだと感ずること。
　　他者も自分と同じ両親やバックグランドのもとに育っていることを知る。
Interpersonal learning：（グループセラピー独特の因子）
　　自分が他者にどういう印象を与えるかを学ぶこと。
　　他者が自分のことをどう思っているかを正直に伝えてくれること。
　　他者との付き合い方を学ぶ。
Guidance：（個人治療にも起きる因子）
　　セラピストや他のメンバーからアドバイスをもらう。
　　自分の人生にとって重要な人との，これまでとは異なる付き合い方のアドバイスを受ける。
Catharsis：（個人治療にも起きる因子）
　　胸にためていたことを吐き出せる。
　　他者に，ポジティブなこともネガティブなことも話せる。
　　自分の気持ちの表現の仕方を学ぶ。
Identification：（個人治療にも起きる因子）
　　他のメンバーのようにあろうとする。
　　セラピストを賞賛し，セラピストのように振る舞う。
Family Reenactment：（個人治療にも起きる因子であるが，それは二者関係で起きる）
　　グループの中にいることが自分の育った家庭での生き方を再活性化する。
　　グループの中にいることが，過去の両親やきょうだいとの間のわだかまりを理解させてくれる。しかも，より受容的で，わかろうとする態度の中で体験される。
Self-Understanding：（個人治療にも起きる因子）
　　他者に対する好き嫌いの理由を理解する。
　　自分の感じ方，思い方を知ると同時に，その理由を知ることができる。
　　自分のそれまで知らなかった側面を知ること。
　　他者や状況に対して非現実的な反応をしていたことを知る。
Instillation of Hope：（グループセラピー独特の因子。ただし，セラピストが希望を与えることもある）
　　他のメンバーがよくなっていくのを見る。
　　他者が問題解決するのを目の当たりにする。
Existential Factors：（個人治療にも起きる因子）
　　人生は時にアンフェアーであったり，あるべき姿ではないことを知る。
　　人生の苦痛や死など避けられない問題があることを認識する。
　　どんなに他者と近しい関係であっても，人生には一人で向き合わねばならぬこともあることを知る。
　　いろいろなアドバイスやサポートを与えられても，最終的には，自分の生き方に責任を負わなくてはならないことを知る。

4. 訓練的因子

　意外と見落とされやすいのが訓練的因子である。訓練的因子としては行動療法やCBTの行動療法的側面が思い当ることだろう。IPTの対人関係の改善やPSTにおける問題解決法の練習も訓練的要因が強い。
　特に「思い込み」の修正には，どうしても訓練的な働きかけが必要となることが多い。
　一方で，従来からの三大心理療法は，訓練的因子を放棄してきたと考えられる。たしかに，意図的に何かの能力を訓練したり，不安に対する対応などをトレーニングするということはなかった。しかし，<u>治療構造そのものに訓練的因子が含まれていることもセラピストは自覚している必要がある</u>。
　ユング心理学における，夢などの象徴的な世界を見続けるとか，来談者中心療法のように，極力，自己一致を目指すという方向性にも，ある種の訓練的な機能がある。
　ただ，このような潜在的な訓練的因子が働くという意味では，精神分析がもっとも強く働いている可能性がある。まず，治療構造としては極めて厳しい契約構造がある。これは，精神分析の現実原則を代表している。一方で，面接の中であれば，何を語っても許される構造である。これを快感原則という理解もできる。つまり，面接構造そのものが，現実原則と快感原則という相反する原則のもとにあり，クライエントは，このような構造のなかで，積極的な温かみを提供されることもなく，守秘性の強いセラピストとの面接を続けなければならない。このような治療状況自体が訓練的な意味を持つことは間違いない。特に，パーソナリティ障害のように，安定した治療関係を持ちにくいことがパーソナリティの問題と不可分のようなケースでは，このような治療構造を安定して維持できるようになれば，病理のかなりの側面が改善したことになる。それゆえ，パーソナリティ障害の面接では，このような構造を維持すること自体が治療促進的な意味を持つ。

5. 成長促進因子

　成長とは何であろうか。意外と難しい。とりあえず，ここでは「より自覚的に自分の問題をとらえており，自己信頼感がより強固で，行動の基準がより主体的能動的であり，思うようにならぬ状況に対しても自分なりの対応を行い，無理な場合は諦める力を備えるようになる」と一応の定義ができよう。
　このような成長を促すことが心理療法の目的ともいえよう。そして，成長を促す因子は，これまで述べたすべての因子が働いていると考えられる。セラピストとの

出会いや関係性，セラピストのモデル化，環境としてのセラピスト，知的因子としての自分を見つめられる力が伸びること，そして，さまざまな体験である。

　逆に言えば，成長を直接促すアプローチというものはないともいえよう。成長は，成長に必要な働きかけや，環境を与えられた結果として生ずるものである。あせって，成長を促そうとしてはならない。ただ，echo-functionや「勇気づけ」などは，比較的，成長促進的な効果があると考えている。

　以上で，私なりに治療促進因子の整理を試みた。これに，家族や会社など，周囲のサポート体制の働きかけによる改善の因子を含めれば，ほぼ，網羅しているのではないかと思う。すでに述べたように，<u>セラピストは，ある程度，今何を目指して面接しているのかを意識していることが大切である。そして，その目指す治療促進因子が機能しているかどうかとともに，その働きかけのマイナス面も意識していることが必要だと考えている</u>。特に，無意識のうちに働きかけてしまうことが（自分の信念に沿いすぎているなど），クライエントへ悪影響を与えることが多いように思っている。

✚コラム18　治療効果についての調査研究

　治療効果についての実証的研究に熱心であったのが来談者中心療法のロジャースである。彼は自らの理論を確かな真理として訴えていたわけではなく仮説と考えていた。そのため，さまざまに実証的な研究を行っている。まず，コントロール群を設定して，自己概念の変化（自分への不満が緩和する），行動の変化（より防衛的でない行動となる），他者への態度の変化（より他者受容的になる）などの変化を，治療の前後でコントロール群と比較している。結果は，必ずしも理論から予測されたものではなかったが，治療によってパーソナリティの重要な側面で建設的な変化が起きることを明らかにできたとしている。

　また，統合失調症とコントロール群を対象にして，「治療上のパーソナリティ変化の必要にして十分な条件」を検討したことは有名である。しかし，思ったような結果が得られなかった。

　私が彼の研究で応用可能と思うのは，面接プロセスを分析するプロセススケール研究である。それは，クライエントの面接でのプロセスが，どの程度，豊かに自らを体験し，どの程度，状況に即してより柔軟なコミュニケーションが可能となるかを計るものである。この考えはすでに触れたラングスらのコミュニケーション・モードとも関連する。

ただ，このような彼の研究も，あまりに内容が複雑なものであり，数量化することが難しいものばかりである。心理療法の実証的研究が難しいのはこの点にある。もちろん，質問紙でいくらでも数量化はできるが，何となく全般的な傾向がわかる程度の結果しか得られないことが多い。

　最近は，CBTなどのようなプログラム化された心理療法に対する実証的な研究が盛んになっている。そして，他の心理療法（力動的心理療法など）や薬物療法との効果をRCT（Randomized Controlled Trial）をもちいての研究も盛んである。また，すでに，これらの研究を総合的に検討するメタアナリシスも発表されている。効果判定は，症状に対する質問紙とともに，それなりのパーソナリティの変化を検討するものが併用されている（たとえば，Inventory of Interpersonal Problemsなど）。結果としては，CBTの効果を確認する報告が多い。

　今後，期待されるのは，f-MRIなどにより，治療前と治療後を比較するような研究だろう。一部の恐怖症，強迫性障害，うつ病などにたいしてCBTによる効果確認で行われている。ただ，生きたかの問題などにおいては，どの程度，意味があるかは定かではない。

　実証的研究は必要だと思っているし，わが国が遅れている分野である。しかし，本格的な心理療法においては，その治療プロセスが複雑であるため，安易に結論を出すことは控える方が良いとも考えている。

第5章
神経科学から見た心理療法

　ここ20〜30年の神経科学（わが国のみ「脳科学」という言葉が使われている）による脳機能の研究はかなり進んでいる。心理療法も心を扱うわけであるから，脳機能の知見について参考になることが多いはずである。私なりに神経科学について学んでみると，まだまだあいまいな点があるが，心理療法を考えるうえで参考になる知見があるので，その点を述べたい。

1.「夢」「単一恐怖症などの症状」「クライエントの話のすべて」に象徴的な意味があるわけではない

(1)「夢」について
　「夢は無意識への王道である」といわれたとおり，「夢」は深層心理学の花形であった。そして，「夢」の内容がいろいろと解釈されてきた。しかし，最近の研究では，海馬（主に短期記憶を長期記憶に変換する場所）が中心となって，昼間の記憶の断片をでたらめに組み合わせているという説が有力になっている。また，夢を見ているREM睡眠中は脳の深部にある脳幹というところから刺激がランダムに発生しており，その刺激が夢の発生に関与しているのではないかという説も有力になっている。この説を唱えているホブソン（Hobson, JA）らは「夢は脳幹から与えられたまとまりのないイメージから理にかなった体験を作ろうとしている」とか「夢は泡のようなものだ」とさえ言っている。どちらにしろ，「夢」の内容に象徴的な意味はなさそうだ（このような説は仮説であるが）。

　神経科学ではないが，別の実験で，夢を見ているときに何か刺激を与えると大きく夢の内容が変わることは確認されている。たとえば，顔に息を吹き付けると，ある人は嵐の夢を見る，ある人は浜辺で海風にあたっている夢を見るというように。もちろん身体刺激も夢に関与する。特に尿意を催すと，トイレの夢や，いろいろな

状況で排尿している場面を見る。これほど刺激で影響を受けるのだから,「夢」の内容のすべてに象徴的な意味や人生上のテーマが現れているとは考えにくい。もちろん,異論を唱えている研究者もいる。まだ精神分析の影響が強かった1976年のアメリカの精神医学会でも,フロイトの「夢理論」を支持するか否かの投票がされたときに,圧倒的に反対意見が多かったとのことである。

(2) 恐怖症について

　<u>「雷が怖い」「クモが怖い」などの単一恐怖症の対象も,人の深い悩みや対人関係上の悩みに還元することはできないことも神経科学によって確認されてきている。</u>このことは私自身,臨床でも感じていた。脳には,危険な対象や好みの対象を察知するためのシステムとして扁桃体がある。この中のニューロンには「ヘビ」にだけ反応するニューロンや,好きな「メロン」にのみ反応するニューロンなど,個々の対象と一次一の働きをするニューロンが確認されている。どうも,扁桃体には,このような危険なモノ・好きなモノの検出器となるニューロンが膨大に集まっているようだ。それらが先天的に備わっているか後天的な学習により備わるかは確認されていないが,ある程度は先天的に備わっているのではないかと考えられる。なぜなら,ヘビなどのように皆が恐れる対象は,脱感作的なアプローチではほとんど効果が得られないからである。一方で,ウサギを見るたびに大きな声で脅された赤ちゃんはウサギ恐怖症になる。だから経験がベースになっているケースもあるかと思われるが(扁桃体はある種の長期記憶を蓄えるところでもある),比較的シンプルなメカニズムで症状化する可能性が高い。

　このようなことから,恐怖対象にすべてに人生上の深い意味,たとえば,精神分析が考えたような去勢恐怖がシンボリックに現れるというのは,誤った理論化だったと考えられる。ちなみに,「馬恐怖」のハンス少年の場合は,父親がフロイトに相談し,エディプスコンプレックスによる去勢恐怖が象徴的に現れたものと説明され,フロイトの指導を受けた。その治療記録を,後年,ハンス青年が読んだとき「これは誰のことか」と言ったというエピソードがある。いろいろ解釈は成り立つが,去勢恐怖に思い当たることがなかったのではないかと思う。もちろん,父親がフロイトに相談していたことそのものの治療的な意味は否定できない。また,父親がフロイトの話で納得したのであれば,そのことがハンスとの関係性を変えて,良い結果が得られた可能性は十分にある。

　このような報告から単一恐怖症の治療には行動療法的アプローチがフィットすると考えている。古くから,イギリスでは恐怖症には行動療法的アプローチが盛んである。

(3) クライエントの語る内容すべてに象徴的な意味があるわけではない

　脳の活動の7～8割は自発活動（勝手に発火する）が占めていることがわかってきている。これらの活動は相互関係の中でシーソーのように揺らいでいるとのことである。そのうえ、脳の活動は、同じ入力（刺激といってもよい）に対して毎回同じ出力がなされるとは限らない性質がある。電卓に譬えると、いつでも同じ計算結果が得られるのではなく、その演算形式自体が揺らいでいるので、異なる結果が出力されることがあるということである。どうも、脳の活動からは精神活動は因果関係で理解しにくい性質があるようだ。このようなことからも、クライエントが語るすべてのことに人生上の何かが象徴されているといえなさそうだ。言い換えれば、たまたま、話してくれることや、何か誤解して話していたり、時には、作話（作り話）のような内容が語られることもありうる。私が精神分析のスーパービジョンを受けた折、「クライエントの語ることだけではなく態度・そぶりにもすべて意味があるから見落とさないように」と言われたことを思い出す。当時から、私はすべてではないだろうと思っていた。

　このようなことから、心理療法での話しの聞き方は、すべてに意味を見出そうとする強迫的な聞き方は向かず、交響曲を聞くような態度で聞くのがよいかと考えている。「ああ、ここでいつもの第一主題がでてきたな」「この第二主題は、苦しみをたたえているな」「何か、よくわからないモチーフ、あるいはモチーフともいえない断片が出てきたな」と自由な気持ちで聞くのがよいかと思う。そして、全体を通して聞けば、あるいは何度も聞くと、クライエントの心の世界が全体として感じ取れるようになり、そうすると中心テーマもある程度同定できるのではないかと考えている。

2. ミラーニューロンと共感

　私は心理療法を学び始めた時、共感とは「相手の気持ちを創造すること」だと思っていた。しかし、自分の子どもを育てていると、子どもも私のそぶりを写し取るように真似することが多く、また、私が無意識に子どもの笑顔そっくりな顔をしていることにも気づくことが多かった。どうも、そぶりはもちろんのこと、気持ちなども直接響くものではないかと考えるようになっていた。

　そんな折、ミラーニューロンという神経細胞の発見を聞いて、やはりそうかという思いであった。ご存知の方も多いだろうが、このミラーニューロンは、他者がしている意図的な動作を見ているだけで、その動作をするときのニューロンを鏡のように活性化させるニューロンである。つまり、人は、相手の動きを自分の中に写し

取ることを通じて，相手の意図を理解しているらしい。

　まだ，詳細な意味などはわかっていないし，早急に，感情を写し取るニューロンもあると決めつけるわけではないが，動作を写し取るニューロンがあれば，表情筋などの動きも写し取る可能性は高く，結果，相手の気持ちを写し取る能力を神経のシステムは持っている可能性が高い。また10歳の子どもに「共感テスト」をすると，共感の高い傾向を示す子ほど，ミラーニューロンの部位の活動が高い傾向を示したという報告もある。また他者の気持ちを読むことが苦手な自閉症の子も，この部位の活動が低いことも報告されている。このようなことから，ミラーニューロンが他者の気持ちに響き合うことにも関与している可能性が高い。そうなると，共感とは，想像するというような複雑な機能ではなく，反射に近い響き合いのようなメカニズムで起きている可能性が高い。

　また，「他者の精神状態を想定する能力」とされる「心の理論」に関する能力も画像診断技術の研究からミラーニューロンシステムが関与しいていることが確認されている。また，人間でミラーニューロンシステムに関与しているブロードマンの44野は，12歳ごろまでは発達する可能性があるとされている。共感性の高い子を育てたいときに，12歳までが大切かもしれない。

　このことは臨床的には，以下の二点で重要な意味を持つ。

　まず，第2章の「人は何を悩むのか」で，不快感情は親から直接，響き合うことで身につく可能性があることを述べた。<u>つまり，不安，恐怖，抑うつなどの感情への過敏さ，あるいはそのような感情を抱きやすい傾向には，複雑な関係性などの問題よりも，ミラーニューロンを介して，かなり直接的に子どもに響き，そのことが長じて問題化する可能性があるということである。</u>そのようなメカニズムであれば，複雑な人間関係が絡んだメカニズムを探るより，より直接的に，そのような不快感情と，不快感情から生ずる悪循環にアプローチした方がよいと考えられる。このアプローチについてはすでに述べたので繰り返さない。

　いま一つは，このような反射的な共感と，ロジャースの言う，能動的共感とでもいえるような共感とが同質のものかという点である。「何となく，こんな気持ちが響いてくる」という共感と，全人的な共感，「我と汝」とでもいえる共感とがどのような関係にあるのかは難しい問題かと思っている。

　ただ，クライエントに対して，直感的に「こんな気持ちかな」と感じたら，あながち，セラピストの勝手な感だけではない可能性があるということだ。他者の気持ちへの感性の高いセラピストにしばしば出会う。そういうセラピストはミラーニューロンが発達しているのかもしれない。

3. オキシトシンという人をつなぐホルモン

　オキシトシンというホルモンは，古くから子宮の収縮と乳汁分泌促進の効果を持つことで知られていたが，最近の研究で，他者とのつながりを促進する働きなどを含め心に重要な影響を与えるホルモンであることがわかってきた（オキシトシンの働きとバソプレッシンのそれとはかなり近似している。また，子どもとの絆についてはエストロゲン，プロゲステロン，プロラクチンも関与しているが，話が複雑になるのでオキシトシンのみについて記す）。

　たとえば，母親から離された子が切ない声をだすと (isolation call)，母親の脳でオキシトシンが分泌される。すると母親は子どもを抱きしめたくなる（プロラクチンが関与しているという報告もあるが）。そして，抱きしめると子どもは異なるトーンの鳴き声を発する。そしてオキシトシンの分泌は元に戻るという報告がある。私は，このような鳴き声が音楽の起源となっているのではないか，少なくとも，人を恋うる切ない歌の起源は，このような鳴き声ではなかったかと考えている。

　また，草原にすむプレイリーハタネズミと山岳に住む山岳ハタネズミでは，前者のオスは，一夫一婦制を守り，つがいの相手を失っても，たいていは（80％程度），新しい相手を拒み（絆を全うする？），生まれた子どもの世話も熱心に行うが，後者のオスは乱婚であり，生まれた子どもの世話もしないことが知られている。その違いは，前者がオキシトシンを感じ取る受容体が後者に比べ非常に多いことにある。つまり，前者の方がオキシトシンの機能が高い。このことから，オキシトシンには，安定した関係性を維持しようとする傾向，子どもを育くむ傾向を高める働きがあることが推定される。このことは子どもを持ったことのない雌ネズミにオキシトシンを与えると，子育ての経験がなくても子どもを世話するようになることからも推定される。人間は，乱婚型から，一夫一婦制へ，つまり，山岳型から草原型に移行しつつあるような気がする。世代間での男性のオキシトシンを計ってみるのも面白そうだ。

　ただ，最近の研究では，つがいの絆の形成にはドーパミンの関与が注目されているので，それほど簡単なことではなさそうだ。ラットや猿などの研究で，ほぼ間違いないとされるのは，オキシトシンが母性行動，性的受容性，雌のつがいの絆を強め，社会的記憶（他者とのかかわりの記憶），子どもの記憶を強め，グルーミング行動を増やすことである。また，同性のラットにオキシトシンを投与すると，群れる傾向が強くなり，接触を恐れなくなり，集団内での攻撃性が減り，友好的な交流が増え，お互いの近くにうずくまるようになる。そして，このようにお互いの近くにいることによって，オキシトシンの放出が増し，オキシトシン値はさらに高くなる

という報告もある。

　あるオキシトシン研究者は「オキシトシンは生理的な意味での『勿忘草』である。一緒にいるときにオキシトシンが放出されるとお互いを忘れがたくなる」と言っている。

　自閉症の子は，オキシトシンの血中濃度が対照に比べ約半分という低い値を示したという報告もある。また，ほとんど養育をされなかったチャウシェスク政権化のルーマニアの孤児院で育った子は，自閉症的な傾向を示し（児童精神科医である杉山登志郎氏は「チャウシェスク型自閉症」と呼んでいる），オキシトシンの血中濃度も低く，里親に世話をされてもオキシトシンは増えなかったという報告もある。オキシトシン受容体遺伝子が自閉症の候補遺伝子としても報告されている。

　このようなオキシトシンの最近の知見には臨床的な意味がいくつかあると思う。一つはオキシトシンによる治療である。すでに，自閉症にオキシトシンを投与すると他者の感情表現の理解が高まったという報告もある。また，BPDに対しては，オキシトシンの投与で，ストレスに対する感情反応が低下するという報告もある。オキシトシンには，恐怖を感ずる扁桃体の抑制効果があるので，恐怖症の治療にも役立つ可能性もある。

　また，猿の研究で，グルーミングを豊かに受けた子どもはオキシトシンの血中濃度が高いことが知られている。今後は，アタッチメントの研究などで乳幼児の愛着行動の研究に一役買う可能性が高い。

　逆に，心理療法のような濃厚な関係性そのものがオキシトシンの血中濃度を高める可能性も否定できない。オキシトシンの社会心理学的研究においては，人においても他者への信頼感とオキシトシンが関係しているという報告もある。このような機能は治療促進因子では，「治療者自身の存在」「響き合い－echo-function」の因子に通ずるであろう。また，心理療法と並行してオキシトシンを投与すると効果が高まるかもしれない。すでにPTSDに対して用いるとCBTの治療効果が上げられるという報告がある。近いうちに，外来でオキシトシンの血中濃度を計ってから心理療法の是非を決める日が来るかもしれない。

4. 左脳的機能と右脳的機能
－心理療法の大きな二つの流れに関連している－

　左脳と右脳の皮質とでは機能が異なることは間違いない（以下は言語野が左脳にある95％の人について述べる）。このことは，左脳と右脳をつないでいる脳梁の切断手術や，左脳か右脳のみに脳血管障害が生じた時の症状の分析，最近では，実際

に脳が何らかの機能を果たしている時の脳画像の解析などから確かめられている。しかも，左右の脳は機能によっては，どちらかが有意に働くこともわかっている。一時期，都市伝説のように「右脳を育てよう」などのように極端な話がひろまったこともあるが，なかなか難しい問題は残っている。しかし，おおむね，以下のことはいえるようである（多くの一般書もあるので詳細には述べない）。

左脳は言語機能をつかさどっていることからわかるように「分析的・逐次モード」，右脳は「全体的・並列モード」で情報を処理していることは間違いない。つまり，左脳は，時間軸に沿って物事をとらえ，論理的であり，部分に分けて分析的に認識する。一方，右脳は顔や表情を瞬時に把握することからもわかるとおり，物事を並列的および全体として捉え，音楽のリズムやメロディー，身ぶり，空間把握を得意としている。

左脳に出血を起こし，一時期，右脳有意の状態になった脳科学者のジル・ボルト・テイラー（Taylor, JB）によれば，自らの体験も含め以下のようなことを言っている。以下に抜粋する。

> 「左脳マインドは，あらゆるものを分類し，組織化し，記述し，判断し，批判的に分析する。……。完全主義者であり，……『すべてのモノには決まった場所があり，すべてのものはその場所に属す』という」
> 「明確に線をひいて，境界を明確にする能力に優れている」
> 「少ない情報から物語を作り上げる能力に優れている」
> 「左脳はくそまじめです。歯ぎしりしながら，過去に学んだことに基づいて決断します。あらゆることを『正しい・まちがっている』あるいは『良い・悪い』で判断します」
> 「右脳マインドは，あらゆることが相対的なつながりの中にあります。ありのままに物事を受け取り，今，そこにあるものを事実として認めます」
> 「右脳は長い波長の光（音もより低音を）を知覚する能力にたけているため，知覚はとけて柔らかい感じになります。……知覚が鈍いことで，より大きな絵（心像）に集中します」
> 「今，この瞬間，私は完全で，一つで美しい。私は宇宙で無垢で平和な子ども」

と感ずるのも右脳によるとしている。

そして，彼女は生きとし生けるもの・宇宙そのものとも一体化する「ニルバーナ」を感ずるのも右脳マインドだと言っている。

以上のことから，完全に左脳・右脳の機能に還元できるか否かは問題が残ってい

るとしても，人の精神活動には，左脳的モードと右脳的モードがあるらしいことは間違いないようだ。このことは心理療法の臨床に何をもたらすだろうか。

一つは，人の悩みの多くは左脳モードから生まれる可能性が高いという認識だ。すべての体験を物語化し，あるべきところに収めようとし，善悪で判断し，他者との境界を明確にするために対立を鮮明にする左脳モードが，容易に悩みを生むことは想像できる。また，逐次的な認識をすることから考えられるのは，未来に対してクヨクヨし，過去について後悔し続けるのも左脳モードのようだ。どうも，仏教などでいう人の悩みのほとんどは左脳モードからくる可能性が高い。

そして，<u>精神分析やCBTなどは，このマイナスに傾いた物語や認知スタイルを明確にし，分析し，修正しようとすることが主な営みだとすれば（もちろん，もっと他の働きかけもあるが），左脳モードの悩みを左脳モードで分析し修正しようとする作業といえそうだ。</u>そのため，この作業は言語的な作業が中心となる。つまり，私が治療促進因子として述べた「知的因子」は左脳モードの作業といえよう。左脳を働かせると気分はやや躁的になる傾向があることもわかっており（右脳は反対にうつ的になる），そのことも何らかの効果があるかもしれない。

一方で，右脳マインドが優位になると，人との境界があいまいとなる傾向（一体感をまし，孤独感を減ずる）や，響き合う傾向が強くなり，善悪などで判断することも少なくなる可能性がある。テイラーは，右脳マインドの時には喜びに満ちるとも言っている。<u>もしそうなら，右脳マインドを優位にする働きかけが人の悩みを解消・軽減する可能性がある。</u>そのように考えてみると，ユング派の河合氏の「何もしないようにする」という態度も理解できるし，「箱庭」に対して，セラピストが言語的解釈をしないで，箱庭体験そのものを大切にするという態度なども理解できる。それは右脳マインドを高めるアプローチをしている可能性がある。<u>「セラピストがただ，そこにいる」という態度や「あるがままを大切にする」という態度こそ右脳マインド的といえよう。</u>これは森田療法の禅的な考えに通ずる。そういう意味では，芸術療法は極めて右脳的作業であり，その治療的な意味を言語的に論理だてること自体がナンセンスということにもなる。ひたすら，良い条件で安心して創作活動に没頭すれば自ずと治療的な意味があることになる。このような想像的・創造的営みは治療促進因子の「想像的・創造的因子」に相当するだろう。また，第1章で触れたユング派の治療の働きが理解しがたいと述べたが，言葉で理解しようとすること自体に無理があった可能性がある。

心理療法においては，どちらのモードも大切であろうが，自分が，どちらのモード優位なアプローチをするかを意識している必要はあるかもしれない。

5. 体験の「再評価」が感情を修正する

　大脳皮質は，感情のシステムの中心部に働きかけて情動反応についての認識を修正することがわかっている。たとえば，ほかの何かに注意を向ける，つまり「気をそらす」と感情にかかわる脳領域の活動が低下することがわかっている。自律訓練や催眠などで気持ちが落ち着くのも，不安などから気をそらしているからかもしれない。

　しかし，「気をそらす」のは一時的な効果しかないので，臨床にはそれほど役立たない。それよりも持続的に感情を調整する方法としては「再評価」がある。「再評価」は「前頭前野」「前帯状回」がかかわっていて，感情的な刺激を解釈し直そうとする人は，これら二つの領域が活性化することがわかっている。そして，再評価がうまくいくと，感情にかかわる他の脳領域にも，外に表れる感情の変化と一致する変化が起きることもわかっている。たとえば，ある体験をそれほど怖くはないと再評価すると，扁桃体の活動が低下するなど。しかも，前頭皮質が大きい人間にとっては，このような機能が働き訓練しやすい可能性もある。<u>このように考えると，心理療法そのものの作業は，クライエントの体験を再評価することかもしれない。特にCBTなどは，このことを積極的に行っているといってもよいだろう。</u>

　治療促進因子の知的因子の本質は，この「再評価」である可能性が高い。

6. 「恐れている」のか「嫌悪」しているのか

　人の基本的な感情には，「恐怖」「怒り」「悲しみ」「幸福」「驚き」「嫌悪」の6種類あるといわれている。それは表情筋の動きからも区別でき，人種や文化が異なっても普遍的であるし，生後まもない子どもでも見分けることができることから，生まれつき備わっていると考えられている。そして，それぞれの感情を抱くときに活性化する脳の部位もかなりわかってきている。中でも，「恐怖」と「嫌悪感」は表情筋の動きからも，脳の活性化している部位からも，まったく異なる感情であることが確認されている。すると，人の悩みも，「悲しみ」などを別にすれば，「恐怖」と「嫌悪感」の系列でまとめられるかもしれない。もちろん，恐怖症やPTSDなどは「恐怖」をベースにしている。それでは，「嫌悪感」をベースにした悩みは何であろうか。私は，対人恐怖症者は自分を嫌っている可能性が高いと考えている。つまり「自分への嫌悪感」が中心にあると考えている。しかし，対人恐怖症者の場合は，「自分が嫌うような存在は他者からも嫌われるに違いない」という恐れを抱いているので，恐れも重なっている可能性もある。対人恐怖症者よりも，より「嫌悪感」を抱

いているのが身体醜形障害の患者ではないかと考えている。この障害に苦しむ患者は，自分の容姿を恐れているわけではない。他者から嫌われる恐れも，少なくとも意識レベルでは感じていないことが多い。ひたすら，自分の容姿を強く嫌悪していると考えられる。摂食障害が太った体を拒否するのも「嫌悪感」である可能性が高い。もちろん，拒食症の場合は，肥満恐怖が伴うことも多いので，やはり，「恐怖」と「嫌悪感」が重なっている可能性は高い。

そして，すでに第2章の「人は何を悩むのか」で，自己疎外的な生き方をしてきたクライエントには，「自己嫌悪」が伴うと述べたが，そういう意味では，「偽りの自己」の背後に「自己嫌悪」が存在するとも考えられる。そうならば，「恐怖」への心理療法的アプローチとしては，行動療法的アプローチがフィットし，「嫌悪感」へのアプローチは，生き方全体を扱うアプローチがフィットする可能性もある。

7. 神経科学から見た心理療法的アプローチの意味

これまで心理療法に関連しそうな神経科学的な知見を述べてきた。それらをまとめると以下のようになるだろう。

まず，セラピストとの関係性そのものから，ミラーニューロンなどの機能により共感が生まれるだろう。この共感をベースにして，セラピストとクライエントの間に信頼感が増せば，オキシトシンの機能が増す可能性がある。すると，孤独感は緩和され，不安・恐怖感が減じ（オキシトシンは扁桃体を抑制する），より穏やかな気持ちを生む可能性があり（オキシトシンは報酬系にも作用して穏やかな気持ちを生む作用もある），安心感が生まれるだろう。

そして，知的な作業としては，さまざまな体験を再評価することで，体験の意味づけが変われば，不快体験などの意味づけが変わり，それらを緩和することができる。これは，CBTの認知の修正や精神分析の洞察につながるアプローチだろう。

また，クライエントのあるがままを受け入れることや，「箱庭」や創作的な作業を通じて，右脳が活性化されれば，人の悩みを生むともいえる左脳的な判断や価値観から離れ，自由に生きられるようになる可能性がある。

心理療法の営みは，このように，さまざまな脳機能に働きかけるアプローチが組み合わされているのではないかと考えている。いずれ，「神経臨床心理学」という分野が発展してくるのではないかとも考えている。

おわりに

　そのほかにも心理療法に役立ちそうな神経科学の研究はある．特にさまざまな病理が神経科学的に解明されつつあり，それがいずれ心理療法に生かされる日が来るだろう．

　たとえば，報酬系とaddictionとの関係，扁桃体を中心とした恐怖換気システムの過活動と不安性障害，PTSDなどの問題，自伝的な記憶と悩みの関係，システム間のコネクションの問題と解離症状との関連などである．しかし，現時点では，参考にはなるが，心理療法にダイレクトに役立つレベルまで達していないと感じている．

　いずれ，脳の一部を刺激・抑制するTMSなどが進歩すると，さまざまな神経症症状・悩みを解消しうる時代が来るかもしれない．私自身，右脳を適切に刺激し，左脳を適度に抑制すると「ニルバーナ」を体験できるのであれば試してみたいと考えている．

●総論に関する参考文献

鍋田恭孝（1991）構成化したエンカウンター・グループの治療促進因子．集団精神療法，7（1）；13-20．

鍋田恭孝（1999）心理療法のできること・できないこと．日本評論社．

鍋田恭孝（2000a）現代の精神療法の成立の背景にはどのような経験があったのか（1）．治療，82-4；159-164．

鍋田恭孝（2000b）現代の精神療法の成立の背景にはどのような経験があったのか（2）．治療，82-5；183-188．

鍋田恭孝（2000c）診断の手順について．治療，82-8；161-167．

鍋田恭孝（2006）精神療法の新たなる展開と治療者の専門性について．日本サイコセラピー学会誌，7-1；29-38．

○読むべき参考文献について（検索していただければよいので，原則として，出版社や刊行年については記載しない）．

　参考文献については，あまりに多岐にわたり，また，多数であるので，省略させていただく．精神分析，対人関係論について本文に著者を示した文献については，北山修氏が編集幹事をしている『精神分析辞典』（岩崎学術出版社）に網羅され，容易に検索できるようになっているので，それを参考にしていただきたい．

　また，精神分析を含め，ユング派，来談者中心療法，心理療法の全般の文献については，私が編集し，2000年に改訂した『心理療法を学ぶ－基礎理論から臨床まで』（有斐閣）に基本的な文献をリストアップしているので，それを参考にしていただきたい．このリストともダブルが，是非に目を通すことをお勧めしたいのが，以下の文献である．

○精神分析に関して

　フロイト全集はもちろんであるが，それ以外では，以下の著書をお勧めする．

　『精神分析の基礎理論』小此木啓吾

　『精神分析セミナー』Ⅰ～Ⅴ巻

　『対象関係論の展開』ガントリップ，H．

『アンナフロイト著作集』
　『Ego Psychology I, II』Blanck, G. & Blanck, R.（自我心理学の全体がわかる）
　自我機能については，すでに紹介したベラックの著書がベストである。
○精神分析の力動論的診たてと自我機能診断としては
　『Ego Functions of Normals, Neurotics and Psychotics』Bellack, K. を参照のこと。
　『Techniques of Child Therapy』Guilford Press, New York（子どもの心理療法・創元社）Chenthick, M
○精神分析の技法書としては
　『The Technique and Practice of Psychoanalysis』Greenson, R.（パーソナリティ障害については述べられていない）
　『The Techniques of Psychoanalytic Psychotherapy I, II』Langs, R. が優れている。やや古典的であるが……。
○BPDの治療論は山ほどあるが，すべてはBPDの治療から生まれ発展したアメリカ生まれの自我心理学と対象関係論を統合したようなカンバーグ，マスターソン，リンズレーらの考えをベースにしている。マスターソンはかなり訳されているが，本書で触れた「自己の障害」の考えは，「The Real Self」「Emerging Self」に述べられているが邦訳はない。カンバーグについては『境界例の力動的精神療法』が，リンズレーについては，『思春期病棟・理論と実際』が翻訳で読める。
○自己心理学についてはコフートの三部作（すべて翻訳がある）以外には
　『Advances in Self Psychology』Goldberg, A.
　『Psychotherapy after Kohut』Ree, R.R., et al がベストだと思っている。
○退行論，欠損モデルについてはバリントの「基底欠損」『治療論から見た退行』（翻訳がある）が参考となる。
○「遊び」「環境としての治療者」には，ウィニコットの著作は必読である。ウィニコット著作集がある。
○対人関係論については，サリバン，フロム，ホーナイなどの著書はほとんど邦訳されている。神経症臨床に関してはホーナイの著書を読むことをお勧めする。ホーナイ全集がある。
○ゲシュタルト療法については，倉戸ヨシヤ氏の『ゲシュタルト療法――その理論と心理臨床例』をまず読んでから，以下の本を読むことをお勧めする。
　『Gestalt Therapy Verbatim』Perls, F.S.,『Handbook of Gestalt Therapy』Hatcher, C & Himelstein, P eds. などが参考になるが，もっともまとまりがあるのはPolster, E. & Polster, M. の著書『Gestalt Therapy Integrated』である。
○交流分析については，Stewart, J. らの『TA Today』がベストであろう。包括的であり，必要な文献や資格の取り方まで説明されている。また，Goulding夫妻の『自己実現への再決断』は交流分析の中でも再決断療法の立場をとるアプローチが実際例を交えてわかりやすく述べられている（私は深沢道子氏の翻訳で読ませていただいた）。
○ユング心理学の基礎，あるいは外観を理解するためには以下の書が役立つ。
　ユングの論文集は英文では編纂されているが邦訳はない。
　『ユング心理学入門』河合隼雄
　『人間と象徴――無意識の世界』上・下　ユング，G.
　『エッセンシャル・ユング』ストー，A.
○ユング心理学については，以下の2冊が臨床につながる本だと思っている。
　『プラクティカル・ユング』（上，下）ウィルマー，H.A.

『Understanding Dreams』Mattoon, M.A.（本書は，ユング研究所で外国人研修者に与えられるテキストであり，とてもわかりやすい。専修大学の高田夏子先生からコピーをいただいた）

○来談者中心療法については，わが国の臨床家による良書も多数みられるが，ロジャースの著書を読まれることを勧める。
『ロジャース全集　第2巻』カウンセリング
『ロジャース全集　第3巻』サイコセラピー
『ロジャース全集　第8巻』パーソナリティ理論
『ロジャース全集　第12巻』人間論
『人間尊重の心理学』
『エンカウンターグループ』

○CBT，IPTについては，ベック，クラーマンの成書が翻訳されており，CBTについては大野裕氏，IPTについては水島広子氏の啓蒙書が多数あり，参考にすべきだと考えている。ただ，CBTについては，私自身が，現場で特に参考になったと感じている著書は，以下の3冊である。
『Clinical Application of Cognitive Therapy』（認知療法臨床ハンドブック・金剛出版）フリーマン（Freeman, A.）
『Cognitive Therapy Basics and Beyond』（認知療法実践ガイド・基礎から応用まで・星和書店）ジュディス・ベック（Bech, J.S.）
『Cognitive Therapy Techniques』（認知療全技法ガイド・星和書店）リーヒー（Leahy, R.）

○思春期全般の心理療法については，馬場謙一氏が編集された『青年期の精神療法』と私が編集した『思春期臨床の考え方・進め方』を推薦したい。

○最後に統合的アプローチについては，
『心理療法の統合を求めて』Wachtel, P.L. が参考になる。
『統合的心理療法の考え方』村瀬嘉代子

○各疾患に関する理論については各論の参考文献を見ていただきたいが，精神分析に関しては，すでに触れたフェニケルの『Psychoanalytic Theory of Neuroses』が古典的理論からすべての疾患をまとめており，ギャバードの『Psychodynamic Psychiatry in Clinical Practice』（『精神力動的精神医学』岩崎学術出版社）は，DSM-IVに基づく各障害に対しての精神医学的・精神力動的な考察をしている。是非とも読むべき本である。

○治療効果に対する実証研究については，以下の論文を参考にされたい。
Martin, S., et al (2004) Randomized, controlled trial of effectiveness of short-term dynamic psychotherapy and cognitive therapy for cluster C personality disorder. The American journal of psychiatry, 161 ; 810-817.
David, T. (2010) Is cognitive-behavioral therapy more effective than other therapies? A meta-analysis review. Clinical Psychology Review , 30 ; 710-720.

○神経科学の文献は膨大にあるが，心理療法との関連に特化した本としては，わが国では岡野憲一郎氏の『脳科学と心の臨床』『脳から見える心』などがある。欧米には，精神分析との関連を論ずる神経科学の本がいくつかみられるが，まだ，何かを言えるほどには統合できていない。
ジル・ボルト・テイラー氏の『My Stroke of Insight』（邦訳『奇跡の脳』）は右脳を考えるのにとても役立つ。

○なお，思春期の悩みの時代的変化については拙著『子どものまま中年化する若者たち』（幻冬舎　2015），また，予防についての心得については『10歳までの子どもを持つ親が知っておくこと』（講談社　2015）を参考にしていただきたい。

各 論

本各論においては，それぞれの疾患・病態についての現場で役立つ3ステップアプローチを述べるつもりである。また，各疾患に対して，心理療法をするために必要な精神病理学的問題を含んだ全体像についても述べる。そのような全体像を把握していることが，心理療法をするにあたって，セラピストとして，自分のしていることの意味を理解しやすくすると考えている。

まず，続く三章で思春期臨床の中心テーマとなる「不登校・ひきこもり」「対人恐怖症」「身体醜形障害」について述べる。思春期の臨床としては，摂食障害，BPDも重要であるが，摂食障害については，私が編集した『摂食障害の最新治療』（金剛出版）があり，BPDについては「ヒステリー関連障害」で触れるので，一章を設けていない。

その後，成人臨床として，思春期と成人期にわたって好発する「強迫性障害」，若年層が増加したとはいえ，壮年期中年期に多い「うつ病」，病像は年代によって異なるが生涯にわたって見られる「ヒステリー関連障害」，などについて述べることとする。

各論に入る前に以下の三点について述べておきたい。一点は思春期臨床全般において心がけること。二点目は，すべてではないが薬物療法が効果的な病態があること。三点目は，一見，神経症的な悩みに見えても，実は発達障害が悩みのベースにあるケースが多いことである。

思春期臨床全般について心に留めておくポイント

思春期に入ると病理が固定しだす。それは30歳ごろまで続くこともある。また，学童期と比べて，病理と悩みの内容とが深く関連性を有するようになる。そのため，病理の特性を詳細に知る必要性が増す。BPDと対人恐怖症とでは大きく悩みの性質が異なるし，当然，治療的アプローチも異なる。病的な心理構造が人格の内部にまで形成されつつあるので，環境調整や親への治療的アプローチだけでは不十分になる。しかし，成人よりは環境との関係性がより深く絡まっており，親への治療なども含め，環境への働きかけも必要となる年代である。

思春期に発症しやすい病理は，11～12歳から始まり，ほとんどが16～18歳前後をピークとし，20代に徐々に減じていき，30歳を過ぎるころには激減することになる。BPDも，予後調査から，30歳を過ぎると，かなりの比率で診断基準を満たさなくなるという報告が複数見られる。この点を臨床家は知っておく必要があるし，家族にも本人にも伝える必要がある。

また，思春期は現実検討力が高まるために，思うようにならぬものに気づきやすく，その上，いまだ問題解決のスキルが拙劣であったり，完全にコントロールしようとしすぎたり，形式にたよりすぎたり，性急であったりすることが混乱を悪化さ

せる。このようなメカニズムで強迫傾向が高まることが想定される。対人恐怖症，身体醜形障害，摂食障害には強迫傾向が強くみられる。

また，不登校・ひきこもりの子どもたちの中には，主体的に生きる力が落ちている者が多い。この時期，自分で判断したり自分から主体的に動かなくてはならなくなるのに，主体性が育っていないために身動きがとれず，結果，ひきこもるタイプが多い。また，思春期の多くの病理の背景に「自己の障害」と呼ばれる「自己感覚のなさ」「自分のなさ」が想定されるようになっている（第2章参照）。

「認知の変化」（「自我の変化」に含んでもよいが）においては，まず，現実が正確に詳細に見えるようになる。これは，バウムテストなどをすると写実的な絵を描きはじめることからも推定できる。しかし，現実が細かく見えるようになると，自他の欠点も見えだすことにつながる。これは苦しみにもつながる。また，自分を他者からのまなざしで見直す力も急速に増大する。また，社会心理学でいうところの公的自己意識（他者から見られる自分を意識すること）が増大する。このため，人目が気になり，人前での自分の態度・振る舞いに過剰に意識を向けるようになる。<u>対人恐怖症・身体醜形障害・摂食障害などの悩みの背景に，この公的自己意識の過剰な高まりがあることを私は調査により確認している。</u>

「想像力の高まり・思い込みの高まり」は，悩みを結晶化させやすい。また，個人的な苦しみを世界観に広げやすい。そのため，被害的な気持ちを世の中に向けやすい。<u>心の世界に形成され続けてきたイメージが結晶化し，本当の意味で表象として機能しだすのが，この思春期であるといえよう</u>（遅れて発達してくる前頭葉の影響がベースにあるだろう）。現実と心的表象とを二重写しにして捉えることが可能になるともいえよう。良い意味では，劣悪な環境でも，良いイメージや表象を維持して生きられるようになるともいえようが，悪く機能すると，最悪な自己・対象表象に振り回されたり，極端に理想化された自己・対象表象に振り回される。また，極端な思考や宗教にのめりこみやすい傾向も，表象の結晶化と関連している。この表象が結晶化するための混乱が，思春期の臨床ではもっとも重要なテーマとなる。

最後に，思春期の悩みの中心テーマは何かといえば，<u>意識的にであれ，無意識的にであれ，「こんな自分ではやっていけない」という悩みである。</u>この悩みこそ，極めて人間的な悩みであり，思春期は，小さな自覚的人間が完成しつつある時期ともいえよう。

「こんな自分」にもいろいろある。「主張できない自分」「圧倒される自分」「何もできない自分」「愛されない自分」「認めてもらえない自分」「完璧でない自分」などなど。これらの自己イメージには想像も影響しているし，思春期特有の極端な考えに傾く心性も影響している。だから，極めて極端化され，絶対化されることが多い。

しかも，人生において，初めての自己否定感が意識されるから，非常に戸惑うことになる。

そして，この自己否定の心理にも，健康な思春期の一時的な心理と，「自己の疎外化」が背景にある心理が入り混じっている。

そして，その不安や悩みに圧倒されたり，諦めてしまったり，せめて自分の世界だけを守ろうとする方向性に走ると，ひきこもりを中心とした回避的な行動をとるし，せめて自分のテリトリーを固守しようとすると強迫心性に発展する。また，自分を変容させることで，納得いく自分を回復しようとするのが，摂食障害，身体醜形障害である。何とかしようとして混乱し続けるのが，対人恐怖症でありヒステリーである。また，自分の理想像を他者に認めさせようと躍起になれば，自己愛パーソナリティ障害的になるし，誰かにしがみつこうとすればBPD的になる。つまり，理想化した対象にしがみつく，理想化した自己像にしがみつくことで，「こんな自分」の問題を解決しようとするのも思春期の特徴である。

このような思春期の特性を理解して治療に臨むべきである。

薬物療法の重要性

すでに，第2章「人は何を悩むのか」において述べたように，ある程度，病態化すると，悪循環などの何らかのメカニズムで，脳の機能に不具合が生ずることが推定されている。その不具合も心理的アプローチで改善することもありうるが，少なくとも，ある確率で，薬物療法が効果的に働き，症状が改善することがある。それゆえ，心理療法に入る前か，あるいは並行して薬物療法を試みることが必要である。

以下に，薬物療法について，私なりの印象を述べる。

パニック障害や全般性の不安障害などには，かなり，薬物療法は効果的である。うつ病・抑うつ状態にも効果的なことが多い。また，強迫性障害，身体醜形障害なども，1／3程度には著効するケースが見られる。残りの2／3のうちの半分も，症状が緩和して，苦しみの切迫感が薄れる効果がある。ただし，まったく効果が見られないケースが1／3ほど存在する。また，対人恐怖症・社交不安性障害においては，報告されているよりは，効果が期待できない印象を抱いている。

一方で，ヒステリー症状にはまったく効果がないと考えている。BPDについては，明確に効果があるとはいえないが，非定型抗精神病薬の一部に効果が見られることがある。また，感情のレギュレーションの悪さに由来するものと思っていたBPDの気分の揺らぎが，実は双極性障害によることがあり，その場合は，気分安定薬が功を奏する。

心気障害や身体の不定愁訴などに対する効果は限定的だと考えている。また，単

一の妄想性障害は，ほとんど薬物療法の効果が見られない。

以上が，現在，私の臨床経験から感じている薬物療法の効果である。

それぞれの障害については各論において触れる。

発達障害の可能性を考える

<u>妄想性障害，強迫性障害，身体醜形障害などには，驚くほど発達障害が背景にあると思われるケースが多い。</u>これらの障害は，思考過程が硬く，細かいところが極度に気になるというアスペルガー障害の特徴と共通しているためと思われる。

また，不登校・ひきこもり，対人恐怖症・社交不安性障害などは，対人相互反応の質的障害やコミュニケーションの障害が，直接，症状とつながる傾向があり，自らを不登校や対人恐怖症と考えて受診するケースも多い。

気分の不安定性がみられるケースには，ADHD傾向を伴うことが多い。

思春期以降の発達障害の診断は難しく，しかも，思春期の若者や成人への支援体制が整っていない現状のため，私自身も苦慮している状況である。当然，支援も本書で述べる心理療法的なアプローチとは異なる。臨床において，発達障害であるとか，発達障害傾向があるか否かをセラピストは認識していることは極めて重要である。今後の心理臨床の重大なテーマとなることは間違いない。

● 参考文献

鍋田恭孝編著（2007）思春期臨床の考え方・すすめ方．金剛出版．
鍋田恭孝（2011）身体醜形障害．講談社．
鍋田恭孝編著（2013）摂食障害の最新治療．金剛出版．

第 **6** 章
不登校・ひきこもりの心理療法的アプローチ

　不登校・ひきこもりは行動上の問題であり，狭義の症状でもなく疾患でもない。そのためDSMなどの診断基準にはなじまない。しかし，このような行動上の問題を呈する子どもや若者を集めてみると，そこには，一定の傾向が見られることも確かである。思春期のケースであれば，以前は「葛藤モデル」ともいえる「優等生の息切れ型」というタイプが多くみられたが，最近は「成長不全モデル」と考えられる「生き方がわからい・人との付き合い方がわからない」タイプが増えている。

　また，欧米においては，ほとんど問題となっていないのに，わが国や韓国（中国もという意見もある）などで問題化している。各国の子どもに対する教育システムとも関連があるであろうが，どうも東洋の社会が近代化するときに起きやすい問題のようである。その要因としては，欧米的な教育システムの浸透とともに，家族形態，家族の価値観の変容などが関与していると考えている。

1. 不登校・ひきこもりの臨床で知っておくべきこと

(1) 不登校・ひきこもりとは？

　不登校もひきこもりも行動上の一側面であり疾患名ではない。名称も「学校恐怖症」「登校拒否」「不登校」へと変遷してきた。広義の不登校には学校を長期欠席したもの（最近は年間30日以上としている）すべてが含まれる。この長期欠席児童は，統計的には，小学生・中学生ともに1985年ごろから急増し，2000年以降，頭打ちになりつつある。これらの児童には，身体疾患とか明確な精神疾患のため，あるいは明確な状況因のために学校に行けない不登校と，心に問題を抱えているため登校できない・あるいはしない不登校が含まれる。後者が狭義の不登校であり伝統的には「神経症的不登校」と呼ばれたこともあった。図6-1に小泉の不登校の分類（彼は「登校拒否」という用語を使用している）を示す。この不登校の中から，長期

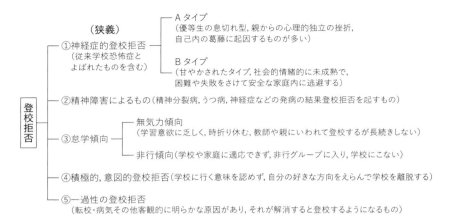

図6-1　小泉による分類（小泉，1973）

的にひきこもりが生じた場合，学籍があれば，それは不登校であると同時にひきこもりでもあり，学籍がなければ，ひきこもりとなる。ひきこもりの6～7割が不登校からはじまっているという報告もある。

　ただし，一般的には，ひきこもりは青年期以降のケースを指すことが多い。しかし，その線引きは明確ではなく，ひきこもりの定義も未だ明確にはなっていない。私自身は，「思春期以降の若者が，何らかの疾患やはっきりした状況因もなく，基本的な生活に必要な能力があるにもかかわらず，中長期に自宅や自室にこもりがちで，対人関係や就労・就学から身を引いている状態」と考えている。

　このように，不登校とひきこもりの関係は曖昧である。しかし，不登校・ひきこもりのケースには，ある程度，一定の特徴があることも確かである。そして，それらが盛んに論じられている。私自身は，思春期以降であっても，長期化する中核群は同質の状態と考えている。

　しかし，そのような同質の側面があっても，行動上からのくくりであり，精神疾患を除外するという定義からもわかるように，不登校・ひきこもりは精神医学的な診断学にはなじまない。DSM-5にもICD-10にも，相当する疾患・障害項目は見当らない。せいぜい，思春期以降のケースであれば，一部の回避性人格障害の特徴がいくつか近似しているのみである。

(2) 不登校臨床の歴史──学校恐怖症から不登校へ

　歴史的にみると，アメリカでは，ジョンソン（Johnson, AM）らが，1941年に，学校にいかない児童の中に怠け（truancy）とは異なる不安感を中心とした神経症的な子どもがいることを明確にして「学校恐怖症」としたのが研究の始まりである。そして，そのような子どもの不安感が親からの分離不安や依存性と関係しているなどの議論が展開された。また，同様のケースに対してハーソフ（Hersov, LA）らが「school refusal」という用語を使用し，その後，この訳語の「登校拒否」がわが国でも広く使用されたが，最終的に「不登校」という名称に落ち着いた。これは，恐怖症とも異なるし，登校を拒否しているわけではないケースも少なくないので，妥当な結果であったと考えている。しかし，なぜか欧米では1960年を過ぎるころから，ほとんど，目新しい研究は消えてしまった。2000年以降，「school phobia」「school refusal」などをテーマにした論文も散見されるが，新たな発展はないように感じられる。

　このように，欧米においても，わが国の不登校に似た問題が論じられた時期があったから，少なくとも不登校児童は存在したと思われるが，ひきこもりに相当する若者の存在は議論されたことがなかった。このため，不登校・ひきこもり，特にひきこもりがわが国の文化に根差した文化依存的症候群のせいではないかという議論もある。また，アメリカなどは，子どもがひきこもり始めた時に，徹底的に社会参加への働きかけをするから長期化しないのではないかという説もある。つまり，社会側の対応が異なるために目立たない可能性があるということである。しかし，精緻な研究そのものが存在しないため，本当のところはわからない。現在，フランスなどとの比較研究が進んでいるし，イタリアなどでも話題になりつつあるとのことであり，今後の研究の進展が待たれるところである。

　また，近年，韓国（20〜50万人いるともいわれている）をはじめ中国などでもひきこもりが問題化しつつあり，やはり，発展途上国から先進国に移行する社会における共通な何かが要因になっている可能性はある。

　私自身は，わが国の，それなりの豊かさ，すべてがシステム化された社会，家族関係の変質が，不登校・ひきこもりには関係していると考えている。豊かさとシステム化は先進国の共通項であるが，家族関係には東洋的な何かが関与している可能性がある。しかし，これらは今後の課題となろう（拙著『変わりゆく思春期の心理と病理』『子どものまま中年化する若者たち』参照）。

　また，行動面でのひきこもりとは別に，表面的には社会適応していても，心を閉ざしている「心のひきこもり」という問題もあり（わが国では，「ふれあい恐怖症」，イギリスでは長い間論じられてきた「schizoid personality」など），このような病理

も含めると，世の中との繋がりを絶っている児童青年が急増している可能性があり，きわめて深刻な状況となっている。

(3) 時代による変化――「優等生の息切れ型」から「主体性・社会機能低下型」へ

図6-1で示したように，小泉の時代において（1970年代），神経症的不登校の中心は「優等生の息切れ型」であった。いまでも，このタイプにあてはまるケースも散見されるが，主たるタイプではなくなっている。理解していただくために，このタイプのケースを一例提示する。

ケース 優等生の息切れ型の中学生のL君

家族状況は，姉一人と，勝ち気でしっかり者の母親，ほとんど家にいることのない父親の4人家族。幼少時から素直で，よく気がつき，まじめな性格でクラス委員もしている。受験して有名私立に入学。入学後，がんばっても，思うように成績が上げられないことを感じ始め，試験の前などに頭痛・腹痛を訴えだす。それでも，2年生までは休むことなく登校。2年の連休明けに，宿題の不備を担任に叱られてから休むようになり，部屋に閉じこもるようになる。

母親が学校について触れると荒れて，母親を突き飛ばすこともあった。時々，教科書を開いている。つまり，学校のことを気にしている。しかし，担任やクラスメートからの電話などには一切出ない。

しばらく，親の相談だけを受けて，追い込まない態度をとってもらっているうちに，3年生になる段階で，本人が受診するようになる。やがて，思うようにならない成績のために，追い込まれていったことなどを話し始める。受診から数カ月ほどの休む期間を経て，「できる範囲で登校する」「成績も，今は諦めて，少しずつ追いつけばよい」というように開き直り，登校を再開した。

母親は，いわゆる教育ママと言われるほど教育に熱心というほどではなかったが，子どもたちの世話を完璧なまでにしている様子であった。その手を抜いてはならないという世話の中で，生きてきた様子がうかがわれた。

極めて似たケースを小泉（1973）も挙げている。彼は，立ち直りかけている女子の例を挙げているが，彼女の悩み方が，当時の不登校生徒の心の風景をよく表している。

「今まで，焦ってばかりいて，他の人を見ても，自分も一杯努力しなくてはと思っていた。ガムシャラにやっていたんですけど，そんなに他人ばかり気にしていたら，社会に出ても，自分より上の人がいっぱいいるわけでしょう。そうしたら，また，そこで振り回されて，自分はダメなんておもって，そこからぬけられなくなる……中略
　人には，それぞれのペースがあるし，自分は本当に他人とは違うんだ。努力してできなくっても，それは仕方がない……」

　このように，上昇志向というか，他者に負けずに良い成績を上げようと努力してきて，それに破綻し，疲れきった姿が見えてくる。しかし，<u>彼らには，自分から動く主体性や社会的なコミュニケーション能力などは問題がないことが多かった</u>。ある意味，期待される役割を果たせないという「役割モデル」や，その役割との葛藤を抱くという意味で「葛藤モデル」とでもいえるタイプであった。
　核家族化が進み，母親の手が十分かけられ，受験戦争のシステムが安定してきた上昇志向の強い時代の申し子ともいえよう。治療的には，休息とともに，何を苦しがっていたかを明確にするアプローチで，比較的，早期に登校を再開するタイプでもあった。
　現在でも，中学受験をして進学校に進んでから不登校になる中学生のケースには，少なからず見られるタイプである。しかし，それでも，以前ほど頑張らなくてはいけないという緊張感は低下している。このことは，バリバリの教育ママが減ってきたことと連動しているだろうし，よいことでもあるが……。
　そして，今は，私が「主体性・社会機能低下タイプ」と呼んでいるケースが中心になっている。このタイプについては治療のところで詳しく述べるので（175頁参照），ここではケースを提示しないが，要するに，自分から動く力や，自分を語る力やコミュニケーション能力などが落ちているタイプである。一見，葛藤も目立たず，淡々としていることが多い。このタイプが，そのままひきこもりに発展しやすいタイプでもある。このような不登校が増えている背景には，少子化・核家族化，群体験の減少，生活に溢れる情報やシステム，メディアづけによる対人関係の希薄化などが関係しているだろう。そして，今後とも増えていく可能性のあるタイプである。

（4）治療に役立つ類型化

　不登校・ひきこもりは行動面からの名称であるため，そこには，さまざまなタイプが含まれる。
　図6-1の小泉の分類は「神経症的登校拒否」の「優等生の息切れ型」を「主体性・

社会機能低下タイプ」に入れ替えると今でもほぼ通用する分類である。ただ，以前よりも「未熟型」の特徴は曖昧になっているような印象を抱いている。

　1990年ごろ，小泉氏と講演会をともに行ったとき，「最近の不登校はわからなくなった」と言っておられたが，それは，当時すでに「主体性・社会機能の低下タイプ」が中心になっていたためだと私は考えている。

　また，わが国で精力的に不登校の臨床に力を注いでいる齊藤万比古の分類では，「過剰適応型不登校」「受動型不登校」「衝動型不登校」「混合型不登校」としているが，「過剰適応型不登校」が「優等生の息切れ型」に近似し，「受動型不登校」が私の「主体性・社会機能低下タイプ」に切り口は異なるが近似するものと考えている。彼は「受動型不登校」を学校活動や仲間の迫力に圧倒され萎縮していることが特徴としているが，私は，主体性や社会機能の低下が背景にあると考えている。そして，私自身も，確かにADHDかと思わせるような「衝動型」の不登校が最近増えている印象を抱いている。

　私自身は，不登校・ひきこもりの類型化としては以下のように6タイプに分けて考えるのが臨床に役立つと考えている（発達障害の伴うケースは除いてある）。

①学童期に多く見られるタイプ
　1）不安・過敏タイプ：不安が強く，平均的な環境においても不安を感じすぎ，その不安とどのように対応すべきかわからなくなっているタイプ。
　2）自己愛タイプ：家での自分の主導権が学校で得られないとか，自分の自己愛的なイメージや立場が得られなくなって外界を切り離すタイプ。
　3）未熟なタイプ：大切にされすぎて，仲間関係が持てないタイプ。
　4）落ち着きのないタイプ：親のかかわりが希薄であるとか，しつけの枠組みが緩すぎるタイプ（ADHDの傾向があるともいえるタイプ）。

②思春期にみられるタイプ
　1）主体性・社会機能低下タイプ：思春期の不登校の中核群，自分から主体的に動く力や決定する力が落ちているタイプ。
　2）軽症神経症症状が伴うタイプ：対人恐怖症，OCDなどの神経症症状が伴うタイプ。

　臨床家として心得ておいてほしいことは，学童期に見られる4タイプには，従来通りの家族へのアプローチや本人個人へのアプローチで治療が可能だと考えているが，思春期の中核群である「主体性・社会機能低下タイプ」の子どもに対しては，

従来型の個人治療では治療が機能しにくいことである。それは，それまで当然のものとして存在した，社会的能力を育てる働きをしていた自然な群れ体験が，家庭からも子どもの世界からも失われており，そういう意味で「欠損モデル」の側面があるためだと考えられる。私自身も，このことに苦しんだ時期があり，少しずつ，工夫して，以下に述べる治療的アプローチに至ったものである。また，思春期における「軽症神経症症状が伴うタイプ」は，伴う神経症症状に特化したアプローチも必要となることが多い。

2. 不登校・ひきこもりへの治療的アプローチ

(1) 1st-step　不登校・ひきこもりに対する心構え・対応への心理教育的アプローチ

不登校・ひきこもりの治療においては，問題にたいする適正な理解と対応への心構えを心理教育的にアプローチするのが1st-stepである。

①導入期の対応

時に家族に付き添われて本人も来院する場合もあるが，多くは家族だけが相談にみえることが多い。治療のスタート時は，家族へのアプローチこそが重要となるケースが多いので，無理に本人を来院させる必要はない。家族が変化し，家の中で元気になると，ほとんどのケースは受診するようになる。無理に受診させること自体が悪影響を及ぼすことがあるので，この点は心しておくべきである。

本人に受診を促す方法は以下のようにする。面接に来ることについては，親に勧めてもらう。ただし，親のために予約してあるので，行く気になったら行けばよいと伝えてもらう。そして，予約日の2～3日前ごろに「相談に行ってみたらどう？」とたずねる。迷っていたら，「迷うようなら，行ってみたらどうか」とやわらかく勧める。「嫌」といったら，明るく「わかった」と伝えて，後を引かないようにする。子どもは，このようなやり取りから，親の期待に対して「No」を言う練習をしていると思えばよい。親が本人の主体性を大切にしていることが本人に実感されると，受診することが多い。これを気長に繰り返すことが大切である。

本人が受診した場合は，彼らの治療への両価性を配慮しつつ，権威的であったり，押し付けるようであったり，侵入的な態度は厳に慎むべきである。

そして，ある程度診たてたら，病気ではないことは明確に伝える（最近はうつ病であることを心配されていることが多い）。それとともに，本人には，「ここで，もう一度，リセットしようとしている大切な時間だ」と伝える。この点は，親にも同

様に伝える。小中学生であれば，休んでいても，ほぼ卒業させてもらえることも伝える。とにかく，あわてないことが大切であることを伝える。

そして，治療の目標は，学校に復帰する，あるいは社会に復帰することも大切であるが，それよりも，問題とどのように向き合うかという姿勢を身につけることが，親子共々に必要であることを伝える。そして，思春期以降のケースでは，徐々に，自分で物事を決められ，自分で自分の生活や対人関係を作れるようになることが大切であることを伝える。そのために何をすべきかをアドバイスしていくつもりであることも伝える。

除外すべき疾患としては，統合失調症・うつ病以外に，身体疾患として，甲状腺機能障害，朝の起きにくさについては，何らかの睡眠障害，起立性低血圧の存在などをチェックする必要がある。

②不登校・ひきこもりに対する対応に問題がある場合

子どもに起きている問題に対して，家族の対応そのものが悪い影響を与えている場合は，積極的に改善を促す必要がある。また，不登校が起きた時，家族メンバーがどのように反応し対応したのか，ここに相談に来ようと決めたのは誰なのかなどを明確にすると，そこに親子関係や家族関係の姿があらわれていることが多い。たとえば，父親はまったく無関心であるとか，母親は体調を崩してしまったとか，祖父母が母親を責めているなど。このような場合は，何らかの家族全体への働きかけが必要になる。

しかし，何よりも参考になるのは，<u>面接の場でのリアルタイムの親子のやり取りをしっかりと観察することである。</u>まず，面接室での家族や本人の様子，とくに話し方や治療者とのコミュニケーションの仕方や親子間のコミュニケーションの仕方についてよく観察するべきである。

そして，現在の対応の悪さや，子どもの問題に関する認識の歪みなどが見てとれれば，この点を明確にしつつ，あるべき認識・対応を教育的に指導する必要がある。これは積極的に行うべきである。最近は少ないが，登校を強いるとか，かわいそうだからと，何から何まで本人のやりたい放題にするなどは，止めさせなければならない。

ただ，このような作業で気をつけなければならないことは，家族も本人も，たとえ元気な様子で話しておられても，内心困惑し，時に絶望的な気持ちでいることが多いので，誰かを悪者にするようなアプローチをしてはならないことである。悪者にしないようにしつつ，「この対応は，子どもには悪い影響を与える可能性があります」と言って，具体的な対応を話し合うことが大切である。

このようなアドバイスや教育的アプローチで，親の養育態度全体が改善することが望ましいが，親の基本的な養育態度，親子のコミュニケーションに何らかの問題が存在することが明らかになれば，本格的な親の治療が必要になる。それは2nd-stepのアプローチとなる（親子関係の問題については，第2章「人は何を悩むのか」の親子関係を参照）。

　1st-stepの作業は，本人はもとより，家族が不登校やひきこもりに対する正しい理解を持ったうえで，落ち着いて問題に対処する姿勢を構築することである。ある程度の診たてが終了した段階で，今後の予想される予後についても，よく似たケースの立ち直りのプロセスを提供することで見通しを示し，無用な不安に追い込まれないようにすることも親や本人を安心させることにつながる。

(2) 2nd-step　問題の本質を明確化し解決をめざす

　本人や家族の問題に対する心構えをそれなりに育てながら，同時に，問題の本質を明確にし，解決できるものは解決を図るのが2nd-stepである。
　明確にすべき要因としては，学校生活などの状況因，家族の要因，そして，発症年齢やさまざまな心理機能を含む本人の要因がある。

①状況因を探る

　状況因が主たる要因であれば，思春期以降の子どもであれば，子ども本人がそれなりにいろいろ説明してくれることが多いので，大体は推定できる（10歳以下の子の場合を別にして，困った状況について語れないのは，本人に要因がある可能性が高い）。本人から，十分に話を聞いたうえで，親からも，できれば教師からも情報を得て，状況因を明確にする必要がある。
　<u>主たる要因が外的なものによると判断された場合には，その問題をどのように解決するかという問題解決型のアプローチや，時にケースワーク的なアプローチが必要となる。</u>
　あるケースでは，転校先でいじめられてどうしても登校できなくなったので，最終的にもとの学校に戻って元気を取り戻した。部活の問題がきっかけであったケースは，顧問の先生との話し合いなどを通じて解決がはかられて登校するようになった。このようなタイプは小泉の分類では「一過性の登校拒否」に相当するだろうが，対応を間違え，本人が深く傷ついたり，あきらめの心境に陥ったりするとひきこもりに移行して長期化させてしまうことにもなりかねず，積極的なアプローチが必要である。特にいじめの問題は深刻であることが多い。
　学童期では，怖い担任や苦手な担任の問題，学校生活で苦手なものに出会って自

信を失っているとか避けているなど，そして，引っ越し・転校などがきっかけになることが多い。

　思春期では，やはり，転校，友人関係，いじめ，部活関係，成績の低下などがきっかけになることが多い。

　青年期のひきこもりには，大学生では，大学が自分に合わないという気持ちや，対人関係における挫折や孤立がきっかけなることが多い。また，会社員では，会社での挫折やきつすぎる枠組みなどへの不適応がきっかけになることが多い。

　帰国子女なども一時的に混乱をきたして不登校に陥ることも少なくない。

　不登校・ひきこもりの一部には，家族の関係性にも，また，本人の心理面にもさほどの問題もなく，詰め込み教育や子ども同士の世界での付き合いに疲れたり，方向性を失って一時的に不登校やひきこもり状態になるケースも存在する（「優等生の息切れ型」のメカニズム）。このようなケースでは，ゆったりした雰囲気の中で休ませれば，いずれは立ち直っていく。しばしば<u>不登校に対して治療無用論なるものが論じられているが，それはこのようなケースにはあてはまる。しかし，多くの不登校・ひきこもりの子どもたちは心理的な問題を抱えているケースが多く積極的な治療が必要である</u>。

②家族状況・親子関係に問題がある場合

　以下に，不登校の背景に家族状況，中でも親子関係に問題がひそんでいるタイプについて述べる。このタイプにもさまざまな分類が提唱されているが，私自身は最近の変化も考慮に入れると，すでに触れたように，学童期から始まることの多い4タイプと思春期から始まることの多い2タイプの計6タイプに分類することが臨床に役立つと考えている。それぞれのタイプには，それぞれ親の問題と子どもの問題が影響し合っていることが多い。臨床家はそれぞれのタイプの特徴を理解し，治療の方向性を決定する必要がある。

a. 学童期型の不登校

　幼児期あるいは学童期など，比較的幼い時期にも不登校問題は生ずる。ここでは，「不安過敏タイプ」「自己愛的なタイプ」「落ち着きのないタイプ」について述べる。

「不安過敏タイプ」

　このタイプにおいては，親（多くは母親）に不安が強く，その不安に巻き込まれていた子どもが，外界に出ていかざるをえない年齢になり（入園，入学など），その外界や家族外の他者に不安や恐れを抱き，結果，不登校に陥ることが多い。親は子

どもが学校でやっていけるのだろうかと不安に思い、子どもも時に親が一人でいてどうかしてしまうのではないかという不安を抱く。「不安の共鳴現象」と呼ばれる状況がここに生ずる。

親自身が不安神経症やその他の神経症にかかっていることもあり、また、何らかの家族や地域社会での対人関係に疲れきっていることもある。親子に質問すると二人して不安そうに答えたり、顔を見合わせて答えられない様子を示す傾向が見られる。また、子どもは面接室で親に寄り添い不安そうにしていることが多い。子どもの性格傾向としては、過敏、心配性、依存的、小心、こだわりの強い傾向などが当初は目立つが、立ち直っていくと、そのような傾向が解消していくことも少なくない。また、表面的には元気な様子を見せていても、内実は不安や絶望感で今にもたおれそうなケースも少なくないので、そのあたりを見落とさないことが大切である。

親への本格的なアプローチとしては、親の不安を支えることが大切である。すなわち、家族内に何か不安になったり途方に暮れているような問題はないか、疲れ切ってはいないかなどを明確にしていく作業が重要である。そのような問題があれば、相談にのって解決を模索しながら、同時に親自身に自分の精神状態を自覚させつつ、そのことが子どもに不安を抱かせ、この世を不安に満ちたものに映させている要因となっていることを伝える。そして、親自身が問題に対処するときに、いたずらに不安を抱かず、あるいは不安を抱きつつも、それなりの対応を試みるというような態度を身につけるようにアドバイスをする。そして、<u>そのような落ち着いた気持ちで子どもと接すると、不安から見た子どもではなく、子どもの実像を発見することができるようになる</u>。「この子には、こんなところがあったんですね」「この子の気持ちを初めて感ずることができました」「これまでこの子のことを見ていなかったんですね」などの言葉をしばしば聞く。これらの言動は他のタイプの不登校・ひきこもりのケースでも聞かれることが多い。

このような状況になると、子どもは特別な対応をしなくても登校しだすこともあるし、親が子どもと相談して、いっしょに登校を試みるなどして、結果、安定して登校できるようになることが多い。<u>このタイプにおいては、本人の治療よりも親の治療あるいは家族に潜む問題（母親と姑との確執など）へのアプローチが必須であり、このようなアプローチによって母親が安定してくると、本人への治療的アプローチをしなくても元気になっていくことが多い</u>。親の不安を支えるために、不登校の親の会への参加を促してもよい。

> **ケース** 小学2年のAちゃん――不安の強い母親と子どもが立ち直るプロセス

　ここで，具体的な治療状況を理解してもらうために，小学2年性のAちゃんのケースを述べる。

　娘が理由もなく学校に行かなくなったということで，両親と本人そして3歳年下の妹とがクリニックを受診した。母親は，「夜になると，泣き出します。理由は言いません。どうしたらよいのでしょう」と不安そうに言われる。本人は，下を向いたままであったが，体に力が入っている様子。

　私が質問しようとすると，それを遮るように母親は以下のように言う。「この子のことは，小さいころから，何かわからないと感じていました。下の子は，何となく，何を考えているかがわかるから，平気で叱りもするし，一緒にいても気が楽なのですが，この子といると息が詰まります。そのうえ，叱るととても不満そうです。はれ物に触るような気がしてイライラします」と。

　本人の目の前で，このように言われたので，本人の体には，ますます力が入っていった。どうも母親はAちゃんのことに気を使っているようでいて，知らぬうちに傷つけていることがありそうだということが感じられた。

　まず担任に連絡して学校での様子を聞くことにした。登校していたころのAちゃんは，おとなしいタイプではあったが，はた目には元気に過ごしていたし，友人も何人かいて，思い当たることがないとのこと。成績も普通，運動もそれなりにできるとのことであった。

　そこで，家族の問題，特に母親との関係にテーマを絞っていくことにした。

　まず，Aちゃんとの家でのやり取りや，Aちゃんの様子を母親なりに話してもらい，それから，Aちゃんにその時の気持ちなどを聞くようにした。父親が同席できるときは同席してもらい，父親の意見も聞くようにした。Aちゃんが「わからない」とか，沈黙がちになるときには，私なりに想像したAちゃんの気持ちを「こういう感じだったのかなー」と代弁すると，首を振ったり，うなずいたりするうちに，徐々に，私にも母親にもAちゃんの気持ちが少しずつ理解できるようになった。

　このような面接をきっかけに，家庭でも，母親が迷うと，父親にも少しずつ相談するようになった。それまでは，母親は，父親はあてにならないと考えていたが，別な意見を聞けることが参考になると感じ始めたようだ。家族全体の関係性が変わりつつあった。

　やがて，母親のAちゃんに対する緊張感が和らいでいった。そして，「この子は，こういうことが嫌なようですね」「この子は，妹と比べて，言いたいことを抑えていたようですね」「こういう言い方をするとわかってくれるよう

です」などの発言が増えていった。やがて，「最近，A子と過ごすのが楽しくなりました。また，これまで，はれ物に触るような態度でいましたが，結構，叱ることもできるようになりました。叱った後もしこりが残らなくなりました」「この子と二人で公園で遊んだりしていると，この子も『アーしてほしい』『こうしてほしい』と言うようになり，それがまた，うれしいのです」と言うようになられた。

　Aちゃんは，家では元気になり泣くこともなくなったので，次に登校をどうするかを話し合った。

　私は，母親とAちゃんと二人で相談して，母親が一緒なら，どこまで行けるか試してみることを提案した。この話し合いにおいては，私がついていることもあって，母親も安心して，母親なりの意見を言うような様子が見えた。

　その後は，毎週，一週間の出来事で，特に迷った時の対応について話し合うことを続けた。一緒に決めた目標（まず，母親と外出してみる。登校する準備をしてみる。とりあえず，近くの公園まで通学路を歩いてみるなどなど）を試みては，二人で話し合い，いろいろ試すことにした。その間，母親には，Aちゃんの様子をよく見て，もう限界そうなのか，多少，余裕があるのに渋りだしているのかを判断するように促した。

　そうしているうちに，ある日，母親がこのようなことを言われた。「最近，この子が，それ以上は無理なのか，少し甘えているのか，何となくわかるようになりました。でも，自分で勝手に決めずに，この子に私の感じたことを言うと，本人なりの気持ちを語ってくれるようになりました。このやり取りがとても大切なのがわかりました。

　それでも，どうしてもわからない時は，夫にも相談して，最後には，自分で決めてみて，その判断に沿ってこの子に提案するようにしました。たとえば，『もう少し，頑張れそうなら，チャレンジしてみようか』などと言ってみます。すると，案外，素直に，やってくれます。そして，結構，成功します」と。

　母親は，私や夫の支えがあって，自分なりにできる範囲のことをし始め，Aちゃんが不安がる状況には，どのように対処すればよいか自信が持てるようになっていった。

　このような親子の歩みが3カ月ほど続いたころ，母親の表情もしっかりしてきたなと思うような雰囲気になってきた。「どうしても判断がつかないこともあるし，間違った判断のこともあります。でも，そういう不確かな中で，本人を感じ，本人とも話し合いながら，それなりに決めて動いていくしかないことがわかってきたように思います」と言われたので，「素晴らしいことで

すね」と伝えた。

「自己愛的なタイプ」「未熟なタイプ」

小泉の分類ではBタイプに相当する溺愛・保護型とか未成熟型などと呼ばれるタイプである。このタイプの特徴は，子どもに親がひっぱられていたり，あまりに子ども本位にすべてが許されていたり，溺愛されてわがままが通り過ぎているという家庭状況が見出されることである。そのため，いわゆるしつけなどによって枠にはめられたり，時には我慢をするなどという体験がないため，学校という枠組みにはまらなければならないこと自体苦痛に感じられる子どもたちである。また，同年輩者間の摩擦に耐えていく力や，困ったときに自分なりに対処していく力が育っていないことが多い。そのため，何か嫌なことがあると，混乱や苦痛を感ずることとなり，結果，登校をしぶるようになる。そうすると，家族は，学校へ行くように要請することはせず，あるいはできず，ずるずると不登校になる。子どもの性格としては自己中心的，耐性欠如，依存的などの傾向を示すか，気まぐれ，落ち着きのなさなどを示すことが多いが，家や守られた環境では活発で外交的な傾向を示す子どもも多い。

溺愛まではいかなくとも，長男で威張っていられたとか，ほとんどが自分の思い通りになっていたような子が，つまり，やや自己愛的な子が，学校で思うようにいかないために行き渋ることもある。このタイプは，学童期にもみられるし，思春期以降にもみられることが多い。

このタイプの治療でポイントとなるのは，やはり家族へのアプローチである。親と上記のような家族状況についての問題点を明確にする，という作業が第一になされる。そして，緩すぎる枠組みや，振り回されるあるいは過保護的なかかわりに対しては教育的な指導を含めて修正をはかるように指導する。たとえば，小遣いの枠を決めて，それ以上は泣いても渡さないとか（ある中学生のケースでは月に10万円以上のお小遣が渡されていた），自分の身の回りのことは自分でさせていく方向性に向けるとか，して良いことと悪いことを明確にするなどを，話し合って決めていくような関係にしていくことが大切である。

子どもの治療においても親への対応と同じであり，プレイセラピーのなかで子どもとの関係を大切にしながらも，自己中心的な行動や耐性欠如のふるまいには，時に毅然とした対応が必要となる。ある意味で，育て直していくという対応となる。子どもは信頼するセラピストの言うことは驚くほど素直に聞き入れることも多い。そして皆のルールを守ることの快さを体験したりする。そのため，セラピストは子どもの気持ちを大切にしながらもポイントでは我慢したり，チャレンジすることも

要請する。しかし，このポイントは難しく，間違えると関係が切れてしまうこともあり，セラピストは慎重に対応する必要がある。特に一見元気そうではあっても，自分の苦手な場面とか，相手に対してはおびえていたり，途方にくれていることが多いので，無理をさせることは厳に慎まなくてはならない。

このようなアプローチで親の子どもへの態度が変わると，多くの子どもたちは立ち直っていく。多くの相談機関も熱心に必要な対応を行っている。特に親子の並行面接が教育相談所を中心に行われている。しかし，溺愛する親や祖母が子どもへのかかわり方を変えないような場合は長期化することも多い。

「落ち着きのないタイプ」
　親がなんらかの病気で，子どもに手がかけられず放任されているとか，子どもへの関心が薄く，枠組みがほとんどないようなケースも，必要なしつけがなされないという意味で，枠の緩すぎる子になりやすい。このような育てられ方をすると，子どもは何かにしっかり向き合うという姿勢そのものが育ちにくいし，何か問題にぶつかるとひたすら混乱しやすい。しかも，誰かに頼ることも下手，あるいは信頼関係を結びにくいので，セラピストとの関係性も築きにくい。

治療としては，本人との関係性を築くことと，いろいろな社会支援を利用して，家族関係の構築を目指すことになるが，時間のかかることが多い。

また，ADHDの診断基準を満たすほどではないが，その傾向を持つ子が落ち着きのない衝動的な傾向を示すこともある。この場合は，ADHDへの対応に準ずる支援が必要なことが多い。

b. 思春期以降に始まるタイプ
　以下に，思春期以降に始まる二つのタイプについて述べる。

「主体性・社会機能低下タイプ」――自発性・主体性が育っていないタイプ
　分離不安タイプや溺愛タイプが比較的幼児期に多いのに対して，このタイプは，主に思春期にいたって特別なきっかけもないのに登校をしぶりだすタイプに多い。思春期以降の不登校・ひきこもりの中核となるタイプである。

「良い子の破綻あるいは混乱」という色彩のあるタイプであり，タイトすぎる親子関係や歪んだ密着状態が見出されやすい。

このタイプの家庭には，しっかり者であったり，エネルギッシュであったり，テンポが早い母親がしばしば存在する。親子で面接に来られると以下のような状況が展開することが多い。

まず，母親がサッサッと入ってきて治療者の近くの椅子にすばやく座る。そして，「……ちゃん，いらっしゃい」と子どもを呼ぶ。子どもは嫌そうな態度でゆっくり入ってくる。すると母親は「ここに座りなさい」と指示する。子どもは何も言わずにややそっぽを向きながらそれに従う。すると母親が，バッグからやおら子どもの日常生活を詳細に書き込んである手帳を取り出して早口に子どもの様子をしゃべりだす。私が，母親の話をとどめて，子どもに「このとおりかい？」と問うと，子どもはうなずく。うなずき終わるや否や母親がふたたび話し出す。また，本人に内容を問うような質問をしてもほとんど「わからない」という答えが返ってくる。「何時に起きた？」とか，「朝食に何を食べたか？」などの質問には最小限の言葉でぽつりと答えるが，多少，抽象的な内容や判断の必要な質問にはほとんど「わからない」と答える。すると母親が横からいろいろコメントをすばやく差し挟む。

　このタイプの問題点は，親が子どもにとって必要なことを先取りして与えたり，必要なことを決めつける関係性であったため，子どもは自分の内発的な気持ちとは無関係に与えられたものをひたすら取りいれるという作業をせざるをえなかったことである（第2章で述べた「過剰にコントロールする親」に相当する）。そのため，学童期までは成績が良いとか，先生の言うことをよく聞く良い子として，評価を得ていることも多く（大人のいうことを取り入れることが関係性の中心にあるため），本人も家族も学童期には問題を感じていない。しかし，思春期になって自分の主張がでてきたり，内発的な欲求にそって行動したくなったり，友人との関係でも自己主張が必要となったとき，彼らは極めて混乱しはじめる。なぜなら，彼らは外から与えられたものを取り入れて適応してきたため，ひたすら学校という枠組みにも順応してはきたものの，自分で判断するとか，気に入らないものを拒否するという力が育っていないからである。

　彼らはなんとなく，このままでは嫌だという気持ちを抱きはじめ，成績とか友人関係などをきっかけに登校を渋りだす。それゆえ，<u>本人もなぜ登校がつらいのかわからない。ただ嫌だという気持ちだけが湧いてくる</u>。家族も時に本人も，これは甘えているのではないかと考えてしまう。なぜなら，理由なく学校を休むから……。しかし，それは決して甘えではない。

　このタイプへの対応において何よりも大切なことは，<u>この不登校が，本人にとって「自分育て」の極めて大切なプロセスであるという認識を，家族にも本人にも持たせることである</u>。つまり，子どもは言われるままに生きてきた生き方から，初めて自分というものを取り戻すための第一歩を踏み出しているという認識である。特に親は「自分の育て方が悪かったのでは」「このままこの子はずっとこもりっぱなしになるのではないか」という不安を抱いている。その不安のために無理に登校をし

いて，家庭内暴力に発展するなどして，こじれてしまうこともある。この状況・プロセスの必要性を説明することで親も安心するし，本人も自分のそのときの心理状態の課題を自覚することができる。

　まず第一に，親が落ち着いた雰囲気のなかで，登校刺激はもとより干渉したり先取りしたりせず，子どもの気持ちやペースを大切にするように指示する。このことを親が守ると，子どもは自分の部屋から出て，家の中で自分なりの生活スタイルを模索するようになる。これが第一歩である。

　親の子どもへの理解が進み，子どもへの対応が適正化されると，子ども本人は家の中で活動的になる。こもっていた部屋から出てくる，家族と食事をするようになる，ともにテレビを見たり雑談するようになる，時には，買い物に出かけたりする。女の子であれば，料理作りを手伝ったりするようになる。

　このように家の中で元気になれば，2nd-stepの課題は達成されたと言ってよい。つまり，家の中で元気でのびのびとした生活ができるようになることが何より大切なことである。そのあとは，本人の社会参入を促す働きかけが必要になるが，それが3rd-stepになる。しかし，家で元気になることで，自分から何らかの方向性を見つけるケースも少なくないので，すべてのケースに3rd-stepが必要なわけではない。

「軽症神経症症状が伴うタイプ」

　思春期に多い不登校・ひきこもりの今一つのタイプは，対人恐怖症，強迫性障害など軽度の神経症症状を伴うタイプである。このタイプについては，各種の神経症的な問題が症状化するうえにおいて，ひきこもるために曖昧になりやすく，結果，神経症症状は軽症化していることが多い。そのため，不登校としてのアプローチも必要であるが，それぞれの神経症に対するアプローチも必要なので，各論を参考にしていただきたい（特に第7章「対人恐怖症・社交不安障害に対する心理療法的アプローチ」において軽症神経症としての不全型の問題を詳述しているので参照すること）。

(3) 2nd-stepにおける家族の問題の解決について

　これまで述べたことからもわかるとおり，本人と家族とのコミュニケーションを改善することが，特に2nd-stepの問題解決としては重要な作業となる。上記には，溺愛や過干渉的な親などについて話したが，以下に，問題となり得る親の態度を列挙する。ほぼすべてが第2章で述べた「問題のある親の関係性」と重なるので簡単に記す。

①家族間で，不安感，緊張，抑うつ感，時に被害感などが蔓延しているため，そのような見方になりがち。「不安の強いタイプ」にみられやすい。

②親の，心配の先取り的かかわり，テンポが速い，親の枠組みが硬い，現実先行的なかかわりなどから，子どもには，圧倒されている様子，取り入れが強い傾向，自分の気持ちを殺しやすい傾向が生じやすい。このため，自分感覚や主体性が育ちにくかったことが想像される。「成長不全」が起きやすい。「主体性・社会機能低下タイプ」になりやすい。

③心理的距離が近すぎる。そのため，投影・取り入れ・自我境界の曖昧さ・思い入れの強いコミュニケーションが生じやすい。「これが好きでしょ！」「こうしてほしいんでしょ！」などと，子どもの気持ちには配慮しないで，親が勝手に想像して決めつけるコミュニケーション。子どももいろいろ勝手な思い込みを親に向けやすくなる。「自己の疎外化」が起きやすい。「軽症神経症症状を伴うタイプ」になりやすい。

④子どもの心への関心や配慮が足りない，余裕がない，他の子どもに関心が集中しているなど，子どもは自分に関心を持ってもらえた経験が希薄であったことが予想される。そのため，自己感覚を育てられない，相互的コミュニケーションの体験が少なかったことが予想される。手ごたえのある関係性に基づいた自己感・他者イメージが育ちにくい。「自己不信」，あいまいな「自己感」が起きやすい。「落ち着きのないタイプ」になりやすい。

このような問題のある関係性を修正することが2nd-stepの中心的な作業となる。しかし，家族の問題が深く，なかなか変わりにくいケースも少なくない。逆に言えば，家族が協力的で，柔軟性がある場合は，この作業が順調に行き，その結果，子どもが元気になり，社会復帰することが多い。

ここで，家族状況や親子のコミュニケーションが改善して順調に治療のプロセスが進んだケースを述べる。

ケース 家族の問題が深かった中学生のB君

　　　母親が不登校になっている息子のことで受診された。彼女は早口に話され，内容もあちこちに飛ぶようなところもあり，せっかちな性格がうかがえた。相談内容はおおむね，以下のようであった。

　　　B君は，幼少期から，素直で良い子で成績も良くおとなしい子だったとのこと。その一人息子のB君が，中1の2学期頃から不登校となり，お金を盗むという行動も見られるようになった。母親が何カ所かで治療を受けさせた

が，まったく変化が見られなかったので，知人の紹介で私のクリニックを受診することになった。初診時，本人と二人での来院であり，父親がいなかったので，父親について尋ねると，「この問題について，夫には相談していないし，どうせ夫は何もしないから諦めている」と言われた。

その時点で本人は中学3年になっていた。不登校になり2年ほどが過ぎていた。母親は，「この子がどうなるのか不安でたまりません。夫も頼りにならないし，財産問題で我が家は金銭的にも窮地に陥るだろうし，私の体の調子も悪い。小さいころから，この子は動きが鈍く，私が気をつけていないと皆に置いていかれてしまう。塾にも行かせたし，体操にも通わせた。休まるときがなかった」と早口で話した。このような話をしているとき，子どもは不快そうに横をむいていた。後日，夫が受診したときに，母親の話した内容について尋ねると，財産問題はないとのこと，子どもは成績も良く，確かにおっとりはしていたが，友達も少なくなかったと言われた。夫自身も，子どもの問題に対して極力仕事を休んで対応しようとする姿勢を見せていた。

家族全体の雰囲気は，母親のつくりだす緊張感の漂うものであり，食事の時などは母親が心配しすぎるので，かえって食欲がなくなることが多かったと本人は言う。母親の働きかけはコントロールしようというより，何とかしなくてはならない，油断すると大変なことになる，誰も頼りにならないという姿勢が目立っていた。

母親は，自分のことを不安の強い心配性の性格であるという自覚はあるようであった。

子どもとのコミュニケーションは，母親の不安な気持ちを背景とした「こうしないと大変なことになるでしょ」という威嚇に近い指示が多いものであった。

また，私の受けた母親の印象は，「不安だから何とかしてほしい，でも，だれも信用できない。自分ばかりが苦しい立場にある」という切実な気持ちが伝わってくるものであった。やや被害的でもあった。

この母親の情緒的な投げかけは強く，そのため，子どもへの働きかけも多過ぎるほどで，いわゆる「不安の先取り型」の母親ともいえるし，「緊張の強い母親」ともいえるだろう。

治療的な介入は以下のように行った。

まず，不安と被害感と不満に満ちている母親を安定化させることを目指した。その方法として，夫との同席面接を定期的に設定した。夫は，よく協力してくれて，多忙な仕事にもかかわらず，やりくりして通ってくれた。この受診の往復が二人のコミュニケーションの時間となり，面接の中で，夫がそれなり

に母親と子どものことを気にかけていることが母親にも理解されていった。

　こうして，母親の不安が夫の支えで緩和するにつれて，子どもへの情緒的巻き込みが少しずつ薄らいでいった。

　それとともに，両親に対してB君へのかかわり方を指導していった。まず，何よりも，子どもの主体性を大切にすることを伝えた。母親が自分の不安からしか彼を見ていないことを，いろいろなエピソードで自覚してもらうような面接をした。

　B君は，親に，自分の気持ちや意向を大切にされるようになり，家での生活も，すべて自分の選択を優先するようなかかわりをされるようになり，少しずつ元気になり，お金を盗むという逸脱した行動はすぐになくなった。この段階で，現在の家庭の問題は解決したものといえる。次なるアプローチは，本人に対して成長を促すアプローチとなり（「成長不全」へのアプローチ），それが3rd-stepになる。彼は私の運営していたフリースペースに通うようになり，少しずつ成長していった。

（4）3rd-step　本人を育てる仕事

　児童思春期の心の問題において重要なことは，育っていない心理的な力を育てることである。そういう意味では，総論で述べた「成長不全モデル」が当てはまる。特に，思春期以降の不登校・ひきこもりにおいては，主体性とコミュニケーション能力や社会的なスキルを育てることが治療の中心テーマになる。それが不登校・ひきこもりにおける3rd-stepとなる。

　診たてにも関連するが，彼らに見出されやすいさまざまな特徴から述べる。以下のような特徴が見られたら，「主体性・社会機能低下タイプ」というタイプに入る可能性が高いが，そのようなタイプにこだわらず，子どものいろいろな様子から，彼らのさまざまな機能のレベルを診たてる必要がある。

①子どもたちの共通した特徴を列挙すると以下のようになる。
- 自分感覚の希薄さ，漂うような気持ちは動くが明確な形になりにくい。
- 主張する力が弱く，周囲に合わせやすい。
- 判断ができない。選択できない。決められない。
- 自分を物語る力が弱い。
- 主体性が落ちている。自分から動く力が弱い。
- 対処行動のスタイルが否認と回避とhelp-seekingなどしかない。
- 対処の選択肢がワンパターン。多様性に欠ける。

- 狭くて固い対人関係。思い込みの強い対人関係。
- 傷つきやすい・傷つけるのを過度に恐れる。

②コミュニケーションの特徴は以下のようになる。
- 漂うように何かを感じているが，相手への意識過剰のために，まとまらず，受身的・待ちの姿勢をとる。自分の気持ちを否認する傾向。
- 沈黙がちであるが，何かに対するdefenseとしての沈黙というより，体験を感じ取り，物語る力そのものが育っていない。自分の体験をさまざまに想像したり，意味づけする力は落ちているが，事実的なことは短く語れる。そのため，情緒的・物語的体験の伴わない雑談になりやすい。
- 強迫傾向に通ずる慎重さ，時間がかかる思考プロセスのために，沈黙，滞りがちになる。
- 相手の気持ちを勝手に思い描いて動けない。過剰なprojection。傷つける・傷つけられるに過敏。
- 何か得意なこと（アニメ，テレビゲームなど）については，豊富な知識もあり，一方的にしゃべりつづけることもある。しかし，それを自分の体験に結びつけることは苦手。体験系の伴わない表面的な世界。
- 相手の興味が自分と異なると切り離してしまう。「知らないなら，いいです」など。
- うわっ滑りのような多弁なコミュニケーション。いろいろ自分の気持ちも含め，経験や話題を持ちこむが，それを体験的な話にしようとしても，「よくわからない」「何となく」「とにかく，困った」「多分……」などが多い。

このようなコミュニケーションの場合は，本人に任せて待っている面接をすると，沈黙がちで，緊張感というより，戸惑い感の強い雰囲気になったり，単なる雑談になることが多い。そのため，<u>従来型の話し合い中心の面接では援助しにくい</u>。

(5)「side-by-side・群れ体験的アプローチ」への導入

彼らの上記のさまざまな特徴，特にコミュニケーションとサポートしてくれる他者との関係の在り方などを考慮して，私が3rd-stepで実践しているのが成長促進的なアプローチの「side-by-side・群れ体験的アプローチ」である。

①side-by-side・群れ体験的アプローチの治療構造・目的・望ましい条件は以下のとおりである。

a. 治療構造

　このアプローチの治療構造は以下のようになっている。空間としては，フリースペースを使う。それは，それなりの広さがあり，さまざまな活動（料理，楽器演奏，卓球，ゲーム，お絵かきや粘土細工などの創作，学習などなど）が並行して行える場所である。それゆえ，十数人の世代の近い子どもが集う場所でもある。つまり群れ体験ができるスペースである。

　しかし，同時に担当制を採用しており，それぞれの子どもには，一定の曜日には，担当スタッフが一対一で寄り添う。そのスタッフの子どもとの関係性はあくまで，ともに過ごす横並びの関係，すなわちside-by-sideのスタンスをとるようにする。この担当制のところが，一般のフリースペースとは異なる。最近の子は，当初は一対一の関係でないとつながりにくい。

b. 治療目標

　主体性・機能低下タイプの治療については，大きく二つの治療目標がある。一つは，母親との関係で形成された，近すぎたり，投げ込まれすぎたり，決めつけられすぎたり，関係が希薄すぎたり，手ごたえのあるコミュニケーションが少なかったりした二者関係の改善である。この課題は担当スタッフが行う。スタッフは，子どもとの適切な距離と，思い込みによらない，本当に子どもの気持ちを尊重するような関係性を確立しつつ，何かをしながら（たとえば料理など），無理なく子どもとのコミュニケーションをとるようにする。本人が求めれば個室で話もできる。このような関係性で，子どもとの適切な距離が取れるとともに，ともに何かをすることでモデルにもなりうる。スタッフは若いので，兄や姉のような関係になるともいえよう。決して母親的存在ではない。

　このような関係性によって，主体性を奪わずに，圧迫感を与えず，しかし，成長促進に必要な援助が提供できる。そして，子どもたちは，このスタッフとの関係性を支えにしながら，いま一つの目的であるsocial skillやコミュニケーション能力も育てていく。彼らは，群れ体験を通じて，さまざまな作業や遊びや複合的な関係性の中で，主体性ばかりでなく，人と協力することや，ともに楽しむことを学び，徐々に手ごたえのある自己の確立と自分なりの社会的な自己を確立してゆく。このような目的のためには，個人治療よりも群れ体験が効果的である。

c. 治療環境に望ましい条件

　群れの中で，他の子どもの動きと共に，スタッフの動きを見てモデル化できること。さまざまな活動があって，多様性の育成，自己選択能力の育成，試行錯誤する

力を育成できること。体を動かす，料理を作るなどの具体的な体験の中でのコミュニケーションを通じて，手ごたえのある多様な体験をふやせること。子どもたち同士でさまざまなイベントを企画運営することで主体性・協力する能力を伸ばし，そのような役割をとれるようになること。そして，何よりも，人といると楽しいという体験ができることなどが望ましい条件である。

また，フリースペースでの集団体験が，結果的に，失われた学校生活の体験を取り戻してくれることになる。スペースで合宿や文化祭のようなものがあると，就学旅行や学園祭の体験につながる。特に親御さんがこのことを喜ぶことが多い。

②side-by-side的関係──横並びの治療関係が意味するもの。
　まず，横並びの意味とポイントについて述べる。

1) 向かいあうのではなく（親とは向かい合い過ぎてきたともいえる），横並び（side-by-side）の関係性の中で，体験をともにしながら，それについてコミュニケーションするというかかわりがベストである。彼等は対面構造そのものに圧迫感を感じやすい（近すぎる親子関係や希薄な親子関係が影響している）。横並びのスタンスは彼等の自由性を妨害しない。
2) 面倒見のよい近所のお兄さん・お姉さんのような関係がよい。少し年長になれば，面倒見のよい先輩のような関係。臨床家のように心理面に焦点を絞らないほうがよい。→治療的家庭教師やメンタルフレンド・斜めの関係などに通ずる。
3) 適性な間合いのある，見守られた環境での探索行動を体験する機会を提供する。本人の「社会的よちよち歩き」を見守り，必要に応じて援助する。本人が遊び方・過ごし方を選べる。遊ぶ対象が複数用意されている。試行錯誤が容易にできる。それに寄り添う。
4) スタッフは子どもと体験をともにする。そして，その体験について，押しつけがましくなく，自分の気持ちも吐露する（realな対象でいること）。手ごたえのある相互的なコミュニケーションにする。臨床家のように自分については語らないという態度は合わない。また，彼らは，その場の体験については，それなりに語る力を持っていることが多い。時にサイコドラマのdoubleのように彼等の気持ちを明確にする働きかけも可能。
5) スタッフは何かと活動においてはモデルとなる。skillの改善，対応の多様性を学ぶ。
6) スタッフが，子どもとペアーになって，他のペアーや子どもと一緒に遊んだ

り活動する。一人では入れなくともスタッフがいると比較的スムースに入れる。こうして、複数の他者・群れ体験が比較的スムースに可能となる。
7) スタッフは子どもの対人関係での混乱には適切に介入する。誘いを断れなくて困っているとか、仲間に入れなくて戸惑っているような時など。時には、その混乱が落ち着いてから、二人で話し合ってみる。そして、今後の対策を二人で考える。そのエピソードを言語化・物語化する。
8) スタッフは子どもが自分で動けたり、他の子どもとの関係が形成され始めたら、少しずつ引くようにする。本人にまかせるようにする。子ども同士の活動をサポートする方に回る。外出、料理などなど……。

以上のスタッフのかかわり方は、不登校やひきこもりの子にかかわる家庭教師などにも参考になるはずである。

③群れ体験は子どもにとってどのような意味があるのか（第4章におけるヤーロムのグループセラピーの治療促進因子が参考となる）。
　横並びの一対一の関係性とは異なる意味を群れ体験は持っている。その意義について、私は以下のように考えている。

a. 多様性のある関係性や問題解決能力を育てられる

　子どもは複数の対象、多様な対象（年齢層も広く、合うメンバーがいたり、合わないメンバーがいたりなど）との関係、その対象とのさまざまな位地や役割関係などの体験を経ることで、自分というイメージを確立していくように感じている。心の中にできる複合的な他者イメージ・自己イメージともいえようか（精神分析的には「複合的な自己・対象表象」という概念はない。私はこのような心の中に形成される複合的な自他のイメージ群を「社会図式」と呼んでいる）。
　多くの人々と、多様な関係性の中で付き合うことは、自然に多様な対人関係の質を身につけることになる。また、遊びや闘争のなかで、さまざまに問題解決を試みることができ、対処能力も多様となる。
　一昔前の群れ的な家庭（大家族など）であれば、自分のイメージも多様性を持ちうる。母親に好かれなくとも祖母に好かれたり、兄に負けても弟に勝てたりなどしながら、平均的な現実的な自己像を形成することが可能となる。母親との二人だけの関係性では、溺愛されていれば他者から溺愛される自己イメージしか形成されにくく、歪んだ自己愛的自己像が形成されかねない。反対に嫌われていればマイナスの自己像となり修正されにくい。このほうが一層不幸である。

また，群れ的な家庭（大家族など）であれば，子どもが母親との関係で何かがうまくいっていないと感じたとき，そこに祖母や姉がいて，少しでも母親代わりをしてくれるような体験をすれば，母親との関係で何が居心地が悪く，何が自分のわがままなのかが如実に理解できることになる。ちびまる子ちゃんは自分のファンタジーの世界を母親には求めず祖父に求めている。その祖父に共感され共に楽しんでもらえている。もし，祖父がいない場合，彼女が母親や姉にファンタジーを求めて拒否されたりフィーリングが合わなかった場合，彼女は自分のファンタジーはおかしなものと感じ，捨てざるを得ないかもしれない。そのため，彼女の大切な心の世界は貧困化したかもしれない。そのようなことがカプセル状態の少数家族では日常的に起きている可能性があり，そのズレや捨てざるを得ないものが本人にとって極めて大切な部分であれば，どこかで欠損感や自己の大切な部分を否定することになろう。

最近の若者はすべてにワンパターンであるように感じている。言われたことはある程度できる。それも言われた分はそれなりにまじめにやる。しかし，状況を自分で読んで，気を利かせることは少ない。困ると立ち尽くしていることが多い。工夫するということが少ない。結果，ひきこもるかキレることになりやすい。

b. 主体性が育つ

群れ体験では，<u>自分にとって必要な他者を選んで関係を結ぶことができる。主体的な関係性というものを初めて体験するともいえよう。</u>このことは極めて大切である。自分に合った相手と楽しく過ごすことを初めて体験する。

つまり，多数の対象の中で育つという状況は，子どもの側に対象を選択できる状況となる。自分から自分のその状況に合った相手に近づくことができる。合わなければ避けることもできる。母親一人しかいなければ，母親に対して不快になったときに，気持ちを押し殺すしかないし，我慢するしか方法がなく工夫することもない。また，母親と合わなければ，自分が間違っていると思いがちである。その場にいろいろな価値観を持つ人がいてくれれば，自分なりに判断することもでき，判断する能力も育つ可能性が高い。

主体的にやったことは失敗しても自分で納得がいく。「言われてやる」という姿勢は，うまくいかなければ他者の責任となりやすく，被害者意識につながりやすい。

c. モデル化の対象を見出しやすい

さまざまな他者と付き合うために，さまざまなモデルを見出しやすい。しかも自分に合ったモデルを選んで取り入れられる。

d.「われわれ体験」が持てる

　スポーツをする・料理を作るなど，共同作業の楽しさを学ぶことができる。これは一人では決してできない。この楽しさが人の中に誘い込む。

　つまり，「われわれ体験」が持てる。これはとても大切な体験だと考えている。

　昔から，外敵がいて初めて「われわれ意識」がもてるといわれる。外国で過ごすと日本人であることを強く意識することにもつながる。幼児期から，父親を代表とする家族内に怖い存在が一人いると，他の家族は仲間となる。これが一人っ子では不可能である。かつては，青年期の大人社会との戦いも，そばに仲間がいて「われわれ意識」が強かった。極めて貧困な社会は他者に対して優しくなるとも聞く。そのような厳しい体験から，子どもたちは「われわれ体験」を身につける。群れる動物の幸福な感覚の一つと考えている。それが持ちにくくなっている。母親と他の少数の関係のみで育ち，貧困も外敵も怖い父親も存在しない中では，共に戦うという「われわれ体験」は育たない。

④順調に行きにくいケース。

　ただ，上記の治療的アプローチにも適さない子もいる。スタッフに勝手な期待をしては傷ついて攻撃的になったり，時間が過ぎても帰らないというような，枠組みを越えようとすることの多いBPD傾向のある子は難しい。また，ADHD傾向のある子が，つぎつぎと遊びに入り込み，全体が不安定になってしまうタイプの子も適さない。このようなメンバーには，スペースでの担当と，面接をする担当をつけるというダブルセラピストのスタイルを試みたこともあり，それが功を奏することもあったが，やはり難しいことには変わりはない。自由性と多様性を大切にするスペースの環境が彼らを混乱させやすい。

　このため，このようなタイプの子を参加させるかどうかかが問題となるが，現時点では，スタッフの余力がある場合は，一人二人なら可能であると考えている。ある程度，本人にも成長促進的な効果があるものと思っている。

　以下に3rd-stepの具体例を述べる。本ケースは，やや未熟性の目立つ社会的機能の低下しているタイプであった。

> **ケース** 3rd-stepを体験し，順調に成長していったC子さん（中2）
>
> 　小学校でいじめを受け休みがちになり，中1からまったく登校できなくなった。母親への対応で少しずつ元気になり，外出もできるようになっていたが，外出するだけで頭痛を訴え，電車に乗ると腹痛を訴えた。小児科に何度か受

診，その受診のときにも腹痛がでるようになりやめる。一人っ子の3人家族。

外来治療で，親子のコミュニケーションや不登校に対する理解や対応も適正化しており，自宅では元気に過ごすようなっていた。つまり，1st-step，2nd-stepのアプローチはほぼ終了していた。

本人は，家で退屈し始め，次なるステップに進みたいという気持ちを外来では言っていた。このようなタイミングがスペースに参加することを勧めるもっとも好ましいタイミングである。そこで彼女に勧め，通うこととなった。

（「メンバー」というのは，スペースに通っている子どもを意味する）

初回：母親と来所。母親にぴったりくっついている。何か聞かれると母親の方を見る。それなりに答えようとする態度はみえたが，まだ，答えられなかった。

担当スタッフ（基本的に同性のスタッフが担当）と二人でスペースのアンケート用紙を見てアンケートを始める。一つずつ，すべて声を出して読み，すべてスタッフに確認したがる。やや幼児的な様子。アンケートを書くのに1時間かかったが，彼女のペースを大事にした。

スタッフからは，彼女が迷いながらも何かを感じている様子が伺えたが，それを相手に伝えたり，決断する力が弱そうに見えた。特に他者に同意を求め，確認を求めるのが目立っていた。

「何かをしたい」というので（それなりの主体性は育っていることがわかる），スタッフと二人でスペースを探索。粘土をみつけ，それを選ぶ。二人で粘土細工を始めると，言葉も増え，一層，幼児言葉が目立った。まだ断片的なコミュニケーションであった。

そこへ他の子どもが遊びにきたので，ひどく緊張したようである。そこで，スタッフが機転をきかして，手の汚れを見て手を洗いに行くように勧め，その場を離れるように促した（一つの対応策・モデルを示したことになる）。そのあと，個室で，今の体験について話し合った（体験を振り返って，物語化する練習にもなる）。「すごく緊張した」という。その後は，二人で，過ごしやすい居場所を探す。「疲れた」と言って帰る。

2回目：粘土細工をする。他の子どもが入ってくる。スタッフは二人のやり取りを見ながら，横から離れないようにしつつ，なるべく，本人のペースを守れるように気をつかった。ほとんど会話はなかったが，それなりに対応しているのでスタッフは見守ることとした。

その後，犬と何人かで散歩（一時期，スペースには犬がいた）。手綱を交代で引く。この犬体験で，友人のペットの話が出る。その後，スタッフと

動物占い，刺繍をして過ごす（スタッフは横並びで何かをともにすることを大切にした）。
- 3回目：刺繍しながらの会話で過ごすことが多かった。何かをしながらだと話しやすそうであった。自分の好きなものなどの話が少し出るようになる。共同作業したり，一人で熱中したりした。スタッフとの関係性は比較的容易に形成できた。このことから，彼女自身が親との信頼感を持てていたことが推測された。
- 4，5回目休み。親からの連絡では，本人が「疲れた」と言っているという。スタッフは，自分で選択した意味のある休みだと考えた。「来れるようになったら来ればよい」と連絡しておく。
- 6回目：何も言わずに再来所。本人の持ってきたビーズで二人でいろいろ試行錯誤して作る。休んだことには触れず。

  作業していると話がいろいろでやすい。

  横で他の子どもが卓球をしていて楽しそうなのでやりたそうであった。勧めるがやんわりことわる（様子を見て，チャレンジを勧めるが，慎重に……）。その後，人生ゲームをする。他の子どもも入ってくる。その子たちのテンションが高かった。「疲れた？」と聞くと「疲れた」と言う。「疲れた」と言えたことがよかったとスタッフは考えた。
- 7回目：まだ，人の多く居るところはいやがる。
- 10回目は休み。
- 11回目：疲れてしまうことに触れられたくない様子。「もう大丈夫」という。すごし方について話し合う。いろいろな選択肢を話し合う。疲れたら早めに帰るのも一つの方法であることをアドバイス（多様な対応策を話し合って柔軟性を育てる）。

  この日，祖父母の死や葬式などのショックな話を感情を込めてするようになる。いじめられた体験についても語る。コミュニケーションが深まり始める。物語性がみられるようになる。
- 13回目：スタッフにプレゼントとしてチョコレートをくれる。スタッフは素直に受け取る。スタッフは，たぶん，自分から働きかけることをしてみたかったのではと考えた。それは大切な動きである。

  二人で付け爪を楽しむ。「ここに座ろう」と自分から言えた。すこし，自分のペースで過ごしている様子が伺えた。男性スタッフが「お茶飲む？」と聞いてきたら，緊張してスタッフの顔を見て何も言えず。担当スタッフが代わりに答える（まだ，他のメンバーには「No」と言えないと考えた。

本人の対応力を超えると判断した場合はセラピストが守ると同時に，モデルを示す）。

14回目：自分で作った針金細工を「見せてほしい」といわれ，初めて他のメンバーに見せられた。父への不満が語られる。自分の負の気持ちを語れるようになってきた。

15回目：他のメンバーが「ピザ食べますか？」と聞いてきたとき黙っていたので，スタッフが「どうしたい？」とゆっくり聞くと，小さい声で「食べたい」と言えた。素晴らしい進歩である。

　帰り，一緒に食べたので自信がついたのか，皆といろいろ話がしたいと言い出す（自分から，言い出したことをスタッフは評価した。また，何かあると「大丈夫」と自分に心の中で言っていることを話してくれる。自分の秘密を話してくれたとスタッフは考えた）。

16回目：ゲームで他のメンバーに勝つ。ことのほかうれしそう。他のメンバーを追いかけたりして，本当に皆と遊びはじめる。帰るとき「今日は本当に楽しかった」と言う。ルンルン気分のような歩き方で帰った。

17回目：初めて，一人で来所（それまで，母親が付き添っていた）。

　男のメンバーとも話ができるようになる。自分から遊びの終わりを宣言した。スタッフにいろいろ突っ込みを入れる。話し方は一層甘えた感じでもある。

18回目：深刻な話は避けているようだが，ゲームを通じての気持ちにときどき「本当にそう思っている？」などと聞くと，かなり本気の気持ちを話してくれるようになる。

20回目：全体にゆったりしている。「合わない人・合う人について」スタッフに聞いてくる。しっかり話し合う。スタッフは，自分が実際に悩んだことを素直に話す（realな存在となる）。とても，興味深そうに聞いている。すると，人に合わせてしまうことに話が及ぶ。

　このころから，スタッフへ依存している様子が目立ち，幼児語も強くなる。ちゃんと言わなくてもわかってほしいという様子が目立つ。

2〜3回遅刻。スペースの夏休み。

25回目：夏休み明け，一人で来所。夏休みの体験をつぎつぎとスタッフに話す。ゆったりと過ごせている。新しくスペースに参加し始めた他のメンバーのぎこちなさを，少し批判する。他者の様子を見ることができるようになってきた。

このころ，無断欠席や，スタッフといても何かよそよそしくなる。その一方で，初めて，卓球を皆の見ている部屋の真ん中でやる。他のメンバーともいろいろ話をしている。
　家庭教師をつけてほしいと母親に言う。スタッフは何か関係が見えなくなっていることを感ずる。何も相談してこない。家庭教師の件も何も言ってくれない（セラピストへのアンビバレントな気持ちが始まったと想定される。それは望ましい動きである）。

45回目：すべてを卓球に費やす。他のメンバーとも積極的に交流している。
46回目：お菓子作りを他のメンバーとする。積極的に手を出している。したいことを言うようになり，それをしていく。
47回目：赤ちゃん言葉で話すことは減ってきている。声も大きくなっている。でも来所するときは腹痛があることも話す。そのお腹を見せる。
49回目：皆が出入りして雑談するスペースの真ん中にある大テーブルに座っている。これができることは本当にスペースでリラックスしていることを意味する。
58回目：ジブリにお出かけ。メンバーとの距離を自分でとれるようになっている。人にぶつかると「ごめんなさい」という言葉がでる。自分の意思をしっかり伝えるようになっている。また，スタッフとお揃いのものを買いたがった。モデル化し始めたようだ。
62回目：今後の進路についていろいろ相談し出す。他の女性メンバーといろいろ話が深まるようになっている。
67回目：スタッフが話し掛けても反応がないことがあった。「あ，ゴメン，今考えごとしていたの」と言う。再び，「合う子・合わない子」の話がでる。他の子の考えや生き方に興味を示す。このころから，少しずつ登校しだす。
79回目：自分で決めて，スペースを卒業することとなる。学校一本でいくという。お別れ。いつでも，遊びに来てもよいことを伝える。

　すでに述べたように，このケースは，やや未熟型の傾向もあり，主体性低下タイプの中核群ではないが，同時に，コミュニケーションや対人関係能力や自分から動く力が落ちているという点では，その傾向を持つタイプといってよいだろう。思春期の女子には，このようなタイプが多い。その後も順調に高校進学したということを母親から連絡いただいた。

スタッフとのかかわりと，スペースの群れ体験を通じて，主体性，自分を語る力，断ったり，誘ったりする対人関係能力，共同作業を楽しむなどの力が育っていくプロセスがわかる。ほぼ，3rd-stepの目的は達成されたと考えてよいだろう。

　ただ，このケースは主体性や自己感覚はそれなりに育っており，早期から自分の気持ちを示すことができ，健康度が高い傾向も見せていた。そのため，比較的，短期間で自分のスタイルを身につけていったものである。しかし，主体性や自己感覚がより落ちているケースでは，育っていくのにより時間が必要であり，セラピストの働きかけは，より慎重さが必要とされる。

おわりに

　主に学童期・思春期における不登校にたいする3-ステップアプローチと，その3rd-stepにあたる「side-by-side・群れ体験アプローチ」について述べてきた。現時点では，「主体性・社会機能の低下」しているタイプばかりではなく，個人治療と並行すればすべての不登校・ひきこもりのケースには，ベストに近いアプローチだと考えている。すでに存在するフリースペースや適応指導教室などにも参考となるものと思っている。

●参考文献

稲村博（1985）不登校研究．新曜社．
小泉英二（1973）登校拒否——その心理と治療．学事出版．
＊この年代までの不登校に関しては上記2冊を読めばよい。特に稲村の書は，その時点までの研究が網羅されている。
齊藤万比古（2007）不登校対応ガイドブック．中山書店．
＊現在につながる不登校臨床については，上記の書以外も齊藤万比古の著作が参考になる。
斎藤環（1997）社会的ひきこもり．PHP新書．
斎藤環（2002）ひきこもり救出マニュアル．PHP研究所．
＊ひきこもりについては，上記の2冊が有名であるが，治療につながるのは，後者の書である。しかし，未だベストの方法はわかっていない。
鍋田恭孝編著（2001）学校不適応とひきこもり．こころの科学，87号．
上期の著書とともに，以下の論文も参考になろう。
鍋田恭孝（2003）「ひきこもり」と不全型神経症．精神医学，45（3）；247-253．
鍋田恭孝（2005）主に思春期に長期化している不登校・ひきこもりに対する「side-by-side・群れ体験的アプローチ」について．青年期精神療法，5（1）；46-55．
鈴木慶子・鍋田恭孝・堀江姿帆（2001）ひきこもりのためのフリースペースの効果についての検討．青年期精神療法，1（1）；1-12．

第7章
対人恐怖症・社交不安障害に対する心理療法的アプローチ

　対人恐怖症はヒステリーやうつ病とともに多彩な症状を呈する病態である。しかも，<u>他者に受け入れられたい，評価されたいという願望を抱いているからこそ，そのような評価を得られないことを恐れるという</u>，極めて人間的な病である。戦前からわが国の神経症研究の中心テーマでもあった。多くの亜型分類も試みられ，悩みの本質についても議論が重ねられてきた。そのような状況に，1960年にDSM-IIIに「social phobia」という障害の診断基準が提示されて以来，対人恐怖症類似の病態の研究が進んだ。そして，最近は，対人恐怖症という病名自体があまり使用されなくなり，「social phobia」の発展型ともいえる「social anxiety disorder」（社交不安障害：以下，SAD）という病名が使用されるようになっている。

　しかし，対人恐怖症とSADの異同については曖昧さが残されている。それとともに，心理療法において，SADに対してはCBTを行うというのが本流となりつつあることには，私自身は疑問を持っている。本章では，<u>対人恐怖症を中心に，CBTとは異なる心理療法の意義を明記したいと考えている</u>。

1.「対人恐怖症」および「SAD」の心理療法のために知っておくべきこと

（1）対人恐怖症の悩みの亜型分類と類似疾患
①対人恐怖症に関連するさまざまな不安
　笠原（1975）の対人恐怖症に関する有名な定義は以下のごとくである。「他人と同席する場面で，不当に強い不安と精神的緊張が生じ，そのため他人に軽蔑されるのではないか，他人に不快な感じを与えるのではないか，嫌がられるのではないかと案じ，対人関係からできるだけ身を退けようとする神経症の一型」。この定義からもわかるとおり，対人恐怖症に伴う不安は広範囲に及ぶ。以下に簡単にポイントを

述べる。
　（　）内は，その悩みに関連するテーマに相当する用語を示している。

- 自意識過剰状態。他者に映るであろう自己像への過剰な関心（高い公的自己意識），見られていることへの意識過剰。　　　（ビジランスの高まった状態）
- 他者とどのようにかかわればよいかわからない。
　　どのように他者にアピールすればよいかわからないという戸惑い。他者との関係性そのものがわからない。social skill が低い場合もある。
　　　　　　　　　　　　　　　　　　　　　　　　　（embarrassment）
- スピーチをする，人前で字を書く，会議に出て意見を言うなど，自分の行為が注目される場面を恐れる。　　　　　　　　　　　　　　（場面恐怖的不安）
　　この場面恐怖の悩みは，情けない自分をコントロールできず人目にさらしてしまう不安も重なっていることが多い。　　　　　（shamefulness）
- 人前での緊張が身体症状として出やすい。その身体のコントロールそのものの不能感が，一層，情けなさをさらしていると思うことにつながる。身体症状へのこだわり。　　　　　　　　　　　　　　　　　　　（心気強迫傾向）
- 気に入ってもらえない，評価してもらえない無力感・傷つき。
　　賞賛されるような振る舞い・行為ができない・気に入られる存在でありえないという自己愛的な苦悩。
　　　　　　　　（narcissistic injury）（弱力型自己愛パーソナリティ障害傾向）
- 受け入れてもらえない不安（溶け込むことができない不安）。
　　　　　　　　　　　　　　　　　　　　　　（回避性パーソナリティ障害傾向）
- 対人不安を打ち消そうとしても打ち消せない。不合理性は了解している。
　　注目されているという不安と打ち消し。相手の自分への評価に対する疑惑と打ち消し。　　　　　　　　　　　　　　　　　　　　　（強迫傾向）
- 人に嫌な思いを与えてしまう自分をコントロールできず忌避されてしまう不安。　　　　　　　　　　　　　　　　　　　　　　　　　　　（加害不安）
- 嫌われる存在・馬鹿にされる存在に違いないという思い込み。
　　　　　　　　　　　　　　　　　　　　　　　　（固定観念・妄想傾向）
- 皆に見られているという確信。　　　　　　　　　　　（関係妄想傾向）

　上記のような不安あるいは意識は，個々のケースで中心となるテーマが異なるとともに，重なり合うため明確な分類は難しい。そのため，「一定の場面を恐れる」VS「全般的な対人場面を恐れる」，「何かの行為の失敗を恐れる」VS「対人関係のコミュ

ニケーションすべてを恐れる」,「身体症状に苦しむ」VS「思い込みに悩む」などの傾向から亜型分類が試みられてきた。

②対人恐怖症の亜型分類

　わが国の多くの病理学者が亜型分類について提案している。それらを参考にしつつ，私なりの分類を示すと表7-1のようになる。

　表の①の「思春期に一過性に見出されるもの」とは，私が一般大学生に対しての面接調査で確認できたものである。思春期から青年期にかけて，かなりの者が対人恐怖的な心理状態になるが，その状態が1～3年で消えていく者たちである。この亜型は，時間経過での分類ともいえる。症状そのものは後に述べる③と変わりない。

　表の②の「反応性のもの」とは，発症のきっかけからの分類である。そのきっかけには二つあって，一つは，信頼していた他者に裏切られた後に，心因反応的に対人恐怖的症状を発症するものであり，いま一つは，PTAの会議に出るようになった主婦とか，会社で会議に出るようになった中間管理者が，会議の場で緊張感を抱くことを苦しむタイプである。後者は，当然，中年期発症が多い。このタイプの症状は軽症であるが，治療は手こずることが多い。

　そして，この表の③が，疾患としての平均的対人恐怖症として診断しうる病態である。③の「a」は，「場面恐怖症」とされる「会食恐怖」や「舞台でのあがり症」など，他者の面前での行為（performance）の不能感を悩むタイプである。③の「b」は，他者と交流する場面そのもの（social interaction）を恐れるタイプとともに，症状は，「気にしないようにしても気になる」「表情の引きつりが，打ち消したくても打ち消せない」という強迫心性が伴うことも多い。この「a」「b」が「SAD」に相当する（もちろん，対人恐怖症の一亜型でもある）。

　そして，表7-1からもわかるとおり，この「他者に受け入れてもらえないのでは」「他者に気に入ってもらえないのでは」という強迫的猜疑心が一層深まっていくと，重症化のプロセスをたどり，最終的には，強迫心性の破綻としての妄想傾向を帯びるようになるのではないかと考えている。この強迫傾向の側面こそ，対人恐怖症状の重症化のスペクトラムを形成するように思っている。それが④に相当する。

　強迫観念の内容としては，「納得のいく評価を得られない不安」「愛されない不安」から「悪い評価を受けているのではないか」「嫌われているのではないか」へのスペクトルがみられる。そして，この強迫心性が破綻し，強迫的猜疑心が確信に発展すると「悪い評価を受けているに違いないという確信」「嫌われているに違いないという確信」という妄想様観念に発展する。病態の発展のプロセスを，表7-1では「↓」で示してある。

表7-1 対人恐怖症を呈する病態の分類

①思春期に一過性に見出されるもの	心理社会的発達に伴う公的自己意識の増大 自己評価の自己による調整の拙劣性
②反応性のもの 　a：外傷体験ののち発症するもの 　b：情況の変化で発症するもの	 よかれと思ってしたことを非難される 突然，処理しきれない攻撃に出会う PTAなどに出るようになって
③神経症性のもの 　a：特定の場面での具体的症状を呈するもの（discrete type of social phobia） 　　performanceの失敗を恐れるタイプ 　　緊張に伴う身体症状に苦しむタイプ 　b：平均的対人恐怖症 　　（generalized type of social phobia） 　　他者との全般的なinteractionそのものを恐れる。 　　　　　　↓ 　　　強迫傾向が強まる 　　　　　　↓ 　　強迫の破綻としての思い込みに発展する。 　　　　　　↓ 　　　重症化で妄想状態へ 　　　　　　↓	 いわゆる恥ずかしがりや，はにかみや，体に症状がでやすい。 「立派に振る舞えない・立派な自分でいられない恐れ」 **audience fear, stage flight, 電話恐怖**など身体症状が強度なケースもある。 **赤面恐怖，書痙，表情のこわばり，会食恐怖**など 多くが学童期から，そのような傾向を示す 周囲への関係念慮が希薄なタイプもある。 対人場面での困惑・見られている意識過剰・相手からの自分の評価がわからないなどの混乱。 対人場面を恐れるという恐怖症的側面に強迫的，妄想様観念が伴う。 中間的対人情況で生じやすいとされてきたが，その傾向が崩れてきている。 **視線恐怖，正視恐怖，談話恐怖** 「見られているのでは」「馬鹿にされているのでは」 「相手に嫌な思いをさせているのではないか」という強迫観念が強い。
④重症対人恐怖症（古典的な境界例） 　妄想様固定観念型 　思春期妄想症 　自我漏洩症状	 「自分は嫌われているに違いない」「自分はバカにされているに違いない」「侮蔑的なまなざしで見られているに違いない」との思い込み。 広汎な関係念慮・妄想様の否定的な自己像に苦しむ。 「自分から何か他者を不快にするものが漏れている」 自己コントロールの不能感が強くなる。 **自己臭症，自己視線恐怖症，わき見恐怖，対人恐怖的な身体醜形障害**
⑤対人恐怖症状を伴いやすい他の病態 　a：非精神病圏のもの（発症のメカニズムに関連性がある）	 不登校・ひきこもり，思春期やせ症，ヒステリー，自己愛パーソナリティ障害，境界性パーソナリティ障害，回避性パーソナリティ障害，依存性パーソナリティ障害，敏感関係妄想

※表は次頁へ続く

b：精神病に伴うもの 　　統合失調症に伴うもの 　　うつ状態に伴うもの c：広汎性発達障害に伴うもの d：PTSDに伴うもの	大きくは崩れにくい。準適応レベルが多い。 自己評価の低下と，他者配慮性が伴うため。 さまざまな機能の低さから生ずる戸惑い。 本当に他者を恐れる「人・恐怖」の状態。

　また，同じ強迫心性の破綻でも，思い込みが妄想様に発展するばかりではなく，人前で自分の身体がコントロールできない（赤面恐怖・表情恐怖・吃音恐怖など）という苦しみが強くなっていくと，身体症状への捕らわれが中心テーマとなる。また，自分から他者を不快にする何ものかが意に反して漏れてしまうという自我漏洩症状は，この自己コントロールの破綻の重症型とも考えられる。つまり，重症対人恐怖症の自己漏洩症状は統合失調症のそれとはメカニズムが異なるものと考えられる。

　このように対人恐怖症全般では，場面恐怖症的な，極めて状況が限定していて，恐怖症ととらえたほうがよいケース，付き合いそのものへの戸惑いが強くなった対人緊張の強いもの，それを打ち消そうとして強迫的になるもの，強迫心性の破綻としての妄想様観念に発展するものなどが含まれ，歴史的にも，恐怖症，強迫神経症，妄想状態として議論されてきた。

　そして，すでに触れたように，<u>強迫心性は三方向に重症化する。</u>それは，①妄想様心理への重症化（他者に見られているに違いない，バカにされているに違いない），②打ち消そうとする身体症状（赤面，嘔吐など）への固執，③自我漏洩症状のような，自己コントロールの破綻としての主体性・能動性の障害の方向性（自分から他者に嫌悪感を与える何かが漏れてしまう）である。

　しかし，これらの病態は，症状的には重症化していても，治癒したり，症状が軽減するという傾向においては，必ずしも平均的な神経症レベルと異ならないので，病態としての重症化とは異なるようである。そのうえ，心理療法をするとわかることであるが，スピーチを恐れるだけで，普段の対人関係には悩んでいない純粋に場面恐怖的な人の心理的メカニズムも，すべての対人関係に悩む人の心理的メカニズムもかなり近似しており（「他者からダメな評価を受ける恐れ」「他者に納得してもらえる振る舞いができない恐れ」「他者に納得してもらえる自分ではない恐れ」という意味では共通である），そういう意味では，すべてを含んで対人恐怖症として診断するのもあながち無理がないとも考えている。

③対人恐怖症的症状があっても対人恐怖症とは異なる疾患
　表7-1の⑤aにも記したように，不登校，摂食障害などの障害には対人恐怖症状が伴うことが多い。それは，これらの病態には対人恐怖症と共通したメカニズムが存在しているからと考えている。また，⑤cに記したように，臨床上注意を要するのは，高機能広汎性発達障害において対人恐怖症様の症状がしばしば見出されることであり，いじめなどのPTSD的な体験のゆえに生ずる対人恐怖症様の症状に出会うことである。これらは一見すると対人恐怖症的な訴えをするし，自ら「対人恐怖症です」と訴えてくることも多い。しかし，よく話してみると微妙な相違が見出される。前者は極めて機能面の問題であり，<u>後者は本当に人を恐れており，対人恐怖というより「人・恐怖症」である。治療的アプローチがまったく異なるので，とくに気をつけるべきである。</u>少なくとも，PTSDによるものに対しては，PTSDに対する治療が開発されているので，それに沿ったアプローチが必要だと考えられる。また，発達障害に伴う対人恐怖症様症状を訴えるケースは急増しており，この場合，発達障害への支援が必要となる。
　また，表7-1の⑤bにあるように，うつ病と統合失調症に伴う対人恐怖症状の存在にも気をつけるべきである。

(2) SADに含まれる病態

　SADの研究は，ある意味，上記のような対人恐怖症に関する歴史的な展開は一切無視されて発展してきた。
　対人恐怖症類似の病態については，当初DSM-IIIでは，社会恐怖（social phobia）として，「他人に注視される場面を恐れる」「performanceの遂行失敗で恥をかくような場面を恐れる」タイプが取り上げられた。これは，極めて単一恐怖症的（simple phobia），場面緊張症的な取り上げ方であった。そして，徐々に，social interaction全般を恐れ避けるタイプが注目され，そのようなタイプが全般性の社会恐怖（generalized type of social phobia）とされた。その後，DSM-IVにおいて，括弧つきでSADという用語が使われるようになった。しかし，場面緊張型は「恐怖症」的色彩が強いので，ケースによっては「social phobia」という病名の方がフィッとしていることもある。そのためか，研究者によってどちらの用語を使うかはまちまちである。ICD-10はsocial phobiaを用いている。全体にSADがより頻繁に使用されるようになっているのが現状である。
　そして，研究によって，SADには非全般型と全般型とが存在することが明らかにされてきた。DSM-IVでも全般型が明記されている。私の分類では非全般型（特定の場面や行為に限定して悩まれることが多いので「discrete type of social phobia」と

している）は③の「a」に相当し，全般型は③の「b」に相当する。そして，全般型は回避性パーソナリティ障害（avoidant personality disorder）とも極めて近似した状態であり，その関連もテーマとなっている。

そして，最終的に，この非全般型と全般型を含んでSADとされるようになった。

繰り返すが，非全般型SADは，わが国の場面恐怖症や会食恐怖症などとして論じられてきた病態であり，かなり，特定の対人状況を恐れるタイプであり，全般型SADは，強迫性の少ない平均的対人恐怖症に近似した病態といえよう。

（3）対人恐怖症とSADの相違点
―――SADの対人恐怖症化と対人恐怖症のSAD化？

症候学的な異同については，笠原（1995）がすでに詳細な検討を行っているが，それらとは視点を変えた私なりの見解を述べる。

まず，対人恐怖症においてしばしば訴えられる「対人場面での身体の不調や変化をコントロールできない」という取り上げ方がSADにおいては希薄である。そのため，「赤面恐怖」「表情恐怖」「吃音恐怖」「震え恐怖」「発汗恐怖」「硬直恐怖」「嘔吐恐怖」「卒倒恐怖」「頻尿恐怖」「脇見恐怖」などは，明確には取り上げられていない。自分の身体が人前で思うようにならなくなる不安というのは，performanceの遂行の失敗よりも一段，コントロールの不能感が深いともいえようし，心気傾向が伴っているともいえよう。

また，ICD-10にも「ある文化内では，直接，目と目が合うことが，とくにストレスになる」と記載されているように（これはわが国を意味している），視線をテーマにした症状についてはSADでは言及されていない。ICD-10の記載には「他の人々から注視される恐れを中核とし，社会状況を回避する」とあり，視線のテーマが含まれているし，後述するL-SAS（リーボヴィッツ（Liebowitz, MR）のSocial Anxiety Scale）の質問紙においても「人々の注目を浴びる」「あまりよく知らない人と目を合わせる」のを恐れる項目があり，視線にはまったく触れられていないわけではないが，明確なテーマとして視線そのものを恐れる病態は記されていない。わが国の「視線恐怖症」は対人恐怖症の中心的な症状であったし，「正視恐怖」「脇見恐怖」「自己視線恐怖」など，さまざまな視線をテーマとした病態が取り上げられてきた。比率からしても，他の症状を訴えていても，たずねると視線のテーマを伴っているケースが多かったように感じている。この点がSADと大きく異なる点である。

また，「集団への溶け込めなさ」も対人恐怖症において訴えられる悩みであるが，そのような視点もSADには希薄である。

そして，何よりもSADには，対人恐怖症における強迫傾向やその破綻としての

重症対人恐怖症にあたる，妄想傾向の強い，自己否定の強い固定観念型に相当するタイプの記載がない。ただ，DSM-5において「他者に不快を与える不安」が取り上げられており，SADの症状の範囲が対人恐怖症のそれに近づいているという印象もある。それとは反対に，近年，身体症状を苦しむ対人恐怖症も重症対人恐怖症も稀になっており，対人恐怖症臨床において，対人恐怖症のSAD化という変化が起きているような気がしている。この変化は，世の中自体の強迫傾向の低下と関連していると考えている。

(4) SADに関するさまざまな調査報告について

わが国においては，大規模な調査研究がなされてこなかったが，欧米では盛んに行われているので，その代表的な報告を以下に示す。各研究で使用されたinventoryやclinical interviewの内容については各論文（鍋田，1997・他）にあたってもらいたい。

①SADの広がりに関する最近の調査報告について

DSM-IVでは，疫学調査における生涯有病率を3～13%としている。外来診療においては不安障害の10～20%を占めるとしているが，場所によるばらつきがあることも指摘している。スタイン（Stein, MB）らは地域調査を行い，有病率は2～16%の範囲にあると報告している。マギー（Magee, WJ）らはagoraphobia, simple phobia, social phobiaについての生涯有病率（and 30-days）を調査した結果を報告している。その結果，それぞれ6.7%（and 2.3%），11.3%（and 5.5%），13.3%（and 5.5%）となり，social phobiaがもっとも多くなっている。また，ヴァン-アメリンゲン（Van-Ameringen, MA）らは，social phobiaがうつ病，アルコール乱用に次ぐ第三番目に一般的な疾患であると述べるとともに，地域調査においては4～5%が全般性のsocial phobiaに相当する症状を有しているとも述べている（彼らは，SADとsocial phobiaとを，その不安の強度と併発している障害とで区別して使用している）。また，フランスの研究の中には，一般の患者において，5%がsocial phobiaに当てはまったという報告もある。少なくともこれらの報告から，諸外国においても，social phobia・SADがかなり広がりをもって見出されることは確実のようである（中村・他，1997）。

わが国の有病率は，平成16～18年度厚生労働科学研究費補助金報告書によれば，生涯有病率が1.4%，12カ月有病率が0.7%，現在有病率が0.7%であり，全体としてアメリカより低くなっている。本当だろうか。

②パーソナリティ障害との関連

　SADには回避性パーソナリティ障害が少なからず併存するといわれている。報告によると22〜89%とともいわれている。かなり幅があるが，両者が共存（合併とはいいきれない）しやすいことは確実である。上述したスタインらの家族研究でも両者の近似性が示唆されている。

　また，パーソナリティ障害の存在が，social phobia の経過・改善とに関係を有するか否かというマシオン（Massion, AO）らによる調査では，<u>回避性パーソナリティ障害の存在は改善傾向を41%低下させるという結果となっている。</u>

　<u>一方で，弱力型の自己愛性パーソナリティ障害との関連が，今後，必ず必要となると考えている。</u>少なくとも自己愛の傾向が背景に存在することを知っておくことが心理療法的アプローチでは必要だからである。しかし，この指摘は欧米にはまったく見られない。この点も，わが国の対人恐怖症の理解との相違を表しているように思われる。

③SADの治療に関する報告
a. 薬物療法に関する報告

　薬物療法においては，これまでは抗不安薬を中心とした治療であったが，それは非常に不十分なものであった。しかし，SSRIが導入されて大きく状況は変化してきている。

　薬物療法においてはMAOinhibitor，fluvoxamine，sertraline，phenelzine などの治療効果を期待され，二重盲検法などで検討されている。スタインらはfluvoxamineがsocial phobia の3側面の症状，すなわち恐怖（fear），回避性（voidance），身体症状（physiological symptom）のすべてについて効果を示したと報告している。わが国においても，原井ら（2003）がfluvoxamineに関して臨床的な研究報告をしている。それによれば，fluvoxamineはSADに極めて効果があり，しかも，200mg以上の投与量によって，より確実な効果が得られたという報告をしている。また，貝谷ら（2003）はparoxetineを主剤とした治療において，恐怖，回避性，身体症状，社交不安障害において有意な効果が得られたと報告している。

　しかし，現場においては，SSRIがどのような効果があるかは，多少，あいまいな印象を抱いている。何となく元気になっているというのが私の印象であり，その結果としてSADのさまざまな症状に効果が現れるような気がしている。

　<u>また，SADに対する薬功は，ほぼ，そのまま対人恐怖症に対しても当てはまる。それゆえ，上記の報告は対人恐怖症の薬物療法への参考にすべきである。</u>

b. 最近の統合的な治療的アプローチ

　ブロムホフ（Blomhoff, S）らは，全般性の social phobia に対して，sertraline と暴露療法による治療について，プラセボとのそれぞれの組み合わせで治療効果を検討している。その結果によれば，sertraline と暴露療法とが併用された治療がもっとも効果があったとしている。

　また，最近は，SAD に対する個人療法とグループ療法の combined された治療効果が報告されている。私も対人恐怖症に対しては，かなり以前から，心理療法的には個人療法にグループワークを併用したアプローチがもっとも効果があることを報告している。考えてみればわかることであるが，グループワークが適切に行われると，対人恐怖症的なケースに対しては，それ自体が暴露療法的な効果があり得ることが考えられる。また，複数者の関係の中での多様なコミュニケーションを体験することで，social skill を高めることができるので，特に social skill が低下している不全型対人恐怖症（次節で述べる）に対しては，是非とも導入すべきアプローチである。

　それとともに，対人恐怖症には，「投影」という心理的メカニズムが過剰に働いていることが多い。それは「こんな自分はダメだ」という気持ちが「相手が自分をダメに思っている」という悩みに変換されやすいことを意味する。それが視線恐怖的心性や関係念慮につながる。この「過剰な投影」そのものに苦しんでいるケースも少なくない。そして，グループワークというものは，プログラムにもよるが，彼らの投影するイメージとリアリティーとのズレを確認するのには最適な状況といえる。つまり，自分が投げかけているイメージが，いかに現実の他者の気持ちとズレているかを体験的に確認できる状況なのである。そして，最終的には，自分が主観的なイメージを投影しては苦しんでいることをリアルタイムで体験的に知ることができると，それだけで対人恐怖症の症状が消失するケースも少なくない。

　ただ，グループワークのマネジメントはかなりエネルギーを要する。参加メンバー間でのいろいろな問題も起きる。それゆえ，どのようなグループワークを併用するかが大きな問題となる。私は，セラピストとある程度関係が形成されたメンバーを 10 名弱集めた集中的なエンカウンターグループを行い，その後，再び個人療法でフォローするという方法を実践してきたが，それなりの効果を上げられたと考えている。

2. 最近の軽症化の動向

(1) 対人恐怖症の軽症化

　対人恐怖症の臨床において知っておくべきことは，最近の対人恐怖症における軽症化である。つまり，すでに触れたSAD化である。たとえば，中村ら（1997）は「赤面，表情，自己視線などの身体的属性に固着する構えが乏しく」「漠然とした対人圧迫感が訴えの中心になっている」と指摘している。一方で急増している「ひきこもり」や不登校のケースに対人恐怖症様の対人緊張を訴えるものが多い。これらは調査によって確認されていないが，まず間違いないであろう。その理由については，すでに私なりに論じているので文献（鍋田，1991）を参照していただきたい。言い換えれば「これさえなければ受け入れてもらえる」などの強迫性が薄れ，何となく対人関係に敏感あるいは対人関係が苦手という回避傾向が強くなっていると考えられる。強迫性の強いケースや重症対人恐怖症・思春期妄想症などに含まれる病態が減少しているのも，強迫心性の低下のためと考えている。

　しかし，症候的には軽症化していても，心理療法を通じての治療効果があがりにくいという指摘もある。私もそのように感じている。この点を，私はすでに「悩みからの物語性の喪失」「対人関係形成能力の低下やコミュニケーション能力の低下」から論じている。言い換えれば，さまざまな社会機能の低下が大きな要因となっているケースが増えており，そのことが原因であると考えている。すなわち，古典的な「葛藤モデル」から「欠損モデル」へ，あるいは「物語の問題」から「機能低下・不全モデル」の問題へ移行しつつあると考えている。このことはグループワークなどを併用した治療が効果をあげていることにつながる。

　以下に軽症化の問題について論ずる。

(2)「不全型神経症」の増加

　近年，神経症の臨床から見ると，対人恐怖症，強迫神経症を中心として，症候学的には軽症の神経症が増加しているという印象がある。私はこのような神経症類似状態を不全型神経症（鍋田，1991）と呼んでいる。

　従来の古典的な対人恐怖症と不全型の対人恐怖症の異同を以下のように考えている。

　まず，両者に共通しているのは以下のような不安の内容である。すなわち，対人関係において，どのように振る舞えばよいか途方に暮れている，相手の期待をはずしてしまうことを恐れている，相手に受け入れてもらえないことを恐れている，などである。当然，このような不安に伴って，対人場面を恐れ避けようとするし，対人場面においては緊張状態に陥る。しかし，古典的な対人恐怖症に比較して，不全

型の対人恐怖症には以下のような特徴が見出される。

①症候学的相違

　症状化のレベルが低いのが何よりの特徴であり，これが一見軽症に診たてられる所以でもある。中村が指摘している「赤面・表情・自己視線などの身体的属性に固着する構えが乏しい」「漠然とした対人圧迫感が訴えの中心」に通ずる。要するに，従来の対人恐怖症にしばしば見出されたさまざまな具体的な症状，「これがつらい」「これがあるから忌避される」「これが他者に不快を与える」という具体的なテーマがあいまいになっている。そして，漠然たる緊張感と戸惑いを抱いている。つまり，対人恐怖症のSAD化が起きている。

②心理機制の相違

　古典的な対人恐怖症においては，他者に受け入れてもらうには自分の理想像を提示しなくてはならないという思いがある一方，自分がその理想像に達していないという思い込みがある。しかも，それを見透かされているに違いないという，対人場面における自我理想と自らの抱く自己像との解離に伴う葛藤状況が見出される（「偽りの自己モデル」「葛藤モデル」に相当する）。そして，何とか，この自我理想に近づこうとしては失墜するという構造がある。しかし，不全型の対人恐怖症には，皆に好かれる自分とか，自分の好きな世界を受け入れてもらいたいという様子はあるが，はっきりした自我理想は見出しにくく，しかも，何とかこの自我理想に近づこう・自我理想に合わない自分の部分を消去しようという強迫心性は見出されない（この自我理想に合わない自分の部分や，合っていないと思っている弱気な自分をあらわにする部分を，切り離したい・打ち消したいという気持ちが強いと，赤面・視線などの具体的な症状が明確になる）。

③苦悩の質の相違

　古典的な対人恐怖症においては，自分の納得のいく対人関係や他者の反応が見出せない，あるいは実現できないという，幻滅を中心とした苦しみが中心にある。しかし，不全型の対人恐怖症の苦しみは，見知らぬ他者や群れに対する子どもが抱くようなおびえや戸惑いである。それは納得のいく関係性が見出されないあるいは実現できない苦悩というよりも，他者あるいは群れそのものに対するおびえに近い苦しみである。ただし，女性例に関しては，古典的な納得のいかなさが強く見出されるケースも多い。

④防衛機制の相違

受け入れられない，うまく付き合えないと思うと，古典的な対人恐怖症者は，自分の症状化した何者か（赤面・視線など）に原因を見出し，罪悪感や自己不全感を抱きやすい。それでも何とか受け入れられる自分を必死に探そうとする。結果，緊張感の強い対人恐怖症状が形成される<u>自己愛心性や強迫心性が強い状態ともいえようし，強力な防衛機制を示すともいえる</u>。しかし，不全型の対人恐怖症においては，うまくいかない，戸惑う，嫌われているのではないかという気持ちになると，「避ける，こもる」という対応を示すことが圧倒的に多く，このことがひきこもりにつながる。彼らは弱力的な防衛的スタイルをとりやすい。

⑤社会参入への動機づけの相違

上記の強迫性や自我理想などとも関連するが，不全型においては，なんとしても社会に参入しなくてはならないという強い動機づけが弱い。逆に言えば，社会の中に参加しなければならないという雰囲気が，世の中全般に弱まっていることが背景にあるように感じられる。この点は，不登校・ひきこもりの臨床からも感じられることである。

⑥自己像・自己感覚の相違

古典的な対人恐怖症においては，面接が深まると，「実は自分はこんなにもすばらしい存在だ」というような誇大的な自己像が現れることが多い。言い換えれば，誇大的・自己愛的ではあっても，かくありたい，あるいは，あるべき自己像・自我理想像ははっきりしている。しかし，不全型においては自己同一性の障害に通ずる自己感覚のあいまいさ・自己像や自分のライフスタイルの形成があいまいになっているという特徴があり，結果，悩みそのものも漠然としたものとなりやすい。

⑦社会機能の低下

ひきこもり青年も含め，対人恐怖症的な青年とともに集団活動すると，彼らが，自ら動き他者に働きかけるという機能がきわめて落ちていることを痛感する。そして，コミュニケーションにおいても，投影や取り入れの機制を働かせて，一人傷つき，あるいは傷つけたと思って勝手に苦しんでいる様子が目立つ。このような主体性・社会性・コミュニケーション能力の低下からくる対人恐怖症的な病態が生じているケースが増えていると感じている。

この⑥⑦の要因が従来型の治療に反応しにくい理由と考えている。すなわち葛藤や物語を主に扱う心理療法では効果があがりにくく，グループワークなど，ある程

度トレーニング的な治療が必要となってくると考えている。

3. 対人恐怖症に対する個人心理療法

(1) 対人恐怖症は極めて性格要因の強い障害である

　これまで述べたように，対人恐怖症の病態には広がりがある。ここでは，平均的な対人恐怖症の治療について述べる。しかし，ヒステリーと同様に，対人恐怖症全般にいえることは性格的な要因が強いことである。逆に言えば，何らかの状況因は，発症のきっかけに過ぎないということである。もちろん，中年期発症型のように，会議に出るようになって発症するという場合もあるが，このようなケースも，若いころから対人場面を苦手にしているケースが圧倒的に多い。つまり，役割の変化によって意識されるようになるということはあっても，他の疾患のように，そのことで発症するということはほとんどない。

　また，対人恐怖症は思春期の自分を意識しだすことから発症するということが多い。しかし，このことも，自分の性格的な傾向を悩みだすとも考えられる。心理療法においては，このような場合，思春期的な混乱についての理解は大切であるが，何らかのきっかけが原因で発症していることは少ないので，私の3-ステップアプローチにおける2nd-stepの状況因の解決的アプローチは必要ではなく，病理に対する心理教育的アプローチである1st-stepと，性格そのもの・人生全体を扱う3rd-stepが主に必要となる。以下に，各アプローチについて述べる（紙数の関係で，個人治療とグループワークとのcombinedした治療については述べない。グループワークの具体的なプログラムなどは文献（鍋田，1991）を参照いただきたい）。

(2) 対人恐怖症の3-ステップアプローチ
①心理教育的アプローチ——1st-step
　対人恐怖症の治療においては，以下のような内容を説明し，主に症状に対する心構えを教育する。

　　1) 思春期のケースの場合は，自意識の高まりにより，皆が似たような不安や緊張を抱いていることを伝える。恥ずかしい悩みではなく，思春期にはどうしても，通過しなくてはならない課題にぶつかっていることを伝える。17～18歳がつらさのピークであること。これ以上，悪化していかないことが多いこと。いずれ，弱まっていくことが多いが，年単位であることなどを伝える。

2) 自分のあり方や態度・振る舞いが，人にどのように映るかが過剰に気になっている状態である。この傾向は思春期には，とても自然な傾向である。自分がこのように思われるに違いないというマイナスの自己像には，投影のメカニズムが働いている。つまり，自分自身が「そのような人間ではないかと思っている可能性がある」ことも伝える。
3) ジッとこもって待っていても，年単位で症状は持続し，発熱のように症状が自然には消失しないので，できる範囲で外出したほうがよいこと。症状はすぐには消えないので，しばらくは症状とともに生活せざるをえないこと。そのため，症状が消えたら何かしようと思わず，症状をもちながらでも，できる範囲のことをしていこうとしたほうがよいことを伝える。
4) 対人緊張・他者を意識することは，ある程度健康な意識なので，とろうとしてもとれない。それで，緊張しながら，意識しながらも，自分の目的を何より大事にして（買い物なら，買い物をするのが目的で，店員さんに好かれることが目的ではない），その目的を果たすことに意識を向けることが大切だと伝える。
5) 皆に納得してもらう態度・振る舞いを探しているので答えが見つからないこと。これは当然のことなので，どんなにがんばっても答えは見つからず，混乱を増すだけであること。しかし，自分に合った・フィットしたスタイルは答えが見つかるので，それを探すようにすることを伝える。
6) 自分が他者になんらかの不快を与えているという思い（視線や表情がおかしい，醜い，臭うなど）については，とても，つらいだろうということは共感しつつも，セラピストとしては，そのように感じないということを伝える。
7) それゆえ自分の視線や表情などをいろいろ操作しても問題は解決しないこと（たとえば，視線を操作したり，表情を操作する等）。ただし，サングラスをすれば外出しやすいとか，親と一緒であれば，外出しやすいというようなことがあれば，当面は，そのような工夫をしてでも外出はした方がよいことを伝える。
8) 対人関係上，なんらかの歪んだ思い込みや無理な役割をはたそうとしていることが多いので，そのことについて話し合っていくことが大切であることを伝える。

　　特に，相手がどう思うかを意識しながら，自分の思い・欲求をどの程度主張するかという，大人の対人関係を身につける課題にぶつかっていることも伝える。

9）最終的には，これまでとは異なる，自分自身が納得できる対人関係のスタイルを身につけることが目標となることを伝える。
10）薬物療法が時に効果があるので，試してみることを勧める。

　上記の内容は，機械的に行うものではなく，各ケースの特徴に沿って工夫しながら行うものである。
　また，注意が必要なのは，対人恐怖症状は表面的には誰もが経験しやすい内容なので，「気にしないようにすれば何とかなるのでは」などという安易なアドバイスをしかねない。しかし，このようなアドバイスで救われることはなく，かえって，落胆したり，セラピスト不信に導きかねないので，厳に慎むべきである（気にしないでいられれば，病院には来ない）。
　だいたい，以上の内容を伝え，治療の目標を明確にするようにしている。本人が納得すれば，3rd-step の心理療法がはじまる。

②3rd-step——本格的な心理療法のプロセス
　心理的教育が終わると，性格要因が治療対象になる。つまり生き方全体がテーマとなる。対人恐怖症者の場合は，彼らの対象関係の在り様，彼らの自己愛あるいは自己評価の問題が中心になることが多い。この点はヒステリーと同様である。治療の中心テーマは，あくまで彼らのライフスタイルの問題である。
　また，私は，対人恐怖症の個人心理療法においては，寝椅子を使用する自由連想法が向いていると考えている。この治療構造は，対人過敏的になっている彼らにとって，治療を受けやすい構造であるばかりでなく，自分の中から生まれてくる心の動きをクライエントが素直に感得しやすいからである。

a. 治療初期から中期の展開

　治療面接がスタートすると，当初は，このような場面で緊張してしまうとか，他者が自分を馬鹿にしているような気がするなど，症状に近い内容が語られることが多い。面接では，このような内容を，日常のエピソードとともに話し合うことになる。たとえば，「人と話をしていると緊張する」というような内容が語られた場合，その時，相手の様子，相手がどのように思っていると思っていたか，それはなぜか，そのような状況に対してどう対応したか，その時には，どうしたかったのか，などを話し合っていく。それはCBT的な内容を，クライエントの話に沿って明確にするという作業に似ている。特に「自分は本当はどうしたかったのか」「それを妨げているのは，どのような思いなのか」を明確にする作業が大切である。また，対人恐怖

症者においては，自己評価を他者からの評価に依存しているため，自己価値観が不安定である（regulation of self-esteemが不安定）ことをテーマとして，自分の在り様を自分自身で評価するように促すことが大切な作業となる。

　このようなアプローチで，彼らは，それなりに問題を整理していくし，それなりに新しい対応を試みることになる。セラピストに支えられて，新たな試みが成功することもある。そして，徐々に，自分なりの対人関係のスタイルを身につけることもある。このように，比較的，容易に，自分の納得する対人スタイルを見出せるケースは，「偽りの自己」といえるほどには，他者に向けられた役割の自己が深く自分の在り様を支配していないケースである。言い換えれば，他者への過剰な意識があっても，本来の自己がそれなりに育っていたケースだと考えられる。

　しかし，多くのケースでは，自分の悩みのメカニズムに対する理解が深まり，多少の不安の強度が下がっても，本質的な改善が得られないことが多い。このようなケースは本来の自己が育っておらず，役割の自己が肥大していると考えられる。そのため一見，治療がうまく進んでいるように見えて，治療が停滞することが多い。このような治療状況はすべての病態でもあり得るが，対人恐怖症の治療において特に起きやすい。それは以下の点から生じている。

　<u>対人恐怖症者は，無意識に，あるいは自動的に，「良いクライエントになろう」とする態度をとる。彼らは，セラピストに合わせるとか，セラピストの気に入るような話に流れていくことが多い</u>。時には，セラピストの期待を先取りして（勝手にそう思うのであるが），そのイメージに同一化しようとする。そのため治療初期には，生活史や最近の状況などの内容を傾聴しながら，時にこの態度に直面化させる（傷つけないような配慮をしなくてはならない）ことを通じて，彼らの対象関係の特徴を明確にしていくことが大切である。言い換えれば，親に対しても良い子の自分を提示し，セラピストにもよいクライエントを提示し，現在の対人関係においても相手にとってよい人間を提示しようとしていることを明確にしていく（図1-2の洞察の三角形を参照）。また，相手に気に入られているのか，嫌われていないのかを気にしすぎることが対人状況でのvigilanceを高め，関係念慮や緊張を生むことにも気づかせられるとよい。そして，そのように無意識のうちに相手に気に入ってもらいたいという願望のゆえに，相手にとって快いであろう自分を提示しては，気に入ってもらえないという深く傷ついた気持ちを明確にする（自己心理学的にいえば，narcissistic injuryに相当する）ことが大切である。

　具体的には，「今，私の言ったことについてどう感じた？」とか，「ここでは，本当の気持ちで話せているか確認してごらん」とか，「沈黙しているときには，どんな気持ちになっていた？」など，<u>セラピストに対して，あるいは治療状況に対する本</u>

音を聞くという介入が大切になる。精神分析でいえば，広い意味の転移を扱うことになる。また，さまざまな場面で，セラピストがクライエントに対して何を考えているか，どう感じているかを想像してもらうという作業を加えることも効果的である。そして，彼の想像がいかに主観的な想像であるかを確認するという作業が必要となる。このことは，彼らの「投影」のメカニズムを扱うことになる（フロイトが妄想状態のシュレーバー症例において，「投影」のメカニズムを明確にしているが，対人恐怖症が妄想様に発展しやすいのは，「投影」のメカニズムが盛んに生じていることによると考えている）。

このような介入で，徐々に自分の気持ちを大切にし，自分の気持ちに沿って面接ができるようになる。そして，このような作業を通じて，相手に気に入ってもらえない気持ち（相手がニュートラルでいても気に入ってもらえないことになり，勝手に傷つくことになるなどの明確化も行う），あるいは相手の気持ちとのズレの感覚からくる傷つきに対する合理化として，自分は相手を不快にしてしまう存在に違いないと思い込むというメカニズムを明確にしていく。つまり，相手に気に入られる自分でありたい，相手の望む自分と自分とを一致させたい（幻想的自己愛的一体感）という願望の破綻が，気に入られない自分あるいは嫌われる自分のなにものか（視線，容姿，表情）を創造させ，これさえなければ，気に入ってもらえるのにという気持ちになり，それが焦点化されて症状化するということを明確にしていく。

このような作業が順調にいけば，クライエントは自分が苦しんでいる傷つきの本質を洞察することができるとともに，セラピストに対しても良いクライエントを演じ無理していたことを自覚し，より自由な態度となり，治療関係が安定してくることが多い。それとともに，そのように相手の期待する自分に同一化し，相手の気持ちと一体化したいという願望が，どのように形成されてきたかを探索するという作業に入ることが多い（相手の気に入る何者かに同一化するというメカニズムはヒステリーに似ているが，ヒステリーは無意識のうちに完全に同一化し，ファンタジーにおいては，その対象と融合してしまう傾向があるが，対人恐怖症の場合は，あくまで，対象とは分離し，役割として気に入られる自分になろうとする傾向がある）。

順調にいくケースでは，このような作業で，対人恐怖症状そのものは消失しているか，多少，気にはなっていても生活に支障のないレベルに弱まっていることが多い。また，勝手に相手の期待を取り入れては傷ついていた自分の心理状態を自覚できることで，現実をより客観的に見つめられるようになり（現実検討能力が改善され，主観的な思い込みが修正される），この段階で終結しうるケースも多い。すなわち，勝手に相手にこう思ってほしいというイメージを投げかけては，それと合わない他者の反応に勝手に傷ついていた自分に気づくことで，現実が見えてきて，その

ような一人相撲が解消されていくことにともなって症状も消失していく。「勝手に思い込んでいたんですねー」「無理に格好つけるのは止めました」「相手にどう思われるかでこんなに苦しむなら，嫌われてもいいから自由にやってゆきたい」「とにかく，開き直れるようになれました」などと言うようになると対人恐怖症状あるいは対人恐怖症的な束縛から解放されていることが多い。

b. 治療中期から終結期のテーマ

この時期には二つの主要なテーマが表れることが多い。一つは前述したように，「相手にとってすばらしい自分として評価されることで不安を打ち消す」というスタイルが，いつから，どのように形成され，それは主にどのような人間関係に由来するのかという発生論的な探求というテーマであり，いま一つは，これまで相手に合わせようとしてきた生き方から脱却し，自分の納得した新たな生き方を模索するというテーマである。

前者のテーマにおいて，しばしば彼らは学童期や思春期における素晴らしかった自分を語る（SADでは，この傾向は希薄である）。たとえば，成績優秀で誰もが認める優等生であったとか，人気者でスターであったなどである（これらの主観的な体験自体に防衛的な側面もある）。それとともに親や重要な家族のメンバーとの関係においては，どちらかといえば圧倒されていたり，自己愛を傷つけられるような関係が存在したという内容が語られることが多い。しばしば「素晴らしい自分を認めてほしい」という彼らの気持ちの背景に，何らかの対人不安があり，そのために，他者に評価される自分を提示することで，打ち消そうとしてきたという生活史が明らかとなる。

言い換えれば，他者との関係性で自己愛を満たしたという側面と，圧倒されるとか傷ついたという両面（強気と弱気の両価性側面）が明確になっていくという治療経過をたどることが多い。そして，彼らはそのような自己愛的な自分を認めてもらうという生き方から自分の納得する生き方を模索するという方向性に向かう。

今一つの後者のテーマ「自分の納得のいく生き方を模索する」プロセスは，以下のようにたどることが多い。彼らは相手の気持ちに敏感になりすぎていたため，自分の気持ちにそって動くということに不慣れである。つまり自分の納得する生き方や自分の納得する他者とのつきあい方を模索することは，彼らにとって初めての探索行動となり，この探索行動をセラピストと話し合いながら自分探しがつづき，やがて安定していく。しかし，一方で行きすぎたり，理想を追いすぎて疲れ戸惑うことも多い。面接でも，少しうまくいくと妙に元気になり，少しでもうまくいかないと落ち込むという揺らぎをみせる。このような揺らぎについても，自分の納得する

状況が見出せると元気になり調子にのりすぎ,それが見出せないと落ち込むという心の動き(自己愛の病理)であることを繰り返し明確にしていく(徹底操作に相当するが)と,少しずつ現実にそった期待や自己評価が可能となり安定していく。しかし,この迷いながら本当の自己を模索する期間は長引くこともあり,セラピストもクライエント本人も迷い苦しむときでもあるが,このような時期を経過していくうちに,幻想的自己愛的な自己像・他者像の幻想性が弱まり,徐々に現実的な,それなりに納得できる自己象・他者像が取り戻されていく。そして,終結に向かう。

c. 大きく変化するケースもある——対他的自己・役割的自己からの解放

　対人恐怖症者の治療過程では,すべてのケースに見られるわけではないが,特別に重要な局面がある。それは,<u>彼らが治療場面で,沈黙がちになったり,面接をキャンセルすることが多くなるという局面と,かなり露わな自分が噴出する局面である。</u>

　前者は,治療が滞り,クライエントは沈黙がちであったり,治療にきても何かやる気のなさを見せるときである。そのため,セラピストは眠くなるようなことが多い。しかし,これはとても大切な局面である。それは,彼らが良いクライエントをやっても仕方がないと思い始めたか,何をしてもセラピストが評価するわけではないと思い始め,戸惑っていることから生じていることが多い。つまり,彼らは「良い子」を演じられなくなっているのである。このような局面では,戸惑っていることは伝えるが,<u>これを「治療への抵抗」と考えて介入せず,何もしないで共にいられるという時間を共有することが大切である。</u>この局面を大切に扱い,クライエントに任せ待ち続けると,彼らの中に何かが育ってくることが多い。

　そして,そのあとに起きることが多いが,彼らは,何もしないセラピストへの怒りを突然ぶつけたり,心細くなって泣き崩れたり,混乱している自分を何とかしてくれと要求したり,突然,面接外で電話してきたり,治療を止めると言い出すなどの一種のアクティングアウト・アクティングインが生ずることが多い。これらは,彼らが防衛的に自分を守っていたスタイルが崩れるときであると考えられる。それは,混乱しながらも,セラピストが気に入るかどうかというより,止むにやまれずに,自分の気持ちが優先してしまったときでもある。言い換えれば,自分の正体を見せた時でもある。そのため,この時こそ,セラピストの態度が重要となる。基本的には,「素直な自分を見せてくれましたね」とか,「本気になったのですね」というような安定した肯定的な態度で接することが大切である。決してしてはならないことは,この沈黙や怒りを抵抗や防衛として理解し介入することである。いろいろ主張し始める彼らに対して,枠組みは崩さないが,しっかりと受け止めることが大切である。特に,情けない姿を見せた時には,その配慮が大切である。

このような局面が,彼らの対他的自己あるいは役割としての自己からの解放を意味し,治療を大きく展開することが多いように感じている。

d. 怒りの扱いについて

彼等の怒りの扱いも大切である。彼らは,セラピストに対して一次的(primary)に怒りを抱いているわけではなく,自分が相手に認めてもらうために合わせているのに,それを認めてもらえないことに二次的(secondary)に怒りを抱いているという理解が大切である。彼らの主たる不安は,他者に評価されない,自分は劣ったものとして評価されるという内容が中心であることが多い。つまり,孤独感,悲しさ,自己への幻滅がベースにあるともいえる。そういう意味では,欲動との葛藤という枠組みでの自我心理学的な扱いも,自分を評価しない悪しき対象像への激しい怒りというような狭義の対象関係論的な理解もそぐわない。あえて言えば,対人関係論的な「他者の中で自分は評価されず,大切な存在として受け入れてもらえないという不安」に苦しんでいるという枠組みがフィットする。また,自己心理学でいう「自己愛の傷つきに伴う怒り・悲しみ」に近い。それゆえ,抑圧され,否認された怒りに焦点化するアプローチはまちがいであると考えている。このようなアプローチは,クライエントをひたすら混乱させるだけである。

(3) 不全型対人恐怖症に対する治療

社会機能不全に伴う軽症化した「対人恐怖症」,すなわち「不全型対人恐怖症」に対しては(表7-2では「social skillが低下しているタイプ」に相当する),従来型の心理療法では効果が得られにくい。それは,彼らが機能面に脆弱性をもつためである。人との付き合い方・コミュニケーションそのものに関する心理機能に問題を抱えていたり,時に「自己の障害」と呼びうるような「自分そのものが」育っていないようなケースが増えてきている。そのため,治療的には,社会場面の中での総合的な働きかけや,教育的・訓練的な働きかけが必要なケースが増えている。このため,個人治療とともにグループワークを併用したり,「不登校・ひきこもり」への治療に準じた総合的な働きかけが,どうしても必要にならざるを得ない。基本的に,その個人の生き方全体を再教育するような方向性になる。

このタイプはsocial skillが低いために対人場面で戸惑う症例が多く,典型的な対人恐怖症状というよりも,何となく人といると緊張するという程度の症状を抱いていることが多い。また,幼児的な自己愛的自己のイメージが強いタイプも増加している。彼らは自分の気に入った対人的な関係や反応が得られないと傷つき,落ち込み,無力感を感じやすい。そして,否認された攻撃性が他者に投影され,対人緊張

表7-2 対人不安・対人恐怖症の症状の各要因（重なり得る）と治療のポイント

social skillが低下している　　育成的・訓練的アプローチが向いているテーマ
社交的skillが育っていない。自分から働きかけられない。コミュニケーションもよくわからない。漠然たる対人緊張。
ex：軽症対人恐怖症，不全型対人恐怖症，ひきこもりに伴う対人緊張など

対人恐怖症にしばしば見出されるライフスタイル（力動性）・物語性
自己像・対象像の混乱　　心理療法に向いているテーマ
人に愛されたい，受け入れられたい，評価されたい，注目されたい。 人に嫌な思いをさせてはならない，人によい印象を与えなくてはならない。 恥をかきたくない。変な存在・忌避される存在になりたくない。 上記のような対人的な欲求・不安が生きるテーマとなっているパーソナリティ。
ex：全般性の社交不安，回避傾向，漠然たる対人緊張，自己愛傾向，対人過敏，強迫傾向，平均的対人恐怖症

生物学的要因　　薬物療法に向いている要因

身体過敏性	思考の硬さ・思いこみやすい傾向
不安を抱きやすい体質。 緊張が体に出やすい体質。交感神経系の過剰反応。	こだわりの強さ・強迫性障害傾向 強迫的，固定観念的，妄想的な考えに陥りやすい傾向。
ex：手の震え，発汗，動悸，筋肉のこわばりなど。	ex：強迫傾向，妄想様のさまざまな思い込み
◎抗不安薬・βブロッカー・SSRIなど	◎SSRIのみが効果的

をいだいくことになりやすい。

　これらの不全型の症例の増加の背後には，核家族化・母子密着・少子化・子ども世界の消失などによる生育環境の変化があるのであろう。そのために，彼らの治療においては，対人的な世界におけるかかわり方そのものを育てなおす必要がある（「機能不全モデル」「成長不全モデル」として理解する）。今後も増加していく可能性が高い。かかる現状に対して，漫然と従来型の心理療法を適応しているばかりではなく，さまざまな創意工夫が必要とされる。私自身は個人治療とグループワークの可能なフリースペースでの体験が，現時点ではベストであろうと考えている（フリースペース体験については第6章「不登校・ひきこもりの心理療法的アプローチ」参照）。

(4) 従来型の対人恐怖症と不全型対人恐怖症のケース

　ここでは，従来型の対人恐怖症と不全型の対人恐怖症の症例を一例ずつ取り上げる。ただし，すべての経過を述べることはせず，重要なポイントのみ述べるものとする。また，「葛藤モデル」が当てはまる従来型の対人恐怖症のO君には自由連想

法を用い,「機能不全・成長不全モデル」の当てはまるR君には対面法を用いた。

ケース わが国の伝統的な葛藤を抱えた若者――O君

　O君の悩みは，平均的対人恐怖症の典型的な苦しみであった。それは，人のいる場面，特に，クラスメートなどや近所の知人などのように，ある程度，知り合いではあるが，家族ほどには関係が深い相手ではない人に出会う場面（中間的な関係という）において，強い緊張感を抱き，そのために表情がこわばり，それを見られると，嫌われて避けられてしまうのではないか，という不安であった。つまり表情恐怖症を抱いていた。

　そのため，大学の授業に出ることがもっとも苦痛であり，そのこわばった表情を，皆が見ているのではないかという視線恐怖症も伴っていた。それでも，何とか何人かの友人と最低限の付き合いはしていた。

　　彼は以下のように悩みを訴える。

　「皆と打ち解けたいのに打ち解けられないのです。いろいろ表情を工夫したりもするのですが，やはり，キツイ表情のために皆に避けられているようです」

　「この表情さえ和らげば，皆に良い印象が与えられるのに，表情がどうにもならないのです」

　それでも，彼は，ほぼ大学に出席していた。

　症状的には，対人緊張，表情恐怖症，視線恐怖症が見られる典型的な対人恐怖症であった。

　O君の家庭状況や発症状況も，従来の対人恐怖症に見られる典型的なものであった。

　彼は，名門の没落家族のもとに生まれた。そのことに母親の自己愛が傷ついていた。そして，家の復興を母親に期待されるようになった。彼は学童期までは成績も良く活発な子どもで，母親の期待を満たす子どもであった。彼が立派な成績をとると褒められた。しかし，優秀ではない自分は許されないと子ども心に思ったという。

　有名中学に入った時点で，成績が思うように上がらず，何となくクラスの中で緊張している自分を感じていた時に，先生に当てられ，生まれて初めて答えがわからなかった。その瞬間，自分の表情が急速にこわばるのを感じた。皆がバカにするような，嫌な物を見るような目で自分を見ているように感じた。それ以来，クラスにいるときは，すべてのクラスメートが，自分を内心バカにしている，あるいは嫌っているのではないかと思うようになり，そう

思うと一層，表情がこわばるのを感じた。それでも，脱落してはいけないと登校し続けた。

心理療法過程でわかった彼の悩みのメカニズムは以下のようになる。本当は，自分のことを素晴らしい人間と思ってほしい，少なくとも，かつては素晴らしく評価された存在だった。でも，どうしたら，そのような素晴らしい自分を認めてもらえるかがわからない。何とか評価されたいと頑張ろうとすると緊張する。表情が硬くなる。表情が硬くなることは，自分が緊張していることを他者に悟られてしまうことであり，気の弱い自分を露呈していることになる。そのためにバカにされてしまうに違いない。そして，皆に受け入れてもらえなくなる。そう思うと一層，緊張する。

彼の悩みの本質には，皆に評価されたいのに評価されない。評価されない人間は，受け入れてもらえない。それを何とかしたいが，どうしたらよいかわからない，このままでは集団に受け入れてもらえないという恐れが中心にあった。そして，なんとしても，集団に受け入れられたい，という強い思いがあった。しかも，それを強気に何とかしようとするため，力が入って，かえって，身体に症状が出てしまうという悪循環に陥っていた。

彼の面接は週一回の自由連想法で行ったため，「できる範囲で，心のなかに浮かんできたことを言葉にしてください」というインストラクションからスタートした。自由連想法では，「今，心にどのようなことが浮かんでいますか？」と質問しやすく，クライエントは内発的な気持ちに気づきやすく，そのこと自体が治療促進的に働くと考えている。

初期には，自分の症状のつらさを述べるとともに，頑張って心理療法に合った内容を語るという態度が目立っていた。そして，私との面接を支えにできるようになると，多少，症状は軽くなった。しかし，彼の話す内容が評価されないと感じたようで，少しずつ，沈黙がちの面接が続いた。彼は居心地が悪いようであった。しかし，あくまで，面接は彼からの素材で動いていくので，淀んだ面接が続くことになった。このような時期，セラピストも眠くなることが多い。しかし，すでに述べたように，このような時期は大切な時期である。相手の反応に沿って動こうとしていたクライエントは，自分で動かない限り，何も動かないという時間を体験することで，苦しみながらも，クライエントの中で何かが育つように感じている。そして，ある時点で，彼は面接内でむせび泣き始めた。それとともに「この面接が苦しい」「何とかしてほしい」「何もしてくれないのは冷たいではないですか」など，つらさを素直に述べるとともに，セラピストを不快にするような訴えをする，あるいは不

満を訴えるということができた。

　このような局面は，対人恐怖症においてはとても大切な局面となる。セラピストは，彼の苦しみに対して共感するとともに，やっと本音が言えたことを素直に伝えることが大切である。「この沈黙がちの時間は本当につらかったでしょうね」「どうすればよいか途方にくれていたのでしょうね」「そして，自分の本音に沿った態度をとったのですね」などという態度が大切になる。このような局面によって，彼はどうしても取り外せなかった他者への仮面を脱ぎ去ることができた。他者への仮面をどのように脱ぎ去るかが対人恐怖症においては重要な課題となることが多い。そのため，「偽りの自己」と「本当の自己（real self）」という枠組みがフィットする傾向がある。

　この局面の後，彼はいかに淋しかったか，心細かったか，頑張っても評価されずに傷ついたかなどの話を，感情をこめて語り続けた。そういう意味では，本当のセラピスト・クライエント間に信頼関係ができたともいえる。そして，母親に関心を向けられなかった寂しさ，期待された自分を振る舞うときだけ関心を向けてもらえる，と思い続けて頑張っていた自分が，思春期になって，期待される自分をすべての他者に向け始め，身動きが取れなくなっていったことなどの発生論的な洞察をしていった。

　その後，多少の揺らぎを見せながらも，セラピストを支えにして，自分なりの主張，自分の納得いく自分なりの対応を模索していった。

　治療の後半のある日，彼は，自分なりに主張したり，頑張ってみたことを語った後，このように述べた。「こうやって，先生に報告すると，先生が褒めてくれることを期待している自分がいることを感じます。先生は，いつも『自分なりにやったんだね』と答えてくれます。それは事実確認のようなコメントで褒めているわけでもないので，ややがっかりすることもありますが，また，誰かの承認・評価を求めて安心しようとしている自分がいるのを感じます。なかなか，このクセは抜けませんね」と。このように言っている彼は，他者に評価されることへの依存傾向は和らいでいた。

　<u>終結までの数回の面接は，彼と話し合ったうえで対面法にした。それは，彼と対等に向き合うという関係性に発展することを目指していたからである。</u>そして，彼が自分なりの行動に対して，自分なりに評価するという話になっていくとともに，時折，不安になると，「ここは自分としては，どうしても迷うので，先生の意見を聞かせてください」という健康な迷いと健康な支えを求める関係になっていった。

　最終的には，「しばらく，自分でやってみたい」ということで終結となった。

ケース 2011年に受診したR君──不全型対人恐怖症

　R君は，小学校から，有名私学を順調に過ごしてきた子であった。母親も，長男に比べ，手のかからない良い子であったという。二人兄弟の末っ子である。ただ，自己主張が少ないという心配はしていたという。しかし，成績も良く，サッカー部でも頑張っており，友人関係も順調であったので，問題を感じなかったという。

　彼が有名大学の付属高校3年になり，あと半年で大学進学を控えていた時に，突然，不登校になった。父親が，どんなに説得しても登校しなかった。父親が理由を聞いても「わからない。でも行けない」と言った。友人が誘いに来ても会わなくなった。家では，パソコンに一日中向かっている。それなりに元気である。

　親御さんが困って私のクリニックに相談に見えた。本人も受診した。それで原因がわかった。彼は，私と丁寧に整理していくという作業を経て，やっと自分の困っていることが，ある程度自覚できた。つまり，それまでは，自分が何を悩んでいるかもわからない状態であった。

　彼との面接は対面法を選んだ。自由連想法では動きが取れなくなると考えたからである。

　彼の苦しみは，以下のような内容であった。

　「何となく人といると緊張するんです。たぶん。何となく居心地が悪いんです。何がいけないというわけでもないのですが，何を話せばよいかわからないのです」と。

　この内容も，彼にいろいろな場面を想定してもらって，その時の気持ちをいろいろ私が具体例を挙げていき，それなりに整理したものである。明確な症状はほとんどない。人前で，どのように振る舞えばよいかわからない。しかし，それを何とかしなくてはならないという強い気持ちもない。夜になると，人目につかない程度にランニングには行く。しかし，友達には会わないし，ケータイはすべて着信拒否にしている。

　ご両親は，エリート志向ではなく，それなりに幸せになってくれればよいと育ててきたと言われる。実際，登校しないR君を温かく見守りつつやさしく接していた。

　彼との面接での特徴は，「わからない」という言葉が多かったことである。本当にわからないようであった。また，私の問いかけに対して，反射的に，一言，二言答えるだけのコミュニケーションであった。表情は明るく愛想はよかった。よすぎたともいえるが……。会話はウワッすべりになりやすく，

深まる傾向がなかった。

　彼の悩みも，対人場面での緊張感や，対人場面にいられないという苦しみや，人とどのように付き合えばよいかわからないなどの悩みから診断すると，対人恐怖症と診断してもよい。しかし，従来型のO君とはずいぶん様相が異なることがわかっていただけると思う。ここ十数年，O君のような対人恐怖症は激減し，このR君のような対人恐怖症が増えている。すでに述べたように，私は，このような従来型の症状を出さなくなっている対人恐怖症を，症状ができないという意味で，不全型の対人恐怖症と名づけている。

　不全型対人恐怖症においては，従来の対人恐怖症よりは症状的には軽症であり，しかも，何とかしようという力が断然落ちている。とにかく社会参加しなくてはならないという気持ちが弱まっているので，早期にひきこもりにもなりやすいし，外界との関係を切ってしまう。外界からひきこもるので，症状も強くならないともいえよう。

　また，O君のような，理想の自分を他者に示したい，示さなくてはならないという社会的な理想像を求める気持ちが弱まっているため，理想像と現実の自分との解離に悩むという傾向が薄らいでいる。理想像という考えそのものがなくなっている。このような変化は摂食障害や不登校・ひきこもりの若者にも共通している。

　そして，不登校のところでも述べたが，不全型対人恐怖症においては，自分の悩みの内容を語る力が落ちていて，心理療法においては，丁寧に，具体的に整理していかないと，本人自身も何を悩んでいるかわからないことが多い。そのため，一見，淡々としているように見えるが，実は，とても困っていることを周囲は理解する必要がある。

　R君のようなケースでは，面接を深めようとしたり，急速な直面化などをすると，面接に来なくなることが多い。このような場合，コミュニケーションが成り立ちにくいことに対しては，セラピストが，適度に話題を提供するなどして，面接が滞ることで本人が困ってしまうことがない配慮が必要である。しかし，一方で，ひたすら，こちらの流れで面接が続いていても，何も成長は期待できないことも多い。このような場合，いくつか，踏ん張ってみるものを話し合って決めることが大切となる。R君の場合は，まず「面接には頑張って来るようにする」ことは踏ん張るように伝え，あとは，自分なりに過ごすこととした。

　彼は，家の中では，英会話にチャレンジしたり，プラモデルを作るなどに集中していった。これらの動きは自分探し，自分育ての動きと考えられた。

しかし，どれも，2〜3カ月で限界を感じていった。それとともに，大学をどうするかなど，自分が決めなければならない課題に直面する機会には，両親とも，私とも，時間をかけて話し合うことを大切にしていった。ご両親も大変，協力的であった。

　このような過程を経て，少しずつ，自分で決めるということの意味，時には，結果が悪い可能性があっても，取り掛かるしかない時があることなどを学んでいったようである。そして，このような成長のプロセスを2年ほどしたのちに，推薦で合格した大学に入学することとした。入学した後は，大学での対人関係に対して，彼なりの思いや対応について話し合うこととなった。一時期，休みがちになりかけたが，踏ん張って通い続けた。

　まだ，対人意識過敏な面は残っていたが，自分なりに，意識しながらも他者とコミュニケーションも取れるようになり，1年ほどして，面接は終了となった。

　R君のようなケースは，フリースペースなどに参加させるという方法もあったが，彼は望まなかったので，その方法はとらなかった。

おわりに

　対人恐怖症の心理療法においては，不安な場面における関わり方についてはCBT的な考えが利用できることも確かである。CBT的なアプローチで対人緊張や対人不安に対する不安の軽減や対応が柔軟になることもある。しかし，彼らの深い問題に対しては，O君の場合のように，対人関係論的な「偽りの役割モデル」がフィットするし，R君のような不全型のケースに対しては，「機能不全モデル・成長不全モデル」の考え方が不可欠であると考えている。先日，CBTの治療を受け，自分なりに努力して，対人場面での不安に対処することは改善したが，何か，決定的な問題がそのままになっているという気持ちを抱いて，本格的な心理療法を求めてきた大学生が来院した。今後，そのようなケースが増えるのではないかと考えている。

　また精神分析のように，彼らの心理的背景に攻撃性があり，それが抵抗として現れるという考えもフィットしないと考えている。しばしば，精神分析的心理療法を受けて，潜在的な攻撃性（セラピストはそのように解釈した）に直面化させられて，深く傷ついたというクライエントにも出会う。セラピストは，それぞれの悩みにあった，あるいはクライエントにあった心理療法を提供する義務があると考えている。

　最後に，対人恐怖症類似の悩みに触れたい。少し前から「ふれあい恐怖」と「承認ゲーム」に伴う「承認不安」とが話題になっている。前者は，大学生であれば，

最低限，授業には出るが，プライベートな付き合いは一切しないという学生にみられる。また，後者は，やや年少の中学生や高校生で問題となっている，友人との関係で承認を求めることに躍起になる悩みである。両者ともに症状化していないが，心理的には対人恐怖症と同質の悩みの構造が見られる。特に，「<u>承認不安」は対人恐怖症の現代版といえるかもしれない。</u>また，すでに触れたように，自ら「対人恐怖です」と訴えるケースに，発達障害がかなり見出されることを臨床家は心する必要がある。

● 参考文献

朝倉聡・井上誠士郎・佐々木史，他（2002）Liebowitz Social Anxiety Scale（LSAS）日本版の信頼性および妥当性の検討．精神医学，44（10）；1077-1084.
原井宏明・吉田顕二・木下裕一郎，他（2003）社会不安性障害の薬物療法のエビデンス．臨床精神薬理，6（10）；1303-1308.
貝谷久宣・横山知加・岩佐玲子，他（2003）わが国における社会不安性障害の特徴と治療の実際．臨床精神薬理，6（10）；1309-1320.
笠原俊彦（1995）対人恐怖と社会恐怖（ICD-10）の診断について．精神神経誌，97（5）；357-366.
笠原嘉（1975）対人恐怖．精神医学事典．弘文堂．
笠原嘉・藤縄昭・関口英雄，他（1972）正視恐怖・体臭恐怖——主として精神分裂病との境界例について．医学書院．（重症対人恐怖症についての重要な古典的な著書）
鍋田恭孝（1991）構成化したエンカウンターグループの治療促進因子について．集団精神療法，7；13-20.（対人恐怖症のグループワークの具体的プログラムが記してある）
鍋田恭孝（1997）対人恐怖・醜形恐怖——人を恐れ・自らを嫌悪する心理と病理．金剛出版．1997.（対人恐怖症に関する重要な文献は本書で論じられている）
鍋田恭孝（2003）「ひきこもり」と不全型神経症．精神医学，45（3）；247-253.
鍋田恭孝（2003）対人恐怖症・social phobiaの歴史的展開と今日的問題．臨床精神薬理，6（10）；1267-1275.（欧米のsocial phobia, SADに関する文献は，この論文に掲載してある）
中村敬・塩路理恵子（1997）対人恐怖症とひきこもり．臨床精神医学，26；1169-1176.

第**8**章
身体醜形障害の心理療法
妄想様の悩みに対するアプローチ

　「自分の求めてやまぬ容姿になれない」ことを絶望的に悩むのが身体醜形障害である。そこには，自分の期待を裏切る身体を極端に嫌悪する苦悩がある。その意味では，摂食障害と近似した悩みである。しかし，多くの摂食障害の女性は，求める痩身の背後に脆弱な自己感しか持たないのに対して，身体醜形障害者は，極めて強固な自己愛的な自己像を抱いている。この点が決定的に異なる。

　また，自分の情けない姿を他者の視線にさらすことを恐れる対人恐怖症と近似した心理もあるが，対人恐怖症においては，小心さなど心理的な弱さをさらすことを恐れているものであり，それは，表面的には隠すことができるという点で異なる。身体は常にさらされるものである。そのため，対人恐怖症的な症状が，赤面や表情などに表れると隠せなくなり，身体醜形障害的な悩みに近づく。しかし，対人恐怖症はあくまで他者の視線が意識される状況を恐れるのに対して，身体醜形障害においては，一人でいても苦しむという相違点がある。他者の視線より自己の鏡像のほうを恐れる傾向が強い。

　最近，美容外科はもちろんのこと，皮膚科，エステ，ジムなどに繰り返し強迫的に通う人の中に，身体醜形障害と同質の不安やこだわりを抱いているケースが少なくないという報告がある。私はこのようなケースを「隠れ身体醜形障害」と呼んでいる。今後の問題である。

1. 身体醜形障害に関して知っておくべきこと

(1) 疾患の位置づけはあいまいさが残っている

　「身体醜形障害（醜形恐怖症）」（Body Dysmorphic Disorder，以後BDD）は，歴史的には，1886年にイタリアのモルセリ（Morselli, E）が「自分に奇形がある」という考えにとらわれている78名について報告し「dysmorphophobia」という診断名

を提出した。この名前を訳して醜形恐怖症とされた。

近似した病名に「beauty hypochondria」や，肌や髪の毛のどこかがおかしいと考える「dermatologic hypochondriasis」などが使われたこともあった。この「hypochondria」（心気症）とBDDとの類縁性はICD-10においては，BDDは心気障害に含まれているし，DSM-IVでは，身体表現性障害において，心気障害と同じ番号のもとに位置づけられている点に残されている。また，一時期，「monosynptomatic hypochondriacal psychosis」という枠組みで，自己臭症などとともに，単一症候的に推移する身体に関する妄想性の障害として，精神病圏に近い疾患に位置づけしようという考えも提出されたが（現在は否定的），ここにも心気症との関連性が反映している。

わが国では，伝統的に対人恐怖症の一亜型としての「醜貌恐怖」として議論されており，名古屋学派が，「思春期妄想症」の一つのタイプの「妄想様固定観念型」という考えを提出している。

そして，1990年代に，「強迫スペクトル」という考えのもとに，BDDは強迫性障害（Obsessive Compulsive Disorder，以後，OCD）に近似した疾患ではないかという考えで提出され，DSM-5では，フィリップス（Philips, KA）やホランダー（Hollander, E）らの精力的な研究のもとにBDDは強迫性障害類縁の疾患に位置づけされ，疾患の輪郭もかなり明確にされた。

このように，歴史的には，疾患の位置づけとして，BDDを独立した疾患単位とする考えとともに，心気障害，対人恐怖症，OCD，単一妄想性の精神病圏の疾患などとの類縁関係が議論されてきた。そして，DSM-5では，OCDに近似した疾患とするという考えが明確にされた。しかし，必ずしも，強迫性の強くないケースもあり結論は出ていない。

<u>私自身も，中核群は，強迫性障害に類縁した障害（強迫スペクトル障害）と考えるのが妥当ではないかと考えている。</u>しかし，うつ病，ASDs（Autism Spectrum Disorders），OCD，SAD（社交不安性障害）などの症状が醜形恐怖症状と併存している場合も多く，疾患としての位置づけにはあいまいさが残っている。

(2) 醜形恐怖症状を呈する疾患

これまで述べたように，醜形恐怖症状を呈する疾患には，BDD以外にも，上記の各種神経症圏の疾患とともに，精神病圏としての統合失調症については議論されてきたが，私は，これらに加えて，うつ病に伴うもの，そして，ASDsに伴うものを報告してきた。以下に，醜形恐怖症状を呈する疾患について，それぞれの特徴を述べたい。

①中核となる BDD の特徴

　醜形恐怖症状としては，DSM-5 の定義である「一つまたはそれ以上の知覚された身体上の外見の欠陥または欠点 (perceived defects or flaws in physical appearance) にとらわれているが (preoccupation)，それは他人には認識できないか，できても些細なものに見える」という記述は的確なものと考える。ただ，「preoccupation」というのは，強迫性を表わしているとともに，妄想性（思い込み）も排除しないとも考えられ，あいまいさも残している。

　BDD の容姿の欠陥への悩みは，あくまで，「醜い」ことへの恐れであり，しかも，その「醜さ」を訴える部位が，現実の容姿からはかなりズレていることが中心症状となっている。多くは，それなりのイケメンや美形であるのに「異様に醜い」「お化けのように醜い」「存在してはいけないようなブス」「あり得ないほどのひどさ」という訴えをする。この常識的な客観性からズレた容姿の認知が，歪んだ知覚のせいなのか，妄想性のゆえなのか，body image の歪みに由来するものかは曖昧なままにされている。私は，<u>「かくあるはずの理想の容姿」を見出せない不安・恐怖による感動錯覚によるものと考えている。つまり，より思い込みに由来した錯覚的な知覚上の問題ではないかと考えている。</u>

　中核的な BDD においては，この醜形恐怖症状が持続してみられ，二次的に軽度の抑うつ症状を示すことがあっても，他の症状に発展することはまれである。

　関係念慮（見られている，バカにされている）を伴うことも多いが，あくまで，醜い自分をさらしている恐れであり，二次的な症状である場合が多い。彼らは，鏡やショーウィンドウをも恐れることも多いので，他者の存在は，その延長線上のものと考えられる。また，<u>対人恐怖症と決定的に異なるのは，対人状況ではなく，一人でいても悩み続けていることである。つまり，「他者がどう思うかより，自分として納得がいかない」という自己完結的な悩みであり，症状の対人状況依存性は希薄である。</u>この点は OCD に近似する。

　また，鏡で何度も何時間も確認するとか，カモフラージュをさまざまに試みるなどの対応策や，何とかするための美容外科受診などを妨げられると，強い不安に陥り，家庭内暴力のような激しい行動化を起こす点も OCD に近似している。

　性格としては，思い入れの強い，自己愛的な自己主張の強い，勝ち負けにこだわる傾向のタイプがほとんどである。治療関係においても，他の疾患に比べ，自分のやり方を通したがる傾向が強い。これらは，強力なタイプの強迫性パーソナリティに近い。

　彼らの強迫性の強い傾向は，心理療法をする場合にはとても重要になる。特に思考の硬さ，すべてを自分のスタイルでコントロールしようとする傾向などには注意

を払う必要がある。しかし，一方で，強迫スタイルの持つ猜疑心や両価性などは目立たず，妄想様の思い込みの強さが見られる。

②心気障害に含まれうるタイプ

　容姿へのこだわりとして，「醜くさ」へのこだわりが希薄なタイプがある。身体のコンディションの違和感を中心に訴えるケースである。「皮膚が荒れてひどい」「顔がむくんでしまうので横になって寝られない」などの訴えは，容姿の美醜へのこだわりと同時に，身体の一部の状態に不具合があること，あるいは不具合が生ずることへの恐れが中心テーマになっている。このタイプは，より心気障害に似た病態となる。中核群よりは，性格としては無力感が強い傾向にあるという印象を抱いている。

③対人恐怖症との関連

　BDDのケースにおいては，その「醜い」と思っているがゆえに，対人場面を避け，ひきこもりがちの生活をすることが多い。しかし，これは，あくまで，「醜さ」をおそれ，あるいは醜さを確信している結果であり，対人場面そのもの，社交的関係を恐れる（潜在的にはあり得ても）ことが中心テーマになることはない。そういう意味で，ほとんどのBDDは対人恐怖症あるいはSADに含まれることはない。逆に言えば，<u>はっきりした社交場面を恐れるようなタイプは，対人恐怖症あるいはSADの部分症状として醜形恐怖症状が伴うものと考えるべきであろう。</u>

　ただ，BDDも対人恐怖症も，理想の自分を見出せず「うぬぼれたくても，うぬぼれられない」という自己愛の失墜という心理規制は共通なものがあり，わが国において，BDDを対人恐怖症に含めて議論してきたことにも意味があったと考えている。すでに触れたように，SADには，このような心理規制への言及が希薄であり，対人恐怖症の場面恐怖症のみを抽出したような定義となっており，そのため強迫的な色彩が脱落し，BDDとの心理的な近似性も消失したと考えている。

　対人恐怖傾向の強い，すなわち，関係念慮が強く，他者のいない場面では醜形恐怖症状が希薄になるケースは，表情恐怖などの対人恐怖と近似したタイプとして治療すればよい（「第7章　対人恐怖症」の章参照）。

④OCDとの関連。

　すでに触れたように，とらわれ方，確認行動，それができないと激しい不安を抱き行動化しやすいなど，BDDがOCDに極めて近似した病態であることは間違いない。BDDのケースに，醜形恐怖症状とは別の強迫傾向（戸締りなどの確認癖，強迫洗手，なんでも過度に慎重に準備するなど）がみられることも少なくない。また，

容姿の非対称(左右で目が違っているなど)にとらわれるケースもあり,OCDの非対称性へのこだわりが自分の容姿に向けられたと考えてもよいケースもある。そういう意味で,BDDはOCDと本質的に共通したメカニズムで発症していることは間違いないと考えている。それゆえ,BDDとOCDの両者の症状がみられる場合は,併存と考えない方がよいと考えている。強迫的メカニズムが異なる領域に現れたと考えるべきである。

⑤うつ病との関連

うつ病に醜形恐怖症状が出ることは,うつ病にあらゆる神経症症状が現れうることを考えれば当然といえる。特に中年期発症の醜形恐怖症状の多くはうつ病であることが多い。醜形恐怖症状としては,まったくBDDと同じ訴えということもあるが,「何となく違和感のような」とか心気的訴えの色彩が強い印象を与えるケースもある。しかし,醜形恐怖症状からは鑑別はしがたく,他の抑うつ症状の有無から診断するしかないことが多いと感じている。心理療法をするばあい,この点は特に注意を要する。

⑥統合失調症および体感症との関連

うつ病と同様に,統合失調症にあらゆる神経症症状が現れうるという意味で,統合失調症の部分症状として醜形恐怖症状が現れることは知られている。やはり,醜形恐怖症状のみからの鑑別は難しいと考えている。ただ,「皆が自分の容姿をバカにしている」という被害関係念慮(妄想)の強いケースは統合失調症に移行することが多い。

また,身体の欠陥へのこだわりではあるが,「鼻が膨らんでしまう」「頭が大きくなっていく」から醜いという体感症(cenestopathy)に近似した訴えも少数ながら見られる。しかし,統合失調症関連で考えなくてはならない違和感や独特の奇妙さを伴う体感症とは異なり,あくまで美醜にこだわるケースは醜形恐怖症状としたほうがよい。このようなケースは,BDDと近似した経過をたどることが多い。つまり,体感症は,かなりのパーセンテージで統合失調症に発展するが,体感症的なBDDの長期経過を追いかけても,統合失調症を発症するケースはまれだからである。

⑦ASDsとの関連

これまで,明確にBDDとASDs関連を議論した報告を見出せなかったが,あきらかに醜形恐怖症状を訴えるケースに,かなりの比率でASDsとくにアスペルガー障害と思われるケースが含まれている。OCD患者におけるASDsの併存は3〜7%

とされ一般人口の出現率より6〜7倍とされる。BDDがOCD関連の障害に考えられるようになっているので，そういう意味では，当然のことかもしれない。

考えてみれば，容姿の一カ所に執拗にこだわる傾向は，アスペルガー障害の「物体の一部に持続的に熱中する」という診断項目に通ずるものであり，この熱中する物体が自分の体の一部という理解も可能だと考えている。また，微細な左右の非対称などにもこだわり，思い込みがつよく，周囲の説得にも耳を貸す傾向が薄いなどは，ASDsの特徴にも重なり，BDDの症状の訴え方に近似している。心理療法としては，ASDsに対するアプローチに準ずることになる。

(3) 醜いと悩む部位からは何がわかるか

それでは，彼らが悩む部位からは何がわかるだろうか。表8-1, 8-2は，私が実際に治療したケースが悩んでいた部位である。アメリカの報告では，「肌」がもっとも多く，続いて「髪の毛」，「鼻」となっており，わが国で一番の「顔全体」は12位であり，わが国で2番目の「目」はアメリカでは7番目である。このように順位そのものは多少異なるが，多くを訴える部位にはそれほどの違いはない。

また，複数個所こだわるか一カ所のみか，悩む部位が変化するか一貫して一カ所

表8-1　身体醜形障害の患者さんが悩む部位と人数（筆者の報告）

部位	内容	人数
顔全体	顔が濃い，非対称，不自然，馬面，膨らんでいる，派手すぎる，えらが張りすぎている，あごが角張っている	35人
目・瞼・その周囲	左右が不揃い，目が出ている，瞼が変，二重が深すぎる，目の下にくまがある	25人
鼻	太すぎる，穴が大きい，低すぎる，曲がっている	17人
体型（太っているという悩みは除く）	小さくて貧相，背が低すぎる，骨格が女性的すぎる，みすぼらしい，肩がいかりすぎている，身体が細すぎて棒のようである	14人
髪の毛，生え際	髪の毛が薄い，生え際が女性のようだ，はげ，巻き毛	14人
肌	脂ぎっている，黒い，くすんでいる，ニキビ痕がある	6人
美容外科手術をした部分	汚くなった，バランスがおかしい，皆にばれてしまう形である	6人
唇	下唇が厚すぎる，上に向いている，笑っているような形である	4人
脚	脚が太すぎる，O脚，短い	4人
胸（バスト）	大きすぎる，小さすぎる，乳首が大きすぎる	3人
性器部分	ペニスが大きすぎる，睾丸が小さい，恥丘が出すぎている	3人
ひげ	濃すぎる	2人
歯，頭の形，アザ，尻		1人ずつ

表8-2 身体醜形障害の患者さんが醜いと悩む部位とその割合（フィリップスの報告）
(Philips, K.A : The Broken Mirror, 2005 より改変)

肌	73%	唇	12%	額	6%
髪	50%	尻	12%	足	6%
鼻	37%	あご先	11%	手	6%
体重	22%	眉	11%	あご	6%
腹部	22%	腰	11%	口	6%
バスト・胸・乳首	21%	耳	9%	背中	6%
目	20%	腕・手首	9%	手の指	5%
もも	20%	ウエスト	9%	首	5%
歯	20%	性器	8%	肩	3%
脚（全体）	18%	頰・頰骨	8%	ひざ	3%
体格・骨格	16%	ふくらはぎ	8%	足の指	3%
醜い顔（全般的に）	14%	身長	7%	足首	2%
顔の大きさ・輪郭	12%	頭の大きさ・形	6%	顔の筋肉	1%

＊1人の患者さんが2カ所以上挙げている場合が多い

を悩み続けるか，あいまいな訴えかはっきりしたものか，悩む部位が他者に見えるところか見えないところか（背中の痣など），性器や乳房など性的な意味を持つ部位か否か，などの悩み方の特徴は鑑別に役立つ情報となるようには思えない。女性例において，複数部位および部位の移動がやや多い印象はあるが，疾患の鑑別に役立つものではない。

多数例を包括的に考えると，こだわる部位として選ばれるのは，目立つところ（目，肌，鼻，髪の毛など），他の部位が優れているのに，その部位のみ，言われてみれば，やや劣るかと思われる部位，第二次性徴で変化した部位（角張った顎，脂ぎった肌）などが多い。興味あることに，クライエントのチャームポイントである部位が選ばれることもある。また，親に似ている部位を悩むケースもみられる。この親や誰かに似ている部位を悩むケースでは，そのことに心理的な意味がある場合が多い。しかし，多くのケースでは，一部の精神分析の論文で論じられたような象徴的な意味はない（たとえば，鼻はペニスを象徴するなど）。そして，悩む部位には鑑別的な意味もないと考えている。

(4) 年　齢

図8-1はBDDの発症年齢に関するフィリップスらの結果である。われわれも慶應病院でのカルテ調査で，ほぼ同様の結果を得ているが，この図のほうが新しく症例数も多いので，この図を示す。40代の女性例の小さな山を除けば，この発症年齢の

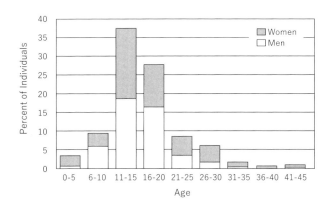

図8-1　BDD Age of Onset
(Philips, KA : The Broken Mirror, 2005より)

推移は，対人恐怖症あるいはSAD，摂食障害なども同じ曲線を描く。これらの障害すべてが，発症年齢から思春期青年期的問題であることが推測できる。

　この図で大事なことは，30代半ばすぎると男女とも発症例はゼロに近くなることであり，女性例のみ40代前半に小さな山があることである。私は40〜50代の男女例を2例ずつ計4名経験しているが，3例はうつ病であった。50代で発症した男性例は，青年期に，醜形恐怖症的な悩みを抱いたことがあり，仕事をリタイアーしてから再び悩みはじめていた。ようするに，30代半ば過ぎに醜形恐怖症状を発症したケースについては，うつ病を第一に考える必要がある。

　有病率も，ほとんど，この発症年齢の曲線と重なるようである。つまり，醜形恐怖症状そのものも，20代後半には和らぐことが多いことを臨床家は知っておくべきである。ひどく思い悩み，行動化の激しい時期は一時期であることが多い。このことは，家族にも伝えておく必要がある。受診するのは，ほとんど悩みのピークの時期であることが多い。

(5) 病識について

　病識の程度については，ほとんどが妄想様に思い込んでいることが多い（delusionalなケースは84%であったという報告がある）。逆に言えば，自分の醜さへのこだわりが，思い込みやこだわりかもしれないという程度の病識がある場合は，思春期などに見られる健康な容姿の悩みと考えたほうがよい。つまり，大半のケースでは，妄想様に思い込んでいる状態に対する心理療法の心構えが必要となる。

(6) 美容外科について

　BDDの治療においては、どうしても美容外科の問題を話し合う必要に迫られる。美容外科手術後、醜形恐怖症状が悪化したケースが24.3%であったというフィリップスらの調査報告もあり、また、美容外科手術の満足度は長期に観察するとわずか2.3%であったという報告もある。<u>基本的には、BDDの患者にとって手術は避けたほうがよい。</u>しかし、少数のケースでは、手術を止めても、勝手に受けてしまうこともあり、多少の満足が得られたり、それ以上は諦めるなどして安定するケースもないわけではない。しかし、どのようなケースが満足する可能性があるかは、症状からは判断できない。現実の容姿のレベルと悩む醜さの程度との乖離が少ない時に、手術に満足する傾向があると考えがちだが、必ずしも、そうではない。

(7) 薬物療法は絶対に必須である

　抗うつ薬として開発されたSSRI（セロトニン再取り込阻害剤）が登場するまでは、妄想様の思い込みの強いBDDの治療は、極めて不十分なものであった。抗不安薬はもとより、抗精神病薬単独では、かなりの量を使用しても、ほとんど効果がなかった。しかし、SSRIが使用可能となり、BDDの臨床は一転して治療可能なものとなった。

　<u>BDDの薬物療法においては、症状として妄想様であっても、抗精神病薬単独による治療はほとんど無効であり、病識の程度に関係なく、SSRIが高い効果を上げることが確認されている。</u>それゆえ、心理療法を行う場合も、薬物療法を並行して行うべきである。

　すでに、SSRIの一種であるFluoxietineとプラセボおよび三環系抗うつ薬のClomipramineとDesipramineとのRCT（比較検討試験）が行われている。その結果、ともに、有意にセロトニンに働きかける三環系抗うつ薬とSSRIの効果が示された。どうも、BDDはセロトニン代謝と関連しているらしい。しかし、SSRIとは系統の異なる抗うつ薬のSNRIやNaSSAなどとのRCTの報告はない。私自身の経験からは、これらの系統の薬剤のBDDに対する効果は否定的である。

　Open-label trialでは、SSRIのCitalopram, Escitalopram, Fluvoxamineなどの報告があり、すべて70%前後のケースで明確な改善が得られたとされている。私も、その程度の改善が見られると考えている。30%前後は、悩みが完全に消えることは少ないが、かなり改善されて、日常生活に支障がないようにすらなる。私の経験からは、少なくとも、薬物療法によって、心理療法が可能な状態になることが圧倒的に多い。BDDではないかと言って、本人が自ら相談に来て、そのまま心理療法が可能なケースでも、薬物療法を試みる必要がある。なぜなら症状の軽減を見ることが

多いからである。

2. 治療過程
－おもに中核群について述べる－

(1) **導入期の問題**——精神的な治療が必要であることを理解してもらうように努力する

①治療へのモチベーションを高めることが必要

　導入期としては，他の疾患と同様，診たてと心理教育的アプローチが大切となる。しかし，BDDにおいては，思春期の摂食障害と同様に，本人は精神的な問題であるという自覚がほとんどない。彼らは，無理やり親に連れてこられることがほとんどである。本当は，美容外科に行きたいと思っていて，精神科受診は不本意であることが多い。そのため，初診においては，診断をしていく過程で，同時に治療関係を形成することを重視しなくてはならない。特に，精神的な治療が必要な状態にあることを，ある程度は認識してもらう必要がある。つまり，治療へのモチベーションを高める必要がある。

　まずは，いつごろから，何をきっかけに醜いと思うようになったか，どの程度の思い込みか，他の症状がどの程度伴っているか，症状に波はあるか，確認行為などがどの程度あるか，日常生活はどの程度維持されているか（ひきこもっていることが多い），これまで，美容外科手術を受けたり，美容外科を受診したことがあるか，などなどを聞けば，診断は難しくない。それゆえ，あまり詳細に聞きすぎて，関係をこわさないことが大切である。必要であれば，付き添いの親から状況を確認することもできる。

　そして，本人には，とてもつらい悩みであることは理解していることを伝える。彼らは「自分の体が裏切る」「化け物のような自分と思い込んでいる」という苦しみを抱いていることは事実であり，その点に共感する必要がある。

　しかし，同時にセラピストの容姿への印象を素直に伝えることが，彼らを安心させるように感じている。つまり，「私から見て，手術は必要のないレベルだよ」と伝えたり，「100点満点で50点が平均だとすると，70～80点程度だと思う」とも伝える。実は，本当にその程度のケースが多い。本人にも何点と思うかと聞くようにもしている。多くは，「マイナス何点です」「ゼロです」というケースが多い。そこで少しそのズレについて話し合うようにしている。細かく話し合うと，彼らは饒舌に説明してくれる。そのことも関係形成には役立つように思っている。

②関係を築きながら，心理教育的アプローチ的要素を入れていく

　まず，様子を見て，診断を伝える。「こういう思い込みの神経症がある。あなたはそれにあてはまるようだ」と伝える。「醜いのではないかと不安になって鏡などを見ると，そのように見え，確信を深め，悩みがグルグルとまわりだすと，脳の機能に何らかの不具合が生じて，強い思い込みに陥ることがある。あなたは今，そのような状態にあると考えられる」などと伝える。

　そして，他に強迫的な傾向がないか，もともと，不安が強くなかったか，負けず嫌いではなかったか，学童期にかわいいと賞賛されたことはなかったか（そのような経験をしていることが多い）について尋ねていくと，彼らはいろいろと思いあたり，単なる容姿の問題ではないという気持ちになることが多い。そして，このような「こだわり」には効果的な薬物があると説明して，薬物療法を勧める（カウンセリングセンターなどの場合は，心理療法は精神科での薬物療法と並行して行うことが絶対に必要となる）。

③美容外科についても話し合う

　以上の流れの中で，BDD特有の問題である美容外科について話し合うが，特に，以下のような場合は，禁忌と考えたほうがよい。「こんな容姿ではどうしようもない」「皆に相手にしてもらえない」など，訴え方に切迫感がある場合。また，訴え方が不自然で，客観的に見て，そのように見えない（左右の非対称など），写真でなぞらせても理解できないなど具体性・現実性に欠ける場合。ひきこもっているとか，何時間も鏡に向かっているなどのために，日常生活が維持できていない場合。そして，すでに手術の経験があって，満足できていないなどのケースは，さらに手術をしても満足しないことが多い。

　まず，心理療法と薬物療法を受けることを勧める。それでも，どうしてもしたいという場合は，心理療法と薬物療法を受けることを条件として，ある程度の時期が来たら，信頼できる美容外科医を紹介すると伝える。この方法なら，ほぼ，こちらの提案する治療に同意することが多い。そして，治療が進んで，ある程度，余裕ができると，ほとんどが必要と思わなくなる。それでも望む場合は，その時点で，いろいろ話し合うことが必要となる。実は，美容外科をどうするかも，問題解決の手立てであり，本人の主体性を育てながら，実際の問題解決には，さまざまな要素が含まれることを体験してもらう機会ともなる（情報の収集とか，予約の仕方とかを自分でやらせるなど）。そして，できる範囲や限界や社会的なルールなどを学びつつ，工夫する姿勢を育てるきっかけとするという姿勢が必要である。

④親への心理教育的アプローチの必要性

　実は，BDDの親には，一定の特徴がある。それは「不安あるいは緊張が強いが，何とかしようとする意志あるいはエネルギーが高い」ことである。とにかく，「何としても，なんとかしてやりたい」という姿勢が強いタイプである。今一つのタイプは，あまり心理的なことをデリケートに理解する姿勢は弱く，具体的な問題解決に走りやすいタイプである。母親が多いが父親という場合もある。また，親との関係性に強い緊張感が伴っているケースも少なくない。少なくとも，快く，親に依存しているケースはほとんどいない。依存している場合は強いアンビバレンツを抱いているし，親に期待するという態度そのものが見られないケースも多い。このような関係性が，自分の身体に固執することと何らかの関係性があると思っている。

　このため，本人は，親の影響を受けて，不安緊張が強く，一方で何とかしようとする意志が強いところを学んでいる，あるいは，自分の気持ちを理解してもらうことはあきらめているところがある。そういう意味で，本人は，心休まることがすくなく，緊張感が強く，不安から自分で何とかしようとする傾向が強くなると考えられる。

　そういう親であるから，子どもが妄想的な悩みからひきこもっているというだけでひどく焦ることが多い。本人の悩みが理解できず，しかも，学校なども行かなくなることから，それまでの緊張不安を一層，強めることにもなる。

　セラピストは，この辺りを理解し，親にも病理についての心理教育をする必要があり，彼らの不安を支える必要がある。病気についての説明は本人と同時に親に話すことが大切である。そして，何とか本人を説得しようとすることはあきらめるように伝える。そして，親の容姿への評価は正直に伝え，ブレないよう伝える。本人が聞いてきたら，「私からは，『醜くは見えない』」というように一貫して伝えるようにしてもらう。親が落ち着くことが大切であり，親にもできることとできないことがあることを態度でも示すことが大切である。

　そして，極めて悩みが強く荒れやすいのは，一時期であり，その時期を超えると強烈に悩むことは，少しずつ和らいでいくことも伝える。ただ，少しずつ強烈さが減ずる時期は，個人差があり，年単位に及ぶことがあることも伝える。だから，絶望することもなく，しばらくはしっかりと本人の悩みに付き合っていこうという態度，つまり腹を据えてもらうように伝える。少なくとも導入期には，親も並行面接し，そのような姿勢になるような教育指導をするとともに，不安を支えることが必要になる。親が落ち着いて，子どもとコミュニケーションできるようになることが，本人の安定にも，極めて重要である。

(2) 治療の中期のテーマ

　治療に継続的に通いだせば，BDDの本格的な心理療法を始めることができる。それをここでは中期とする。その中心テーマは，不安に対する認知・態度の修正とともに，できることをできる範囲でチャレンジすることを促すことである。それとともに，彼らの思考過程は極めて狭く硬いことが多く，常に，多面的に，柔軟に考えるようなアドバイスが治療期間を通じて必要となる。

　また，BDDのような妄想様の思い込みの強いケースに対しては，セラピストは，積極的なアプローチを心がけることが必要である。

①絶望感・不安への認知的アプローチ

　BDDは，不安緊張がベースにある病である。防衛的スタイルは強迫スタイルを使い，「理想の容姿さえ身につければ（つまり，理想のマスクをかぶれば），自分の不安緊張はコントロールできる」という思いからくる悩みである。その背景には，幼児期はかわいらしかったという自他の評価が背景にあることが多い。つまり，幼児期のかわいらしい自分に戻れば，幼児期の不安のない自分に戻れるという自己愛的な願望が伴っていることが多い。つまり，彼らの防衛スタイルは強迫的自己愛的である。素晴らしい容姿になれば，自分に不安を与える世の中（自他）をコントロールできるという思いこみであり，その破綻が受け入れがたい醜さ感を抱かせると考えられる。そして，このような仮説を伝えることで，さまざまな要因が関与している可能性を示し，物事を多面的に見ることを促すようにする。

　そういう意味で，この醜さに伴う不安・絶望感については，ベースに不安感があることから，CBT的なアプローチが効果的であることが多い。つまり，思い込みの部分については，根拠のない決めつけ，選択的抽出，拡大視・縮小視，極端な一般化など利用できる。しかし，何より大切なのは，彼らが不安を完全にコントロールするための完全な容姿を求め続けていて，破綻するメカニズムを何度も話し合うことである。

　私自身は，醜いと思い込んで絶望している心理状態には，まず，何らかの絶望感がベースにあるからこそ，そのような極端な認知に陥っている可能性を話し合う。「なぜ，そのように絶望するのでしょうか？」「一歩譲って，醜いとしても，これほど絶望するのは絶望する何かがあるのでは？」などと質問し話し合う。彼らの多くは，「こんなに醜ければ絶望するのは当然だ」と答えることが多い。そういう時，実際に熱傷などで容姿を損ねた方の実例などを話して，「醜さ」と「絶望感」は別物だと伝えることもある。そして，絶望感の背後には何らかの不安が伴っている可能性が高いことも伝える。そして，その不安・絶望感について心当たりがないかを話し

合う．すると，何らかの自信のなさ，自分は皆から劣るという思い，学童期にいじめられて，自分はいじめの対象となるような存在だという思いなどに至ることが多い．何か思い浮かべば，そのことを話し合う．たとえ，彼らが納得しなくても，何度でもこのような話を外来でできるようになると，少しずつ，醜形恐怖症状から距離が取れるようになる．絶望感の正体が，負けた体験，いじめ体験をベースとした劣等感・自己否定感であることが多い．

②不安を抱えながらもできることをできる範囲ですることを促す

　上記のような不安・絶望感について話し合いながら，そのアプローチに並行して，彼らの負けず嫌いの傾向を生かしながら，自分の納得いく人生のためには，何をしたらよいのかを話し合うようにしている．彼らは，容姿を修正しなければ何も始まらないと考えている．その考えの修正を図るとともに，さまざまな可能性を話し合うことで，彼らの思考過程を柔軟にすることができる．そして，その目的のためには，今，何ができ，何は無理なのかを話し合い，できることをできる範囲でするというチャレンジを勧めるようにしている．このようなチャレンジにおいては，失敗した時こそ大切になる．セラピストはチャレンジしたことを評価するとともに，失敗に終わった残念な気持ちをともに共有することが大切である．

　失敗に終わっても，セラピストが残念な気持ちは共感するが，不安になっていないし，動揺もしていない，「うまくいかないことがあるのは当然」という態度でいると，そのような対人関係的な体験そのものが，不安緊張の強い親との関係性や情緒的に距離のある関係性では得られなかった体験を提供できるものと考えている．

　また，彼らは，妄想様の症状を出せることからも推測できるように，心理的エネルギーが高いことが多い．目標を持つと驚くほど頑張ることが多い．そのためにも何かを始めると，それなりに何かを達成することも多い．たとえば，バイトを始めるとスタッフから評価される，受験に合格するなど．すると本当の自信がつき，自信がつくと驚くほど醜形恐怖症状が希薄になる．

③セラピストとの関係性そのものが治療的・修正体験的に働く

　治療過程では，彼らは，セラピストが安定しており，本人の不安に耳を傾け，本人の求めるものを大切にするという態度を示していると，その関係性を支えにして，ともに問題解決策を考え，限界と可能性を二人で吟味し，そして，チャレンジするというプロセスをたどっていく．そして，成功すれば，ともに喜び，失敗すれば，安心できる雰囲気の中で，何が失敗の原因であったかを冷静に相談できるようになっていく．そして，問題を抱えた時に，たぶん，それまで親が示したような，「何とし

ても解決」という切迫感もなく不安感もなく，またわけもわからず「こうしてみれば」と言われる対応でもなく（BDDの親は，このような関わりをしやすい），セラピストとともに，安心した関係性の中で，自分の試行錯誤を相談できるという体験をすることになる。そして，このこと自体が，彼らのベースにある不安感を修正していくように思っている。

④終結へ

多少の醜形感があっても，それなりに自分の生活を立て直そうとしていくようになれば，本格的な心理療法は終了してもよい。ようするに健康な範囲の容姿の悩みになればよいと考えている。それとともに，彼らの，やりだすとトコトン頑張るところを評価しつつ，思考過程の狭さ・硬さとどのように付き合うか，不安になると，そのことだけに集中しやすい傾向とどのように付き合うかを話し合うようにする。つまり，彼らの弱点とうまく付き合い，長所を生かすことを話し合うこととなる。

そして，徐々に，限界のある中で，できることも増え，現実的な自己評価が安定していくと，過剰なコントロール欲求あるいは不安に駆られたコントロール欲求が減じていく。ここまでくれば，あとは，本人の希望に沿って，終結を話し合うことになる。

ケース 典型的なBDDの症状を呈したA君　初診時18歳　男子

A君は妹が一人いる長男として生まれた。両親は彼が幼いときに離婚していて父親の記憶はない。本人も母親も，父親については語りたがらない様子であった。母親は会社を経営している。そのため，帰宅すると仕事上の愚痴を彼に話すことが多かったという。彼はよく聞いてくれる子であったと母親は言う。会社自体も赤字が続き，イライラすることも多かったという。しかし，彼がとてもかわいかったので，時々，会社にも連れていくと，皆に「なんてかわいい子なんでしょう」と言われるのが，うれしかったという。このことは，本人も覚えている。「たくさんのスタッフが自分を囲んで『かわいい，かわいい』と言ってくれて楽しかった」と。

その母親は教育熱心で，A君を小学校から有名な進学塾に通わせた。家にいるときには彼が勉強していないと，「お前は一人で生きていくしかないのだから，とにかく勉強しなさい。力をつけなさい。一流になりなさい」と言うのが口癖であったという。母親が癇癪を起すとすさまじいので，母親の言うことは聞いていたという。その一方で，ときどき，母親はふさぎ込んで何もしなくなる時があり，その時は，距離を取っていたという。

小学校時代は進学塾で成績がトップクラスになり，彼も自分の上昇志向にのめりこんでいった。そして，有名私立中学には合格した。しかし，不思議なほど，この頃の友人関係や学校での思い出は話題にならなかった。中学も成績はトップクラスで，そのまま高校に進学した話しか出なかった。そして，高校の1年の秋ごろより，鼻が円いことを気にしだして学校に行けなくなり，それ以後は，いろいろの美容外科を受診したが，まだ，若いこともあって，手術は断られたという。それからは絶望してひきこもり生活をしていたという。外出は，ときどき，マスクをして買い物に出かける程度であった。一時期，「こんな鼻に生んだお前が悪い」といって，母親に暴言を吐くこともあり，ときには壁などを壊すこともあった。この段階で母親も心の病かもしれないと思い，私の本を見て受診された。本人には，私が許可をすれば手術させるという条件で受診させていた。

初診の様子と導入期の対応
　彼の容姿は，当初はマスクをしていたために，よくわからなかったが，マスクをとるとかなりのイケメンであった。鼻は，言われてみると鋭くとがっていないが，決して醜いというモノのではなかった。しかし，彼は，どうしても納得がいかないという。

　これまでの状況を母親が話しているときは静かに聞いていたが，彼に質問しだすと，しっかりと受け答えをした。緊張感は強いが，自分なりの話し方で「とにかく，この鼻を変えたい」と強く要求した。彼の話を待っていると，ひたすら，手術したいことしか話題は広がらなかった。

　そこで，すでに述べたように，積極的に導入期としての心理教育的アプローチを行った。まず，つらい気持ちに共感しつつ，彼の容姿を話し合い，互いに点数化した。私は「80〜90点以上はあるね」と言い，かれは「マイナスしか考えられない」という。そこで，そのギャップを話し合った。そして，話しやすそうになったころに，「私の考えでは，あなたは，まだ，理由はわからないが，何かと不安が強くはないですか」「成績で負けたら，大変なことになると思っていませんでしたか」「完璧なマスクにすれば，負けない，あるいは，不安がすべて取れると思っていませんか」などを適度な話の中で伝えていくと，少しは何かを感じたようではあった。

　そこで，「『醜いのではないか』と悩みだすと，それを頭の中で繰り返すようになり，ますます確信を深めるという悪循環が生まれます。このような状態をわれわれは身体醜形障害と言います。いま，あなたはその状態になって

いると考えます」と伝えた。

彼は，黙っていたが，何かを感じているようではあった。そこで，「思い込みや捉われる状態では，脳に何らかのサーキットのようなものができてしまい，自分では訂正できないのです。それを和らげる薬があるので，それを飲みながら，美容外科のことも含め，これからのことを考えていきましょう」と提案した。

彼は，黙っていたが何かを感じているようではあった。そこで，美容外科は悪い影響を与える可能性があるとか，満足度の低さなどを数字も交えて伝え，慎重に考えることを勧めた。彼は，とりあえず，私を信頼して服薬と治療に通うことを承諾してくれた。

本格的な治療のプロセス

安定して治療に通えるようになり，薬物療法も安定してくるにつれて（彼の場合は，fluvoxamine 150mgで安定した），彼の不安や，これからの生活の立て直しについて話すようになった。

薬物療法では，醜いという思いは消えなかったが，切迫感や焦燥感が消え，自分の思い込みに向き合おうという姿勢ができた。

そこで，彼の醜さのベースにある「絶望感」を話し合った。彼は，「友人に負けてしまったことだ。それが取り返しのつかない絶望感に違いない」と言った。この「取り返しがつかない」という思い込みについて話し合った。彼の心理療法の話題は，いつも，「友人の誰それは何とか大学に入りそうだ」「伯父さんは一流の何とか企業に勤めていて自分は勝てそうもない」などというテーマに終始することが多かった。このような素材から，「負けたくないこと」が何より大切だと思っていることを明確化していった。

このアプローチに並行して，今から追いつくためには，何ができるだろうかを話し合った。何ができて，何はできないのかを二人で話し合っていった。そして，「やはり大学で見返してやりたい」と言うので，有名大学を目指して勉強に専念しはじめた。この時期，目標ができたせいもあり，道が開けたと思えたせいもあって，少しずつ，醜形恐怖症状の悩みが軽くなっていった。受験勉強中も，私の勧めでアルバイトを始め，そこで，上司・同僚にほめられるほどの働きを見せた。そのことが自信になると，急速に醜形恐怖症的な悩みはトーンダウンした。

そして，何より彼が変わったと思うのは，こだわっていた一流の大学に入れなかったが，それに絶望することもなく，それなりのレベルの大学に合格

して入学したことである。それは，こうでなくてはならないという硬い考えが柔軟になってきたことを意味する。その後は，大学生活で，自分の思い込みの強さから友人を誤解したり，友人から誤解されたり，頑固すぎて周囲にあきれられたりと，彼の生活上・性格上の問題点が露わになり，自分の思考過程の硬さや狭さに気づいていった。そして，恋人もでき，友人仲間もできた段階で，一応，治療の終結となった。

　心理療法としては，このような一流を目指し続ける生き方や欲求，あるいは理想像が，母親の引いたレールに沿ってきたものであり，母親の期待を取り入れたものであって，本当に自分の求める生き方ではないかもしれないという重大なテーマが残っていた。つまり，誤った役割としての自己愛の問題が残っていたが，このような<u>人生上のテーマは，身体醜形障害においては，パニック障害などと同様，深まらないことが多いように感じている。</u>そういう意味では，身体醜形障害は，あくまで不安・緊張に対する防衛として理解し，その不安緊張に対する対応が安定化することが治療の中心目標になるような気がしている。

　つまり，彼らが求める理想の容姿というのは，対人関係論的な意味での役割的な自己愛に由来するものではなく，強迫的な防衛として，不安をコントロールする理想のイメージとして現れるものと考えたほうがよい。それは，強迫における，回数，順序，枠組みなどに魔術的な力を付与する心理規制と似ている。そして，そこには，思春期特有のイメージの理想化・結晶化のメカニズムが働いているのではないかと考えている。

3. セラピスト・クライエント関係の　　重要性とボディー・イメージの問題

　中長期の治療関係では，彼らがなかなか本当には信頼してくれず，部分的な援助しか求めない傾向に目を向ける必要がある。A君に限らず，BDDのケースにおいては，道具的には親に頼っているが，親の不安緊張が強いせいか，あるいは親が道具的なサポートしかしなかったせいか，<u>情緒的に信頼して頼る，あるいは関係性を持つということが苦手である。</u>そういう意味では，「欠損モデル」の傾向を伴っている。このことから，彼らには，言葉による介入よりも，治療関係の中で，いわゆる信頼するという体験を，体験をもって感じ取ってもらうことが大切かと思っている。この関係性そのものが彼らの孤独感と不安感を和らげるものとも考えている。

　また，心理療法的なアプローチで解明すべきなのは，BDDに想定されているボ

ディー・イメージの障害が、どのような要因で起きているかという点である。すでに触れたような親との関係性が関与しているとしたら、どのようなメカニズムかという点であり、本当にボディー・イメージは親子関係に由来するのかという点である。私なりに摂食障害との関連でボディー・イメージについて考察したことはあるが、ボディー・イメージの概念そのものが曖昧になっており、まとまったスペキュレーションすら提出できなかった（〈Cash, et al 2002〉を参照のこと）。

　私なりに想定しているのは、すべてではないが、親との情緒的体験の希薄さと、それに伴う不安・心細さ・被圧倒感が背景にあり（健康なボディー・イメージの獲得には、親からの健全な応答や健全なアタッチメントの形成が大切だという考えが最近広まっているので、そのような考えに通ずるものではある）、学童期に容姿として優れていたことが、容姿に対する自己愛を抱かせることになり（学童期の問題に触れた研究はほとんどない）、両者が相まって、自己愛的なイメージによる強迫的な不安の打消し欲求が生じ、その破綻としてネガティブなイメージが現れるというメカニズムを考えている。そして、この破綻が極端な「醜さ」につながるのではないかと想定している。しかし、この考えはスペキュレーションに過ぎない。今後の課題である。

おわりに

　これまで述べてきたように、BDDは役割論的な理解よりも、不安緊張による捉われ、あるいは強迫心性の破綻と考えたほうがよく、そういう意味では、CBT的なアプローチが効果的であると考えている。アメリカではBDDの心理療法はCBTで行われている。しかし、私は、CBTは治療の初期には、ある程度の効果があるが、あまりにシステマティックに行うと、すでに述べた、彼らの不安緊張の強い親との関係に由来する欠損部分の修正が難しいのではないかとも思っている。BDDのクライエントには、安心できる関係性が欠損していた可能性が高い。CBTには「欠損モデル」に対する考えが抜けているように思っている。

　精神医学的には、今後、心理的なメカニズムで説明できるBDDと何らかの病的なメカニズムが関与しているBDDとの違いをどのように考えるか、アスペルガー障害を基盤とした醜形恐怖症状および統合失調症にともなう醜形恐怖症状と、中核群となるBDDにおける醜形恐怖症状との異同の検討、また、それらに対する薬物反応性の違いなどについての詳細な研究が課題と考えている。

● 参考文献

Cash, T.F., et al (2002) Body Image. Gilford Press, New York.
（本書はボディー・イメージについての包括的な書であり，あらゆる分野からの研究が紹介されている。必要な文献も網羅されている）
Feusner, J.D., Hembache, E., Moller, H., et al (2011) Abnormalities of object visual processing in BDD. Psycho Med, 41 (11) ; 2385-2397.
Hollander, E., Allen, A., Kwon, J., et al (1999) Clomipramine vs desipramine crossover trial in body dysmorphic disorder : selective efficacy of a serotonin reuptake inhibitor in imagined ugliness. Aych Gen Psychiatry, 56 ; 1033-1039.
鍋田恭孝（1996）醜形恐怖症の長期観察による類型化の試み．精神医学，38 ; 699-707.
鍋田恭孝（1997）対人恐怖・醜形恐怖．金剛出版．
鍋田恭孝監修（2004）特集「容姿と美醜の心理」．こころの科学117.
鍋田恭孝（2011）身体醜形障害．講談社．
鍋田恭孝（2015）身体醜形障害の鑑別診断および心理的対応と薬物療法．臨床精神薬理，18 (4).
Olivarda, R., Harrison, G.P., Hudson, J.I. (2000) Muscle dysmorphia in male weightlifters : A case control study. Am J Psychiatry ; 157 (8) ; 1291-1296.
Perugi, G., Giannotti, D,. Di Vaio, S., et al (1996) Fluvoxamine in the treatment of body dysmorphic disorder (dysmorphophobia). Int Clin Pychopharmcol, 11 ; 247-254.
Phillips, K.A., Dwight, M.M., McElroy, S.L. (1998) Efficacy and safety of fluvoxamine in body dysmorphic disorder. J Clin Psychiatry, 59 ; 165-171.
Phillips, K.A., Alberti, R.S., Rasmussen, S.A. (2002) A randomized placebo-controlled trial of fluoxetine in body dysmorphic disorder. Arch Gen Psychiatry, 59 ; 381-388.
Phillips, K.A., Najjar, F. (2003) An open-label study of citalopram in body dysmorphic disorder. J Clin Psychiatry, 21 ; 177-179.
Phillips, K.A. (2005) The Broken Mirror 2nd edition. Oxford Univ. Press.
Phillips, K.A. (2006) An open-label study of escitalopram in body dysmorphic disorder. Int Clin Psychopharmacol, 21 ; 177-179.
Phillips, K.A. (2008) Suicidality in BDD. J Abnorm Psychol, 117 (2) ; 435-443.

第**9**章
強迫性障害
(Obsessive Compulsive Disorder) の
心理療法的アプローチ

　強迫症状は，日常生活で心配事が心に引っかかって仕方がないというレベルから，生活すべてが強迫症状に彩られてしまうレベルまであり，極めて広範囲の現象である。常に不安なものを探し続けているために，気になる刺激を見つけては苦しむということが多いが，不安を喚起する刺激に出会うと発作的に不安なイメージがわいてしまうという場合もある。

　また，強迫的な生き方を貫いており，強迫的な不安を抱きながらも何とかコントロールしている場合（作家の泉鏡花のように）もあれば，強迫症状のために，日常生活が大きく妨げられる場合（大富豪のハワードフューズのように）もある。

　うつ病と同様，生理的な問題が解明されつつあるが，強迫的な生き方と関連していることも多く，工夫すれば心理療法が効果的であることは間違いない。

1. 強迫性障害（以後，OCDと記す）の臨床において知っておくべきこと

(1) 強迫現象について

　OCDとは，強迫症状を示す疾患であるが，強迫症状を含む強迫現象は，人の営みに広くさまざまな形で見られる。時に動物にもみられ，生物種に特有な何かが関連している可能性がある。そこで，まず，強迫現象について簡単に述べる。

　強迫現象については，ヤスパース（Jaspers, K），シュナイダー（Schneider, K）以来さまざまに定義されてきた。ここでは成田（1994）の定義をしめしてその概観を提示したい。

　　『強迫現象とは，患者がその観念（強迫観念）や行為（強迫行為）が自分にとって無縁で無意味であることがわかっていて，それに悩まされることを異常

と認め，気にすまい，考えまい，行うまいと努力するにもかかわらず，そうすればするほどかえってこころに強く迫り，それをやめると著しい不安が生ずるため，それにとらわれて，そうせざるを得ない状態に陥っていることをいう。』

　そして，この強迫現象の中心となる強迫観念と強迫行為とのどちらか，あるいは両者が見出され，他の症状が見出されない状態がOCDと定義される。しかし，強迫現象としての強迫症状はOCDのみに見出されるものではなく，統合失調症などさまざまな精神疾患に伴うものであり，精神科領域に広い範囲に見出される。

　また，子どもの遊び，さまざまな呪術，縁起かつぎ，儀式，秩序・形式への固執など，日常生活にも強迫現象類似の行為が見出される。強迫に通ずる繰り返し行為などは，動物の世界にも広く見出されるし，テリトリーを守るマーキングなども強迫現象に関連した行為ともいえよう。

　また，下坂（1967）は強迫の心理状態として『患者は非合理性に悩むというよりは，むしろ症状の圧倒的な拘束力に悩み，これに対抗しようとしている』と述べ，強迫現象の非合理性より被拘束性・被支配性をより重要視している。これは不随意運動に似た性質を指摘したものともいえよう。この指摘は臨床家としての鋭い着眼点であると感じている。

　このように強迫現象には，非合理性，被拘束性，現実あるいは目的から遊離した形式や秩序とその繰り返し，時にはその行為や観念に呪術性や魔術性が伴いやすいなどの特徴が見出される。しかも，これらの現象は危機や不安状況への対処機能として生じているにもかかわらず，機能しないという側面もある。

　言い換えれば，まず，何らかの危機的な状況に陥る。あるいは，<u>何か大変なことが起きそうだという不安に襲われる。しかし，それに対する具体的で有効な対応策が見出せない。つまり，コントロール不能感を抱く。</u>そのため，何か，呪術的な何らかのパターンに頼るしか方法がない。そして，その儀式を丁寧に行うが，効果のなさをどこかで知っているため，あるいは状況が変わらないため，不安感だけが残り，それをより正確に繰り返すことになる。そして，より正確に繰り返すことが目的となる。そのため，その行為に終わりがない。

(2) 強迫心性発生のメカニズム

　以下に，強迫心性発生のメカニズムを示す。

　ある中学生が試験を控えている。本人は失敗できない試験だと考えている。しかし，どのように準備すれば大丈夫なのかわからない。そのために不安になる。1ページ目から勉強をはじめたが間に合いそうもない。ますます不安になる。

ふと，鉛筆が目に入る。勉強の手の付け方がわからないために削りはじめる。すると，この鉛筆がうまく削れれば，試験はうまくいくという考えが浮かぶ。ところがおまじないのように削っても，うまく削れない。今度は，鉛筆の削れ方が気になって，次々と鉛筆を取り換えては削るがうまくいかず，ますます不安に陥る。

この時の彼の心理的状態こそ強迫心性に相当する。

まず，<u>何とかしなくてはならない問題を抱えている。しかし，どのように対処してよいかがわからない。切迫した不安に陥る。そこで，おまじないのような儀式が始まる。</u>彼の場合は鉛筆をうまく削れることだ。回数とか，具体的な何ものかを思った通りにできれば大丈夫と思えるような気がする。しかし，やってみると不安が取れないため，繰り返すことになる。

いつの間にか，彼の不安は鉛筆がうまく削れなかったらどうしようという内容に変わってしまう。この「うまく削れなかったら大変なことになる」という不安を伴う考えを強迫観念という。そして，それを打ち消そうと削り続ける行為を強迫行為という。強迫行為は雨乞いなどのおまじないととても似ている。

また，このような心理状態になれば，人は過剰防衛的な態度となる。そのため，スキがないように・間違いがないようにという態度となる。そのため，重要な部分よりも，手を抜きがちな些細なことにかえって注意を向けることになり，作業に時間がかかるし，ポイントがわからなくなる。

このような状態が，本人に苦痛を与えたり，日常生活に支障をきたすようになるとOCDとして病的な状態と考える。そのため，健康な範囲のこだわりと，病的な範囲のこだわりとは境があいまいになる。

(3) **強迫症状**には，どのような症状があり，その中心テーマは何なのか

強迫現象は臨床的には強迫症状とされる。すでに述べたように，強迫症状には強迫観念と強迫行為がある。

①強迫観念で注意すべきこと――妄想および自我障害との関連

強迫観念については以下の点を心得ている必要がある。まず，その考えが不合理であることを自覚できているということである。たとえば，「自分が誰かを傷つけてしまう，あるいはしまった」という観念がわいてきたとしよう。不合理性の自覚とは，本人が，この考えは事実と反しているという自覚があることを意味する。DSM-5では，病識のあるなしということになる。病識がなければ，現実とはズレた考えを信じていることになり，妄想と考えることになる。DSM-5によれば，約5%が妄想状態にあるという。しかし，それでも強迫傾向の強いものは，統合失調症関連の病

態と考えるより，あくまで，OCDとして診断するとしている。私も，これは正しい手続きだと考えている。つまり，強迫現象が強度になった妄想状態というものは，統合失調症関連の妄想とはことなるメカニズムで生じていると考えるべきである。この点はすでに述べた身体醜形障害，対人恐怖症にも通ずる。

また，この自我違和感のある観念は，侵入的ではあるが，何らかの他者から吹入されたものではなく，あくまで，自分の考えであるということが精神病理学的には重要である。なぜなら，自分以外の何もかに吹入されたと思うようなら，それは自我障害的な体験だからである。つまり，統合失調症を考えなくてはならなくなるからである。この点は，時に鑑別診断で重要になる。

②強迫行為について——衝動行為との異同

強迫行為は繰り返される行為である。OCDにおいては，強迫観念を打ち消すための行為である。しかし，時に，強迫観念の伴わない，あるいは不安の伴わない繰り返しの行為がある。それは，統合失調症に伴う繰り返し行為であり，神経学的な疾患に伴う常同行為であり，衝動性に伴う行為であり，習慣化した行為である。

なかでも，衝動性に伴う行為と強迫行為とを関連づけた仮説を提供したのがホランダー（Hollander, E）らである。彼らは，「強迫性」と「衝動性」とが，セロトニン代謝と前頭葉機能の変異体であるとして，OCDからさまざまな反社会性行為（窃盗癖など）を一連のスペクトラムと考え「強迫スペクトラム」とした。

すなわち，「強迫性」は，リスクを避け，予期不安があり，反芻することにより不安を和らげリスクを減らしていると考えた。これに属するものは心気症，身体醜形障害，摂食障害，離人症，抜毛症，トゥーレット症候群とした。これらにおいては，セロトニン代謝は亢進し前頭葉機能も亢進しているとした。それに対して，「衝動性」は，危機回避欠損で，むしろリスクを探索する行動に出やすく不安も少ないという特徴を示すとした。このタイプには，BPD，放火癖，窃盗癖，病的賭博，性倒錯とその逸脱者が含まれ，快楽を求める傾向があるとした。そして，セロトニン代謝と前頭葉機能ともに低下していると考えた。

彼らの仮説は，かなりのセンセーションを起こしたが確認されていない。しかし，身体醜形障害，摂食障害，抜毛症などは強迫心性から見直すべき側面があり，参考とすべき仮説ではある（「第8章　身体醜形障害」の章参照）。

また，最近は，以下のような議論が話題になっている。スリッパなどがきちんとそろっていないことにこだわるような「just right feeling（まさにぴったり感）」が得られない問題や，物が捨てられない「ためこみ」がDSM-5において強迫関連障害に含まれたり，観念・認知系とチックにつながるような運動系の症状との異同に

第9章 強迫性障害(Obsessive Compulsive Disorder)の心理療法的アプローチ　　245

ついても議論がされている。それとともに、うつ病の併存が特異な病態をもたらすのではないかという議論などもなされている。

③強迫症状の多様性と中心テーマ

　強迫症状の症状構造を因子分析したブロック（Bloch, MH）らの研究も参考になる。彼らは、強迫症状の因子構造は、以下のようなテーマに分けられるとした。「汚染に関する強迫観念と洗浄に関する強迫行為」「対称性に関する強迫観念と繰り返し行為」「禁断的あるいはタブーとされる思考（攻撃的、性的、宗教的な内容）とそれに関連する強迫行為」「自分自身あるいは他者を傷つけることへの恐れとそれに関する確認行為」。

　しかし、臨床現場では、多様な症状がみられる。それらを総合的に考えると、繰り返すが、私自身は、強迫的な不安の中心テーマは、「安全が脅かされているのではないか、現在の状態が崩壊するのではないかという不安」あるいは「これで大丈夫とどうしても思えない」「不安な状況をコントロールできない・できていない」にあると考えている。

　たとえば、戸締りをし忘れたのではないかという考えが浮び、何度も確認するのは、安全が確保できないことであり、さまざまな汚れなどが洗い落としきれていない、あるいは、汚れることを防ぎきれないというテーマも、汚れによって自分のテリトリーが侵食されるという不安といえよう（動物のテリトリーを守るマーキングに近い）。

　また、安全を脅かすテーマのバリエーションともいえようが、大切なものを失う不安のために、ゴミも含めて何も捨てられないなど（このような症状は「ためこみ」とされ、DSM-5では、OCDから分離して独立した障害項目にされたが、本書では区別しない）の症状も見られる。また、加害不安というテーマは、何かしでかして罰せられる不安ともいえよう。

　また、強迫症状には、普遍的ともいえるテーマもあれば、個人的な珍しいテーマもありうる。ある高校生は「バカになってしまう」という強迫観念が浮び、日に何度も母親に「バカにならないよね」と確認の質問をしていたし、若いころモデルをしていたほど容姿の優れていた女性が、中年になって、気に入った化粧ができないと何時間も鏡に向かってやり直し続けたケースもある。このようなテーマには、個人的な色彩が色濃く伴っているともいえよう。このように自己愛の危機にも強迫症状が出やすい。それは、自分の評価を確実にしていた何モノかが危うくなっているのに、それを守り続ける有効な手段が見つからないと感ずるときに生ずる。

④強迫行為の意味――パターンに頼る行為
　強迫行為の積極的な側面もある。それは，不安を自分で何とかしようとしていることである。そして，効果的な解決の具体的な方法が見つからないので，魔術的な力を持つであろう儀式のようなパターンに頼ろうとする。それが，順序だてる，繰り返す，数え上げる，洗浄するなどの行為であり，何とか，不安を打ち消す，あるいは，不安を緩和しようとする行為である。儀式的な行為というのは，パターン化されているので，パターン化した何ものかに期待して行う行為となる。洗浄も「禊（みそぎ）」としての儀式的な行為と考えるべきである。一種のお祓いである。そういう意味では，雨乞いの儀式と似ている。どうすれば，雨が降るのかわからない。すると，一定の儀式が選ばれ，それを厳密に行うことが必要と考えるようになる。
　また強迫行為の消極的な側面は，パターン化された行為が不随意運動に似ているという側面である。不安になると，ある一定のパターンが不随意に起きてしまうと考える（チックのように）。
　また，ひきこもりの子が見せる自室に誰も入れないという行動も，強迫行動の一つと考えたほうがよい。それは，自分の部屋を聖域として「結界を張る」行為と似ている。自分のテリトリーに結界を張って守ろうとしているので，家族は勝手に侵入してはならない。
　何かパターン化された行為に呪術的な力を期待するという意味では，すでに精神分析で議論されたように，原始的な思考に基づく行為ともいえよう。

⑤強迫行為はわがままから起きているのではない
　強迫行為に関して，特に気をつけねばならないのは，わがままな行為と誤解することである。わがままな行為は，止めたければ止められる行為である。自分の好みに沿った行為ともいえる。強迫行為は，不安を何とかしようとしてやむに已まれずに行う行為，あるいは不随意運動のような行為であることを家族は知っておく必要がある。
　あるひきこもりの女子高生のケースでは，一日の日課が強迫的にスケジュール化されていた。中でも，入浴は夕方の5時に入るものとしていた。ところが，ある暑い夏の日の午後，父親がたまたま早く帰宅した。お風呂が沸いているのを見て，さっさと入浴してしまった。彼女が5時に入ろうとしたときに父親が入浴しているのを見ると，激しい不安と怒りにあふれ，「死んでやる」といって，マンションの階段に飛びだした。母親が何とか止めたが，父親は「親が暑い日に働いて帰ってきて，さっさと風呂に入るのは当然の権利だ。それに文句を言うとはなんだ，お前は，一日中，家にいていつでも入浴できるではないか，絶対に5時に入るなんてわがままだ。こ

んなわがままに育てたのは母親のせいだ」と母親を責めた。その後、娘ははげしく暴れて大変な状況になった。

　私は、父親に来てもらって、彼女の行動が強迫行為であり、とても彼女にとって大切なものであるということを説明したところ、父親もやっと理解できたようであった。また、彼女は、単にひきこもっていた時は強迫症状はなかったが、自分の生活を立て直そうとし始めた時に、日課を厳密にスケジュール化するという強迫現象を示した。このことから、ある種の強迫現象、あるいは強迫症状は、自分で何とかしようとするときに現れるメカニズムであることがわかる。

(4) OCDの基本的な知見

　OCDの研究はかなり進んでおり、さまざまな基本的な知見が報告されているので、知っておくべき内容について要約する。

①有病率，発症年齢，性差

　有病率についてはラスムッセン（Rasmussen, SA）による集計が知られている。結論的にいえば成人の精神科受診者のうち0.5％から4％の程度であろうとのことである。また、アメリカのNIMHの調査では、一般人口中のOCDの頻度は1.3％から3％と高い数値を示している。一方で台湾の原住民の疫学調査では強迫神経症は一例も見出されなかったとの報告もあり、高度文明社会で増加する可能性が示唆される。

　図9-1は発症年齢の推移である。全体的には、青年期、早期成人期に多いとされるが、男性は女性に比べより早期に発症する。男性の約25％は10歳以前の発症である。また、図9-1からもわかるとおり、発症のピークには明確な差がある。また松本らは青年期（10歳〜20歳）の強迫神経症患者22例を調査した結果、13歳以前発症の年少型と14歳以降発症する年長型との二峰性をとるという報告をしている。そして、特徴として、年少型は強迫行為が前景に立ちやすく、また治癒傾向が高く、年長型は強迫観念が前景に出て治癒傾向は低かったと述べている。また小児強迫神経症は発症が緩徐であるが、症状には成人のタイプと差異はなく強迫行動にさいして家族を巻き込むことが多いとアダムス（Adams, PL）らが報告している。

　性差については、恐怖症が女性に多いとされているのに対して、多くの報告において全年齢で見た場合、OCDに関しては男女差がないとされる。

　このように、若年発症型と青年期以降発症型との間、あるいは、男女の発症年齢のピークの差などから、年齢や性差による異同がさまざまに議論されているが、コンセンサスを得られたものはない。

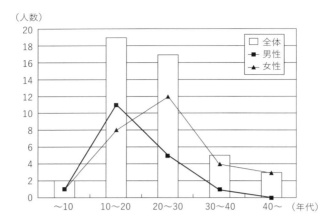

図9-1 強迫症患者の発症年齢（男女・年代別）（樋口・他，2012）
強迫症の多くは10〜20歳台の児童思春期に発症する。男性のほうがより早い時期に発症のピークがある。

②同胞順位

　OCDには，他の疾患に比して同胞順位の研究が多くなされている。たとえば，ケイトン（Keyton, L）らの報告によれば，一般にOCDは第一子や一人っ子に多いとされる（反対の報告もあるが）。また，成田や松本の報告によれば，男子においては第一子や一人っ子に多いが，女子においては必ずしもそうではないという結果を報告している。第一子，一人っ子に多い理由としては，①親の過度の期待，②親が子育てに不慣れ，③同胞との交流が得られず，親との言語的交流が多いためという考察がなされている。現在わが国では少子化が進み，第一子，一人っ子が相対的に増加しており，今後，強迫的な子が増加していく可能性がある。

③予後および併存症──統合失調症・うつ病・チック・アスペルガー障害など

　従来OCDは難治とされ予後不良とされてきたが，多くの調査による報告では必ずしも不良ではなさそうであるというのが一致した結果である。特に，グッドウィン（Goodwin, DW）らによれば，多くの患者の予後は，不完全寛解であるが正常な社会生活を営める状態であったという。悪化した患者は10％であったという。そして，予後良好の指標は，症状が軽微か非典型的，治療前の症状持続時間が短い，病前の精神発達が健全の三つが挙げられている。また，治療しなくても，40％の患者で症状が改善したという報告もある。

　また，他の疾患の発症あるいは併存症については以下のことがいわれている。統

合失調症については，3%〜10%の幅で，強迫症状の経過中に統合失調症が出現したとされる報告がある。現在は3%に近いと考えられており，統合失調症発症の可能性は低いと考えられている。

しかし，うつ病に関しては，OCDの20〜30%にうつ病が併存し，生涯有病率は54〜67%ともされる報告があり注意する必要がある。うつ病の出現については，OCDの罹患期間との正相関が指摘されており，OCDに伴うさまざまな葛藤，不安，疲労などが長期化することと関連しているものと考えられる。私自身は，<u>OCDの心理的葛藤は「uncontrollable」にあると考えるので，その心理状態が続くと，うつ病の章（第10章）で述べる「helplessness」に容易に移行するのではないかと考えている。</u>また，脳科学的な知見からは，うつ病の併存が特異な病態をもたらすのではないかという議論もなされている。

また，OCDには最大30%に「チック症」がみられるという報告があり，「チック症」とは何らかの関連があることはわかっている。そして，「チック症」の既往のあるOCDは，ないOCDと比較すると，早発，男児優位，整理整頓・繰り返し・数かぞえといった症状の優位さなどが特徴的とされる。しかし，このことが何を意味するかはわかっていない。

私自身は「チック症」に対しては，症状が出ても安心していられるように過ごさせることが大切であり，叱らず，止めさせようとせず，いずれ消えるから気にしないことなどを家族にも本人にも伝えることで，多くのケースで症状が消えると考えている。そして，状況的には，緊張を強いられていることが多いので，その状況を解決するようにしていくことが大切だと考えている。このような対応はOCD全体の治療に通ずる。

最後に，アスペルガー障害を中心とする「autism spectrum disorders（ASDs）」をベースにしたOCDの存在も注目されている。OCD患者におけるASDsの併存率は3〜7%という報告があることを知っておく必要がある。この点は，身体醜形障害，対人恐怖症，ひきこもりなどと同じ状況にあると考えている。

④薬物療法について

OCDの薬物療法については，すでに多くの報告がある。特に，もっとも効果があるとされるSSRIの中でも，フルボキサミン，パロキセチンはOCDの治療について認可されており，大体，50%前後のケースに効果があるとされる。私自身の経験からは，60%程度にそれなりの効果があるという印象を抱いている。それゆえ，心理療法だけではなく，薬物療法を治療当初から開始し，心理療法と併用することが望ましいと考えている。ただし，<u>学童期のケースに対しては，まず，以下に述べる</u>

<u>心理療法の1st-step, 2nd-stepのアプローチをするべきだと考えている。それだけで症状が消失することが多いからである。</u>

⑤薬物の副作用，身体疾患などに起因する強迫症状──生理的なメカニズムでも強迫症状は起きる

　シンナー中毒のケースに強迫症状が表れたという報告があり，その他の薬物でも可能性があるので，診断の時に，服薬している薬物のチェックが必要である。また，パーキンソン病，シデンハム舞踏病などの身体疾患に伴って強迫症状が現れることはよく知られている。この点，留意すべきである。

　また，神経科学的な研究からは，眼窩上部の皮質と尾状核とが過敏状態にあることがわかっている（一部，帯状回も含む）。そして，この眼窩上部の皮質は，動物実験などから，予期しないことが起こった時に活動が盛んになることがわかっている。このような報告から，強迫心性は，「予期しないことが起き，何か変だぞ」という心理状態と関連していることが予想される。そして，「何か変だという不安」を解消しようと躍起になり続けると，眼窩上部の皮質と尾状核の昂奮状態が続き，本格的なOCDの病態化が起きる。逆に言えば，この両部位が，生理的なメカニズムで過昂奮状態になれば，強迫症状が表れることが考えられる。

2. 強迫現象に関して精神分析が考えた心理規制

　うつ病と同様，強迫現象に対しても精神分析はさまざまな仮説を提出してきた。その中には，心理療法において参考になる側面もある。ここで要約して述べる。

　精神分析的な視点からの強迫の心理機制については，フロイトとアブラハムの論述が有名であるが，それらをある程度まとめたフェニケル（Fenichel, O）（総論の文献参照）の論文を中心に述べると以下のようになる。

　まず，強迫神経症（神経症として述べる）においては，発達論的には，肛門期のもつ加虐性とエディプスコンプレックスとの両面の特徴とが見出されると考える。何か強迫行為をしないと大変なことが起きるという威嚇されている感じは，エディプスコンプレックスあるいは男根期的側面の去勢不安であるとともに，肛門期にあらわれる肛門期サディズム（相手を台無しにしたいなど）の加虐的な願望と，その反動形成的（反対の行動をとろうとするなど）な側面とがダブった形で見出されるものとした。そのため，強迫神経症者には，攻撃性と柔順，残酷さと優しさ，不潔と清潔，無秩序と秩序などが特徴としてみられると考えた。また，彼らが示す儀式的なものの起源は，時に，子どもが示す秘密の糞便儀式にあるとも考えたようである。

このように現象的には肛門期的特徴と男根期的特徴とが見出されると考えたので，この両者を説明するために退行という考えが導入された。それは部分的に肛門期に退行することで，防衛的に男根期的衝動を閉じ込めようとしたものと考えたようである。

　また肛門期に固着している性格として肛門性格なるものが提唱され（一般的にはそれは強迫パーソナリティに相当する性格であるが），その発達論的考察がなされた。肛門期といえばトイレットトレーニングに出会う時期であり，それは子どもにとって，直接的な本能満足を放棄したり，遅らせたりすることを学ばされる時期を意味し，しかもそれが他者によってなされるため，他者に統制されるか・されないかというアンビバレントな気持ちに置かれやすい状況を意味する。言い換えれば環境の要求に対する抵抗と柔順という両者の特徴をもち，大部分は両者の妥協形成的な状態に置かれると考えた。強迫パーソナリティにみられる頑固さ（言われることをしない，自分の要求を通すなど）はこの抵抗が前面に出たものであり，秩序に固執する傾向は柔順さの変形であり，ケチは大切なもの（糞便にあたる）を他者にゆだねないことを象徴的に表していると考えた。この考えが強迫神経症の治療における転移の考えに発展したため，治療では，セラピストの言うことを聞くか聞かないかというアンビバレントな気持ちが扱われることになった（この考えは間違いであり，クライエントを苦しめるのみと考えている）。

　退行以外には強迫神経症者の特徴となるいくつかの防衛機制が示されている。もっとも重要なのは反動形成（reaction formation）であり，激しい敵意が反動形成されて穏やかな人物となって自己愛的に満足するような場合に顕著にみられるとした。強迫行為に特徴的な打消し（undoing）は反動形成では不十分な場合に用いられるものとも考えた。また，分離（isolation）は二つの意味を持つと理解されたようである。一つは彼らの特徴となっている抑制された感情を説明するもので，観念内容から感情を切り離す傾向を意味している。今一つは全体から要素を分離することを意味し，彼らの示す極めて部分的なものに固執する傾向を説明するものである。分離に近い機制として置き換え（displacement）があるが，これは不快な感情をさけるために知的な概念に逃げ込むことを意味し，何時間も抽象的な問題を考え込むという現象として表れるとした。これは強迫神経症者にしばしば見出される『感じることから考えることへの退却』としても現れると考え，強迫的な人物が，あまり情緒的ではない傾向を説明したものである。

　また彼らの示す，「思考の万能性」（「人を殺した」と考える・想像すると，それが現実に起きてしまうなど）への恐怖や「魔術性」については，言語が原初的な感情価を取り戻し，時には性欲化されているために生ずると考えた。この言語の性欲化

などは意味のない仮説だと思われるが,「思考の万能性」と強迫観念との関連は重要だと考えている。私自身は,原始的な魔術的な思考の復活だと考えている。また強迫神経症者は魔術的な自分だけの世界を作りながら,一方で世界の気に入らない部分を抹殺しようとするとも言っている。

　私自身が,強迫心性について,もっとも精神分析理論から学んだのは,「疑惑癖」と「不決断（決められなさ）」の特徴である。精神分析では,この傾向は「言うことを聞く・聞かない」という両価性や欲動と超自我との拮抗状態などが関連していると想定されているが,この理論には賛成できない。しかし,「疑惑癖」と「不決断」は強迫心性を考える上において,とても重要だと考えている。私自身は,このすべてが信用できないという傾向の「疑惑癖」と何に対しても自分で決めにくい「不決断」とは,親への信頼性のなさと,子どもの準備が整う前から,自分で決めざるを得ない状況に立たされてきたという体験が関係していると考えている。この点は治療論で触れる。

　精神分析の仮説は,強迫神経症者がしばしば示す,無理して頑張る傾向,強がり,部分的なものに固執し全体が見えない,観念の空回り,情緒的なものを感じにくく,形式や秩序の絶対視,服従と反抗,支配と被支配,魔術的に何かに過剰な意味づけをする,同じことを繰り返す,現実性の喪失および疑惑癖などの諸特徴をそれなりにうまく説明するものとなっている。すでに述べたように,私は,<u>強迫神経症者の示す何らかの不安の伴う強迫感・切迫感と,それを打ち消そうとして,現実のある部分を否認し（現実を失う）,安全な自分の世界を作り出そう・確立しようとして失敗しているという状態が強迫心性の本質的な側面と考えている</u>。そういう意味では,精神分析理論には参考になる部分があると考えている。しかし,精神分析は,欲動論で説明したため複雑なメカニズムを想定させ,強迫心性の本質的説明には失敗していると考えている。

　また,OCDの治療法としての精神分析には効果がないとも考えている。確かサリバンであったと思うが,彼は,精神分析のいうような心理規制が強迫神経症の治療において現れたケースは一例もないとして,強迫神経症に対する精神分析的アプローチに反対している。私も,いろいろの精神分析のケース報告を見ても,強迫傾向を欲動,特に攻撃欲動の防衛とする扱いや,すでに触れたように,自分のやり方に固執する傾向をセラピストに対する転移として扱うアプローチはクライエントを混乱させるだけであると考えている。

3. OCDに対する3-ステップアプローチ

(1) 1st-step――強迫症状に対する心理教育的アプローチ

　わが国には強迫神経症に対する森田療法というすぐれた治療法が存在するが，この治療については私は素人なので論じない。
　以下に私なりに現時点でもっとも効果的だと考えている治療について論じたい。

①本人・家族への心理教育的アプローチ

　まず，治療は中長期に及ぶことが多いので，治療経過中に強迫症状とどのようにつきあうかを本人にも家族にも伝えることが必要である。大体，以下のような内容を伝える。

- 病気自体の性質を説明して，適正な態度で付き合うようにしてもらう。
- 強迫症状は他の疾患に発展したり，急激に悪化することは少ないことを伝え，無用の不安をとる。
- 症状は短期的には消えないことが多いが，治療していけばある程度和らいだり，消失することも多いので，悲観的にもなりすぎないように予後について説明する。
- 薬物療法は効果的であるので，症状を軽減するために服用することを勧める。

②家族の協力がとても大切なので，家族には以下の教育的アプローチをする

- 家族は，どうしても，「ポイントを決めなさい」とか「適当にやりなさい」と言いたくなる。しかし，これは本人のもっとも苦手なことであり，わかってもらえなさを抱かせるので決して言ってはならない。
- 本人は自分のやり方でやりたがるが，それはわがまま・甘えではないという理解が大切であることを伝える。特に，パターンや順序や数字などにこだわるが，それはお守りのようなものであり，そのやりかたでやらないと不安になるからであるという理解を家族に持ってもらう。そして，できる限り，本人のスタイルを許す・守ってあげる。しかも快く。このような環境を作って，本人に自分のやり方が守られるという安心感を与えることが大切である。たとえば，「ここは触らないでほしい」とか「この時間に入浴したい」とか「時間をかけて手を洗いたい」などは快く協力する。この「快く」が大切である。いやいや協力していたり，イライラしたり，バカにしたような態度ですると，かえって彼らは強迫行動が終われない。また，治療初期は反応妨害法的な態

度は悪化させることが多い。
- 「これで大丈夫？」と何度も尋ねることも多いが，その場合，家族は，快く，「私は大丈夫だと思う」と常に一貫した態度で答える。このような態度の方が本人を安心させる。家族としてやってはいけないことは「あなたはどう思うの？」と聞き返すことである。あるいは「自分で決めなさい」ということである。自分で決められれば質問はしない。治療が深まって，自分で決めようとし始める時期までは，このような返し方はしない方がよいようである。

③家族を巻き込む場合の対処

　上記のように，本人の要求に答えていくと際限がなくなるのではないかとか，家族の巻き込み（何度も同じことを聞く，帰宅した時に洋服を着替えさせる，手や体を洗わせるなど）が助長されるのではないかと心配されるだろうが，かなりの重症例を除けば，快く，本人のスタイルに協力して安心感と信頼感を与えられれば，巻き込みがひどくなることはほとんどない。巻き込みの多くは，巻き込まれる家族が，不平や不満を意識的にも無意識的にも抱いており，それが本人に伝わるときに起きていることが多い。クライエントの家族には，母親を含め，本人の症状への不満あるいは不安を抱くものが多く，そのことが彼らの不安や怒りを刺激し，かえって症状が悪化して，巻き込みも強くなると考えている。「もう，これでいいの？」とか「しょうがないわねー」とか「早く終わって」というような態度がよくないのである。

　どうしても，巻き込まれる側が協力しかねる場合は，協力できる範囲を本人と話し合って枠組みを作ることを勧める。たとえば，「大丈夫」と答えるのは就寝後は無理であると伝え，ある時間までと決めるなど。すぐには，できなくとも，その方針をしぶとく，しかも協力者として話し合いながら目指すようにする。そして，聞いてよいと約束した時間は，快く答えることが大切である。できれば，面接時にセラピストが仲介役となって，適正な枠組みを相談するとよい。このような話し合いは，他者と協力すること自体を本人に学習させることにもつながる。

④本人に何かをしてもらうときの対処

　巻き込みに対する対処もそうであるが，本人に何かをしてもらう必要が出た時は（不潔恐怖の子が触ってはいけないところを修理しなくてはならないとか，ゴミがたまって不潔になり，何らかの対処が必要なときなど），あらかじめ，本人にしっかりと理由を説明してから，時間に余裕を持たせてやってもらう必要がある。彼らは，不決断の傾向とともに，何かを決めるのに時間がかかることが多い。それゆえ，ゆっくりやらせたり，ゆっくり決めさせれば，やってくれたり，決められることもある。

何か新しいことを決めさせる場合は、あらかじめ、「いつまでに、もう一度たずねるから、それまで決めておいてほしい」と伝えて、そのようにする。ただし、拒否したら、それを快く受け入れる。案外、動いてくれることが多い。彼らには、自分のやり方が守られる、自分のテリトリーが守られるという状況が大切なのであり、予期しない何かが起きるのが不安だという認識が必要である。

⑤本人に対する教育的アプローチは以下のようにする。
- 強迫観念については、すぐに打ち消そうとするとかえって強化されるので、嫌であっても今はこの考えが浮かんでしまうのは癖のようなものであり、しかたがないものとする。そして、しばらくは浮かんだままにさせておき、日常の必要なことを行うようにするほうがよいことを伝える（これは森田療法的な考えに近い）。
- 強迫行為についても、あせって止めようとせず、自分なりにすませられる程度や範囲を工夫するように伝える。CBT的に、表を作ったり段階を決めてもよい。
- 「これで大丈夫か」ということにこだわっているので、「絶対的な大丈夫さ」を求めるとかえって不安になると伝える。しかし、しばらくは、どうしてもそうなるが、こだわりが出た時には、何を不安がっているかを考えるようにしてもらう。

(2) 1st-stepの目的と注意すべきこと

このように、1st-stepの目的は、適正な症状の理解と症状への対応を教育するとともに、本人が快く自宅で過ごし、自分は安全であり、家族も自分を理解してくれて、自分の対処に対して協力的であるという気持ちで過ごせる環境を作ることである。少なくとも、この場所、この空間、この時間は自分のやり方で過ごせるという環境を作ることである。「サンクチュアリ」を作る作業ともいえる。

そして、このような作業に家族が協力してくれるという関係自体が2nd-stepの家族への働きかけのアプローチにつながる。

しかし、一方で、気をつけなくてはならないのは、強迫症状への協力が、溺愛的な、あるいは不安な親が、子どもに支配されて奴隷のように従っているとか、共依存関係的な状況に陥っている場合である。母親と息子というケースが多く、母親本人は、「困っています」というが、そのような関係性から抜け出そうとしないことも多い。その場合は、父親との協力のもと、母親を引き離すなど、何らかの対応が必要となる。

また，家族へのかかわりが暴力的なものに発展することがあり，このような場合も，家族が別居するなどの対応が必要となる。一定の距離を保ってサポートした方がよい場合も少なくない。

　しかし，このように悪化するケースは，やはり，かかわる家族側が症状に対する理解がないとか，不満・不安を抱えて対応していることが多く，まず，その点を改善することが，このような悪化を防ぐようにも思っている。しかし，なかなか膠着状態が改善しがたい家族のあることも確かである。しばしば，表面的には協力していても，内心，馬鹿にしていたり，拒否・嫌悪しているというダブルバインド的なかかわりになっていることが多い。

4. 2nd-step
― 問題解決的アプローチ ―

　OCDの発症の切っ掛けとして状況因があることが多い。その状況因を探り解決するのが2nd-stepのテーマとなる。そして，その状況因には主に二つのテーマがある。一つには狭義の状況因ともいえるクライエントを取り巻く出来事や変化がある。今一つには，家族との関係性の問題がある。この二つに対してアプローチすることが必要である。

　以下に，順次説明する。

（1）状況の変化（ライフイベントにあたる）という意味での状況因にはどのようなものがあるか

　一般に状況因となりやすいといわれているのは，男性例では，学業成績，進学の競争，就職問題，職業上の困難が，女性例では，異性関係，婚約，結婚，妊娠，出産，子どもに関する事柄が多いとされ，男女ともに，大切な人を失うことが契機になるともいわれている。特に，女性例では，妊娠が他のどのようなライフイベントよりもOCD発症に関連しているとされ，子どもを持つ女性患者では，39%が妊娠中に発症しており，堕胎や流産の経験のある女性の5人のうち4人は，妊娠中にOCDの発症やその症状の増悪を経験していたという報告もある。

　これらの契機に関する報告は，発症の契機を遡行的に調査したものや，臨床家の経験からの意見によるものである。それゆえ，契機の心理的な意味については曖昧になっている。

　私自身は以下のように考えている。

　解決不能と思われるような問題に直面している。自分の生き方や対処の仕方など

が妨げられそうになっている。強い不安をもたらす新しい状況に出会い，どのように対処してよいかわからない（妊娠など）。何か問題が起きているが，その何かがわからなく混乱している（思春期などの発達に伴うものが多い）。予期しない何かが起きている。過剰な役割を担わざるを得なくなった。守ってきたものが台無しにされたような，あるいはされそうな状態や，取り返しがつかないと思うような状況に追い込まれている。激しい嫌悪感を抱かざるをえない状況に巻き込まれているなどが多い。

　これらの状況の最大公約数的な要因とは，「自分が守ってきた安全感が危機に陥っているのに（無意識になっていることもあるが），対処の仕方がわからない。難しい問題や役割に直面しているのに対処できないと感じている状況（uncontrollableな状況）に陥っている，あるいは，陥りそうだと思っていることである」。

(2) 状況因に対する問題解決的アプローチ

　ある裁判所に勤めていた30歳の事務官は，出頭命令書を郵送する仕事に就いたが，もともと，完全主義的な傾向のある性格であったこともあり，宛先と中身が違っていたら大変なことになる（確かに大変であるが）と考えてから，何度も繰り返しチェックするようになった。それが高じて，封をしては開封して確認するという行為が終わらなくなり，仕事ができなくなってしまった。このケースは，部署を変更してもらうことで症状は改善していった。このように発症要因が明確になれば，具体的な解決策をこうずることとなる。

ケース　数字が気になった中学生　D君

　ある進学校の中学に入学した男子のケースでは，7月ころから，本のページの数字が気になるようになり，勉強しようとすると，残り何ページなのか，その数字は本当に間違いではないのかということが気になり，まったく勉強ができなくなってしまった。そのうち，家の中にあるあらゆる数字が気になり始め確認するようになった。本人は，何一つ状況因は思い当たらないと言っていたが，話し合っていくうちに以下のことがわかってきた。小学時代まではトップクラスの成績であったのに，今の中学では，平均以下の成績が続きショックであったこと。しかし，どのように勉強してよいかもわからなかったが，そのことを誰にも相談できていなかったことなどが明確になっていった。

　そこで，親御さんに来ていただいて，この点を話し合った。母親は，自分で何でもやる子だと考えていたので，すべて本人に任せていたが，こんなに困っているとは知らなかったと反省され，父親共々，いろいろと相談に乗っ

てくれるようになった。勉強の仕方については家庭教師を付けることとした。このような親との関係性が改善されることが 1st-step とともに 2nd-step では必要である。

　クライエントにとって私との関係性は，ゆったりと彼のペースで相談に乗ってくれる関係性と感じていたようである。この「彼のペースで」ということが大切である。そして，徐々に，対人関係での戸惑いなども相談するようになった。強迫症状は 2〜3 カ月で消失した。

　その後は，困った時に相談に来るということで，治療は終了になったが，問題なく大学に入学したという報告を親御さんからいただいた。

　このように，<u>本人は，何が契機になっているかわからないことも多く，その点を明確にする必要がある。この点はうつ病と同じである。</u>
　思春期青年期の発達課題も，何かが起きていて，これまでの安全感が維持できないと感じているのに，何が起きているかわからず，当然，どんな対処をしてよいかもわからぬまま，自分で何とかしようとしているときに強迫症状が起きやすい。そして，何か具体的なパターン化したものに頼ろうとする（体重とか，完全な容姿とか，成績とか），その頼ろうとしたものにこだわるようになり，症状が明確になっていく。そういう意味では，摂食障害も身体醜形障害も強迫現象に含まれるものと考える。

(3) 状況因としての対人関係——特に依存・信頼関係の問題

　<u>OCD の子どもと親との関係は，不安定ではないが，本人が親に安心して頼っているという側面が希薄なケースが多いように感じている。過剰な自律といってもよい。</u>親の不安を感じているから頼れない，親がわかってくれない，忙しい，他のきょうだいに手いっぱいである，親には何か不快感を感ずる，親がいつもイライラしている，緊張感が強いなど，いろいろの状況はあるが，子どもは，自分で問題に対処するしかないという気持ちになっていることが多い。もう少し平均的な家族では，本人に任せすぎの傾向のある家庭が多いように思う。そういう意味では，過度に自律している生き方になりやすいともいえよう。だから，彼らは自分で何とかしようとして，何とかできなくて，強迫状態に陥る。長子に多いのも，親が不安な中で育てることと関係していると思うし，下に同胞が生まれれば，依存を断ち切らねばならず，上記のような関係性になりやすい（そういう意味では，第 2 章の親子関係のさまざまなタイプが含まれる）。

　彼らの猜疑心や不確実感も，まだ頼るべき時期に，自分で判断し決めなければな

らない状況に置かれることと関連しているように思う。そのため無意識には，頼りたくても頼れないというアンビバレントな心理を抱いていることが多い。

2nd-stepでは，学童期・思春期においては親子関係を中心に，このような「頼りたいが頼れない」という関係性の改善をはかることが大切である。また，青年期以降であれば，夫婦間の関係や会社での対人関係の改善をはかることが大切になる。

親に対しては，親なりに世話はしているが，その背後に，不安感や，どうしてよいかわからぬ自信のなさや，疲れていて子どもの世話にうんざりしながらかかわっているとか，どこか子どもに嫌悪感があるというような負の要因がないかを探ることが必要である。「私はちゃんとやってきました」とか「この子はちゃんと甘えていました。私も甘やかしてきました」などということをよく言われるし，それなりに世話をしてきたことも確かであるが，そこに馥郁(ふくいく)たる安心感・信頼感の伴った関係性がなかったことがうかがわれる。「仕事が忙しい中で，だらだらと甘えられては困ります。でも，私なりには，やるべきことはやっています」と言われた女医さんもいた。

しかし，関係性の改善を目指すときに，親を悪者にしてはいけない。彼らは，よくやっていることも確かである。彼らも，自分の不安や緊張や余裕のなさに気づいていないことも多く，また，彼ら自身が人を頼ることが苦手な人も多いのである。セラピストとしては，子どもとのやり取りを具体的に話し合う過程で，無意識になっている負の部分をゆっくり話し合っていくというアプローチが必要である。最終的には，親子の関係性が，余裕のある安心感のある快いものに変わってくれることを目指すことになる。

大人の場合は，夫との関係性や同僚や上司など，頼れる人，相談できる対象との関係性を整理改善することが必要である。クライエントの方が，勝手に頼れないと思い込んでいることも多い。この後，パーソナリティについて述べるが，強迫的な人は，「大丈夫だと言ってほしい」などの具体的な援助は求めるが，情緒的に依存したい気持ちや不満などを否認しやすい傾向がある。

5. 3rd-step
－強迫的な生き方へのアプローチ－

学童期までのケースでは，2nd-stepまでのアプローチで改善することが多い。特に親の対応が変わると，そのことで，改善しやすい傾向があると考えている。しかし，思春期以降のケースでは，性格傾向もある程度固まっており，そのさまざまな傾向が強迫症状に関与していることが多いので，本人に対するアプローチが必要に

なる。この本人のパーソナリティに対してのアプローチが3rd-stepとなる。

(1) 強迫パーソナリティとOCDの関係

　古典的には精神分析を中心に、強迫神経症は強迫パーソナリティの上に発症するとされてきたが、そこには大きな疑問が持たれている。強迫パーソナリティとは几帳面、厳格な超自我、義務感が強い、過度に良心的、執着性、硬直性、けち、節約家、情緒抑制傾向、知性化傾向、頑固などという特徴を示すパーソナリティとされる。

　私自身は以下のように考えている。思考過程が硬く狭いことであり、全体の把握より、部分や細かいことが気になり、何か予期しないことが起きるのを避けるためにルーチンワークを好み、自分の思うようにならぬ感情を抑え、衝動や欲求もなるべく抑えようとする。そして、確実なものを求めるため、不確実なものを嫌うとともに疑惑癖を抱きやすい点である。予期しないことが起きることを極力避けようとするのは、ベースに自己不確実感を抱いているからである。

　しかし、OCDと強迫パーソナリティとの関連は明確にはなっていない。全般的には、精神分析派には強迫神経症と強迫パーソナリティとは関連性を有していると主張するものが多く、他方、生物学的傾向の研究者は両者の差異を主張する傾向があるという状況である。

　ブラック（Blach, A）らの調査研究によれば、強迫神経症の病前性格として強迫パーソナリティは平均71％みられたと報告している。逆に強迫パーソナリティではなかったものは16％から36％見出されたとしている。また、強迫パーソナリティのものは強迫神経症ばかりでなく、さまざまな病態に発展することも知られている。特にうつ病、摂食障害、心気症、不登校、潰瘍性大腸炎、妄想状態などの報告が多く、私も身体醜形障害において強迫的心性との関連性を論じている。

　結論的には強迫パーソナリティの人は強迫神経症になりやすいが、他のパーソナリティの人も強迫神経症にもなるし、強迫パーソナリティの人は他の病態に発展することもあるということになろう。私もそのように感じている。

(2) 強迫スタイルという考え方

　強迫パーソナリティに関する報告は、ザルツマン（Salzman, L）や成田らの優れた報告があるので、ここでは繰り返さない。私が特に臨床に役立つと考えるのはシャピロ（Shapiro, D）の強迫スタイルという考えである。彼は、認知・情動・思考・主観的体験・行動の機能的な在り様（form or mode）を「神経症的スタイル」と呼んでいて、各種の病理に伴うスタイルを整理しているが、その中で強迫スタイルを取り上げている。

シャピロの述べる強迫的スタイルの特徴は以下のごとくである。

- 思考過程が硬い。
- 認知においては、detailにとらわれる。sharp focusで捉える（のんびり見ているということはない。一生懸命に捉えようとしている）。
- 記憶力は平均以上かもしれない。
- sharp but narrowed focusのために他の何らかの部分が見逃される（気にするところと気にしないところが極端になる）。
- 注意の有り様を柔軟に和らげたり、方向性を転換することが苦手。
- 活動性は、強度なルーチンワークやテクニカルなワークの特徴を示す。
- 興味があるからするというより、必要性や、やらざるを得ないと感じるからやるという意識が強い（自律性の喪失ともいえる）。
- そのため衝動や欲求は邪魔してくるものとして捉えられる。
- 感情も平坦化される。
- 疑惑と不確かさを抱いている。
- dogmaに走りやすい。

　このような特徴は、多くのOCDのクライエントに当てはまり、3rd-stepにおいては、このような特徴を理解しつつ、適切なアプローチが必要になる。つまり、心理療法では、このような特徴の長所・弱点を明確にしていくアプローチも必要となる（なお、強迫スタイルと対極にあるヒステリカルスタイルについては第11章を参照のこと）。

(3) 強迫パーソナリティの三つの側面──3rd-stepでアプローチする側面

　私なりに強迫パーソナリティの心理面の特徴をまとめると以下のようになる。
　主たる志向性は、予期しないことが起きることを恐れるために、自分のかかわるもの・環境のすべてを自分の納得いくようにコントロールしたい、しなくてはならないというものである。これが積極的に出れば、完全主義的になるし、学者などには最適な資質となる。しかし、これが不安から生ずる、あるいは不安な気持ちに転ずると、失敗しないように手落ちがないことばかりに気持ちが集中するという傾向に向かい、ひたすら守りの姿勢になり、しばしば、過剰防衛的な姿勢になる。そのため、何かを選択しようとすると、選択しなかったものが気になり、何かに注意が向かうと、注意しなかったところが気になるという心理状態に陥る。このことが彼らの細かいところが気になることにつながる。

また，完全なコントロールをめざす，絶対に失敗してはならないというスタイルにはエネルギーがいる。その結果，彼らは，常に集中し力が入りやすくなる。その結果，融通性・柔軟性がなくなり，思考も硬くなり，感覚も鋭敏になる。
　また，不確実な要素を恐れるので，ルーチンワークばかりをするようになりやすいし，極力，自己完結的な生き方に留まろうとする。この生き方が金銭的な面に目立つと「ケチ」「節約家」になる。
　このような生き方に対するアプローチを行うわけだが，三つの側面に分けて考えることが臨床には役立つ。それは認知的な側面と対象関係の側面であり，いま一つは「チャレンジ」という共同作業である。

①認知的な側面
　彼らの思考過程は硬いので，考えたり判断するのに時間がかかることを知っておくべきである。慌てさせてはいけない。
　また，彼らには，どうしても，全体からポイントをつかむことが苦手な傾向がある。そのため，作業としては，初めから順番に確実に処理するとか，全部に同じように力を注ぎすぎて，肝心のところに集中できない傾向がある。
　失敗を恐れるために，常に構えている。そのため柔軟な発想が出ない。そして決められたルーチンの方法に頼ることになる。そして，ますます自分で決められなくなる。
　興味があるからするというより，必要性や，やらざるを得ないと感じるからやるという意識が強い。自分の欲求や願望を否認しやすくなり，結果，情緒性も固く貧しくなる。自律性の喪失ともいえる。
　この認知的な側面に対しての治療的アプローチは，認知のスタイルを明確にして，その欠点や長所（丁寧に仕事をするなど）などを話し合いながら，認知の仕方や対応を話し合うことになり，CBT的なアプローチが応用できる側面である。しかし，最終的には，彼らの生き方が，自分の求めるものを積極的に求めるという生き方になることが，このような守りの認知スタイルを改善することとなるので，ゆっくりと，自分の求めるものをセラピストと確認するような作業が必要となる。

②対象関係へのアプローチ
　心理療法は対人関係における営みなので，セラピストとの関係性を通じて，対人関係の在り方そのものが変わることが望ましい。
　彼らの基本的な問題は，両価性であり猜疑心である。頼りたいが猜疑心のために頼れないという問題である。もともと彼らには，自分なりに決めたいが確実なもの

を探すために決められなくなるという傾向があり，それが対象関係にも反映すると考えられる。

　そして，セラピストに対しては，関係が壊れることを恐れて欲求不満感や怒りを否認しようとするし，依存することは猜疑心から危ういと考えるため，依存心を否認する傾向が強い。このような傾向をセラピストはよく理解して，適切な介入をする必要があるとともに，このような関係性の改善そのものが，強迫的心性の改善をもたらすことになる。

　実際の面接では以下のようなことが起きやすい。彼らは問題解決に直面しはじめると，しばしば「わからない」「決められない」「人が信用できない」など判断の不能感や猜疑心を訴え，答えや決定をセラピストに求めてくる。それは「これでいいんですか」「先生が決めてください」「とにかく大丈夫と言ってください」などの言葉に表れる。「大丈夫です」と答えると「その先生の言葉を信じて大丈夫なのですか」と聞いてくる。それに対して答えると「本当に」，「本当に」となって無限につづく。

　実は，このようなときこそが強迫パーソナリティ者の治療の大切な局面であり，彼らの基本的な問題点あるいは心理的な脆弱さが明確になるときでもある。つまり，彼らは何かを決定する（「これでよし」とすませられる力ともいえるが）というプロセスに弱点がある。発達状況で考えると，幼児期のなんらかの時期に（精神分析では肛門期），子どもが何かを初めて試みては「お母さんこれでいい？」「これで大丈夫かな？」とたずね，母親が「そうね，それでいいわね」とか，「どう思う？　自分で確かめてごらん」などと安心できる雰囲気で子どもが判断していく力を育てる働きかけをしてもらえなかった，あるいは，そのような体験的状況そのものが欠落していたことが想定される。それゆえ，このような猜疑心と決定不能性とをセラピストに向けてきた時こそ，大切な局面となる。それは，その脱落していた体験をセラピストとの関係の中で，修正的に体験させることが重要になるということである（OCDは「葛藤モデル」を考えやすいが，このような体験の「欠損モデル」という視点からの理解も大切である）。

　具体的には，セラピストは彼らに存在するそのような決定不能性を明確にするとともに，その点こそ，クライエントの最大の課題であることを伝えつつ，ともに考え，どのように判断したり，物事を決定していくかという模索のプロセスそのものを大切にするという作業を行うこととなる。言い換えれば「子どもがどうすれば大丈夫なの？」とたずねたとき，「そうだね，どうしたらよいのか一緒に考えてみよう。そのうちそれなりの結論が出るかもしれない」と言いながら，直接答えを与えるのではなく，安心できる雰囲気で，本人に答えを探させていく母親的なかかわり

方（介入ともいえるが）をすることである。

　このような治療過程の中で，クライエントは，自分がそのような状況に対処しえない，解決への判断ができないと感じていることが症状の発症に大きくかかわっていることに気づいていく。そしてまた，その不能感を打ち消すためにかえって強気に出ざるをえなかったことが混乱を深めたことにも気づく。そして，セラピストの判断力を育てるようなかかわりや介入に支えられながら，どのように問題に対処していくか，そのときにはどのような判断をしていき，時に何をあきらめねばならないかを自分なりに確認することができるようになると，症状の消失ばかりではなく心理的な成長も果たされる。このようなプロセスを経て多くのクライエントが立ち直っていく。

　セラピストとの間で，信頼する，安心して依存できるという体験をすることが修正体験的な働きをするともいえるし，猜疑心を抱きながらも，自分なりに判断をする決め方を身につけられることにつながるし，時には，完全性や完全な安心感を求めること自体を諦められるようになっていく。

③「チャレンジ」という共同作業

　すでに，強迫症状に対する理解と対応は1st-stepで教育的な介入をしており，クライエントは安心できる環境で過ごすようになっており，2nd-stepでは，セラピストとともに問題解決を試みている状態である。このようなアプローチで，強迫症状そのものが改善しておればよいが，一部，症状が緩和しているが残っていることがある。このような場合，症状にたいして「チャレンジ」することが必要である。「大分，落ち着いてきたね，そろそろ，症状に対してチャレンジしてみたらどうだろう」と提案し，クライエントが賛成してくれれば，何から始めるかを相談することとなる。たとえば，手を洗う回数を減らしてみる，触れたくない部分にあえて触れるなど。つまり，暴露反応妨害法に近い作業を行うことになる。しかし，無理やりさせたり，プログラムに縛られながらさせるのは地獄の作業になりかねない。

　今一つのチャレンジは，自分のしたかったことを模索し，チャレンジすることを促すことである。予期しないことが起きることを恐れて，守りに生きてきた彼らが，自分の求める何モノかを積極的に求めるようなチャレンジをすることは初めての体験であり，生き方そのものの変容を促す。

　しかし，何よりもまず，1st-step，2nd-stepのアプローチが先になされ，強迫的な防衛的な構えが必要ではないという安心感があって，そのうえで，自分の意志で「チャレンジ」しようという態度で臨むことが重要である。「チャレンジ」であるから，失敗してもよいということであり，失敗しても大変なことが起きないというこ

とであり，止めたくなれば止めてもよいということである。このような余裕がなくてはならない。そして，この「チャレンジ」をセラピストとともに相談しながら，成功を喜び，時には，失敗も楽しみながら試みるという経験や，それを見守るセラピストとの関係性がとても大切となる。

そして，強迫症状の意味がわかり（ここまでが1st-step），背後にあったコントロール不能感を抱かせる問題や状況が解決し（ここまでが2nd-step），そのうえで，自分の認知や情動のスタイルの長所・短所を自覚し，受け身の生き方，猜疑的なかかわり方から，より積極的な生き方に変わることができれば（ここまでが3rd-step），OCDの治療は終了となる。

ケース ゴミが捨てられなくなったFさん　31歳　女性

A：主訴

自分でも馬鹿ばかしいとは思うがゴミが捨てられない。捨てると何か大事なものを捨ててしまった気がして探しに行く。特に牛乳のパックの数字が気になる。戸締り，ガス栓なども気になる。なぜ気になるかはわからない。ゴミに特別な意味があるようには思えない。症状に波はなく，日に日にひどくなるように思う。

B：生活史

同胞二人の長女（弟一人）。元来，甘えない子といわれていた。小学校入学時，人見知りのために一日だけ登校拒否。母に諭されて二日目からはきちんと登校。2，3年生から明るくなった。その後は明るくしっかりした人という印象を人にもたれるようになり神経症的症状は何もなかった。中学・高校とも問題なく過ごした。

高卒後就職。そこでもよくやる子ということで評価された。自分でも仕事は熱心にやったし，明るい性格で皆に好かれていたと思うと言う。姐御のように世話をする方でもあった。7年勤めた後，24歳の時付き合っていた年下の男性と結婚。こんなものという感じで結婚したが，無理していたわけでもないし，一緒にいて楽な人だったからと言う。3年後，母親が乳ガンにて死亡。その後4カ月ほど不安発作，動悸が続いたが，徐々に落ち着いていった。1年後，第一子出産（♂），その1年後，団地に引っ越した。その間の手配や子どもの世話はほとんど一人で頑張った。またその1年後，父親が胃ガンで死亡。その半年後に主訴発症。しばらく様子を見ていたが，捨てられないゴミで家中一杯になってどうにもならずに当科受診。ゴミは夫と焼却場に行っ

て確認してから燃やしてしまうと諦めがついて処理できた。それ以上に夫を強迫症状に巻き込むことはない。

C：面接での様子

話の筋道はしっかりしている。全体に柔らかい雰囲気があり、硬い強迫性格を思わせるパーソナリティではない。抑うつを伺わせる症状もない。ここ3, 4年の出来事に対しては、大変であったが、それが原因とは思えないと言う。しかし、さまざまな出来事が起きており、何らかのストレスが発症の要因になっている可能性は高いと考えられた。

D：治療経過

治療開始：『1st-stepの強迫症状に対する理解と対応について説明した』。夫も協力的であったので、1st-stepの作業は速やかにクリアーした。そのうえで、本格的な心理療法の必要性をつたえると本人も納得したので、薬物療法とともに週1回の対面法による心理療法を行うこととした（本人の話した内容を中心に記す。『　』内の内容はセラピスト側がどのような理解・態度あるいは介入したかを示している）。

1回目、2回目、3回目は明るく話しながらも、少しずつ、自分のつらさが語られていった。主に夫との話が多い。夫は頼りにならず自分ですべてをやるしかない。不安があってもとにかく頑張るしかないと思ってやってきた。子ども以外はすべてを切り離したい。

『ゆったりとした雰囲気で話ができるようなかかわりをした。思考の硬さは目立たなかった。つらい気持ちも比較的素直に語られていたので、感情の切り離しの防衛は弱いと感じられた。彼女の話の流れを遮らないようにした。また、話が深まっていくので、あえて、状況因の可能性の高い夫との関係に焦点化する2nd-stepをしないで、2nd-stepと3rd-stepを並行して行うこととした』。

4回目：『「子どものこと以外は、常に他者とは一定の距離を持っていた。不安を先取りして頑張っていた」の内容を取り上げ、自分の生き方に無理があるのではないかということが自覚されるような明確化を中心とした介入を行っている』。それにともなって、他者への不信と甘えたい気持ちの否認が明らかになっていった。この時期に心理療法の方向性が本人にも自覚されてきたようである。

5〜6回目：冗談では話ができるが、核心に触れそうになると怖い。今までの生き方を変えたい。『無理して一人で頑張っていることについて指摘する（精神分析的には超自我解釈であるが、強迫的な人は、このような生き

方をしていることが多い)』。

　今までの生き方はしんどい。これまで自分にはしたいということがなく，いつもしなくてはならないという生き方をしてきたことに気づいた。少しゴミが楽になった。

7～8回目：自分で全部しなくていいと思って楽になった。気楽にやってみようと思うようになった。母は他人に迷惑をかけてはいけないといつも言っていた。父は優しいが酒飲みで頼れない人。何かやると母に何か言われるのではないかと思っていた。自分と他者との違いがわかってきた。自分のペースでやる。転んでもいいと思ってきた。自分は聖女ではない。『自分の無理している生き方が家族との関係ではどのような関連性にあるのかを考える方向に導いた。その結果，母親が激しい超自我的存在になっているらしいことがはっきりしてきた』。この間に父親の新盆があった。いつもはすべて自分でやっていたが，今回はかなり弟に手伝わせ，とても楽であったと言う。

　『理解できたことをすぐに生活に活かせる人であることがわかる（統合能力が高い）』。

9回目：自分がいかに遠慮して生きてきたかがわかった。主張を出すとみんなが離れてゆくのではないかと不安である。だから相手の主張や攻撃性を合理化してしまう。人間の嫌な面が見えてきた。ゴミが捨てられないのは，他者のゴミと自分のゴミが一緒になることが嫌だったのかもしれない。内心，それほど他人を嫌っていたのかもしれない。最近，ゴミが楽になってきた。生理も来るようになった（緊張すると生理が止まるとのこと。生理が始まったのは落ち着いてきた証拠と言う）。頼れる人がいると元気になる（遊園地で怖い時，担任の先生が支えてくれたら，楽しくできたというエピソードを思い出す）。

　『化粧が濃くなっていること。全体に安定したことがうかがえることから（良性の転移をうかがわせる），治療関係が安定してきたことをうかがわせ，そのことはクライエントを極めて落ち着かせることのようであり，症状も軽減し始めている』。

10回目：自分が主張できないのは自信がないせいだった。『かなり落ち着いて話ができるようになっている』。この数年の大変さをしみじみ語る。自分には依存対象がいないことに気づく。小さい頃，襖を開けて両親が元気であることを確認していたことを思い出す。母は強く，本当に安心できる人。母親を見習って自分も不安を我慢することを覚えた。その母親はもう

いないんだとつくづく思った。

　『依存対象の喪失を自覚する流れを明確にした。そして，喪失した母にむりやり同一化しようとしていたのではないかという解釈を行った』．

11回目：夫と話し合う。夫にも母親を期待していたと言われてはっとした。母親がいなくなって母親のまねをして頑張った。自分は何かに同一化しないとやっていけないと話す。『無差別な同一化で無理をしているのではないかという指摘をする』．

12回目：しっかりしようと思いつつしていると症状が強くなることに気づく。不安になりやすい自分には見本がないとだめなのにも気づく。夢を見た。きれいな病院に来たらセラピストがいなくて病院中を探し回った。そうしたら最後の部屋にいてニコニコしながら「どうしたの？」という。そして，そこには別の女性のクライエントがいたという内容。

　『依存対象の転移性の喪失不安であるが，それは指摘しなかった』．

13～16回目：母親との問題が中心となる。夫への不満。夫にはいつも裏切られる。心の和むものが欲しい。ずぼらになっているなどの話の後に『前回の夢について依存対象の喪失不安があるのではという解釈を行う』。すると，母親でいつも安心していた。母の「大丈夫」という一言が欲しいと感情のこもった悲しさを語る。

　母はあまりにわかってくれ過ぎた。夫は母ではないということがわかってきた。でも，どうしていいかわからない。

　『失われた母親を求め続けている自分を自覚し始めている。夫への無意識的期待による怒りなどを解釈』．

　子どもが生まれた頃，不安発作があったり血圧が不安定であったことを思い出す。夫と夫の母親との関係があまりに自分と母親との関係と違うのに驚く。夫は実母にすごく甘えている。自分の母親はすごく立派であったが，頼っていなかった自分に気づく。

　『否認してきた不安や無力で途方に暮れてしまう自分について防衛の解釈を中心に介入する』．

　原体験（本人の傷ついた体験としてはもっとも早期で重要な体験という意味での）が語られる。弟が生まれて（本人が2歳半の時），弟が母のオッパイを吸っているのを見てワーッと泣いてしまい，その後の母へは寄り付かなかった。父のところへ行こうと，訳もわからずに都電のところに一人で立っていたらしい。最後は自分一人だと思っている。母が泣いているとザマを見ろという感じがする。指しゃぶりをしていた写真を思い出す。

『母親への恨みと自分の強がりが，体験を思い出すと共にはっきりと自覚されてきた』。

17～19回目：『頑張れない自分を体験しだす』。

今日は眠い，ということから始まる。言わなきゃいけないことがあると疲れる。自分は自分以上のことをしてきた。二人の自分の夢（一人が病気で寝ていて，もう一人の自分が頑張れと励ましている）を語る。雨が降っててビショビショの猫がいると自分のように思う。可哀想な自分と言って初めて面接内で泣く。頑張るのは嫌，救ってほしい。

『治療者は共感的に傾聴し，彼女の心赴くままに泣いてもらう』。

疲れました。ゴミ再発。対人関係で猜疑心が起こるとゴミが気になることが自覚された。団地の人々への不信，人への怖さ，弱々しさなどを語る。

『退行状態が続いていて，よく泣く。一方で化粧が濃くなってきている』。

話すことがありません。何かないかなあ。夫とのいざこざの話（別れの話「お前とは別れてもいいが，子どもとは別れないと言われショック」），見捨てられたらどうしよう。ともかくその場を収めてしまおうとする。人を避ける・今はとても休みたい，温泉につかりたい，自分がやらないといけない，いつも義務感がある。面接の後4, 5日はいいんですが，それからわからなくなってしまう。

『頑張りと否認の防衛が崩れ，退行し混乱している。セラピストに救いを求めている様子があるがこの点について言及しない』。

20～21回目：夫との喧嘩。夫にはすがれない。自分は突っ張っている。死んだ父の夢を見て恐くなったので，夫の布団の中に入ってゆく『結構甘えている』。夫は夜，40°の熱でうなっていても起きてくれない。自分は甘えたい気持ちを素直に出せない。私がしなきゃと思っている。全部投げ出してしまいたい。誰かに抱いてほしい。父の入れ歯を捨てなくてはいけない。でも捨てられない。このこととゴミを捨てられないことと関連性があるのはわかっていたと語る。

『17回目から21回目まではよく泣いた』。

22回目：全体的に面倒くさい。かったるい。一体感を求めている。夫は困ったことを話すと逃げてしまう。両親に腹が立つ，自分の気持ちを慮(おもんぱか)ってくれなかった。自分の気持ちが確認できないなど混乱が続いているが，一方で今は何を見ても平気，いざこざがあってもいい，自分を主張し始めている気がするなど新しい側面が芽を吹き出す。

23回目：症状は漠たる不安のみ。「女性というものはきちんとしなくてはな

らない」と母が言っていたし母はそうでした。でも母も一人で泣いているような気がする。それに自分と母とは性格も違う。偉大な母，でも母のようにはなれない。食欲が出てきた。自ら服薬中止を申し出る。『母親をモデルにしてきたことから，自分の方向性を模索し出している』。

24～28回目：自分は今反抗期である。これまで頼っていた近所の主婦にも嫌なものは嫌と言うようになっている。母へも高校時代反発していたのを思い出した。でも，いつも自分の主張に自信が持てない。『主張と依存，強気と弱気の両価性を明確にした』。

お金が気になる。お金は汚いから。このテーマから母親へ話がうつる。母親代理を探していたがどこか母と違うという。『そこで両価性について話し合う』（両価性の扱いはOCDの治療では特に大切）。頼ったと思うのは嫌だけど，情趣的には依存している。でも実際は両親も頼りにならなかった。満足した答えが返ってこない。『両親像が逆転している』。

セラピストが時々怖い気がする「ここまではやるから後は自分でやりなさいという感じがする」。

29回目：「先生は自分が人間不信であることがわかっていたんですか？」と切り口上で面接が始まる。団地でも人の言っていることの裏が気になった。良いことをしても悪く返ってくることもあるんだ。自分は知らないうちに悪いことをしていたのかもしれない。自分と他者との境がはっきりしなかった。境を見るのが嫌だった・今訳がわからない・人生は答案用紙ではない・自分をつかもうともがいている。

『主張し始めたら，他者への不安が強くなったのではという介入をする』。

30回目：自分は半分頼って半分頼っていない（両価性の自覚）。全部頼ってから拒否されるのが怖い。母と弟のこと（母は弟のもの）を繰り返す。頼りたいのに母は弟のもの。仕方がないので父親に頼ろうとするが父親は頼りない（今の夫への気持ちと同じ）。結局，頼らないようにする自分。でも部分的にみるとすごくくっついていた。夢について語る（セラピストを探している夢をよく見る。そして，滑り落ちる夢も）。

先生はどこまで信用できるだろうか。でも頼れるのは先生しかいないと語る。

『猜疑心と両価性というOCDの中心テーマが現れている。「信用できるかどうかはゆっくり判断していってください」と伝える』。

31回目：来るのが億劫である。セラピストがわからない。何か言うとセラピストを通り抜けてしまう（母と同じ）。今，先生が怖い。聞きたくもな

第9章 強迫性障害（Obsessive Compulsive Disorder）の心理療法的アプローチ

いのに聞け・聞けという。急斜面を降りよと言われている感じ。夢：（雪崩の夢）。自分の生き方が崩れてきた・お腹は空いたけど何も食べられない感じ・生理も遅れている。セラピストにもっと教えてほしい。公式がほしい（強迫の人の特徴）。見たくないのではない。どう，見たらいいのかを教えてほしい。先生にとって自分が治ろうとどうでもいいのでは（猜疑心）。自分はひがんでいるんでしょうか。ひがんでいるくせにへっちゃらよという顔をする。『セラピストへの両価性を伝える』。

32回目：先生との関係もあってもよいように思った。前回は聞きたくなかったのに，困るとべったりしたくなっている自分。何かやってと言って断られている子どもを見るのが嫌，その子どもと同一化する。傷つくのが嫌。『完全に頼るか，切り放すかのどちらかしか認めていないのでは』という解釈。その通りと答える。今はお金が気にならなくなった。夢：小学校の頃，雲から落ちる夢ばかりを見た。

全部わかるなんてことはない。これが自分のペース。先生にもすべて言っているわけではない。でも信頼関係ができている。これまでは全部さらけ出さないといけないと思っていたし，相手にも純粋なものを求めすぎていたかもしれない。

『絶対的なもの・完全なものを求めすぎているのでは？と解釈』。

33〜34回目：自分の気持ちに素直になったらいろいろ腹が立ってきた。見たくなかったものはこれでしょうか？ 自分はすごく焼き餅焼き。お釣りが間違っていたのを母が一緒に行ってくれて初めて返してもらえた。『母親のGoodな面も保持』。これまで嫌いなものを見まいとしてきたから疲れたように思う。『見てみたらそれほどのものではなかった』と伝える。嫉妬したり，悔しさ，惨めさがあるのは当たり前だったんだと思ったら力が抜けた。はっと気づいたら楽になった。『自分の中にある嫉妬心やフラストレーションが自覚され全体像が統合されつつあると理解した』。

35回目：夫との関係も怖くなった。嫌な面を見たくない。ただいてくれればよい。

『夫，母親との関係がすべて似ているように思いませんか？』と直面化。

自分が何かものを捨てても母が必要なものは取って置いてくれた。そういう母は今はいない。

36回目：セラピストをとるか宗教をとるかという問題に迷っているが答えられないという。自分で決めることができない。誰かに大丈夫といってほしい。そういう自分を自覚してくるとともに失敗しても仕方がないという

気がしてきている（OCDに見られる自己決定不能感が自覚される）。

　自分の生き方を確立してこなかった。いつも心のどこかで誰かに頼っていたせい。その一方で自分は別れを悲しんだことがない。小さい頃の記憶がない。父親には頼れず，母親にはどこか恨みがあって頼りながらも拒否している自分。

　『対人関係における依存と怒りの両価性の洞察，しかし，どうすればよいのかは見えてこない。しかし，何となく安心感の中に過ごすことが垣間みられるようにはなっている。セラピストに対するアンビバレンツを転移の中で解釈する』。

37回目：妙に不安。こんなに気楽に過ごしていたら必ず何か落とし穴があるのではと思っている。試験なのに何も準備していない夢。「そうじゃない」と言っているのに母親がわかってくれなかったことを語る。『転移として扱う』。

38回目：ゴミは多少気になる時があるが，調子のよい時に自分で捨てるようにしている。決められる時に決めるようにしているという。『「この決め方はとてもよい」とフィードバックする』。対人関係で，拒否したいのに拒否できずに迷っている時に症状が悪化することを自覚する。近所の知人に初めて自分の意見を言ってみた。しかし，どこかふっ切れない。

　『セラピストにふっきらせてもらいたがっている。母親はゴミ箱の機能を果たしてくれていたなどを指摘』。

　どこかで母のスペアーを探している自分。でもまた，そのスペアーも失う不安があるという。

39回目：無理して主張すると疲れる。でも人の上に立ちたい気持ちがあるのにも気づく。頼りたいのに支配したい自分。他人と母親との違いがまだわからない。『主体的に動き始めている。同時に支配欲求があるのを自覚し始める』。

40〜48回目：この間は，猜疑心，不信感，決められなさ，セラピストへの両価性などが語られ停滞していた。しかし，その迷いをセラピストに素直に話し，共有してもらっていくうちに，少しずつ，自分で決める力がついていったようである。

49回目：がん検診の結果を聞いた。問題ないと言われたが，始めは信じなかった。でも信じようと思ったら安心した。最近はこんなものでいいのではないかと自信が出てきた。悩みながらもやっていけそうである。少し疲れたが，現実的な問題を自分なりに処理できるようになった。問題が生じ

第9章　強迫性障害(Obsessive Compulsive Disorder)の心理療法的アプローチ　　273

ても自分なりに選択できるようになった。人間にはできる限界がある。今までの自分は何が何でもやらなければと思い過ぎていた。『猜疑心については？』それはそれでいいと思うようになっている。皆もそうだし，昔は自分だけがそうなんだと思っていた。『頼りたい時は？』それなりに頼るのかしら。治療も気楽になっている。

『現実の限界性を洞察しつつある』。

50〜51回目：頼る，頼れないという問題は解決できないことなのではないかと思うようになっている。先生に，頼るにはある程度の覚悟がいるかもしれないと言われてショックだった。人のペースに巻き込まれなくなった。先生への不信が出ると金が気になり，手を洗うのに気づいた。でもここに来られるのはとても楽しみである。

{予定していたセラピストの休暇のため，この間，治療が3週間空く。このことは3カ月前から伝えてある}

52〜53回目：面接が3週間あいて，初めて母親が入院した時のように苦しく寂しかった。また，この間，信頼していた友人が引っ越してしまった。とても打撃を受けた。こんなの初めて。今までは悲しくても我慢した。人前で泣けるようになった。少し裏切られた感じもあったが，あの人もあの人なりにいろいろやってくれたと思う。

『失うことを悲しめるようになったこと。そして，失う人を悪いものにして切り捨てることもなくなったことを明確化する』。その通りです。でも失くすことは絶対に嫌なのには変わりありません。『失くしたくないことは，ゴミ，そして人々すべてにつながると解釈』。その通りです。でも一方で仕方がないことと思えるようになっている。母親が弟のところに行ったときいい格好をし過ぎた。あの時，もっとすねればよかった。泣いてしまえばよかった。今は何に対しても，しばらく様子を見よう，自分が納得しながらやって行こうと思うようになってきている。『「とても良い態度ですね」とフィードバック』。

54回目：症状は，ゴミは気になっても捨てられるし，気になる理由がわかるようになっている。それは自分の怒りに対する罪悪感と相手の攻撃性に敏感になっている時に気になるようだ。この1週間は短かった。『3週間空いて後の1週間のインターバルの治療であったからであろう。しかし，このような形でセラピストへの依存度が減りつつあることを示しているのか

もしれない』。
55回目：絶望感があってもその人と付き合えるようになっている。状況による自分の行為の選択ができるようになっている。本音と建前がわかってきた。建前には思いやりの面もある。相手の気持ちはわからないから自分なりに判断するようになっている。この1年間，自己主張をし続けて疲れた。もう親に代わる人はいないんだと覚悟しようと思った。

56回目：これまで反発していた人とも付き合えるようになった。最近，妙に人と話しているのが楽しい。何か殻から抜け出られたような気がする。長い間にはいろいろあると。母親に大事にされたことが思い出された。

57〜58回目：父親の納骨が済んだ。心配していたような不安にはならなかった。かなり弟にいろいろやらせた。弟，夫に対して保護者的な態度でやってきたのに気づいた。夫には頼っている部分もあるが，別れたいと言われれば別れてもいいような気がする。こんなこと初めて。人生にはいろいろなことがあることもわかってきた。今まではそれにフタをしようと疲れてしまった。

59回目：夫がいると疲れる。でも頼っている。時に不安になっても，だいたい自分で何とかできるようになっている。自分に自信がついてきている。生きてゆくのは希望と不安とが常にあることがわかった。夫にも頼っている部分とそうでない部分がある。夫のことを考えると少しゴミが気になる。わかってくれないと思う時のようだ。

『自分の不安や症状につながる気持ちに対して自分なりに考え，それなりに対応するというスタイルが定着してきた』。

60〜62回目：夫に対する両価性が中心。この間に，夫との関係性を整理していった。時に猜疑心，不安がぶり返す。しかし，症状はほとんどなし。

63回目：子どもに風邪薬を飲ませるかどうかを自分で決められた（前は決められなかった）。時間があれば決められる。自分には時間が必要なようだ。焦ってはダメだと思うようになった（OCDの人の特徴に気づく）。今はとても元気。治療を1カ月間空けてみたい。『そのようにする』。

最終回：この1カ月，思ったより楽であった。しばらく落ち込んでいたが，自分でやれることをやっていこうと思うようになってきたら楽になった。4, 5日前までは治療のことを忘れていたほど。信じていたものから離れるのは初めて。夫に対しても思い上がっていた。夫は自分のわからない部分を支えてくれていた。夫中心に生きてこなかったのに，我慢してくれていたように思う。治療から離れられなくなるのも不安だし，本当に先生を

信頼していいのかと思うと不気味な気もする。今は夫の健康が気になる。
　『セラピストへの両価性，セラピストに対して抱く転移性の対象喪失不安などが徹底操作されていないが，クライエントの側から別れるという初めての自己選択的な別れであった。それとともに，強がりや反動形成的な防衛としての選択ではないという印象を受けたことと，症状もなく，確たるものが手に入らなくともそれなりに頑張ってみるという一段レベルの高いスタイルが定着してきていたので，ここで終結してもよいと考えた』。
　終了となる。

6. 症例の力動性および治療で動いたこと

　基本的な不安となっているのは16回目に語られた幼児期の母親喪失体験が重要な要因となっていたようである。そして，この喪失体験にともなう悲しみを否認あるいは分離し（彼女の言葉ではフタをして），強がるという反動形成的な防衛を使っていたことが予測される。特に大切なことは，母親との関係が，失う恐れがあるので頼っていることを否認しつつ中途半端に頼っていたことである。このため本当に頼ることもできずに，またその関係から離脱することもできないという中間的な関係性が形成されたことになる。このことが彼女の頼りたい・頼れない，任せたい，でも自分でコントロールしたいという両価性の背景にあるものと思われる。
　それとともに母親を支えにしながら自分の実行行為の有効性や判断力を確認するという発達段階が脱落したことが予想される。精神分析では肛門期の問題として，自らの欲動と母親の承認との葛藤という側面は考察されてきたが，母親との関係で，自分の実行行為の有効性や判断力を育てるという側面は考察されていない。このクライエントからみると2～3歳ごろの発達課題にはこのような側面が極めて大切であることが予測される。言い換えれば母親の『それでいいんだよ』という承認は愛の確認であるとともに，実行力や有能感の確認でもあるということである。このような時期に母親から早すぎる分離を体験するとともに，頼ることの危険性を体験したことが判断力の不確実感となり，症状としては強迫症状として，また面接においては盛んに表れた猜疑心，自己主張の逡巡などにつながっていたことが予測される。
　セラピストは，彼女のわからなさ，猜疑心，主張しきれなさなどの迷いのプロセスを緩やかな安心できる関係性で付き合うことで，彼女に欠けてしまった自分で判断するという力を育てるプロセスを提供できたと考えている（「修正感情体験」，あるいは「欠損していた体験の提供」にあたる）。結果，絶対的な答や依存対象を求めるという欲求が改善されるとともに，現実の不安定性を受け入れられるようになっ

ていき強迫性から脱却できたものと考えている。

　また，それなりに頼っていた母親が死んで，頼らざるを得なくなった夫との関係性に対する不満や不信感が無意識に増大していたことが，主たる状況因となっていたことが推測される。

　この症例においては，夫との関係性に焦点を当てるアプローチ（IPTやマリタルセラピー）も可能であったように思う。夫に対する不満や否認されていた依存性が自覚され，夫婦関係が改善されれば，治療は可能だと考えられる。しかし，それでも，彼女の決定不能性や深い猜疑心・両価性などは，短期間の治療では難しい面も多々あったように思う。そういう意味で，この治療のように，状況因に対する2nd-stepの作業も3rd-stepと並行して行うことが必要かと考えている。

　このように，3-ステップアプローチは，2nd-stepと3rd-stepが重層的に進むことも少なくない。ときには，1st-stepの症状に対する態度にたいしての教育的アプローチが治療の後半になって必要になることもあり，すべてのステップを機械的に進めようとすることは治療を硬直化させてしまう可能性がある。心理療法は，ある程度，生き物のようなところがある。柔軟な姿勢が必要だと考えている。

●参考文献

Black, A. (1974) Obsessional States. Menthuen.
Bloch, M.H., et al (2008) Meta-analysis of the symptom structure of obsessive-compulsive disorder, Am J Psychiatry, 165：1532-1542.
Goodwin, D.W., et al (1969) Follow-up studies in obsessional neurosis. Arch. Gen. Psychiatry, 20；182-187.
樋口麻衣子・中尾智博・神庭重信（2012）成人精神医療から見た早発OCDの特徴．（齊藤万比古・金生由紀子編）子どもの強迫性障害 診断・治療ガイドライン．pp.268-274．星和書店．
Hollander, E., Allen, A,. Kwon, J., et al (1999) Clomipramine vs desipramine crossover trial in body dysmorphic disorder：selective efficacy of a serotonin reuptake inhibitor in imagined ungliness. Aych Gen Psychiatry, 56：1033-1039.
Kayton, L. & Borge, G.F. (1967) Birth order and the obsessive-compulsive character. Arch. Gen. Psychiatry, 17；751-754.
松本雅彦・他（1985）青年期強迫神経症の臨床．精神医学，27；1113-1122.
鍋田恭孝（1998）強迫神経症の力動性．大正大学大学院論文集，4.
鍋田恭孝（1998）強迫神経症の精神分析仮説．（石郷岡純編）精神疾患100の仮説．星和書店．
Rasmussen, S. & Eisen, J. (1990) Obsessive Compulsive Disorder. Year Book Medical publisher.
Shapiro, D. (1965) Neurotic Styles. Basic Books.
下坂幸三（1967）強迫反応，神経症．（井村恒郎等編）医学書院．

○包括的な文献としては以下の2冊が参考になる。
成田善弘（1994）強迫症の臨床研究．金剛出版．
中澤恒幸・中島照夫編（1994）強迫性障害．学会出版センター．

○最近の文献と動向については以下を参考にすればよい。
松永寿人（2014）診断と概念の変遷．（神庭重信総編集）DSM-5を読み解く．中山書店.
中尾智博（2014）強迫症／強迫性障害．（神庭重信総編集）DSM-5を読み解く．中山書店.

○目を通しておくべき文献としては強迫パーソナリティ論と児童の強迫について以下の著書がある。
Salzman, L. (1973) The Obsessive Personality. (2nd ed). New York Aronson.（成田善弘・笠原嘉訳（1998）強迫パーソナリティ　新装版．みすず書房）
Adams, P.L. (1973) Obsessive Children A Socio Psychiatric Study. Brunner/Mazel.（山田真理子・山下景子訳（1983）強迫的な子どもたち．星和書店）

第10章
うつ病の心理療法

　最近,「うつ病は脳の病気」といわれる。脳のセロトニン代謝を中心に不具合が生じていることは間違いない。しかし,同時に,うつ病については,発症状況に関する研究や病前性格の研究が盛んになされてきたことからもわかるように,生き方や心理的要因が重要な役割を果たしていることも間違いない。このようなことからも,ベックによる認知療法の成功を待つことなく,心理療法がうつ病に効果的であるとともに,必要不可欠なアプローチであることも間違いない。

　また,現代はうつ病の時代といわれている。確かにうつ病と診断されるケースはうなぎのぼりである。しかし,本格的な重度のうつ病は増加していないというデータもあり,うつ病の増加は,軽症のうつ病の増加が主な要因である。そして,軽症うつ病には心理療法的アプローチが薬物療法以上に必要であることが多い。

1. うつ病の診断に関して知っておくべきこと

(1) 典型例においては診断は難しくないが,軽症例・非典型例の診断は難しい

　薬物関連や身体疾患(内分泌疾患など)が除外されていて,うつ病の症状がある程度以上に重度で,いくつかそろっていれば,うつ病の診断は難しくない。それは,最近発表された改訂版のDSM-5(大うつ病については,大きな改訂はなかった)の診断基準に沿ってなされても,伝統的な診断に沿ってなされても,大きな違いはない。特に,DSMにおいては,特定項目の「メランコリー病像」が伴っていれば,まず,本格的なうつ病あるいは大うつ病性障害としてよいだろう。

　しかし,うつ病の軽症例あるいは非典型例については,DSMの気分変調性障害であれ,非定型病像のうつ病であれ,伝統的な診断名の神経症性うつ病や抑うつ神経症であれ,その定義や範囲は曖昧である。また,健康な範囲の抑うつ気分との境界すらあいまいである(図10-1参照)。

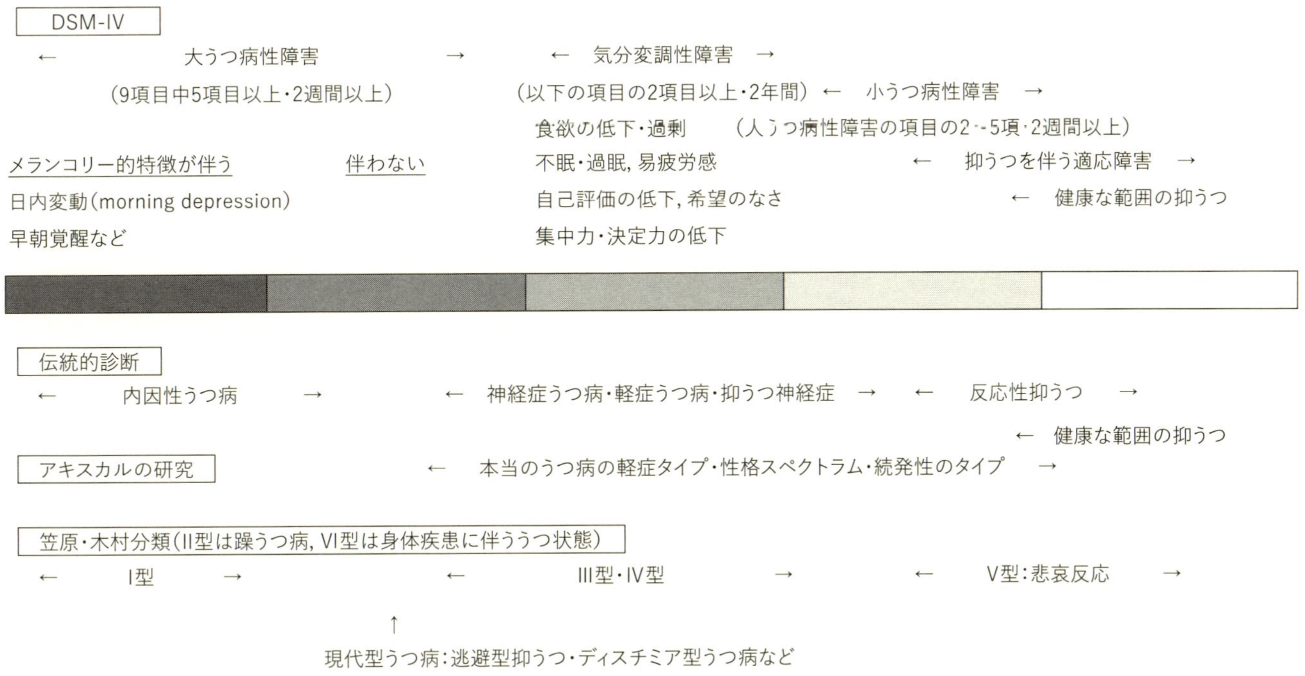

第10章 うつ病の心理療法

DSM-IV

大うつ病性障害 → 気分変調性障害 → 小うつ病性障害 → 抑うつを伴う適応障害 → 健康な範囲の抑うつ
(9項目中5項目以上・2週間以上)　(以下の項目の2項目以上・2年間)　(小うつ病性障害の項目の2〜5項・2週間以上)

メランコリー的特徴が伴う　伴わない
食欲の低下・過剰
不眠・過眠、易疲労感
日内変動(morning depression)　自己評価の低下、希望のなさ
早朝覚醒など　集中力・決定力の低下

伝統的診断

内因性うつ病 → 神経症うつ病・軽症うつ病・抑うつ神経症 → 反応性抑うつ → 健康な範囲の抑うつ

アキスカルの研究

本当のうつ病の軽症タイプ・性格スペクトラム・続発性のタイプ

笠原・木村分類（II型は躁うつ病、VI型は身体疾患に伴ううつ状態）

I型 → III型・IV型 → V型・悲哀反応 →

現代型うつ病・逃避型抑うつ・ディスチミア型うつ病など

図10-1 診断の相互関係

しかし，私自身は，診断学的な意味は別にして，治療論的には，あまり，本格的なうつ病と軽症うつ病の境界を明確にする必要はないのではないかと考えている。なぜなら，初診時で軽症であっても，本格的なうつ病である可能性があり，そうであれば，まず，本格的なうつ病として治療を始めればよいからである。そして，薬物療法への反応性や心理療法的アプローチへの反応を見て，診断を確定していけば問題は起きないと考えている。

(2) うつ病を見逃してはいけない──特にうつ病症状以外の症状で発症する場合

治療的には，うつ病を見逃すことの方が問題となる。うつ病であるにもかかわらず，当初から症状がそろっていないと考えて，心理的な反応性のうつ状態と考えて，心理療法のみで対応するのは危険ですらある。表10-1は，うつ病の際に見られる症状の一覧である。これでも網羅していないであろう。それほど，うつ病に伴う症状は多岐にわたる。「疑うべき症状」の一つ二つが見られることから始まるうつ病もあり得る。

また，うつ病であるのに，見逃しやすい症状がある。それには，以下の2種類のタイプがあろう。

一つは，仮面うつ病とされるものである。しばしば，持続的な身体症状に苦しめられていたケースで，はっきりしたうつ症状がない場合でも，抗うつ剤が著効することがある。このような場合，身体症状の仮面をかぶったうつ病として「仮面うつ病」とされる。「うつ病なきうつ病」と呼ばれたものとほぼ同じである。ただ，疼痛に関しては，薬物反応性がよくても，仮面うつ病と考えるよりも，抗うつ剤の疼痛緩和効果のためと考えるべきである。

うつ病では身体症状がしばしばみられる。特に，持続的な腰痛，頭重感，頭痛，めまい，ふらつき，動悸などであるが，整形外科をはじめ，各科で，さまざまな症状を訴えて治療を受けている可能性がある。私の友人のある優秀な耳鼻科医は，めまい，耳鳴り，喉の違和感などを訴えるケースで，検査をしても何も原因が見当たらない時には抗うつ剤を出すといっている。すべてではないが何割かは効果を示すという。

丁寧に聞くと他のうつ病症状がともなっている場合のみを「仮面うつ病」とすべきだ，という考え方もあるが結論は出ていない。私自身も，そのように考えたほうがよいと思っている。そうしないと仮面うつ病が際限なく広がってしまう可能性がある。

いま一つは，うつ病とは異なる神経症症状が前面に出ているケースである。つまり，汚れや戸締りなど，心配なことが頭に浮かぶとどうしても気になってさまざま

表10-1 うつ・うつ病に見られるさまざまな症状

	中核症状	疑うべき症状	
身体症状	睡眠障害(特に早朝覚醒)(断眠障害) 食欲の不振(体重減少をともなう) 日内変動(午前中の調子が悪い) 疲れやすさ(すぐに疲れてしまう) (過眠・食欲の増加を入れる場合もある)	不眠(入眠困難・浅い) 性欲減退・生理の停止 朝が起きにくくなる 無理がきかなくなった なんとなく体調が悪い 体の重さ・だるさ 頭重感・肩こり 心悸亢進・胸の圧迫感	のどの渇き・便秘 腹部膨満感・胃部停滞感 ふらふらする 動悸・呼吸困難感 耳鳴り, 味覚の変化 腰痛・関節痛 手足の冷感
	中核症状	疑うべき症状	
精神症状	一日中続く重い抑うつ気分 気力の減退・何もする気が起きない 精神作業能力の低下・新聞も読めないなど はっきりした自責感・罪悪感 はっきりした自殺念慮 強い不安焦燥感 何をしても楽しくない・喜びの喪失	しばしばみられる抑うつ気分 何をするのも億劫感がともなう 仕事の能力が低下した やや集中力が低下した 皆に迷惑をかけている気持ち 無価値観 なんとなく不安 楽しかったものに飽きやすい 自信喪失・劣等感 むなしさ 寂しさ 将来について悲観している	不幸感 泣きやすくなっている 決断力の低下 自分の容姿が醜くなっている 病気ではないかと心配している 人に会いたくない 何かにこだわる 皆が自分を嫌っている 過去のことをくよくよ考える 口数が少なくなった 音に敏感になる 神経症症状の悪化

に打ち消そうとする強迫症状, 自分の容姿がはた目には醜くないのにきわめて醜いと悩む醜形恐怖症状, 対人場面でひどく緊張するために人を避ける対人恐怖症状や, 何か体の病気ではないかと心配しすぎる心気症状, 不安を訴える不安症状, 何を見ても実体感がないとか, 自分自身の感覚も鈍くなるような離人症状など, 神経症と診断されうる症状を初発症状としてうつ病が発症することもある。また, それまでの神経症症状が悪化することからうつ病が発症することもある。<u>思春期に好発する神経症(対人恐怖症, 身体醜形障害, 強迫性障害など)が, 中年期以降に発症あるいは再発した場合は, 特に注意が必要である。</u>

(3) うつ病ではないのにうつ病と考えてしまうケース

　気をつけなくてはならないのは双極性障害をうつ病と誤診する場合である。これは極めて難しい。どう見ても，うつ症状しか見られなかったケースが，双極性障害に特異的に効くとされる薬物（炭酸リチウムなど）などで，急速に改善するということが少なからずある。これは，薬物療法の問題であるから詳細には述べないが，特に双極II型については注意が必要である。現在，NIRS（光トポグラフィー）での鑑別が期待され，私のクリニックでも行っているが，ある程度の目安がつくというレベルにとどまっているので，慎重な対応が必要となる。

　逆に，心理的な問題で抑うつ的になっているケースを，薬物療法のみで対応している場合もあり，ひたすら薬物療法のみを延々と続けることは，いつまでも改善しにくいことから別な意味での危険性をはらんでいる。このような問題が起きるのは，軽症例や思春期のケースに多い。

2. うつ病の発症のメカニズムを把握しておくこと

　うつ病の発症のメカニズムについては膨大な研究がある。それらを私なりに整理すると図10-2のようになる。

　まず，うつ病発症の状況論ともいわれるが，うつ病発症のきっかけについては特別な状況因があることが確認されてきている。図10-2では②の「状況因」にあたる。

　そして，うつ病になりやすい性格論もさまざまに議論されてきており，それが図10-2では，①の「距離のある要因・準備性」にあたる。また③の「対応の悪さ・問題解決の拙劣さ」も広義には性格要因といえよう。

　つまり，ある特定のストレス状況や出来事だけでは，うつ病発症に至らないが，もともと，そのストレス状況や出来事に敏感な準備性があると，両者があいまって発症に至るという考え方である。

　もちろん，状況因が強烈であれば，ほぼ誰もがうつ病に陥る可能性もありうる。しかし，一方で，アウシュビッツ収容所のような環境でも，健康な精神状態を保てた人も少なからず存在したし（3分の1の人は，追跡調査においても健康を保っていた），企業の産業医としての面接調査でも，こんな過酷な勤務状態なのに，どうしてうつ病にならないのだろうと頭をかしげてしまう方がいることも確かである。それゆえ，日常に見られるような一般的な状況因では，やはり，本人の持つ，ある独特の体質・認知・価値観・生き方などが関与していると考えられる。

　このようなことから，<u>発症のきっかけとなった問題を解決したり，準備性としての病前性格を，ある程度，変えられれば，うつ病を回復させるばかりではなく，再</u>

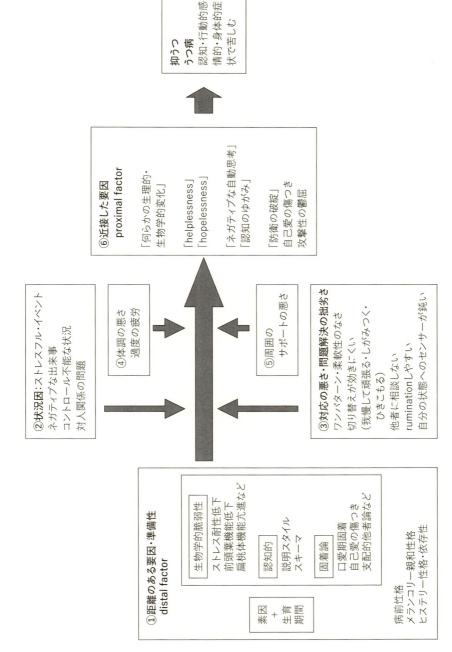

図10-2 うつ病発症のメカニズム

発を防ぐことも可能だと考えられる。私の心理療法は，まさにこのことを目指している。

　このような中心的なメカニズムとともに，本人の体調の悪さや，問題状況に対する周囲のサポートの乏しさなども影響する（④⑤にあたる）。これらすべてが関与しつつ，最終的に，うつ病の心理状況そのものともいえる「helplessness」の状態が持続すると（⑥にあたる），何らかの生理的な反応が起きて，本格的なうつ病状態に陥ると考えられる。ただ，最終的にうつ病状態に陥る生理的なメカニズムについては，未だ結論が出ていない。

3. 力動論はうつ病をどのように考えてきたのか
－精神分析からCBTへの発展－

　うつ病発症の心理的メカニズムについての考え方は，「総論」でも述べた「葛藤モデル」「偽りの役割モデル」「認知の脆弱性（思い込み）モデル」などさまざまな理論的モデルが見出される（しかし，「欠損モデル」はない）。このことは，うつ病というものが，精神分析の衝動論からは説明しがたく，治療的にも成功していなかったために，多くの臨床家が，新たな考えを考案し続けたことによると考えている。結果，心理療法の歴史的変遷とパラレルにうつ病論が発展することとなった。特に，役割論以降，急速に世界に広がりつつあるCBTなどは，うつ病の臨床から始まったことは有名である。しかし，私自身は，うつ病臨床に向き合う場合は，直ちにCBTだけに飛びつくようなことはしないで，これまでの先人の考えた軌跡も押さえておくべきだと考えている。特に，精神分析をはじめ，力動論の諸学派も，さまざまに考え，工夫を凝らしてきた歴史がある，そこには，今でも，参考になる貴重な考えがあるので，ここに，精神分析からCBTへの発展について述べたい。

(1) 精神分析の考え──衝動論からのうつ病理論の構築

　まず，フロイトが「grief（以後，「喪」とする）」と「melancholic depression（以後，メランコリーとする。うつ病と考えていただければよい）」との異同を考察した『悲哀とメランコリー』という論文が，うつ病に関する心理的メカニズムを考察したスタートであった。

　彼は以下のように考えた。両者は，喪失への痛切な失意の感覚，外界に対する興味の喪失，愛する能力の喪失，活動性の抑制などでは共通しているが，以下の点で異なっているとした。「喪」は現実の対象喪失（actual loss of object）があり，その結果，世界が貧しくなり空虚になってしまった（being poor and empty）という感

情（feeling）を抱くが，自己価値（self-esteem）の低下や自責感は見られないとした（これは後の観察から修正されたが）。それよりもメランコリーでは，実際の喪失というより，対象に対する幻滅（disappointment）による情緒的な対象喪失（emotional loss of object）がみられ，しかも，通常見られないような自己価値の低下と自我そのものの喪失（fall of self-esteem と loss of the ego）がみられるとした。つまり，メランコリーでは，情緒的な対象喪失が起きると，同時に，自分そのものの価値が低下し，自分そのものが失われるとした。そして，この対象とともに自分そのものが失われるメカニズムのベースにあるのが，自己愛的同一視であると考えた。これは，対象の中に自己愛的な自分を見出し，自分を愛するように対象を愛しているという関係性を意味する。それゆえ，対象を失えば自分を失うこととなる。つまり，メランコリーの人が自責的になるのは，自己と対象とを同一視しているため，実は，失われた対象を責めたい気持ちが自分に向けられていると考えた。しかも，メランコリー者は，対象に対して，基本的に両価性（ambivalence）を抱いているため，対象喪失とともに，両価性の一面である攻撃性（aggression）が自己に向けられることからも自責的になると考えた。これはうつ病者が自分を責めている内容が，自己愛的に同一視していた失われた対象に当てはまるという現象から推論された。たとえば，「自分は夫に冷たかった」と自分を責めている妻は，実は，無意識には「亡くなった夫が自分に冷たかった」と夫を責めているのであり，その攻撃性が自分に向けられていると考えたものである。

　フロイトの考えの中で，価値ある推論としては，うつ病においては，まず対象喪失があると考えたことである。これは，現在のうつ病論に生かされている。しかも，彼はメランコリーの場合は何を失ったかを自覚していないことが多いとした。つまり，一般的に喪のような現実的な対象喪失よりも，幻滅による対象喪失感が大切であると述べたことである。この点は，現在のうつ病発症の状況論にそのまま受け継がれている。

　しかも，自己愛的同一視という考えのもとに，自分にとって価値ある対象を自分を愛するように愛しているという考えは現在でも生かされうる。しばしば，うつ病者が，極めて一体化していた対象を失うと，自分そのものがなくなってしまうような心理状態になることを彼はこのようなメカニズムで説明したものと考えられる。

　そして，この自己愛的同一視は口愛期への固着ゆえに合体（incorporation）によりなされると考え，この点をより精緻にしたのがアブラハムである。彼は，さまざまな病的な状態を精神分析の発達段階に位置付けしたことで有名である。神経症はエディプス期のままフロイトの考えを踏襲しているが，統合失調症は口愛期早期，うつ病は口愛期後期などに位置づけた。

アブラハムは，人生において初めて出会う対象に対して抱くうつ状態を「primal depression」とした。そして，それは，時期的には，口愛期後期の両価性の激しいステージ（oral-cannibalistic stage）において，幼児の愛における幻滅に伴った自己愛の激しい傷つきに出会うことで起きると考えた（幼児期の外傷体験が，長じて後，再燃しうつ病が発症するという精神分析の考えに基づいている）。

つまり，彼によれば，自己愛的に一体化しやすいことは，自他未分化な口愛期固着であるためであり，しかも，依存と攻撃性という両価性の激しい時期であるため，愛する対象への幻滅は，激しい攻撃性を対象に向かわせ，しかもそれは耐えられないので，その攻撃性を自分に向かわせることで対象を守るという防衛が働き，自責的になると考えた。

うつ病臨床では，親との関係性において，安定はしているが，活き活きとした愛情関係がなかったケースが多い。そのため，そのような活き活きとした愛情関係をあきらめることが愛する対象への幻滅を意味する。それゆえに，長じても，その失われた一体化の世界を，何らかの対象を理想化し，その対象との一体化を求めつづける。そのため，その理想化され一体化していた対象に幻滅すると容易にうつ病に陥ると考えた。

幼児期に幻滅を体験しているため，彼らの一体化の求め方は控えめで，相手が求める役割に徹するという生き方で一体化を求めるようになる。彼らは，心の深いところで，愛に対して幻滅している，あるいは，諦めている可能性は否定できない。この点は心理臨床では極めて大切である。しかし，アブラハムの時代に限らず，精神分析の臨床では，治療的には，あくまで，両価性に基づく攻撃性の扱いが大切にされた。とうぜん，セラピストへの両価性や否認された攻撃性がテーマとされた。このことが治療を妨げたのではないかと考えている。<u>特に転移において，セラピストへの両価性を扱うことは，時に，うつ病の心理療法においては危険ですらある。</u>

最近のうつ病の精神分析家として有名なジェイコブソン（Jacobson, E）は複雑な説明をしていて，明確な要約はできないが，以下のようなコメントは参考になる。

彼女はこのように言っている。

> 「うつ病者の自己表象は，無力な自己が，力強く，理想的な愛の対象からの力を引き出すという幼児期の考えを持ち続けている。患者は，自己表象からリビドー備給を常に奪い，それを相手にそそぐことによって，この愛の対象表象が過剰備給されるように努めた。そして，愛の対象表象からリビドーが逆流することによって自己表象を再び強化しなくてはならなかった」。

「（うつ病者は）非常に価値を置いた愛する対象からの愛と道徳的支持をつねに

求めている。それは，必ずしも人間である必要はないが，彼らが自分の一部分と感ずる力の源泉または組織体を現すものである。この対象を信ずることができるかぎり，彼らは熱心に働き有能に仕事ができる。そして，（彼らは）幼児期に理想化した対象に幻滅させられている体験を持つ」と。

この考えはアブラハムやクラインの考えを踏襲したものである。うつ病者にとって，一体化している，あるいは理想化している対象が，なぜ，いかに大切であるかを考えるときには参考になる考えである。

このようにうつ病の精神分析理論は，参考となる部分も多々あるが，衝動論がベースにあるために，その後の発展がなかったように感じている。

(2) 精神分析における衝動論からの転換
①自己価値論へ

1945年に精神病理に対する精神分析の包括的な理論を展開したフェニケルは，うつ病の心理的素因は依存症患者や病的な衝動性を示す患者（BPDも含まれていたと考えられる）と同じで，「自己価値を外的な供給に依存しているステージ」に有るとした。そのために自己愛的な欲求が満たされないと，自己価値が危険なレベルまで低下すると述べている。つまり，彼は，衝動よりも自己価値の低下こそがうつ病の本質であると考えた。これは大きな転換である。しかし，自己価値は自己愛的欲求が満たされないと低下すると言っているが，自己価値と自己愛との関連性が曖昧になっているため，その後の発展がなかったと思われる。私自身は，自己愛そのものが関係性における現象なので（後述する，自己心理学派は，自己愛から徹底的に衝動論・欲動論を廃した），衝動論とは相いれないところにあると考えている。それゆえ，彼もその統合に苦労した様子がうかがえる。

また，発達論については，フロイト，アブラハムの理論を踏襲して口愛期性を重視しており，口愛期は，求める欲求を得るためには，相手に従い喜ばせるという対象関係にならざるを得ないとも述べている。この点は大切な視点である。そして，重度な抑うつは口愛期依存的な人が，決定的な自己愛的供給を得られないときに生じるとした。

このように，彼には，口愛期性の重要性を踏襲しつつ，自己愛的欲求（実は，この自己愛的欲求というものが何であるかはっきりしないが）と自己価値の問題としてうつ病を明確にしようとした功績がある。

②状況論へ

　そして，うつ病の発症のメカニズムを衝動論から状況論に転換したのが，自我心理学者のビブリング（Bibling, E）である

　彼は途方にくれた状況（helplessness）の重要性を主張した。まず，さまざまなうつ的な状況では，このhelplessnessな状況が共通して見出されるとした。たとえば，圧倒的な力の前で無力であるとか，致命的な病にかかっているとか，繰り返される神経症に苦しんでいるとか，孤独で愛されない運命が避けられないような状況にあるとか，力の無さや失敗に直面しているなどなど。そして，depression（この言葉を彼はうつ病とうつ状態，喪などと区別をしないで用いている）とは「<u>自我の無力と途方にくれた状態の情緒的な発現である</u>（emotional expression of a state of helplessness and powerlessness of the ego）」と定義した。そして，いま一つの重要な特徴として，うつ病者には，「自己愛的に重要な目的や対象を強く求め続ける」傾向があるとした。そして，人が持続的に求める願望（aspiration）として以下の三つを提示した（ビブリングが「aspiration」という言葉を用いていることからも，基本的な動因としての欲動としての衝動論から離脱していることがわかる）。

- 価値あるものとして，愛されるものとして，感謝・評価されるものとしてありたいという願望。決して，劣っているとか無価値な存在ではないという願望。
- 強くあるものとして，勝っているものとして，偉大な存在として，確実に安定した存在としてありたいという願望。決して，弱く，不安定な存在ではないという願望。
- 善良で，他者を愛するものとしてありたいという願望。けっして，攻撃的であったり，嫌悪を抱いたり，破壊的ではない存在でありたいという願望。

　そして，depressionは，高度に自己愛的に負荷された願望をいだいているのに，それを生ききれなくなっているという「途方にくれた無力さ」に自我が気づいたときに生ずるとした。言い換えれば，depressionとは，その願望を求め続けているのに，それを生き続けられないと感じ，自己価値が崩れたと自我が感じている状態と定義した。このようにして，彼は，うつ病について，衝動論や超自我などとの構造間の葛藤モデルから考えることを止め，自我そのものの「途方にくれた」状態と考えるようになった。言い換えれば，状況論に転換したともいえる。

　しかし，口愛期固着論は踏襲しており，「口愛期的に依存するタイプは，常に自己愛の供給を外から求めている。このことが，もっともdepressionの素因として多く見出される」とした。しかし，一方で，口愛期，肛門期，男根期においても，各ス

テージの自己愛的願望が異なることで内容は異なるが，それぞれの段階でdepressionは存在し，そこに共通しているのは，この自己愛的願望に関してhelplessnessであると自我が気づくことによって生ずると考えた。つまり，口愛期を重要な固着点としながらも，depressionの固着点を口愛期に限定しなかった。この辺りに彼の迷いが感じられる。

そして，治療として重要なことは，持続的な自己愛的願望の力動的・発生論的側面に注意を向けるとともに，幼児期のhelplessnessに固着させた側面に注意を向けることであるとした。この点は，今でも大切である。

また，回復するメカニズムには，以下のような状況が見出されるとした。

- 自己愛的に重要な目標や対象が再び手の届くところに戻る。
- そのような目標や対象が実現可能になるように十分に修正されるか格下げされる。
- このような目標や対象がすべて捨て去られたとき。
- さまざまなメカニズム（この内容は書かれていないが）で自己価値が取り戻されて自己愛的なショックから立ち直る。
- 防衛がうつの感情そのものに向けられる場合。結果，apathyやhypomaniaとなることが多い。

これらの内容は治療にも役立つと考えている。

そして，最後に，自責感や自殺などは攻撃性の自己への向け換えに起因するという考えを否定し，このような症状や行動が見られるのは自己価値低下の二次的な現象であるとした。つまり，自殺は，衝動論による「Ego kills itself」から起きるのではなく，状況論からくる「Ego lets it die」であるとした。

(3) 精神分析からの完全な離脱——役割論への発展

これまでは，精神分析内でのうつ病論の修正であった。しかし，総論で述べたように，精神分析とは異なる各種の学派がアメリカを中心に発展した。その中に，あくまで無意識や力動論的なメカニズムを踏襲しつつ，しかし，衝動論からは決別して，対人関係性そのものが重要であるとした学派が生まれた。それが対人関係論学派である。

神経症臨床では，ホーナイがもっとも包括的な理論および治療論を展開したが，うつ病論についてはアリエティ（Arieti, S）が包括的に論じており，極めて示唆に富んだ内容であるので，やや詳細に紹介する。

まず，彼は，うつ病者の児童期の特徴としては，安定した家庭が多く，しかも母親は義務感が強く，子どもの求めるだけの世話を喜んで与えようとし，子どもが必要とするものをすべて供給しようとする傾向があるとしている。そして，子どもは喜んで受け入れることで受容的傾向を増大させる。そのため，他者を受け入れ他者の好みを取り込む受諾性をはぐくむことになり，結果，<u>彼は外交的で従順な性格になると</u>述べている。

　そして，下に同胞が生まれることや予期せぬ出来事のために，この関係が変化する。これはアブラハムが言っている，うつ病の素因ともいえる口愛期的愛情の剥奪体験・「愛の幻滅」に通ずる。つまり，子どもは幼児期に（あるいはもっと後に），この関係の変質を体験するとしている。

　これらの成育歴が土台となってうつ病者に見出されやすい病前性格が形成されると考えた。そして，その病前性格を4タイプに分類している。

①メランコリー親和型に匹敵するタイプ

　このタイプの患者は，少数の（時には一つの）人や団体に対して極めて従順であり，強い忠誠心を抱く。彼は献身的な人に違いないし，一般に有能であり，よく知らない人からは適応の良い問題のない人に写る。しかし，彼は幸せではない。

　彼が伴侶を選ぶのは彼が彼女を愛しているからではなく，彼女が彼を必要としているからである。彼は，他人を喜ばせ，他人の期待にしたがって行動している。そのため，彼が真の自己と触れ合うことは不可能である（ここにreal self論が登場する）。彼は自分の願望に耳を傾けることをしない。多くの症例で患者は何者かを喜ばせたり，何者かにしたがっていく必要があり，自らに承認を与えてくれる人に結びついている（精神分析の一体化につながる）。このような何者かをアリエティは支配的他者（dominant other）とした。支配的他者は多くを要求する人のみならず，多くを与える人として体験される。支配的他者が受け入れるのでなければ，自分を受け入れられない。彼がほめてくれなければ，患者は自分をほめる価値があると思えないとした。

②求めるものが人ではなく何らかの目標であるタイプ

　このような目標を支配的目標（dominant goal）と呼んだ。このタイプでは，支配的目標に到達したときのみ，自分は他者および自分自身からの愛情に値する存在だと感じられるタイプである。

③攻撃的ではないが要求がましい不適応的なタイプ
　これは幼児期の幸福感を忘れられず，その永続を期待したり要求し続けるタイプである。彼らはそれを他者に期待するタイプである。このタイプにはBPDも含まれていた可能性がある。

④双極性障害の病前性格に通ずるタイプ
　活き活きしており，行動的，親切，友情に厚いが，よくよく見ると外見的健康と元気は表面的であることがわかる。ある患者の言葉「私は冗談を言い，笑い，主張する。だから私は晴れやかに活き活きしているように見えるが，深いところでは孤独で空虚だ」。彼らは内的自己から逃げているが他者には逃げ込まず，表面的な外的現実に逃れる。外部指向型ともいえるタイプだと述べている。
　そして，状況論にも触れている。うつ病は，このような性格のものが次のような状況においてうつ病を発展させるとしている。

- 支配的他者との関係が失われたと患者が実感すること。
- 支配的他者の死。
- 支配的目標に到達しようとする試みに失敗したという患者の実感と，それに続く自己像の否定的評価。

　そして，心理療法に関しては以下のように述べている（ここでは，特にメランコリー親和型にあてはまる内容について触れる）。理解しやすいように原著とは一部，順番を変更している。

①治療の開始時点で，すばやくしっかりした関係を確立しておかなければならない。
　セラピストは最初から積極的役割を果たしていく，セラピストははっきりと確実に意見を言うべきであり，やさしいと思われても無力だと思われてもダメだと。
　そして，以下のように述べることを勧めている。
　「あなたにどうしてうつ病になったかわからないでしょう。ですが，私は専門上例外なく，うつ病には理由があることを知っています。うつ病は，憂鬱な気分から来るのではありません。あなたのような人は苦悩しているのです。しかし，自分では，その理由を見つけることができません。だからこそ助けが必要なのです」。
　そして，このような治療関係（彼は探索チームという言葉を好むが）が形成されると治療の第一段階は終了と考える。

②セラピストはクライエントの根本にある事件を早く発見し理解しようとする。それは，おびえている喪失や，頼ってきた生活パターンの断絶などである。
③クライエントがどうやって生活したらよいかわからないということを明らかにしなければならない。
（②③はビブリングhelplessnessに通ずる状況論である）。
④クライエントがもっとも巻き込まれている人間を探すこと。
⑤クライエントの許可があれば，支配的他者と彼らとの関係や環境を変える可能性を話し合うことが重要である。
（この④⑤は極めて対人関係論的である）。
⑥クライエントはセラピストの助けを借りて自分自身の願いや，自分が自分の人生に与えた意味に気づくようになる。このことは容易ではないが。
⑦治療が進んだ段階では，クライエントが何を望んでいるか，本当には何を願っているかを自問することを学ぶようにいつも指摘するべきである。クライエントは自分の声に耳を傾け「汝」の圧倒的な役割を弱めることを学ばなければならない。
（この⑥⑦は成長モデル・自己実現的な考え，あるいは役割論的な発想である）。

そして，明確に，寝椅子を使った自由連想を中心とした精神分析はふさわしくないとしている。

(4) 力動論と最近のCBTなどとの関連性

　これまで見てきたように，力動論的な視点からのうつ病論には，心理療法全体に通ずる変遷がみられる。そして，それらの発展系として，現在，世界を席巻しているCBT，PST，ITPが現れた。これらのアプローチについては，多数の著書が発行されているし，内容的には難しくないので詳細には述べない。ただ，力動論的な考えとはどのような関係性にあるのかのみについて述べる。
　まず，うつ病発症には，特有の状況因が見出されることは皆が気づいていた。そして，フロイトがそれを対象喪失としたが，この状況因を包括的に述べたのがビブリングの「helplessness」論であった。そして，このうつ病者が現在抱えている問題そのものを解決するという点に焦点を当てたのがPSTであった。とにかく，うつ病者の現在抱えている問題を明確にし，その解決を促す，特に，ブレインストーミングに見られるように，問題解決能力を高めるトレーニングをすることを目指すアプローチである。このようなアプローチは，うつ病者の治療においては，必須の働きかけであり，精神分析を含め，従来の心理療法（ロジャーリアン，ユンギアンなど）があまり重視しなかった側面である。アリエティは，すでに対人関係を中心とした

問題そのものへのアプローチへの積極的な介入の重要性を述べていた。その発展系がIPTともいえよう。特に重要な他者との関係性を探求し，修正するというアプローチは効果的であろうことがうかがわれる。

　また，ストレス状況というものは極めて主観的なものである。そのため，「helplessness」論は，状況因論から，その出来事に対する受け止め方にも問題があることに議論は進んだ。同じ出来事でも，ある人は絶望的とは考えないのに，ある人は絶望的と考えて「helplessness」に陥る。つまり，CBTの認知の歪み論に発展した。実は，学習性絶望（learned helplessness）で有名なセリグマン（Seligman, MEP）もうつ病者には独特の説明スタイル（悲観的説明スタイルと呼ぶ）があり，そのことがうつ病発症に大きく関与しているとしている。ベックの認知の歪み説とセリグマンの悲観的説明スタイル説を合わせて「認知の脆弱性理論」と呼ぶ。そして，CBTは，主にこの認知の歪みをいかに修正するかに焦点を当てることになる。

　この認知の脆弱性理論は，うつ病者のもともと抱く認知の傾向であり，それは，長く精神病理学では病前性格論として議論されたものともいえよう。うつ病者の病前性格は，メランコリー親和型論の「秩序への志向性」に代表されるように，枠組みに縛られやすく，思考過程は狭く固い傾向がある。また，いろいろな調査からも，social skillにおける柔軟性や多様性や広がりに乏しいことが確認されている。

　認知スタイルだけではなく，このようなうつ病者のもつ病前性格の特性に働きかけるのもPST, CBTであり，なかでも対人関係に焦点づけて，問題解決能力の柔軟性・多様性を育てるトレーニングをするのがIPTであるが，これらは精神分析でいうところの自我の特性に働きかけることを意味する。そのため，精神分析における自我心理学者は，ある程度，このようなアプローチを行うが，対象関係に焦点を当てる対象関係論学派や自己心理学派は，このようなアプローチに乏しいと感じている。

　また，多くの精神科医は，常識的に，うつ病者の認知の偏りや，思考過程の固さ・狭さ，対人関係の問題にアプローチをしてきたものであり，このような側面をプログラム化したというところにCBT, PST, IPTの特徴がある。それゆえ，多くの臨床家が，これらの学派に触れた時に，プログラム化こそしていないが，こういうアプローチはすでに実践していると感じたのではないかと思われる。

　そして，力動論が盛んに議論してきた，対象の理想化とか，合体願望などの側面，あるいは，偽りの自己論にもつながる役割論に関しては，CBTなどのプログラム化されたアプローチよりも，力動論的アプローチの方が優れているような気がする。もともと，最近のCBT, IPTなどのアプローチは，原則，パーソナリティは扱わず，また，過去にも触れず，現在のさまざまな問題と機能面に重点を置いているから当然ともいえよう。しかし，うつ病者は当然であるが，多くの悩める人々が，誤った，

あるいは無理な役割を生きていること，偽りの自己を生きていることも多い。当然，そのような生き方は，親子関係を中心とした歴史的にも深い対象関係に由来していることが多い。そのため，このような問題は，生き直しの作業が必要となる。そのようなアプローチにおいては，やはり，力動論的なアプローチをはじめとした従来からの学派のアプローチのほうが優れているように感じている。

　言い換えれば，生き直しのためには，問題をコード化するやり方はなじめず，極めて人間的なやり取りの中で，ノンバーバルなセラピスト・クライエント関係の側面も含めた営みが必要となると考えている。たとえば，小さいころから姉の立場や家族状況のために，自分の言いたいことを我慢して生きてきたケースでは，その生き方のベースにあるスキーマを「自分は言いたいことを言ってはならない」とコード化し，その捉われのコード（スキーマ）から生まれる自動思考といかに付き合い，いかに修正するかが話し合われることになろう。しかし，このような，それまでの生き方からの脱却というものは，クライエントが，さまざまに，自由な枠組みで語り，過去をさまざまに再体験し，その体験をセラピストとも共有し，その場での新たな関係性を感じつつ，新たな可能性や，隠れた自己の発見とそれを育くむ作業が不可欠だと考えている。いずれ，CBTなども反省期に入るだろうとは思っているが。

　対人恐怖症の章（第7章）で触れたが，あるケースでは，まじめな性格であるがゆえでもあるが，1年ほどCBTの治療をうけて，その場その場での不安はかなり軽減したが，何かと自動思考やスキーマを探し続けている自分に縛られていることに気づくとともに，どこか本当の生き方からズレている自分を感じており，それはコード化できない何かだという思いもあり，私に治療を求めてきた。このようなことが，最近のプログラム化されたアプローチでは起きているのではないだろうか。

4. うつ病に必要な3-ステップアプローチ

　私は，長年，精神分析のトレーニングを受けたが，すでに述べたように衝動論（特に怒り・攻撃性）をベースにした理解は何かうつ病臨床には合わないことを感じていたし，ましてや，治療的アプローチで，転移（特に治療者へのネガティブな転移）と抵抗を扱う原則的な精神分析的治療はうつ病の治療には向かないことを痛感していた。また，うつ症状・うつ病に陥る問題に積極的に介入しない従来型のカウンセリングやユング心理学にも不十分さを感じていた。そのため，私なりの心理療法を模索している時にCBTやIPTがわが国に導入され，CBTなどの症状にたいするアプローチや問題解決を志向するアプローチは，大変，有効であろうことが予測され，やはり，そういう流れになってきたかという思いであった。

しかし，私なりにCBTやITPを学んでみると，従来型の心理療法がテーマとしてきた，生き方そのものや，深い問題に対するアプローチの不十分さも痛感した。うつ病者の場合，うつ病・うつ症状との付き合い方や，直接の問題に対するアプローチも必要であるが，同時に，彼らのどこか無理をした生き方や，生き甲斐の喪失などの問題への取り組みが，最終的には必要になると痛感していたので，CBTなどの短期の心理療法の枠組みでは不十分であると感じていた（最近，CBTもパーソナリティ障害などの治療を通じて，さまざまに変容しているので，ここでは基本的なCBTを意味している）。

最終的に，以下に述べる3-ステップのアプローチがベストであろうという結論に達した。このアプローチは，統合的でもあり，折衷的でもある。

(1) うつ病に対する3-ステップアプローチとは

うつ病ないしうつ状態に対する心理的アプローチにおいては，以下の3ステップのアプローチが必要である。まず，うつ状態に対する付き合い方，すなわち，うつ病の病理とどのように付き合うかを心理教育的にアドバイスするアプローチが必要である。病理については，クライエントも家族も素人である。うつ病の性質をクライエント本人，家族や会社の同僚など関係者にもしっかりと理解させることで，十分で良質な休息を得られる状況を設定し，同時に身体的な治療を進めることが重要である。案外，状況や性格などから，この最初のステップに時間がかかることもある。

特に，自分のうつ状態を自分でモニタリングして，それに沿って休息したり，仕事を切り上げたり，役割を離れたり，人に相談できるようになることを教育することが必要である。これが1st-stepである。

次に，2nd-stepであるが，2nd-stepには二つのポイントがある。一つは，うつ病に陥った状況因を明確にして解決を試みる作業である。多くは「途方にくれた心理状態」が見出され，それらに対しては，状況因を明確にし，解決できるものは解決し，時にあきらめるべきはあきらめるなどの心理的な作業をサポートするアプローチである。

いま一つは，問題に対する認識や対応の悪さについて明確にし，変えられる範囲で変える作業である。認知の修正や問題解決を柔軟に多様に試みるトレーニングをするアプローチである。つまり，PST, CBT, IPTのアプローチに近い。

最後に，うつ病に陥りやすい人には，無理をした生き方や，独特の性格傾向が見出されやすく，そのような生き方（ライフスタイル）をどのように理解し，また向き合うのかという点を深めるような作業が必要となる。これが3rd-stepである。それぞれのステップだけで治癒していくケースもあり，すべてが3rd-stepまで必要な

わけではない。しかし，慢性化したり遷延化しているケースでは，これらの必要なステップが十分に行われていないことが多い。また，扱うテーマの順序はあくまで，1st, 2nd, 3rdであるが，徐々に後半のステップの内容が増えていくという流れが自然だと感じているし，一回のセッションにすべてのテーマが出てくることもある。これらはepigeneticなプロセスだと考えていただきたい。

私はよく「せっかく，うつ病になられたのだから，ここで無理した生き方を修正するチャンスです」と言うようにてしている。他の神経症などもそうであるが，なんらかの精神症状を発症するということは，それまでの生き方の問題に直面していることが多く，少なくとも，自分の生き方を見直すチャンスにすべきである。臨床家は，そのような視点を常に持つべきである。

(2) 1st step：心理教育的アプローチ

うつ状態にある人の苦しみは，あせりながら絶望状態にいるような心境に近いものであり，エネルギーが落ちているために切迫感を感じさせないことも多いが，実は極めて追いつめられた心境にいることを留意すべきである。彼らは自分を責めやすく，あせりやすく，無理しやすい傾向を示すので，彼らが，うつ状態を正確に自覚し，それとうまく付き合い，よい心理状態で身体的治療を受けられる気持ちに導くことは極めて大切なアプローチとなる。

特に従来型の心理療法では，主にクライエントから提供される素材を面接で扱うが，病気については，その性質や，気をつけること，どのように対処するのが適切か，などという知識を彼らが持っているわけがないので，専門家として，しっかりと必要な情報を提供して，まずは，病気との付き合い方を積極的に教育すべきである。つまり病理に対する心理教育的アプローチをすることである。

心理教育的に伝えなくてはならないことは以下の内容である。以下の内容は，家族や会社の同僚などがサポートしていくときの心配りにおいても参考となるものである。

① しっかりと病名を伝え，うつ状態であることの意味を明確に伝える：この苦しみは，うつ病という病気から生じていることを丁寧に説明する。うつ病になりやすい人は，役割意識を大切にする傾向があるので，「うつ病者」という役割を提示することが一つの役割意識につながる。同時に，病気ないし病的な状態であるのだから，動けなかったり働けないのは，怠けでも甘えでもないことを自覚させることにつながる。このことは家族や職場にも理解してもらえることが望ましい。特に家族には理解してもらうことは極めて大切である。

②必ず治ることを伝える：うつ病は「心の捻挫」のようなもので，しっかり休ませてやれば確実に治るが，無理するとこじらせて慢性化させかねないこと（心の風邪という言い方が最近はやっているが，私は昔から「捻挫」をたとえとしてきた。このほうが回復期のリハビリ期間の必要性も説明しやすい）。だから，<u>無理したり，頑張ろうとすることはかえって悪化させることを明確に伝える</u>。

③疲労が大敵であることを伝える：うつ病を引き起こす要因はさまざまにあるが，疲労が蓄積するだけでも引き起こされうるので，その意味でも，無理せず，しっかりと自分に休養をとらせること。身体的に休ませることは簡単であるが，心に休息を与えることには多少の工夫がいること（横になっていても，心の中でくよくよしたり，自分の不甲斐なさを責めたりしていると心は休まらない）。その点をそれぞれのケースで相談にのるようにする。

<u>疲労のなかでも「気疲れ」がとくに悪影響を与える</u>ことを説明する。気をつかう相手に会うだけでも悪化することがある。私は「うつ状態の間は，自分の結婚と葬式以外は冠婚葬祭も欠席するほうがよい」と半分冗談で言うようにしている。ここでクライエントが笑ってくれると，より治療はうまくいくように思うし，役割を重視する彼らが冠婚葬祭を欠席するという決意は，今後の「割り切る」練習に繋がるからである。

④薬物療法の大切さを伝える：「脳がオーバーヒートしたような状態にあると考えられるので，それを回復させる薬が必要です」などと説明する。最近は，うつ病が知られているので，薬物療法への抵抗は少なくなっている。

⑤自殺への配慮：「このような状態のときは，しばしば死にたくなるという気持ちを抱きやすいものですが，いかがですか」というように自然な雰囲気で質問するとよい。多くのクライエントが自殺念慮を抱いている。この場合，<u>死にたいのはうつ病からきているので，本当にしてしまうのはばからしいことを伝える</u>とともに，自殺しないことを約束してもらう（律儀に守ってくれる性格に働きかける），あるいは<u>自殺した場合にどれほど周囲に迷惑がかかるかを考えてもらう</u>（他者配慮的な性格に働きかける）などの働きかけをする。

⑥家族や周囲へのガイダンス：時に，ぐずぐずしているのを甘えているとか，さぼっているように考えている家族がいたら，やはり，しっかりと病気であることを伝える必要がある。

このガイダンスを守れるようになることが1st-stepの一つの目的でもある。このガイダンスを基本にしながら以下のような面接をする。

(3) 1st-step の面接内容

　もっとも重要な目的は，本人に症状のモニタリングの練習をさせ，病気とうまく付き合えるようにすることである．つまり，自分の状態に合わせて生活できることをめざす．具体的には以下の内容がテーマとなる．

　まず，行動としては，休息のとり方を相談する．たとえば，散歩する，リラクゼーションの工夫，ペットと遊ぶなど．本人が試してみて，自分に合うものを探させるという方向性が大切である．また，心理的には，療養第一と決意すること，そのように割り切ることを心がけること．悠々自適な生活をめざす心構えの必要性をとく．そして，サポート体制の確認（会社など）をする．家族は理解してサポートしてくれているか，自宅で気持ちが落ち着いているかなどを確認する．

　働きながら治療していく場合は，以下の問題が中心となる．コンディションに合わせて働く，疲れたら帰るなどを工夫する．仕事量，仕事の質（気を使うこと・苦手なこと，集中を要することなどは駄目）の適切さを話し合う．

　対人関係の内容には特に注意が必要である．気を使う対人関係はさける．役割の明確化と限定．役割を果たせないときの割り切り方を話し合う．相談する人がいるか．手伝ってもらえる人はいるか（特に主婦の場合，育児などを実家の母親などに手伝ってもらうなど）．手伝ってもらい方，手伝ってもらうことの要請の仕方などを話し合う．

　職場・家族において居心地の悪さはないか．時には，しっかり，「No」ということができているかなどなど．

(4) 面接の流れは以下のようになる

　まず，症状の様子，薬の効き具合，特に睡眠，疲れやすさ，意欲などについて，自分でモニターさせ，報告させる．

　その状態についての対応を話し合う．無理はないかなど．

　睡眠障害については薬の調整．疲れたときの休み方，仕事で疲れたとき割り切って早期退社する仕方，仕事の削り方などを話し合う．最低限の役割の明確化，自宅にいるときは会社のことは切り離すようにする．自宅にいるときの過ごし方なども話し合う．

　特に，快くすごせる，割り切って休める，何より療養を第一とするなどが大切である．つまり，自分を大切にする・自分のコンディションに気づいて，それに沿ってすごしているかがテーマとなる．

　どうしても近々に果たさなくてはならない役割を整理し，あとは，先延ばしにする．誰かに任せられる仕事があれば任せる．時短勤務の可能性などを話し合う．

このようなアプローチで，快く，しかも本人が納得しながら休息できるようにしつつ，薬物療法などの身体的な治療を行う。これが，1st-stepのポイントである。そして，その効果が表れて，ある程度うつ状態が改善された段階で，より本格的な心理療法に入る。

しばしば，薬物療法で症状が改善され，それ以上の治療を受けないまま，職場復帰して，再びうつ状態が悪化するということを繰り返しているケースに出会う。このようなケースでは，会社や家でのさまざまな問題が契機となって発症しているのに，その点にセラピストも本人も気づかず，何の対応もされないまま同じ状況に戻ることになるわけであるから再発は免れない。それゆえ，本格的な心理療法に入るか否かは別にして，状況因とその状況因に対するクライエントの性格に由来する問題点については，ある程度明確にしておく作業が大切である。しばしば難治性うつ病あるいは遷延化・慢性化したケースとして紹介されてくるクライエントの場合，このような対応がしっかりなされずに，薬物療法と休息のみをすすめられているクライエントが多い（もちろん，不十分な薬物療法や休息による場合もあるが）。彼らは，多少元気になっても，まったく同じ問題を抱え，そして，同じ対応をし続けるがために，容易にうつ状態を再発・悪化させることとなる。しかも，再発は彼らをいっそう絶望に向かわせることが多いので，初めてのうつ病のときにこそ，しっかりした心理療法的アプローチが必要である。この1st-stepだけで，うつ症状そのものは改善することも多いので，それで十分と考えてしまわない注意が必要である。

5. 2nd step
－問題解決的アプローチ－

1st-stepのアプローチが順調にいくと，次のテーマは，うつ病に陥った心理的状況を明確化する，あるいは探求することである。それとともに，その問題がクライエントにはどのように意味づけられているか，また，対応はどのようにしているかを明確にし，新たな見方と対応策を模索することである。それが2nd-stepの仕事となる。

(1) helplessnessあるいは「途方にくれている」ことが多い

私はまず，彼らの置かれた状況において，どのように途方にくれているのかという問題の明確化を協力して行うようにしている。このような作業は次のように伝えることから始められる。「うつ状態になっているときは，大切な何を失っているか，疲れているのに休めない状況であるとか，気を使って疲れ切っているとか，不可能

と感じている課題や作業を抱えているとか，役割の変化についていけないとか，過剰な役割を背負っているとか，誰か重要な人物との関係性に何らかの変化があるなどして，途方にくれていることが多いのですが，何か心あたりはありませんか」と。このような質問によって比較的容易に問題点が自覚されることもあるが，明確になるまで時間のかかることもある。しかし，うつ病の心理療法においては，この途方にくれた心理状態にあることと，その原因となっている問題点を明確にする作業が大切である。しかし，驚くような些細なきっかけということもあり，クライエントとともに探ることが大切となる。このステップでのセラピストのスタンスは，カウンセリングなどのスタンスよりも積極的である。クライエントは聞かれれば思いつくが，意外と問題を自覚していないことが多く，自主的に問題を見つけることは案外難しい。セラピスト側としては，うつ病発症前の半年ほどの何らかの変化を丁寧に聞いていけば，だいたい検討はつくものである。

　また，彼らの性格には以下のような特徴がみられることが多い。
　①硬くて狭い体験枠。対人関係にしろ適応スタイルにしろワンパターンであり，柔軟で多様な対応ができない。
　②想像力や空想力は乏しく現実志向的である。
　③自分のもつパターンを守ることで，何とかしようと頑張る力は強い。逆に言えば執着性が強いともいえる。
　④こうでなくては我慢できないという完全癖あるいは自己愛傾向を示す。
　⑤誰かのためにとか何かのために頑張ることで自己価値を獲得していることが多い。役割を大切に生きているともいえる。部下にこのような人がいてくれたらというような性格である。
　⑥何者かに役立っているという生きがいがとても大切となる性格。生きる意味を失うと気力が急速に低下する。

　このステップでは，問題点がはっきりしてくると，問題そのものの解決には「問題解決療法」の技法が，また，状況に対する認知の歪みが目立てばCBTの認知の再構成法が，対人関係や役割の問題とわかればIPTなどの技法が役立つとも思っている。ただ，これらの考えをメカニックにあてはめることは避けたほうがよい。ポイントは，現在，抱えている問題をしっかりと解決していくことである。解決できない場合は，彼らなりに気持ちを整理することをサポートすることである。

ケース 途方に暮れていた印刷業の技師　Rさん　38歳　男子

　　うつ病になるまでは，極めて真面目で優秀な技師であったという。ある日突然，会社から，1週間も無断欠勤していると家族に電話がかかって，初めて休んでいることがわかった。もともと，この2カ月ほど，時々，欠勤があったという。本人は，毎日，家を出ていたが，死のうと思って，フラフラしているうちに死にきれずに帰宅していたという。聞けば，体調が悪い，寝られない，職場に行くのがつらいという症状があることを語った。そういえば，以前は，毎週，楽しみにしていた釣りも，ここ3カ月ほどは行っていないので，家族も何かおかしいとは思っていた。本人は，釣りも楽しくなくなり，行く気もしなかったという。

　　この時点で受診，うつ病症状がそろっていることから，診断名を伝え，ガイダンスの内容を伝え，休むことを指示した。家族も協力的で，うまく休息できる状況になり，少しずつ良くなった。その時点で，何か思いつくことはないかを尋ねたが，思い当たらないという。そこで，ここ半年間で，何か職場での役割に変化がなかったかどうかを尋ねた。すると，以下のような話が出てきた。

　　半年前に，上司からコンピューターの導入を聞かされた。彼は，たたき上げの技術を持っているが，それが必要なくなるので，コンピューターについて勉強しておくように言われ説明書を渡されたという。

　　彼は，まったくテキストを読むこともなく，誰に相談することもなく，コンピューター導入日を迎えてしまった。慣れる期間を提供されたが，何をしてよいかわからず，一日，ぼんやりと過ごすことになってしまった。それが1～2カ月続いたあと調子が崩れてきたという。このころから，会社を避けるようになったという。ここには対応の悪さもみられる。

　　まず，この問題だろうということで，どのように解決するかを相談した。まず，会社に行って何をしてよいかもわからないという点は，上司に話して，指導してもらえる人をつけてもらうことにした。コンピューターの勉強の仕方も指導してもらうことになった。本は苦手だということで，現場で口頭で指導してもらうことになった。これらすべてはセラピストの指示に従ったものである。この会社への指示は，彼の誰にも相談せず，一人で抱え込む傾向の改善を目指したものでもある。会社はよく協力してくれた。

　　このような手配をしつつ，時短勤務から仕事に復帰した。何より，困ったときに頼れる指導者が身近にいてくれるので，安心して働けると言われた。3カ月後にはフル勤務になり，コンピューターの基本的な操作を覚えたので働ける

ようになった。半年後には，すっかりうつ症状は改善，徐々に減薬に入った。

本人と確認したことは，困ったときに誰にも相談しなかったのは，自分の問題だということ。また，困ったことは避けるような自分であることに気づき，この点も今後の課題だと言われた。現在は，うまくいくようになったとのことなので，深い心理療法に入らず，服薬が不要になった段階で治療は終了した。

[ケース] 役割を果たしすぎていたIT企業の重役をしているAさん　45歳　女性

まず，面接は1st-stepのアプローチを数回行った。その結果，うつ状態とはうまく付き合えるようになっていった。このころから，現在抱えている問題のテーマがはっきりし始める。たとえば，仕事上，会社が大きくなってマネジメントが大変になったこと。社長がわがままな人で，それをいろいろやりくりするのが大変な状況にあったこと。現場の人と幹部との間に入って板ばさみになりやすいこと。何かと皆が彼女に言ってくるので，彼女が橋渡しをしなくてはいけないことなどなど。結果，自分の責任の範囲がはっきりしないことを自覚していった。

セラピストとしては，立場・役割の明確化を促す介入をする。それに伴って，少しずつ，問題が一層明らかになっていく。「自分は常務取締役であるが，実際は，何でも屋。経理，銀行への対応，苦情係り，社長の尻拭い，皆困ると彼女に頼む。何とかやりくりしてきた。大変であった」と。

過剰な役割に対してどうするか，役割の整理の方法の可能性を探る介入を行う。

その過程で，次なるエピソードが出てくる（エピソードを丁寧に聞き，その中にあるテーマを丁寧に協力して分析することが大切である）。

○エピソード1：

「社長の希望で会社が引っ越すことになった。社長は財政についてわかっていないため，自分が銀行と掛け合うしかない。秘書に銀行に行くと伝えておいても社長は理解しない。

社長の希望する引越し先のビルを見に行ったが，うちの会社に向かない。それを社長にどのように言えばよいか迷っている。いつも，こうして，社長のわがままに付き合わされてくたくたになっている」と。「本当に大変です」と言われながら，少しうれしそうに話す。

「社長には，財政問題や，ビルが適当でないという意見を言いましたか？」
「会社の決定は，ほとんど社長一人でやっている点は改善可能ですか？」な

ど，問題解決に繋がる明確化の介入を中心とした。

「社長に言っても無駄，ワンマンな会社なので，決定のプロセスは変えられない」と言われたが，何とかしなくてはと考えるようになっていった。

○エピソード2:

「社員が社長への不満を言うと，自分がいろいろ話を聞いてあげる。とにかく，何とかしてきた。いちど，不当たりを出しそうになったときも自分の力で融資を獲得した。若い社員にもいろいろ相談される。どこまで自分が背負えばよいかわからない」。

2～3回の面接のうちに，役割の整理ができつつあり，楽になったという。彼女の語った内容の概略は以下の通りである。

「仕事を整理するようになる。図に描いて整理するとわかりやすい。全体が見えてきた。

疲れやすさがなくなってくる。しかし無理するとドーンと疲れる。これまで，社長の無理はすべて聞き入れてきた。会議など，突然，変更すると言っても，最近は，『待ってください』と言って，予定通りやることになった。会議をやるかやらないかも曖昧なことも多かったので，それを秘書と明確にさせるようにした。

人手不足なのも，しっかりと伝えた。財務の詳しい人を雇うことを提案した。社長の愚痴と，本当の相談を区別するようになった。愚痴は聞かないようにした」。

このようなアプローチにより，ときどき働きすぎて体調を崩すことはあったが，おおむね調子よく，フル勤務できるようになる。初診から3カ月ほどである。

このあと，会社の引越し，財務の監査などの折に，疲労からやや体調を崩すが，それ以外は，ほぼ順調であった。このあたりも明確化する。

もともといろいろなアイディアは浮かぶほうであり，動きすぎる人である。自分で抱え込んでいた仕事は人にやらせる。自分のテリトリーを明確にするようにしている。やがてプランを立てて，丁寧に考えるようになったと言う。

私としては，問題への対処のスタイルの特徴，長所・弱点を明確化するとともに，働き方の整理がついてきたのを確認した。

この段階で，働き方も改善し，うつ症状もなくなり，治療としては終結も可能な状態になっている。一般外来治療では，ここまでが限界ともいえるし，CBTなどの短期の心理療法の治療効果も，この辺りにあると考えている。

彼女の場合，この後，本格的な3rd-stepに入った。その点は次節で述べる。

6. 3rd step：本格的な心理療法
― 性格や生き方の問題がテーマとなる ―

(1) 生き方そのものがテーマとなる心理療法とは

「途方にくれた」状況が明確になって，それらに対する見方や適切な対応策が見出されるようになるとうつ状態は改善することが多い。しかし，その人の生き方そのものに，何らかの無理があることが明確になってくるため，それらに対するアプローチが必要となることが多い。つまり，そこには，あまりに無理な役割を生きていたり，自分を殺して他者のために生き続けているような生き方や，自己愛的な目標にしがみついているような生き方がしばしば見出される。つまり，「偽りの自己モデル」が当てはまることが多い。

私自身は彼らの生き方の特徴を以下のように考えている。

彼らは，幼児期から，<u>何か自分の求めるものに沿って活き活きと生きるスタイルをあきらめている傾向がある</u>。精神分析的には，「愛の幻滅」につながるし，自己心理学的には「響き合えないために傷ついた自己愛」ともいえよう。彼らは，どこか活き活きとしていない。自分を押し殺したような地味な態度であることが多い。しかし，じつは，エネルギーは高い。<u>そのエネルギーは，役割を果たす，他者の喜ぶことを進んで行う，という方向性に向かう</u>。それは，社会的に期待される生き方にもなるし，会社などの組織の期待する生き方にもなるし，親や子どもや恋人という具体的な他者の求める生き方にもなる。自分以外の何ものかが喜ぶ，あるいは，その何者かに役立っているという思いが生きがいとなり自分の価値を確認する方向性となっている。だから，そのような何ものかを失ったり，関係性が崩れると，自分そのものが生きる気力をなくしてしまう。これがフロイトの考えた「対象喪失が自己喪失につながる」メカニズムである。

社会の期待する生き方に徹するとメランコリー親和型の「秩序への志向性」となるし，善良な生き方になる。しかし，それは外枠の何ものかにエネルギーを注ぐ一つのタイプであり，うつ病者のすべてを含んではいない。特に，自分を愛せず，他者に愛されることを求め続けるヒステリータイプも，当然のようにうつ病に陥りやすい。うつ病の病前性格の研究では，ベースがヒステリー性格であることが予想以上に多いという報告もある。私もその通りだと考えている（次章のヒステリーの章を参照）。

このような生き方のため，彼らは，どうしても外枠に縛られ，柔軟性や主体性に欠けるようになる。自由な探索行動も少ないから，多面的にものを見る力も落ちやすい。

面接内でよくテーマとなるのは、「柔軟な対応や割り切りができにくい」傾向として表れたり、「自分のためになることを他者に働きかけることができない」生き方として表れる。

　そして、自分の生き方が、いわゆる役割的な生き方でありすぎたり、偽りの自己として生き続けてきたことに気づいたり、愛の幻滅による不安に由来することに気づくと、自分探しが面接のテーマとなる。

　このような生き方そのもの（ライフスタイルともいえる）へのアプローチは、いわゆる従来型の心理療法と変わらない。

　面接技法としては、特別の技法が役立つということはない。彼らの幼児期からの生きかたや、誰が重要人物であるか、などを話し合っていくと、いかに、どのような「偽りの自己」「役割としての自己」を身につけていったかは、比較的容易に明確になる。大切なのは、そのあと、クライエントの自分探しの歩みをともにすることである。しかも、その時、セラピストは、自分探し、主体的に自分の世界を見出すというクライエントの営みを、共感的に、ともに喜ぶような関係性でサポートすることだと考えている。このような関係性こそ、彼らには、修正感情的な体験となるとともに、成長を促す関係性となる。

ケース　上述のケースAさんの3rd-step

　　十数回目の面接ごろから、こんなに頑張って生きてきたのに、何か自分が生きてきた気がしないということが語られ始め、本格的な心理療法に入った。1年以上の面接であるため、紙数の関係で詳述できないが、自己愛的な母親の期待に沿って生きてきたことや、母親の抱く男性への怒り・絶望感が自分の父親や夫への絶望感などに繋がっていたことを自覚され、いかに母親の投げかけてきた生き方やイメージに沿って生きてきたかを自覚されていった（「偽りの自己モデル」に相当する）。

　　それゆえ、本当の自分を生きてこなかったことを実感され、自分探しを始められた。最終的に、母親と離婚して自分を棄てたと思っていた父親との再会を果たし、父親が自分たちを捨てはわけではなかった（母親にそのように教えられていた）ことを知ることとなり、また、同じ時期に、思ってもみなかった夫の優しさなどを発見して、新しい生き方を模索されていった。

　　そして、セラピストを理想化しながら、セラピストを自分の生きる軸としつつ自分の正直な在り様を模索されていった。徐々に、表情なども活き活きとなり、本当に自分の手ごたえを大切にしながら生きられるようになった。特に、母親に否定された女性性を生き直すという営みがなされた。

この時期になると薬物療法はしていない。また，うつ病については完全な治癒であり，それ以上に，生き方が改善されている。このような治療こそ，心理療法家の本当の喜びである。

Ａさんの治療終結時の言葉は，とても素晴らしいものであった。

「私はうつ病になってよかったと思います。あのままの生き方で生きていたら，何か，偽りの役割で生きていったように思います。完全に自分の生き方になっているかどうかはわかりませんが，何か手ごたえのある生き方になれたように思いますし，わだかまっていた父親との問題も整理がつきました。夫と，もう一度向きなおして生きてみます。また，困ったら面接をお願いしたいと思います。しばらくは自分でやってみます」。

ケース ある芸術家のケースＧさん　女性　63歳

彼女は，絵描きとしては成功した方である。夫が定年ののち，田舎暮らしを希望したので，地方に暮らし始めて半年ほどでうつ状態になり，1年ほど，ある精神科の治療を受けていたが回復しなかったために，私のクリニックを訪れたものである。

彼女との面接でわかったことは，「あまりに静かで，ただ，死ぬのを待つだけのような生活に飽き飽きし，力が入らなかった」という。夫とも話し合ってもらい，都内のマンションに戻り，以前の日常生活に戻り，周囲との付き合いなども戻ることで，多少，回復していった。ここまでが2nd-stepであった。

そして，徐々に，生い立ちの話を語られるようになると以下のような生き方の問題が明確になっていった。

彼女は，同じく絵描きでほどほどに成功した父親のもとに一人っ子として生まれた。父親は，女性癖が悪く，何人も愛人がいるような人であったために，母親が体調を崩し（うつ病であった可能性がある），ついには，彼女が6歳ごろ亡くなられた。

彼女は，父親に手ほどきを受けて絵描きを目指し，必死に勉強し芸大にも受かり，それなりに成功し，ある美術系の大学で教えながら絵描きの仕事を続けた。子どもはできなかったが，父親とは反対ともいえる穏やかな性格の会社員と結婚し，定年を迎えるまで，彼女も大学で教えて過ごした。そして，田舎暮らしを始め，うつ状態に陥った。

面接の中で，彼女は，母親との関係よりも父親との関係が自分を縛っていることに気づいていった。父親に愛されるために必死に勉強したこと，父親はそれなりに絵を教えてくれたが，時に自宅へ連れてくる女性といるときの

ほうが楽しそうであった。自分のできることは絵がうまくなって父親に認められることしかないと考えて，猛烈に頑張ったという（愛の幻滅と，それを補うように愛される自分という役割に必死になるというメカニズムが見られる）。そのせいか，定年になった後，まったく，絵を描きたいとは思わなくなったという。

　私との面接では，まず，私の専門である心理療法に興味を抱き，勉強しては私に意見を求めるという時間が増えた。しばらくすると「飽きた」といって，音楽に興味を持ってピアノを始めた。何かをやっては私に報告して楽しい時間を過ごされている様子であった。

　その後，美術史に興味を持ち，講座などに通い自分の世界ができていった。そして，活き活きと積極的に生きられるようになり，私との面接も終了になった。もちろん，うつ症状はすっかりなくなっている。生き方も自分の内発的な関心をベースに生きられるようなっていた。父親との思い出も，ポジティブな体験（教えてくれるときは，とても優しく，何にも代えがたいほど幸せであったなど）を思い出し，すでに亡くなっている父親との和解も心の内でできており，3rd-stepの目的も達成していた。

(2) 3rd-stepにおけるセラピスト・クライエント関係について

　他の病理でもそうであるが，うつ病の心理療法においてはセラピストの態度がとても大切になる。それとともに，セラピスト・クライエント関係もとてもデリケートな問題を秘めている。

① うつ病に陥りやすいクライエントは，セラピストに自分の生き方の基本的な枠組みを期待することが多い

　これは，ヒステリーのクライエントがセラピストに，ロマンティックなファンタジーの「対象」を求める関係性とも，強迫傾向の強いクライエントが，安心できる「枠組み」を求める一方で猜疑心に苦しむ関係性とも異なるが，同時に両者に似た傾向を持っているように思う。つまり，<u>自分の期待する「対象」として（精神分析でいう自己愛的な対象として）求めるとともに，自分の生きていく「枠組み」を与える対象として求める傾向がある</u>ように思っている。言い換えると，彼らは，「このセラピストは信用できる」と思うと，セラピストを自分の生きる枠組みの基本とする傾向が強いように感じている。つまり，セラピストという新たな枠組みへの依存ともいえるが，その枠組みを信頼する力がとても強いように感じている。

　この時の関係性は何に似ているかというと，幼児期に，いよいよ世の中のしきた

りをしつけられる時の親子関係に似ていると思う。子どもにとって，親子関係には「こーしなさい」「こーしてはダメよ」というしつけを受ける関係がある。子どもは，生きる枠組みを学ぶとともに，どうすれば，親（相手）を喜ばせられるかも学ぶ。この関係性が適正であれば，徐々に子どもは自立していくが，この関係性が，不安のもとになされたり（愛の幻滅のように），一方的で支配的で，強力であり続けると，アリエティの支配的他者との関係性になる。

うつ病に陥る多くの方が，子ども時代の親の印象として，生真面目で固いタイプや自分の一方的なスタイルを要求するタイプを述べることが多い。それは，子どもの気持ちよりも枠組みが大切という態度になりやすいし，自分の枠組みしか許さないことを暗黙に伝えていることになり，親は横暴ではなくとも支配的な他者となりやすい。

それゆえ，セラピストは適正な親的な役割を果たすことが大切になる。アリエティ的にいえば，支配的他者から重要な第三者となることに通じる。

②セラピスト・クライエント関係の特殊なテーマ——「転移」について

Aさんの治療では，一時期，化粧が濃くなり，私を喜ばせようという態度が目立つ状況があった。精神分析を勉強している方であれば，この彼女の様子は精神分析の「転移」として扱うべきだといわれるかもしれない。古典的な精神分析においては，セラピストを性的に愛するようになっている性愛転移が起きているとも考えられる。

しかし，私自身は，この時の様子を以下のように考えている。彼女が自分の本来の気持ちを大切にしようとし始めた時に，それまで，生きられていなかった女性性の部分——化粧をし，男性セラピストに魅力的な自分を見せたいという——が活性化されてきたと。そして，セラピストと過ごす時間は，自分の求める自分の部分をセラピストに示して，セラピストに喜んでもらうとともに，セラピストを喜ばせる自分を確認しているという関係性であったように思う。この関係性こそ，彼女には欠けていた大切な体験であり，それを初めて楽しんでいると。つまり，欠損していた体験をセラピストとともに体験し直していると。この点は，芸術家のGさんにも当てはまる。

少なくとも，うつ病圏のクライエントでは，精神分析的な転移の扱いはしない方がよい。特に，やってはいけないことは，この態度を自己愛の傷つきから生まれた攻撃性を防衛するために起きている「悪性な転移」あるいは「抵抗としての転移」と考えてアプローチすることである。少なくとも，私は，うつ病臨床において転移を防衛として扱わないようにしてから，治療が進むようになったと考えている。

心理療法においては転移はさまざまに起きる。このAさんにおいては，病理につながる転移あるいは歪んだ生き方からくる転移の可能性があるのは，セラピストにほめられようと躍起になったり，セラピストの気に入らないことをするのを恐れたりする場合であろう。そのような状況になれば転移として取り上げるべきだが，そのような様子はなかったと考えている。

③面接が楽しめるようになるのが理想的

AさんもGさんも，面接の後半においては，とても楽しそうであった。それも，自分の興味があることを面接にもたらし，その話題をセラピストと楽しむという様子が顕著であった。たとえると，彼らが自分の選んだおもちゃで，私と遊んでいるとでもいえるような時間となることが多かった。逆に言えば，自分の主体的なかかわりで遊ぶという，このような時間が幼児期にかけていた可能性が高い。このように考えると，うつ病者の心理療法の後半においては，イメージを遊ぶ側面もあるユング的なアプローチが効果的な可能性がある。遊びには，成長促進的な力がある。特に，快く安心した雰囲気で，信頼できる他者と響きあってもらいながらの遊びこそ，もっとも成長促進的な力があるように思われる。

7.「それなり」に生きてきて「そこそこ」にうつ状態に陥いる新型うつ病へのアプローチ

(1) 新型うつ病には，2nd-stepの問題解決的アプローチも必要だが，3rd-stepの生き方そのものへのアプローチが何よりも大切

新型うつ病には，「逃避型うつ病」「ディスチミア型うつ病」などが有名であるが，共通する部分は，20代半ばから30代前半に発症し，発症するまでは，比較的，軽やかに生きているが，就職して家庭を持つなどして，責任が重くなったり，対人関係での軋轢が強くなってくるとブレイクダウンするということである。そこに「逃避型」のように，女性性の強い男子例や，「ディスチミア型」のように自分の枠組みに固執するという自己愛性を見る立場もあるが，私自身は，彼らは，システム化された状況を「それなり」に順応して生きてきた生きるスタイルそのものが，通用しなくなって破綻すると考えている。以下に二つのタイプを述べる。

一つは，最近増えている新型うつ病として，「やさしさ」や「素直すぎ」が目立つタイプである。今一つは「ディスチミア親和型うつ病」のように自己愛的に自分のスタイルを守ろうとするが，「ディスチミア親和型うつ病」ほどには自己愛的に輝かしい自分というものを抱いてはいないタイプである。後者は，ひたすら，それまで

の課題を「それなりに」こなしてきて，企業で本気にならざるを得ない状況で，そのような心構えになれずに戸惑いうつ病に陥るタイプである．両者とも，周囲に合わせてきて，その生き方が機能しなくなった時にブレイクダウンするという点では共通している．また，彼らには思春期の不登校のケースと似たメカニズムが見られることも知っておく必要がある．もはや，現代型うつ病は「ディスチミア型うつ病」ほどの自己愛性は目立たなくなっている．この点も不登校臨床と同じである．

ケース「やさしさ」「周囲に合わせすぎ」が目立ったＷ君　29歳

　本人は，幼児期から人当たりが良いと言われ，すぐに友人ができるタイプと思っていたという．確かに，面接でも，受け身的なコミュニケーションではあるが，雰囲気がソフトで話しやすい人であった．学生時代にひどく困ることはなかった．

　ある中堅の企業に就職，数カ月は順調に働いていたが，徐々に，対人関係が窮屈になっていった．自分でも何が原因かわからないが，会社に行くと，人からの要求や誘いを断れずに，けっきょく，損なシフトで働くことが多くなり，会社から帰ると嫌な疲れが残るようになった．徐々に嫌気がさしてきて10カ月ほどで退職した．

　同棲している恋人が働いていたので生活はこまらず，パチンコに行ったり，映画などを見たりしていた．その後，数カ所，バイトや派遣で働いたが，すべて，数カ月で同じような心理状態になり，退職することを繰り返していた．そのうち気力の低下がひどくなり，一日中，倦怠感がつづき，パチンコも行かなくなり，ゴロゴロするようなったために精神科を受診し，うつ病と診断され治療を受けた．治療の中心は投薬と休息であったが，1年ほどしても変わらないので，友人の紹介で私のクリニックを受診した．

　状態は軽症うつ状態であった．心理療法を行う過程で，彼は以下の自分の問題点を自覚していった．

　プライベートな関係でも，「いつも『良い人』になってしまい，相手に合わせてしまっているために，少しずつ付き合うのが億劫になる」「自分は人に嫌と言えないようです．これが問題だったような気がする」と自分の問題点を自覚していった．

　それからはバイトを再度はじめ，職場での対人関係について，私と話し合うことが多くなり，徐々に，自分の意見を明確に言えるようになっていった．それに伴って，時にトラブルも起きたが，それを避けずに踏ん張るようになり，ついには，自分なりの対人関係のスタイルがわかってきて，その職場が

楽しくなり，以後，2年ほど仕事がつづいているが，うつ状態に陥っていない。

ケース「それなりに」生きてきて「そこそこ」のうつ状態に陥ったZ君　30歳

「それなりに」無理をしないで生きてきたが，本気にならないと打開できない状況に出会って，うつ状態に陥ったZ君。

就職するまで，無理することもなく，それなりの成績を取り，親の勧めるそれなりの大学を卒業した。大学ではサークルに参加し，それなりに楽しく過ごしたという。先輩の勧めるIT企業にSEとして就職。同じ会社の女性と結婚。ここまでは順調であった。しかし，自分の上司が辞めてから，役割が重くなるとともに，同じ時期に長男誕生。妻に言われてローンで家も買った。そのころから，少しずつうつ状態に陥った。

私との治療において，当初は，原因がわからないということを言っていたが，自分の状況に真剣に向き合い続けることで少しずつ問題点がはっきりしてきた。彼は立ち直るときに以下のように語った。

「自分は，今から考えると，すべて，それなりにやっていれば，何とかなると考えて生きてきたようです。しかし，仕事で無理をしなくてはいけない状況や，自分の責任で判断しなくてはいけない状況に出会って腰が引けていたと思います。どこか怖かったんだと思います。また，妻がいないときに，子どもがぐずったりすると，どうしてよいかわからず，子どもの横でタバコを吸うしかなかった自分にも気づきました。とにかく，大変な問題，責任のある問題は避けていたように思います。それなりにこなして，自分を守っていたようにも思います。楽にこなせる方法ばかり探してやってきたように思います。男じゃなかったんですね。少しは頑張って男にならないと，息子にバカにされる父親になってしまいます。本気になります」と。

彼は，楽にこなせる道を探して，自分を守り，それなりに適応してきたようだ。そして，父親になったという自覚もあって，本気になるという決意をすることでうつ病状態から脱していった。もともと器用なところもあって，仕事でも成果を上げて上司に認められ，自信をつけていった。

ケース　アニメ関連企業の社員のX君　32歳

家庭では，一方的に自分の価値観を押し付ける父親にうんざりしていたが，ぶつかることもなく，いつも，父親の勧める学校に行くことになったという。母親は，不安の先取り型のタイプで，何かと世話を焼かれたが，楽しい思い出は少ないという。それでも，親の言うことは聞くものと思っていたという。

一人っ子である。

　小学校のころから，何か友人には違和感を抱き，自分だけ，異星人ではないかと思うこともあったという。それでも，アニメには興味を持ち，高校時代はアニメのサークルに入って，楽しく過ごせたし，文化祭では，彼の企画が皆に受け，輝いていたという。

　親の勧める「それなり」の大学に進学。楽しくなく，ひきこもりなのかうつ状態なのかわからぬまま2年ほど休学したという。それでも，何とか卒業。

　アニメ関連の企業に就職ができた当初は，企画の手伝いなどをしていて，2年ほどは元気に働いていた。しかし，会社の一つのショップの副店長となり，しばらくして，うつ状態（気力がわかない，何もする気がしない，体が重いなどが主症状）となり，休むようになった。客や上司に文句を言われるのが，とにかくストレスになったという。

　別な部署に異動してもらうも，五月雨勤務が続いた。休んだ日は，アニメ関連のネットを見ていたという。ネットでの付き合いも，しばらくすると嫌気がさして続かないという。両親と同居しているので，生活は困らないという。精神科に通ってはいたという。

　30歳過ぎても変わらないので，当院受診。生きていて楽しくない，友人もいない（ほしくもないが），何をしてよいかわからないと言っていた。うつ状態はあるが，「ひきこもり」ともいえるような状態であった。

　治療において，問題解決的なアドバイスをすると，それなりに頑張るが続かない。上司などに叱られたときの心構えなどを話し合っても，「無理です」というばかりであった。

　結局，退社，フリーターとして，気が向くとバイトするという生活が続いている。そのような生活では，うつ症状は出ないが，なんとなく日々を過ごしているような生活となっている。

W君は，言われたままに素直に働いていたし，やさしさと配慮性に富んでいたことで，学生時代は人気者でもあったが，利害のぶつかり得る関係には対処できず，ややひきこもりに近い状態で抑うつ状態に陥っていたようだ。このようなメカニズムで発症する女性例も増えている。

　Z君は，学校のような緩い枠組みや関係性の中では，すいすいと状況に適応し，それなりの評価を得られていたともいえる。自分のスタイルを守りながら，それなりに適応していた様子がうかがわれる。それが，きつく，自分のスタイルを守り切れないような役割に押し込まれて，戸惑い混乱して意欲を失っていった様子がうか

がわれる。
　X君は，潜在的な葛藤がありそうであるが，結局，いつも，状況に合わせ，流されて生きている様子がうかがわれる。
　三人とも，その場，その場で，それなりに，合わせて生きてきたという点では共通している。

(2)「そこそこうつ病」の特徴
　私は，「それなり」に生きてきて，何かがうまくいかなくなって軽症のうつ状態に陥るケースを「そこそこうつ病」と呼んでいる。新型うつ病あるいは現代型うつ病を意味する。「そこそこうつ病」の若者の特徴は以下のごとくである。親との葛藤を抱えていることもあるが，ぶつかることもなく，親の言うことを聞いていることが多く，30歳を過ぎても同居していることも多い（X君のように）。そして，成人するまでは「それなり」に課題をこなし，「それなり」の学生生活を送っているものが多いが，一部はひきこもる時期を持つ者もいる。
　そして，就職した後，上司に叱責されるとか，気に入らない仕事を任されるとか，仕事がきつくなるなどのきっかけでうつ状態に陥る。それも「そこそこ」のうつ状態であることが多い。
　治療としては，セラピストのアドバイスを素直に聞く傾向がある。「それなり」に頑張ることもある。しかし，壁などにぶつかると容易にうつ的な状態に陥る。
　治療のポイントは，彼らの「それなり」の生き方そのものを変えることではあるが，自分の弱点にしっかりと向き合うようになることが難しいケースが少なくない。
　このような「やさしい」タイプや，「それなり」タイプや「ながされ」タイプには，「ディスチミア型タイプ」のような，自分に固執して規範や役割を拒否するような態度はない。しかし，皆，その場その場で順応しているという意味ではワンパターンではある。
　私も大学で教鞭をとっていたからわかるが，わが国においては，大学までは学生に対しては至れり尽くせりである。しかし，会社は，何と言っても生存競争の中に存在する。利害関係もぶつかるし，枠組みも厳しい。つまり，規範・役割が厳しい。このような状況で，「それなり」に合わせて，自分のスタイルで生きるという生き方で過ごしてきた若者や，ひたすら，周囲に合わせてきた若者が，壁にぶち当たり，途方にくれ，うつ病ないし，うつ病類似の状態に陥るというのが，最近の若者のうつ病事情である。この場合，彼らに寄り添いながら，問題から逃げずにできる範囲で直面するような介入が必要である。それは思春期的な課題を乗り越えるという成長促進的な働きかけをすることを意味する。そういう意味では，不登校臨床と似た

アプローチが必要となると考えている。これをしないで状況因ばかりを扱っているとだらだらと面接が続くことになりやすい。つまり，3rd-stepが当初から必要なケースといえよう。

おわりに

　従来のメランコリー親和型も新型うつ病においても，対象依存的，状況依存的である点は共通している。そして，その生き方をワンパターンに続けようとしてバランスを崩す点も共通している。対象依存的・状況依存的であるがゆえに，役割の変化など状況の変化に弱いし，そして，その変化に柔軟に対応できずワンパターンであることが「途方にくれる」心理状態に容易に陥りやすくしていると考えている。しかし，対象依存的であることは，心理療法においては，セラピストとの適正な関係性そのものが治療の効果を高めることになり，心理療法が他の疾患よりも重要になるものとも考えている（なお，わが国において，笠原嘉，大森健一，広瀬徹也氏などをはじめ，精神病理学系の精神科医の優れたうつ病の心理療法論があるが，それについては文献（鍋田，2000a）を参照いただきたい）。

● 参考文献

詳細な症例や治療過程および参考文献については『うつ病がよくわかる本』を参考にしていただきたい。ここでは，心理療法に関する文献のみを示す。

○心理療法全般

Cutler, J.L., et al (2004) Comparing cognitive behavior therapy, interpersonal psychotherapy and psychodynamic psychotherapy. Ame J Psychiatry, 161 ; 1567-1573.
平木典子，他（2011）新世紀うつ病治療・支援論―うつに対する統合的アプローチ．金剛出版．
Karasu, T.B. (1990a) Toward a clinical model of psychotherapy for depression, I : Systematic comparison of three psychotherapies. Am J Psychiatry, 147 (2) ; 133-147.
Karasu, T.B. (1990b) Toward a clinical model of psychotherapy for depression, II : An integrative and selective treatment approach. Am J Psychiatry, 147 (3) ; 269-278.
鍋田恭孝（1991）遷延化したうつ病の精神療法．精神医学レビュー，2 ; 66-78.
鍋田恭孝（2000a）うつ病の精神療法　その1．治療，82 (10) ; 154-160.
鍋田恭孝（2000b）うつ病の精神療法　その2．治療，82 (11) ; 169-174.
鍋田恭孝（2005）うつ病への心理的アプローチ・3stepsアプローチ．臨床看護，31 (1) ; 22-28.
鍋田恭孝（2006）精神療法の新たなる展開と治療者の専門性について．日本サイコセラピー学会誌，7 (1) ; 29-38.
鍋田恭孝（2007）物語れない・生き方がわからない若者への精神療法的アプローチについて．日本サイコセラピー学会誌，8 (1) ; 3-15.
鍋田恭孝（2011）うつ病に対して効果的な心理的療法・3stepsアプローチ．Depression Frontier, 19 (1) ; 65-67.
鍋田恭孝（2012）うつ病がよくわかる本．日本評論社．

巽信夫（1988）うつ病者に対する精神療法．精神科治療学，3（3）；385-393．
横山知行，他（1997）うつ病の心理教育．精神療法，23（1）；11-18．

○力動論的心理療法

Abraham, K. (1960) Selected Papers of Karl Abraham. Basic Books, New York.
Arieti, S., Bemporad, J. (1973) Severe and Mild Depression. Basic Books, New York.
Bibring, E. (1953) The mechanism of depression. In Greenacre, P. (ed.). Affective Desorders. International Universities Press, New York.
Deitz, J. (1983) Self-psychological intervention for major depression : Technique and theory. Am J Psychotherapy, 17 ; 597-609.
Deitz, J. (1989) The evalution of the self-psychological approach to depression. Am J Psychotherapy, 43 (4) ; 494-505.
土居健郎（1966）うつ病の精神力学．精神医学，8（12）；95-100．
Fenichel, O. (1945) The Psychoanalytic Theory of Neurosis. WW Norton, New York.
Fredric, N., et al (2004) Psychodynamic Treatment of Depression. American Psychiatric Publishing, Washington, DC.
Freud, S. (1969) 悲哀とメランコリー，不安の問題．（加藤正明訳）日本教文社．
Gabbard, G.O. (1994) Psychodynamic Psychiatirt in Clinical Practice. The DSM-IV edition. American Psychiatric Press, Washington, DC.（舘哲郎監訳（1997）精神力動的精神医学―その臨床実践［DSM-IV版］①臨床篇：Ⅰ軸障害．岩崎学術出版社）
Jacobson, E. (1971) Depressions. International Universities Press, New York.
小此木啓吾（1977）精神分析からみたうつ病．（宮本忠雄編）躁うつ病の精神病理．弘文堂．

○認知行動療法・対人関係療法・問題解決療法

Beck, A. (1976) Cognitive Therapy and the Emotional Disorders. International Universities Press, New York.
Beck, J.S., et al (1995) Cognitive Behavior Therapy Basics and Beyond, Guilford Press, New York.
Klerman, G.L., et al (1984) Interpersonal Psychotherapy of Depression. Basic Books, New York.
Klerman, G.L. (1989) Evaluating the efficacy of psychotherapy for depression. The USA experience. Eur Arch Psychiatry Neurol Sci, 238 ; 240-246.
Leahy, R. (2003) Cognitive Therapy Techniques. Guilford Press, New York.
McCullough, Jr. J.P., et al (2000) Treatment for Chronic Depression. Guilford Press, New York.（古川壽亮，他訳（2005）慢性うつ病の精神療法－CBASPの理論と技法．医学書院）
水島広子（2009）対人関係療法マスターブック．金剛出版．
中野敬子（2009）認知行動療法・技法別ガイドブック．遠見書房．
Nezu, A.M. & Nezu, C.M. (1990). Psychotherapy for adults within a problem-solving framework : Focus on depression. J Cognitive Psychotherapy, 4 (3) ; 247-256.
Nezu, A.M., et al (1989) Problem-Solving Therapy for Depression. Wiley , New York.（高山巌，他訳（1993）うつ病の問題解決療法－認知行動論から多元的なうつ病モデルを提起した治療法．岩崎学術出版社）
坂野雄二（1995）認知行動療法．日本評論社．
Weisman, J.C., et al (2000) Comprehensive Guide to Interpersonal Psychotherapy. Basic Books, New York.

第II章
ヒステリー・境界性パーソナリティ障害
ヒステリカル・スペクトラムについて

　ヒステリーという言葉には，ヒステリー性格という独特の性格も含め，さまざまな症状や現象が含まれる。「カラマーゾフの兄弟」には，ヒステリー症状やヒステリー的な人物が数多く登場する。また，ある本には，フロイトの時代，ウィーンの街角で女性がバタバタと倒れていたという記載がある。しかし，明らかにヒステリー症状を訴えるケースは激減している。その理由の一つに，私は，かつてはヒステリー症状を訴えたケースの多くが，現代では，BPDと軽症うつ病に移行したためではないかと考えている。

　ヒステリー関連の現象は，憑依体験・宗教体験にもみられ，また，催眠現象とも関連が深く，極めて興味深い現象である。しかし，未だその本質は解明されていない。しかし，精神分析によって，ヒステリー症状が心理療法的アプローチで劇的に変化することが確認されて以来，多くの臨床経験が重ねられてきた。精神分析の中でも対象関係論的アプローチが極めて効果的な病理といえよう。

1. ヒステリー・演技性パーソナリティ・BPDについて知っておくべきこと

(1) ヒステリーに含まれる病態

　病名としてのヒステリーには，身体症状を中心とする一群と，解離症状を示すものとがある。そして，身体症状を中心とする者には，転換反応と身体化障害とがあり，両者はヒステリー性格（hysterical personality）と深く関連している。しかし，解離性障害とヒステリー性格との関連が議論されたことはほとんどない。

　解離性障害も身体症状を中心としたヒステリー症状も「ヒステリー」と歴史的にいわれてきたのは，古くは，これらの症状が一人のケースに重なって見られたことによるといわれている。しかし，現在は，DSMの診断基準により，すべて別々の

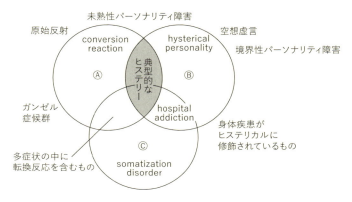

図11-1 広義のヒステリーと呼ばれるものの位置づけ（解離性障害は除く）
　　　　各円の周囲の項目は関連の深い症状や障害を意味する。

障害として定義されているし，病理としてのヒステリーの減少に伴ってすべての障害が重なっているケースに出会うことはほとんどない（図11-1に歴史的にヒステリーに含まれてきた病態をまとめてみた。ただし，解離性障害の位置づけは難しく記載していない。解離性障害は，自己の統合性の部分的機能不全であり，身体機能の部分的機能不全である転換反応（coversion reaction）に近い病態である）。

①転換反応，転換ヒステリー（conversion disorderは，これまで「転換性障害」と訳されてきたが，DSM-5の訳語から「変換症」と訳されることとなった）

a. 症状について──消失しやすさ・発症要因など

　まず，ヒステリーといえば転換反応（図11-1のⒶ）が有名である。症状は，主に随意運動系・感覚系が過剰あるいは過少に機能する状態を意味する。そして，全身の随意筋が過剰に反応するとオピストトーヌスを伴う全身けいれんとなる。逆に下肢の随意筋肉が過少にしか機能しなくなると失立失歩が生ずるし，感覚機能不全としては心因性の聴覚障害や視力障害などとなる。

　ヒステリー症状には，歴史的にさまざまな名前もつけられており，ヒステリー球（喉のつまる感じ）やオピストトーヌスなどが有名であるが，それだけ何らかの発症しやすい症状が生理的・生物学的に準備されている可能性がある。しかし，可能性としては，人が演じられるものであれば，何でもありうる。もちろん，意図的に演じられているわけではないが，どこか疾病利得を目的とするような症状もあり，精

神分析を中心に，無意識の意図のもとに症状化している可能性が論じられてきた。

　基本的には，機能不全であるから，身体の生理的変化はないが，想像妊娠の場合のように，本当におなかが膨れるような，実際，身体に何らかの変化を伴うケースもある。私の同僚の経験したケースでは，右腕の筋肉（？）が腫れ上がる症状を示した。このような症状をどのように位置づけるかはあいまいになっている。もちろん，心因が絡んだ皮膚炎のように，生理的な病理現象が身体に生じていれば，現在は，狭義の心身症に分類される可能性が高い。

　そして，治療上，何より大切なことは，心理療法が進んで心理的な問題が解決あるいは変化すると，症状が完全に消えるという特徴である。対人恐怖症のような他の障害であれば，心理療法で心理的な問題がかなり解決しても，対人恐怖傾向が残ることも多い。しかし，転換症状は，心理的な状態が変化すると跡形もなく消える。派手な症状であるのに，消えるときは跡形もなく消えてしまう。この点もフロイトやユングの時代の精神科医を驚かせ，興味を抱かせた理由であろう。

　そして，発症要因は，戦争のような極限状況ということもあるが，日常的な状況下では，思ったような対人的な評価や立場が得られなかったり失われたり，理想化した男性像を失ったり，幻滅してバランスを崩し，それまで抑えこまれていた何かが噴出するかのように発症することが多い。あるケースでは，尊敬してやまなかった父親の浮気が発覚して，父親にひどく幻滅したことをきっかけとして，けいれん発作とともに，子ども帰りしたようになって，しばらく幼児言葉しか話さなかったという症状がみられた。ヒステリーのケースでは，子ども帰りのような典型的な退行現象も見られることが少なくない。この点も精神分析の発達論の「退行」という考えに影響を与えたと思われる。

b. 転換反応とヒステリー性格の関係

　一般に，ヒステリー症状はヒステリー性格の者に生じやすいと考えられているが，これまでの研究では，その点は否定的である。つまり，ある種の状況における異常な反応形式ではあるが，特別なパーソナリティでなくとも十分に生じうるものであるとする考えが受け入れられている。ガウプ（Gaupp, R）の「異常な反応形式であり，正常者からヒステリー者までの移行がある」という考えや，ホッヘ（Hoche, AE）の「戦闘参加者は誰でもヒステリーになりうる」という記載はその代表的なものである。ブムケ（Bumke, O）も直接的な情緒の発散を阻止されたときに生ずる特殊な反応様式あるいは行動のタイプと考えていた。

　また，その後のいくつかの複数症例の研究によれば，転換反応を示した症例の約20％程度しかヒステリー性格ではなかったという報告が多い。

しかし，私自身は，戦争のような特殊な状況では何ともいえないが，日常的な状況で転換反応を生ずる者には，やはり，ある種の性格的な共通性が見られるものと考えている。それがヒステリー性格である。その一方で，学童期の子どもや精神遅滞者のように知的発達が不十分であるケースにも転換症状が出やすい。また，思春期に多いが，つらい状況（研修，寮生活など）を我慢しており，それが我慢しきれなくなって，転換症状を呈するケースも少なくない。このような場合は，症状に象徴的な意味がなく，クレッチマーの述べたような原始反射的なメカニズムで起きるものと考えられる。治療としては状況因の解決が中心となる（本章では，このタイプについては論述しない）。

　また，ヒステリー性格については，何をもってヒステリー性格とするかで議論が分かれるであろうが，情緒性が過剰で，演技的で，他者に媚びるような傾向があるというのは，ヒステリー性格の表面的な特徴であり，転換反応を示すケースに，必ずしも，このような特徴が目立つわけではない。しかし，少なくとも，日常的な状況で転換反応を示す思春期以降の女性例においては，共通する独特のライフスタイルや対象関係がみられると考えている（このような特徴をシャピロは「ヒステリカルスタイル」と呼んでいるが，この点は後述する）。このことが治療的には重要である。つまり，ヒステリー性格でいわれてきた派手さや男性に媚びるような表面的な傾向は，転換反応を示すケースに多くはないが，ヒステリカルスタイルと呼べるさまざまな性格傾向は，転換反応のケースの多数に見られるものと考えている。それが，ヒステリーが性格神経症と言われるゆえんである。

c. **転換症状の特徴──持続性・疾病利得・象徴性**
　転換症状は，長く持続しないことを知っておいた方がよい。症状は派手で目立つことも多いが，年余にわたって持続することは少ない。それゆえ，症状を取ろうとする働きかけはしなくてよい。症状を取ろうとすると，そこに治療者や家族の関心が集中するので，かえって，症状を持続させることになる。つまり，ヒステリー患者は，転換症状に関心を向けてもらうと，それを無意識に使い続ける可能性がある。つまり，「疾病利得」が生じやすい。それゆえ，精神分析のように，症状に対してなんらアプローチしないという方法は，転換症状にはあてはまるが，それ以外のほとんどの障害においては当てはまらない。すでに述べてきたような他の疾患に由来する症状に対しては心理教育的なアプローチや問題解決的なアプローチが必要である。転換症状の方が特殊なのである。精神分析はその考えをすべての障害に拡大していったと考えられる。それが間違いであった。
　もし，転換症状に対して心理教育的アプローチをする場合は，本人にも家族にも，

心配のない症状であることを伝える程度でよい。ただ，あまりに問題視しなさすぎると他の症状に変化することもあるので気をつけなくてはならない。

そのことにも関連するが，転換症状は，一つの症状は持続しないが，他の症状に変化していくことが少なくない。あるケースでは，腰痛を訴えていて手術になりそうであったが，検査結果で問題ないことがわかると，意識喪失発作を起こすようになり，それにも関心を向けてもらえないと，さまざまな身体愁訴を訴えるようになった。最終的に抑うつ的となり，その時点で，心理療法により洞察が深まり症状はすっかり消失した。

それゆえ，症状が持続した場合は，症状を持続させる何らかの意味（疾病利得）があるか，治療者の治療の仕方がまずいのではと反省すべきである。

また，全身けいれんなどの症状には，動物にすら近似した現象があるので，象徴的な意味はないが，たとえば，心因性の失声症のように声が出ない場合は，話したくないか，話しても無駄と思っていることを象徴的に意味していることもある。ある時期，精神分析においては，症状に過剰な象徴的な意味を読みすぎた時期があるが，それは，一部の転換症状においてのみ当てはまるものである。

② 解離性障害
a. 多重人格・全生活史健忘について——催眠療法との関連も含めて

私は，解離性障害としては，全生活史健忘（DSM-5では「解離性健忘」）を数例，古典的な多重人格（DSM-5では「解離性同一性障害」）を一例，フーグを数例診ただけであるので，どのような治療がベストだといえる立場ではない。また，このような症例の主治医になった折に，かなり文献を検討したが，国際的にもコンセンサスが得られている治療法はないように感じた。ただ，何点か，このような体験から感じたことを述べる。

まず，多重人格のケースにおいては，発症症状が幻視と幻聴であり，診断に迷ったことを記憶している。薬物の使用経験もなく，他の統合失調症を思わせる症状がまったくなかったので，しばらく経過を見ることとしたが，やがて，他の人格があらわれて診断が確定した。つまり，幻覚体験は，まだ現れきっていなかった他の人格が警告していたということがわかった。確かに，幻覚の内容は警告的なもので，しかも，極めて明瞭なものであった。

全生活史健忘について知っておくべきことは，この症状が「精神的自殺」であるともいわれており，それだけ危機的な状況で発症するものもあるから，単に思い出させればよいというものではないということである。また，よくドラマでも見ることがあるが，何らかの頭への打撲がきっかけになるケースも確かにある。一定の角

度の衝撃が全生活史健忘を起こしやすいという報告もある。私の経験したケースでは，夜中にトイレに行こうとしてつまずき，ピアノの角で頭をぶつけた後に，この症状があらわれた。彼女は，まったく精神的に危機的な状況にはなかった。今一人は，自殺しようとして，マンションの階段を上っているときに，つまずいて壁に頭を強打したのちに症状が現れた。彼女の場合，打撲とともに，心理的にも危機的な状況にあった。

また解離性障害の患者は催眠にかかりやすいという報告がある。私も，この点は間違いないと考えている。多重人格について研究したクラフト（Kluft, RP）によると，病因として，以下の4因子が重要だとしている。それは「催眠にかかりやすい素質」「ひどい心的外傷を受けていること」「心的外傷の影響下で解離反応が形成されること」「何ら，慰めが得られていないこと」を挙げている。私のケースも，これらの特徴のすべてがそろっていた。

しかし，催眠を治療に用いるかどうかについては，私には結論がでていない。ただ，全生活史健忘のケースでは，催眠下で，本名がわかるし，ストレス状況を聞き出すこともできるので，それを心理療法に応用することは可能である。もちろん，催眠を解くときに，すべて話したことを忘れるという後催眠健忘の暗示をすることが必要であるが。

b. 離人症について

離人症については，有名なウエルニッケ（Wernicke, C）の三つのカテゴリーがある。外界への実感の持てなさとしての疎隔感（derealization）（「外界精神離人症」と呼ぶこともある），自分自身の存在自体に対する実感の伴わない狭義の離人症状（depersonalization）（「自己精神離人症」とも呼ぶ），自分の身体感覚の実感のなさにくるしむ身体離人（somatic depersonaliztion）（「身体精神離人症」とも呼ぶ）の三つの症状である。これらが一人のケースに重なってみられることもあるが，一つの症状が強いというケースもある。有名なスイスの哲学者・詩人の『アミエルの日記』に離人体験が語られていることは有名である。

離人感としては，何となく実感がわかない程度なら健康な精神現象である。疲れた時や二日酔いの朝などにもみられることがある。しかし，強度の持続的な離人症は極めて苦しい症状である。ある男性患者は，すべての実感のなさから脱出しようと，壁を強烈に素手でたたくということを繰り返していた。そのため，こぶしは崩れかけていた。また，歩いていて自分の存在を確認せざるを得なくなると，走行中の自動車に体をぶつけるということを何度かしていた。幸い大けがには至っていなかったが。このような痛みによる確認はリストカットにもつながる。また，ある女

性患者は宇宙に漂っているような寄る辺なさを感じ，常に誰かに手を握ってもらっていなければいられなかった。

　また，学童期に痴漢により性的な外傷体験を受けた女性例では，疎隔感と全般的な自己感覚の低下に苦しんでいた。淡々と症状を訴えるので，その深刻さが私に伝わらなかったが，ある程度改善した折に，治療が始まって半年頃までは，治療の帰りに電車道を通るたびに，離人症の苦しさのため，いっそ飛び込もうかと考えていたと語った。私は本当に驚いた。それほど，彼らの症状は苦しいものである。このケースは，今では，PTSDとしての治療を受けるべきであったとも考えている。実は，私の前のセラピストが高名な精神分析家であったが，その分析家は，患者が悪戯をされているときに，彼女自身も快感を感じたため，そのことを責めているのではないかという解釈をしたそうである。彼女は，この解釈にひどく傷つき，セラピストを代えたのである。あの時ほど傷ついたことはないと語っていた。ひどい話である。

　離人症を解離性障害に含めるべきか否かは疑問が残っている。多重人感においては，幼児期に虐待を受けたものが多いが，離人症のケースには，必ずしも多くなかったという報告もある。つまり，ストレス要因が異なるという意見である。

　また，治療においても，やはり，コンセンサスが得られているものはない。症状の強度の者に対しては，SSRIを中心とした薬物療法がどうしても必要となる。心理療法的には，再保証がアプローチの中心となると考えているが確たる自信はない。

c．身体化障害——エネルギーの低下した状態（図11-1のⒸにあたる）

　さまざまな身体的不定愁訴を訴えるのが身体化障害である。身体化障害は思春期以降の女性に多く発症する。中年期にも少なくない。病前性格はヒステリー性格にも見られるが，依存性パーソナリティ障害など，より弱力型のパーソナリティに表れることが多い。また，<u>当初は，転換症状などヒステリー症状を起こしていても，あるいはBPDのような行動化がみられていても，それが時間経過とともに諦めたような気持ちになるのに従って，さまざまな身体的な不定愁訴を訴えるように変わるケースも少なくない。</u>このことから，身体化障害は，自分の力ではもうどうしようもないという諦めの心理状況で起きやすいという印象を持っている。彼女らには派手な症状を出す力もない，あるいは残っていない状態にあるともいえる。

　そのため，心理療法においては，症状を早く取ろうとする必要はなく，支持的なアプローチが中心となる。特に，身体愁訴を受け止めてもらえる，自分の生きづらさをわかってもらえているという実感とともに，適応上の問題をともに考え支えてくれる人がいるということが大切だと感じている。

2. ヒステリー性格について
－演技性パーソナリティ障害・BPDとの異同および
ヒステリカル・スペクトラムという考え方－

　ヒステリー性格と転換症状や解離症状との関連は述べてきたが，ここで，ヒステリー性格そのものについて大切なポイントを述べたい。心理療法の中心テーマはパーソナリティになることが多いからである。

　ヒステリー性格は，一般に，派手であったり，性的な誘惑ばかりするというように悪名高いところがあるが，これは演技性パーソナリティ障害に当てはまりこそすれ，典型的なヒステリー性格には当てはまらない。しかし，両者には共通点も多い。また，ヒステリー性格はBPDとも共通な側面がある。この三者に共通する点がシャピロの述べた「ヒステリカルスタイル」に見出される。そして，三者でもっとも異なるのが対象関係と安定性である。

(1) ヒステリカルスタイルの特徴

　シャピロは，認知・情動・思考・主観的体験・行動の機能的な在り様（form or mode）を「神経症的スタイル」と呼んでいて，強迫スタイルなどとともに（強迫性障害について述べた第9章参照のこと），ヒステリカルスタイルについても言及している。彼の述べていることを参考にして，私なりにヒステリー性格の特徴を述べると以下のようになる。

　認知のスタイルにおいては，impressionistic, global, diffuse, lacking sharpnessが特徴であるとしている。たとえば，「あの人はどんな人か？」と聞かれると，「あの人は素晴らしい」「最低だ」などという具体性や詳細さに欠けているが，情緒性あるいは好き嫌いのこもったコメントを述べやすい。そして，反応は早いが，目立つ刺激・特徴に影響を受けやすい。また，容易に好きであったものが嫌悪に変りやすい。悪人とヒーローに満ちた世界に生きている。また，被暗示性が高く，気持ちがそれやすく，持続的に注意を集中し続けることが苦手である，などなどが特徴とされる。

　また，ロマンティックな世界に生きているため，演技的（theatrical）になりやすい。「romantic, fantastic, nonfactual and insubstantial experience of the world」に生きているわけであるが，それは自分自身のイメージにも向かう。

　シャピロは，ヒステリー者は「prince-charming-will-come-and-everything-will-turn-out-all-right」の世界に生きているとも言っている。

　そして，詳細な細かい知識などは苦手であるとともに心的内容の構造化が悪い。また，身体化しやすく，情緒的な反応をしやすく，抑うつにも傾きやすい。

ある中年のヒステリー性格の患者は，ある面接の初めに，歩いてきた道の様子を感情を込めて話してくれた。
　「それは桜が咲いていて，素晴らしく美しく，すべては天国のようでした。それは，昔，恋人と過ごした道と同じ香りがしました。そう，春の香りです。その香りが懐かしい青春の日々を思い出させてくれました」と。とても詩的でロマンティックな語りであった。ここにはヒステリカルスタイルの特徴がよく表れている。
　しかし，このような特徴がみられても，安定したヒステリー性格の患者（「健康なヒステリー」「良いヒステリー」「本当のヒステリー」などとも呼ばれる）は，感じやすく，控えめで，衝動のコントロールもよく，学業や仕事においても頑張りがきき，成功を収めていることも少なくない。愛情を求める時も，穏やかな仄めかすような態度を示す。このようなヒステリーが成熟したヒステリーともいえるが，このような精神分析的にはエディプス期と考えられるヒステリーとともに，ヒステリーの中にも未熟なタイプがあることが徐々に明確にされ「口愛期固着のヒステリー」とか「ヒステロイド」などと呼ばれるようになった。それらが，DSMにおいて演技性パーソナリティ障害にまとめられていったと考えられる。
　演技性パーソナリティ障害においては，健康なヒステリー性格に比較して，現象的には，症状を誇張したり，情動の移ろいやすさが激しかったり，衝動性や誘惑的態度が強く，要求がましかったり，露出症的な特徴が強くなる傾向が見られる。また，彼女らの性愛性はケバケバしく加減がないし，しがみ付き方はBPDと変わりない。
　そして，不安定性がより強くなり，不安耐性や抑うつ耐性がより脆弱になり，対象像が曖昧あるいは分裂傾向が強くなり，衝動のコントロールがより脆弱になるとBPDとなる。
　演技性パーソナリティ障害とBPDとは，DSM-III-Rにおいても44%〜95%が重なり合ったので，その後いろいろ改変されたが，あいまいさが残っている。しかし，<u>これらは，安定したヒステリー性格，演技性パーソナリティ障害，BPDをデジタルに区分けしようとすることから起きている問題であり，これらは，「ヒステリカル・スペクトル」と考えたほうがよい。</u>

(2) 三者で異なる特徴的な対象関係

　そして，この「ヒステリカル・スペクトル」の三者でもっとも異なるのは，対象関係である。
　まず，健康なヒステリーにおいては，一般に言われているように，父権制を代表するような力のある父親，そして，女性は男性より劣ると考え，ひたすら父親に従う母親という家庭に育っていることが多い。このことが，父権性が明確であった時

代(わが国では戦前まで,ヨーロッパでは19世紀から20世紀初頭まで)にヒステリー症状を発症した者が多かったことにつながる。いまでも父権制の強い家族はそれなりに存在する。そのような家庭にヒステリーが生まれやすいことは間違いない。

　そして,精神分析理論のいうように,父親に比べ,家庭での母親の存在感のなさのゆえに「ペニスを持たない・去勢された母親」という解釈がなされたこともうなずける。しかし,この「去勢された母親」という考えは,さまざまに批判されているので,ここでは触れない。ただ,ヒステリー患者の母親に実際にお会いすると,控えめで自分の気持ちを抑制している方が多いという印象を受ける。言い換えれば,母親自身の感情の抑制があるため,子どもとしても,母親といて気持ちが湧き立つとか,共感し合って楽しめた可能性は薄い。しかも,母親は常に父親に関心が集中しているため,母親との関係は悪くはなくとも,理想化して同一視する対象にはならなかったことが予想される。ある意味,母親に幻滅しており,そのことが,女性性の確立に不完全さを生じさせた状況であったとも考えられる(コラム⑩「愛せない苦しみ」参照)。

　そして,この母親への幻滅がより強度になれば,口愛期的な問題が前面に出るようになり,口愛期固着のヒステリーになり,演技性パーソナリティ障害に近づき,母親への幻滅に伴う怒りが向けられると,激しい悪しきイメージになり,限りなくBPDに近づくのではないかと考えている。

　健康なヒステリーでは,母親への幻滅が演技性パーソナリティよりも軽微であり,また,母親はBPDの母親のように気まぐれであったり攻撃的であることはない。つまり,<u>健康なヒステリーの問題は,母親との関係は安定してはいたものの,母親に何を投げかけても響いてもらえない無力感が,彼女らの心の底に潜んでいることである。</u>

　そして,それを補うように女の子として,家のために役立つこともなく無力ではあるが,かわいい子として父親にめでてもらえるという体験をすることで,万能な父親・万能な対象に愛されることで自己の存在意義を確かめるようになると考えている。

　後述するケースの女性は,治療を終了する時点で以下のように語った。

　「父親は自分にとって常に遠くに輝く巨大な太陽のような存在であった。自分はその太陽の周囲をまわっている地球のような存在であった。地球が太陽からのエネルギーがなければ死の星になってしまうように,自分も父という太陽を失ってからは,冷えきってしまい何一つ内側から湧きいずるものがなく,存在していることすら苦痛であった。セラピストに自分の太陽となってくれるべき対象を求め,そのようであるかのような幻想を持とう,あるいは,もうすでに手にしているというように自

分自身も振る舞おうとしたが，それをセラピストは許してくれず，つらい日々が続いた。そして，徐々に，現実の中で生活していくうちに，何一つ輝かしいもののない中で，それなりに生活し，できることをそれなりにしていこうという考えになっていくことで，やっと，そのような幻想がなくても生活することができるようになってきた。現実の父親は今も好きではあるが，もう，年老いた老人でしかなくなっている」と。

彼女の面接内容からは，まったく母親は現れてこなかった。

母親との関係に幻滅していることで，ひたすら父親に（遠くの存在に）理想の対象を求め続けることが，彼女らの現実離れしたロマンティックな心的世界を膨らませることとなる。

演技性パーソナリティ障害においては，すでに触れたように，母親への幻滅がはるかに強い。あるいは関係が薄い。また，BPDのような外傷的な体験を受けていることが少ない。そのため，依存対象のイメージも断片化するほど混とんとしてはいない。

彼女らは，健康なヒステリーよりも不安定な母親との関係のため，より不安定性を増し，健全な自我機能を発達させることに失敗する。そのため，不安や無力感とともに欲望や願望をコントロールする機能も未発達である。そして，彼女らは，父親からとは限らないが，実際にコケティッシュであるとか，女の子として魅力がある子として扱われた体験をしていることが多く，強い無力感の中で，唯一，女の子として，あるいは女性として魅力を持ち得ることに気づき，その力で男性をコントロールしようとする。自我の未熟さとともに，このような願望があるため，彼女らは性的な魅力を誇示したり，誘惑的な行動をあからさまにとるようになる。不安定性とともに，このような誘惑性のあからさまな特徴が演技性パーソナリティ障害の中心的な特徴となる。自分の性的な魅力を誇示する傾向が強くなると自己愛パーソナリティ障害にも近づく。

そして，BPDにおいては，より外傷的な世界に生きている。母親が気まぐれであるとか，子どもの心に土足で踏み込むようなことが多いために，母親は攻撃者にもなる。また，母親以外から外傷体験を受けていることもある。母親の不在のために，外界そのものから守られず，外界そのものが外傷的なものと感じられることもある。子どもは対象関係に限定して自我境界がもろくなり，ボロボロに傷つくとともに攻撃性が母親（しがみつく対象）に向けられる。そして，その攻撃性は自我境界が曖昧なために，対象像・自己像の分化の不完全性と相まって，投影同一視が生じ，一層，怒りとともに恐怖感を抱くようになる。このあたりのメカニズムはすでにBPDの成書に詳しい。

まとめると，健康なヒステリーは，対象関係は安定しているが，あくまで，万能な父親的存在（このイメージが容易にセラピストに転移される）に愛されなければ，無価値で無力な自己像となり，同一視している無力な母親像（ヒステリー者の示す女性全般への無関心に通ずる）と同じ存在になるという恐れを抱いている。演技性パーソナリティ障害においては，性的な魅力を持つ自己像のみを誇大化し，それを喜ぶ男性像（それをバカにしているところがあるが）という対(ツイ)と，自分に無関心な母親像と無力な自己像とが対(ツイ)になっている。BPDでは，攻撃してくる・侵入してくる母親像と，それに怒りを抱く自己像とが対(ツイ)になっており，また，それを補うように形成される理想化された万能の救済者とその救済者にすべてを委託して救われる無力な自己像とが対(ツイ)になっており，それらが統合されずに分裂したままであるために，急激に入れ替わるということが生ずる。
　このようにヒステリー三者のパーソナリティに対しては，強力な転移として，このようなさまざまなレベルで理想化された内的対象像をセラピストに向けてくるとともに，その対象関係が変わることで症状すべてが消失することを知っておく必要がある。それゆえ，心理療法においては彼女らの独特の対象関係を理解しておくことが何よりも重要となる。

3. 心理療法で気をつけるべきこと

　精神分析が確立されたきっかけがヒステリーの治療にあったことは有名である。そして，精神分析的アプローチがヒステリーに向いたものであったことは間違いない。<u>精神分析的な治療を厳密に行って，治療的な意味があるのはヒステリーだけかもしれない</u>。また，BPDも演技性パーソナリティ障害に対しても，多くのアプローチが提案され，それなりの成果を挙げている。そのため，ヒステリー・BPD関連に対しては膨大な治療論が存在する。屋上屋を重ねるようなことはしたくないので，以下に，私なりに考えている重要なポイントのみを述べたい。

(1) ヒステリー三者に対しては，3-ステップアプローチは必要とされない

　転換症状に対して，「いずれ消失するものであるから，心配ない」ことを本人にも家族にも伝える以外，1st-stepの心理教育的アプローチは必要ない。治療の中心は彼女らの対象関係にあり，また，治療のスタートから理想化を中心とした幻想的な転移を起こし，その関係性が治療のテーマ（精神分析の得意な転移を扱うことになる）となるので，何らかの発症要因があっても2nd-stepの問題解決的アプローチも必要としない（思春期以前のケースは別である）。それゆえ，ただちにクライエント

に自由に話してもらう自由連想的な面接に入って構わない。精神分析では，このような独特のパーソナリティへのアプローチがすべての悩みや病態に応用されたので，他の病態には合わないことが多く，治療的な効果が上げられなかったものと考えている。

(2) 限界設定──必要であり，また，行動療法的な意味を持つ

　すでに触れたように，健康なヒステリーも演技性パーソナリティ障害もBPDもすべて，ヒステリカルスタイルを示す。それは，事実的な世界が希薄で，ファンタジーが豊かで，情動有意である。しかも転移を常に起こしアクティングアウトをしやすい。このような傾向のために，精神分析は極めて治療構造を含めて限界設定を重要だと考えた。それゆえ，クライエントが面接時間の延長を願っても絶対にしてはならないとされる。そして，それは正しい。逆に言えば，このような態度はヒステリー的なクライエントにはあてはまるが，すべてのクライエントにあてはまるものではない。精神分析だけを学んだ臨床家は，すべてのクライエントに対して限界設定を固守しすぎるという印象を受けている。そして，それはクライエントによっては，マイナスに働くこともあり得る。たとえば，ひきこもりの面接で，すこし自発性が出てきたクライエントが，意を決して，チャレンジするつもりで，セラピストに面接のあとに「一緒に本屋に行ってほしい」と言った場合，時間が許せば，是非に，かなえるべきだと考えている。彼は初めて，自分のしてほしいことを人に主張した可能性があるからだ。

　それゆえ，機械的に限界設定をすることには注意が必要だと考えている。

　また，限界設定は，常にクライエントに現実原則を直面化させることにつながる。長い面接期間，面接の中では，自由に願望やファンタジーを膨らませることが許されても，治療者・患者という距離感や治療構造の厳格化によって，現実を直面させることになる。現実原則に従って生きることがもっとも苦手な彼女らにとって，このような治療関係・構造を体験し続けることが行動療法的な意味で治療促進的に働くものと考えている。極端に言えば，以下に述べる転移の扱いとともに，このような現実を直面させ続ける関係性こそが治療的に働く中心的な要因であるとも考えている。

(3) 物語化の必要性

　彼女らの話は，具体性や詳細さが欠け，情動有意の大雑把な内容が多い。たとえば，「待ち合わせをしていたのに彼が遅れてきたの。死にたくなった」というBPDのクライエントがいた。話を詳細に聞くと，彼は5分しか遅れていなかった。しか

も，彼女は，このことから100%，彼が自分のことを嫌いになったと直感した。あるいは結論付けたという。面接では，「もうダメ，誰も愛してくれない。とにかく死にたい」を繰り返した。

　このようなコミュニケーションをラングスは表出的な治療に向かないコミュニケーションとしている（コラム⒔，p.106参照）。それゆえ，彼女らのコミュニケーションを具体性と物語性のあるものにしていく働きかけが必要である。

　ただし，「具体的にはどうだったの？」「もっと詳細にその時のことを話してください？」という働きかけは，彼女らを戸惑わせることがある。あるクライエントは，私のこのような働きかけに対して，「先生，そんなことを言われると何も話せません。面接が苦しくなります」と言われた。

　当然のことであるが，彼女らの話の流れの中で，「その時の何が問題だったのかな？」とか「相手は，このように思っていたかもしれないね？」などと明確化する働きかけをするとともに，ときおり，「彼が，5分遅れたので，それまで，1年ほど付き合ってきて大切にしてくれていたのに，絶対に自分のことを嫌いになったと確信して，彼に尋ねることもなくリストカットしたということのようだね」というようなエピソードを物語化するという介入が，時に必要だと考えている。とくに，演技性パーソナリティ障害やBPDでは，このことが大切になる。具体性や物語性のなさが自己像に向かうと自己の同一性の曖昧さにつながるとも考えている。

（4）かのごとき変化・疑似治癒——取り入れ

　彼女らは，具体的な指示やアドバイスに対して素直に従い，一見，症状が消失し安定することが多い。これは，セラピストを理想化できていればいるほど起きやすい現象である。しかし，ほとんどは，セラピストを万能視していることから従っているだけで，セラピストが期待するであろう姿を無意識のうちに見せているだけであることが多い。特に，CBTなどのようなアプローチは具体的なアドバイスが与えられるために，それに従うことで急速に良くなるように見えることがある。しかも，短期の治療期間であれば，終了時まで維持されていると治癒した症例とみなされかねない。しかし，これは，万能な他者に従う無力な自己という対象関係を繰り返しているだけであり，本当の治癒には至っていない。

　私はこのような治り方を「かのような治癒」と呼んでいる。健康なヒステリーであれば，具体的なアドバイスにより，一度，改善した後に，穏やかに治療が停滞するような形で，それまでの回復が消えて何らかの問題が生じてくる。演技性パーソナリティ障害やBPDにおいては，具体的な指示は，支配や攻撃性，自分に侵入してくる態度として受け取られるので，多くはアクティングアウトとして激しい形でセ

ラピストを困らせる態度として現れる。
　このようなことからも，精神分析は，アドバイスという介入を捨てたと考えられる。

（5）転移の扱いこそすべて——陰性転移・理想化転移・性愛転移
　ヒステリー三者には，動き回る力があるという点では，良い面がある。ひきこもりのクライエントのように，主体性の落ちているクライエントに比べると，セラピストが受け身的で，待ちの姿勢でよいのも，彼女らが何とかしようとする主体性・衝動性が豊かにあるからである。そして，何より，彼女らは，すべての体験を関係性の中で体験するという特性がある。つまり，クライエント・セラピスト関係であれば，すべてが転移関係の中で動くようになる。
　たとえば，「昨日，歯医者に行ったら，痛いところをグイグイほじられた。怖かったし，少し腹が立った」と言えば，それはセラピストが，たぶん前回のセッションで，彼女の痛いところを質問したりして傷つけたということを無意識のうちに報告していると考えるべきである。
　このような解釈は，対象関係論の得意とするところであり，そういう意味では，ヒステリー三者の治療こそ，対象関係論的な理解が当てはまることになる。最近，精神分析は，どのような病態のクライエントに対しても，このようなアプローチばかりするようになっている。それは大きな間違いである。つまり，病理そのものが対象関係に直結しており，ほぼ対象関係（ファンタジーも含めて）のみが苦しみの中心テーマである場合には対象関係論的アプローチが功を奏する。そしてヒステリーこそがこのことにあてはまる。
　結局，ヒステリー三者の治療は，この転移を適切に扱いながら，現実原則を守る治療を通じて，少しずつ対象関係が現実的になり，それに伴って安定してくることを目指すことになる。特に演技性パーソナリティ障害やBPDに対しては，揺らぐ転移，中でも，陰性転移を適切に扱うことが何よりも治療的に大切な介入となる。
　ただし，理想化転移に対しては，乱暴な解釈や直面化をすることには慎重になるべきである。理想化転移は，彼女らにとって，唯一の生きる手がかりである。理想化転移することができるからこそ，生きてこられたともいえる。特に，健康なヒステリーの場合は，安定した理想化転移を向けてくるし，簡単には，セラピスト・クライエント関係の枠を破ろうとしないし，ファンタジーの対象と現実の対象とを，ある程度，分化して体験する能力もある。それゆえ，適正な理想化転移は，健康な理想化ともいえ，その理想化したセラピストに支えられながら，無力な自分と向き合って，少しずつ自分を育てていくというステップを踏むことができる。彼女らの中心テーマは無力感であることが多い。以下の症例で述べるが，この理想化転移を

直接的に扱うと，彼女らは，大きくバランスを崩して崩壊（fragmentation）するような心理状態になる。

また，精神分析では，ヒステリーに生ずる性愛転移を盛んに論じているが，私は，その多くが間違っていると考えている。彼女らは性愛化したいのではない。彼女らは，男性というものが女性の性的な魅力に引きつけられ，それを喜ぶものと考えているから，性愛化したような自分を提示するのだと考えている。少なくとも，性的な満足を求めているのではない。それゆえ，そのような考えでアプローチすべきではない。

健康なヒステリー者の転移が抵抗になりはじめたら，私は，「私を喜ばそうとしてくれるんだね。でも，私は，自分の問題と向き合ってくれる方がうれしい」というように答えている。

演技性パーソナリティ障害やBPDの場合は，見捨てられ不安や，攻撃される不安を抱くと，唯一，男をコントロールできる可能性のある性的な魅力ある自分を差し出すことが多いような気がしている。このような場合もセラピストとセックスをしたいわけではない。しがみつきたい衝動が性愛的な欲動に変わることはあり得るが……。

(6) セラピストの性別

ヒステリー三者に対しては，セラピストの性別が重要になる。男性のセラピストであれば，強迫的な機械的なやり取りに終始するようなセラピスト以外であれば，ほとんどのクライエントは強い理想化転移を示すし，BPDであれば怒りを含むネガティブな転移も起こす。そのため，治療は，この転移を中心に進められることになるので，彼女らの情緒に響く治療が可能となる。

一方で女性のセラピストであればどうなのか。私は，私の主催する症例検討会で，何人かの女性のセラピストによるヒステリー治療について議論した経験がある。わかったことは男性セラピストに比較してメリットとデメリットがあるということである。メリットは，強い転移が起きないので，転移性の感情に振り回されたり，アクティングアウトに振り回されることが少ないことである。教科書的には，同性にはライバル関係の転移が生ずるとされるが，必ずしも，そのような転移は，少なくとも扱わなければならないほどには起きないので，あまり問題となったケースには出会ったことがない。そして，ヒステリー三者が共通に苦手である，現実を直視して，女性として現実的なものを大切に生きるという姿勢を，セラピストに同一化することで身につけられるというメリットがある。つまり，健全な女性としての生き方を学び直すことができる。

デメリットは，同じ側面が裏腹に影響する。つまり，強い感情が治療の場面に表れず，比較的，淡々とした面接になりやすく，劇的に変化することがないことである。男性セラピストに適正な理想化が生じた場合，治療のプロセスは驚くほどすすむ（それは恋をする女性のように活き活きとしてくる）。そのようなことは女性セラピストでは起きない。その方が望ましい場合もあり，どちらが良いかは決めきれないが，男性・女性セラピストともに，治療は可能であることは間違いない。

ケース オピストトーヌス，激しい行動化を呈したMさん　18歳　女性（反省を込めて述べる）
主訴：全身痙攣（オピストトーヌス），後に心因性構音障害，自殺企図

　同胞4名の末子。父親は大企業の社長で苦労人であり教養もある人である。その父親に可愛がられ，その父親に一歩でも近付くことが児童期から青年期にかけての生きがいであった。母親は父親に従うという生き方の人であり，クライエントに限らず，他の同胞との心理的関係も距離のあるものであった。治療によって明確になった発症の直接のきっかけは，父親の浮気の発覚のために家庭内で両親の言い争いがたえなかったことと，その争いの中で父親がなによりも母親を大切にしていることがわかったことである。そして，自分については，可愛がられてはいるが，能力的には馬鹿にされていることに気づいたこと，それとともに万能にみえた父親への理想化がくずれ，万能なる存在に認められる価値ある存在という自己価値観をも失い，はげしい無力感，絶望感におそわれたことである。それに対して，どのような対応をしたか（精神分析的にはどのような防衛をしたか）というと，まず，上記の，絶望感に関連する心的内容を抑圧したこと（心理的にショックなことは発症に先だっては何一つなかったと述べていた）。そして，現実への逃避という形で猛烈に勉強しはじめたのであるが，そのときにオピストトーヌスを発症したものである。検査のための入院をし，私が主治医になり，定期的な面接が始まった。
　症状そのものは心配のないものであることを伝えた以外は，何もせず，自由連想による面接を始めた。面接内での会話は，彼女が体験したことをいろいろ語り，それに対して，最小限のコメントをする程度であった。2カ月ほどで症状は消失したので退院し，外来での心理療法となった。
　半年ほどは大きな変化はなかったが，その間に付き合い始めた男性との関係が破綻して，前以上に頻回にオピストトーヌスを起こしたばかりか自殺企図をも示したので二度目の入院となった。入院後は，当初から，セラピスト

のお気に入りのクライエントを演じている様子がはっきりしており，病棟内でも派手な化粧や，派手な振る舞いが目立ち，いわゆる典型的な演技性パーソナリティ障害の特徴を示した（一度目の入院時は，それほど目立ってはいなかった）。

　そして，セラピストを自分が求める理想化した対象に幻想化でき，その万能なる対象に特別に大切にされているという幻想をいだいている間は，まったく症状は消えていた。しかし，面接内容はセラピストに対する気持ちばかりになっていった。セラピストとしては，転移が抵抗になってきていると考えたので（彼女の成長に繋がらない），理想化転移を直面化するような介入をした。具体的には，「私に愛されているという思いの中で振る舞っているように見えますが，私に愛されていると思わないと不安なのですね」と直面化した。彼女はその時点では「そうかもしれない」といって，面接の中では沈黙を続けたので，私としては何かを感じてもらえたと思っていたが，次回の面接時には，抑うつ的になり，治療の中では，ろれつが回らなくなることからはじまり，吐き気，嘔吐の症状が表れた。その後，抑うつ気分，無価値観，無力感にさいなまれるようになり，自殺企図を示すなどはげしい行動化や不安定さを示すようになったので，再び入院させることとなった。

　入院後は，保護室で孤独に過ごしていたが，私の面接も拒否し，「死んでやる」と叫んでいた。それでも，保護室内で時間が来れば，私は，彼女のそばにいた。徐々に落ち着きを取り戻し，やがて，閉鎖病棟に移った。そして，そこでの体験が大きく彼女を変えたと思われる。それは何かと言えば，何年も入院している他の患者と出会ったことだと思う。彼女はひどくショックを受けたらしく，面接内でも話をし始めた。そこには，彼女なりに，この世の現実を目の当たりにした真剣さが増していた。そして，そのような時期に，上記の父親への強い理想化と幻滅とを洞察していき，徐々に，安定していった（この間，約3～4カ月掛かった）。そして，徐々に，無力感をごまかすこともなく，逃げることもなく，だれかに助けてもらわなければ，やっていけないという依存性も弱まっていき，できることをやれる範囲でやるしかないと開きなおったような心理的態度がみえはじめて，本当の意味での安定と成長とがみられるようになっていった。そして，治療は終結した。

　治療終結3年後に，挨拶に来院したが，自分で選択した会社に入って元気に働いており，治療終了ののち一切症状らしきものはなかったとのことであった。その時点では，あのヒステリー性格の派手さはなく，落ち着いた態度と服装であった。

このケースは予後もよく，心理性的発達レベルもいわゆるエディパルなレベルにあり，ツェッツェル（Zetzel, E）のいう「good hysterics」に入るものになるであろう。しかし，私に強い依存性や転移性の気持ちを向けた時には，服装も派手になり，セラピストに媚びるような態度もあからさまであった。このことからも健康なヒステリーと演技性パーソナリティ障害とがつながっていることが予想される。また，不安定になった状態を見れば，セラピストへの怒り，不安定性，行動化など，BPDとなんら変わらない状態ともいえよう。

このケースにおいては，父親への強い愛着が在り，母親への嫉妬という典型的なエディプス関係が見出され，セラピスト・クライエント関係においても，フロイトのいう強い感情転移がみられるなど古典的な精神分析のヒステリー論に合致するものである。しかし，このクライエントの力動性は自己心理学的あるいは対象関係論的に考察したほうが一層その本質を解明しうるものと考えている。つまり，このクライエントは，父親を理想化し，万能なる存在と考え，その万能なる存在との幻想的一体感を抱くことで，自己を理想化でき，過大に価値あるものという幻想を自分自身にも向けながら思春期をむかえている。そして，その幻想的一体感がくずれることにより，はげしい自他の幻滅が生じ，その防衛の妥協の産物として転換反応が生じている。そして，その症状形成による防衛がくずれるときに，深い無力感と無価値観とがクライエントを支配した。理想化転移を破壊したものと言えるような私の乱暴な転移の直面化によって，彼女の自己が崩壊した状態となった。それは，まさにコフートのいう「fragmentation」であったと考えている。

そういう意味で，私の転移の扱いは誤っていたと考えている。乱暴な解釈・直面化であったと考えている。<u>現在の私であれば，性愛化しかけたり，悪性の退行が生じた場合を除いて，彼女らの転移は自己心理学の理想化転移として扱う方がよいと考えている。</u>そして，適度な理想化転移を大切にするべきとも考えている。逆に言えば，適度に理想化転移が維持されれば，性愛化も悪性の転移も起こらないと考えている。

おわりに

一般に，「ヒステリー的」といえば評判が悪い。しかし，<u>私は，以下のような彼女らのたぐいまれな点にも注目すべきだと考えている。</u>

ヒステリー的な人には，ファンタジー能力が高く，愛のためならすべてを注ぎ込むという傾向があり，他者の気持ちにセンシティブな感性があり，美的なものへの豊かな感性もある。そして，自分自身を身体的にも精神的にも変容させる力が強い。

ある種の宗教体験はヒステリー的な特徴の上に起きていることも考えられる。また，彼女らの関心は人に向かっているので，最終的にブロイエルの患者であったアンナ嬢のように社会に寄与する活動に向かう人も多いことが予想される。そういう意味では，彼女らの良さが生かされた生き方ができないものかと考えることが多い。考えてみれば，作家の宇野千代さんをはじめ，芸術関係の方にヒステリー的な方が多い。それは美意識が豊かであり，ファンタジー能力が高いから当然のような気がする。関心が人に向かっており，愛のもとに全力を集中する傾向があるので，優れた臨床家にもなり得る素質を備えているとも思っている。

いろいろ欠点もあるかと思うが，ヒステリー的な世界を見直すことも大切であろう。

● 参考文献

Baeyer, Wv. (1948) Zur Statistik und Form der abnormen Erlebnisreaktion in der Gegenwart. Nervenarzt, 19 ; 402-408.
Chodoff, P. (1954) A re-examination of some aspects of conversion hysteria. Psychiatry, 17 ; 75-81.
Chodoff, P. & Lyons, H. (1958) Hysterical personality, and hysterical conversion. Am J Psychiatry, 114 ; 734-740.
Gutheil, E.A. (1958) Dream as an aid in evaluating ego strength. Am J Psychother, 12 ; 338-353.
Guze, S.B. (1967) The diagnosis of hysteria. Am J Psychiatry, 124 ; 491-497.
Hollender, M.H. (1972) Conversion hysteria : a post-Freudian reinterpretation of 19 century psychosocial data. Arch Gen Psychiatry, 26 ; 311-314.
Kretchmer, E. (吉益脩男訳 (1961) ヒステリーの心理．みすず書房)
Maloney, M.J. (1980) Diagnosing hysterical conversion reaction in children. J pediatr, 97 (6) ; 1016-1020.
Marmor, J. (1967) Orality in the hysterical personality. Am Psychoanal Assoc, 50 ; 373-384.
鍋田恭孝 (1986) ヒステリー論．(福屋武人・鍋田恭孝編) クレッチマーの思想．pp.149-190, 有斐閣．
鍋田恭孝 (1989) ヒステリー研究．精神科Mook, 23 ; 149-159, 金原出版．
西田博文 (1987) ヒステリー像の時代的変遷．臨床精神医学, 9 (11) ; 1193-1198.
西園昌久 (1978) 神経症と心因反応．ヒステリー．現代精神医学大系6B, 中山書店．
桜井図南男 (1974) 神経症の病像の時代的変遷．臨床と研究, 51 ; 2787-2791.
Schilder, P. (1939) The concept of hysteria. Am J Psychiatry, 95 ; 1389-1413.
Shapiro, D. (1972) Neurotic Styles. Basic Books, New York.
Slater, E. (1965) Diagnosis of Hysteria. Br Med J, 1 ; 1395-1399.
諏訪望 (1980) ヒステリーの概念．臨床精神医学, 9 (11) ; 1137-1144.
Zetzel, E.R. (1968) The so called good hysteric. Int J Psychoanal, 49 ; 256-260.

(なお，BPDについては，カンバーグ，マスターソンの文献，および，わが国では，牛島定信，成田善弘氏らの優れた著書があるので，それらを参考にしていただきたい。
また，パーソナリティ障害全般の診断と治療についてはNancy McWilliamsのPsychoanalytic Diagnosis : Understanding Personality Structure in the Clinical Process, 1994——邦訳「パーソナリティ障害の診断と治療」創元社がもっとも参考になると考えている。)

第12章
パニック障害・嗜癖・心身症など
各論の結びとして

　ここまで，各種の病態あるいは障害について，精神病理学的な内容とともに，それぞれに適していると私が考える，心理療法的アプローチについて述べてきた。しかし，未だ触れてこなかった障害がいくつか残っている。それらについて私が思うところを述べ本書を終えたい。

1．不安障害関連疾患

　不安障害関連疾患としては，恐怖症，パニック障害，全般性不安障害があり，恐怖症には以下の三つの下位分類がある。それは，単一恐怖症（simple phobia），社交恐怖症（SAD），広場恐怖症である。SADについては対人恐怖症の第7章で述べたので，ここでは，単一恐怖症（DSM-5では限局性恐怖症：specific phobiaとされる），広場恐怖症，パニック障害について触れる。

(1) 単一恐怖症

　単一恐怖症は，動物，閉所・高所などの物理空間，血液・注射・傷などの医療関連，雷・嵐などの自然環境の何かを極度に恐れることをいう。圧倒的に幼児期・学童期ごろに多く，思春期以降には減じていく傾向が高い（確たる統計報告はない）。そういう意味で，子どもが特定の何かを恐れていても，いずれ恐怖感は薄れていくことが期待できるので，直ちに治療が必要なわけではない。学童期は，いろいろと見知らぬモノが身の回りにある（いる）ことに気づくときでもあり，未だ，そのような対象や環境がどの程度恐ろしいものかを知らないことも多く，また，ファンタジーの豊かな時期でもあるため，得体の知れない恐怖感を抱くのは健康な心理でもある。それゆえ，成長することで，正確な知識も得られ，それなりの体験が重なると，この得体の知れない恐怖感は，いつの間にか消失することが多い。フロイトの

有名なハンス少年の「馬恐怖症」もフロイトが父親に伝えたアドバイスが功を奏したというより，自然消失であったろうと推察できる。しかし，一方で，閉所恐怖や高所恐怖は持続する傾向もある。

治療が必要なケースには脱感作的行動療法が必要となろう。このように症状が限定した病態というものは，行動療法的なアプローチが効果的であることは間違いない。

(2) 広場恐怖症

広場恐怖症とは，自分に何か起きた時に，信頼できる人に助けてもらえない可能性のある状況を恐れるものである。そのため，外出恐怖症とほぼ同義である。パニック障害を発症しており，その発作がいつ起きるかわからないことから広場恐怖症が始まることも少なくない。DSMでは版が改訂されるごとに，パニック障害と広場恐怖症との関連性については異なる見解を示している。しかし，パニック障害と広場恐怖症との関連性は深いので，両者が併存するケースでは，パニック障害の治療とともに，広場恐怖症には行動療法的・CBT的アプローチが必要だと考えている。従来からの三大心理療法は効果的ではないという印象を抱いている。

(3) パニック障害

パニック障害とはDSMなどにおいてもいろいろ定義されているが，パニック発作（突然「現実感消失」「コントロール喪失感・発狂不安」「死んでしまうという恐怖感」「異常感覚」「冷感あるいは熱感」などの症状が急速に起きる発作）を体験し，その後，発作が繰り返されることもあるし，発作が起きなくても発作が起きるのではないかという予期不安にさいなまれる状態を意味する。そして，やはり広場恐怖症に発展するケースも少なくない。

パニック発作の原因については，神経科学的には青班核（NAの核）におけるGABA系システムの制御不能であることはほぼコンセンサスが得られているし，乳酸の注入による誘発もできることから，生理的なメカニズムが関与していることはまちがいない。

パニック発作についてはニーミャー（Nemiah, JC）の以下の言葉が参考になる。

「特別な体質である神経構造のために不安発作を起こしやすい素因のある患者が，心理学的な葛藤によって不安を喚起された場合にパニックの形をとる。一方。そのような神経的体質のない人は，より穏やかな予期不安や不安信号の形を取る」。

また，発症要因としては，やはり，重要な人物の喪失体験があるという報告がみられる。しかし，私自身の経験では，緊張を強いられる状況に置かれることが発症の誘因になることが多いという印象を受けている。あるケースでは，訴訟問題の裁

判が近づいてきた時に発症したし，また，別なケースでは，開発途上国に転勤を命じられた日の帰宅時に，開発途上国でのつらい生活を想像していた瞬間に発作が起きている。もちろん，体質が影響していたことは否定しない。

　治療的アプローチとしては，心理教育的アプローチが大切である。まず，パニック発作の安全性を教育すべきである。私は以下のように言うようにしている。「一時的に筋肉が痙攣するのと同じで，自律神経系が緊張によって一時的に痙攣を起こしているようなものです。ですから壊れているのではありません。痙攣がいずれ直るのと同じように，この発作も治りますし，そのあとは何も後遺症は残しません。また，筋肉の痙攣が時にとても痛みを伴うのと同じように，あるいはそれ以上に苦しいのですが，病気としては軽いものですし，直りやすい性質のものです」と。

　そして，薬物療法が効果的であることを伝え，心理療法とともに服薬することを勧める。

　発作に対して，適正な態度が取れるようになり，薬物療法が効果を示すようになると多くのクライエントは安定していく。精神科外来では，もっとも治りやすい病態であることも確かである。セラピストとの関係性であるが，<u>彼らはプラセボ効果が高い傾向や暗示を受けやすい傾向があるので，しっかり信頼関係を結ぶとともに，保障的な指示的アプローチが効果的だと考えている。</u>

　また，なぜか力動的なアプローチは効果を上げにくい。その理由は未だよくわからない。たぶん，病理の本質は，「自己の疎外化」などの物語というより，「不安への過敏性」にあるからだと考えている。この点は「広場恐怖症」にも当てはまる。CBT的アプローチが効果的である。

　<u>薬物療法だけであると71〜95％の再発率があるとの報告があることからも，心理療法的アプローチを必ずすべきである。</u>

　パニック発作に対して心理教育的に伝えておいた方がよい内容をまとめると以下のようになる。

①症状はきついが，自律神経の痙攣のようなものなので，壊れているわけではないから，しばらくすると必ず過ぎ去ること。
②待ちにくい性格のことが多く，順番を待っている時に起きやすいことがある。信号待ちや，スーパーのレジでの待ちなど，自分から動きにくい場合の待つ状況で起きやすい。
③空間的拘束・手続き上の枠組みや規則などが不安を強化することがある。
④不安・緊張の影響を受けやすい。そのような内容のTV番組などに気をつける。
⑤睡眠リズムが乱れていることが多い。これを整える。

⑥運動には予防効果がある。
⑦過労，睡眠不足，風邪が症状を出しやすくする。
⑧二日酔いのときに起きやすい。
⑨発作が起きやすいと感じたら，ジッとしているより，何かしたほうがよい。身体を動かすのがよい。散歩に出る，ペットと遊ぶ，携帯でもよいから誰かと話をするなど。
⑩コーヒーを多くは飲まないほうがよいといわれている。

(4) 全般性不安障害

　DSM-5では，全般性不安障害は，パニック発作や恐怖症のような他の不安障害の特徴がないもので（そのような症状があればその障害として診断される），持続的な不安が6カ月以上持続するものとされる。そして，「落ち着きのなさ」「疲労しやすさ」「集中力困難」「易怒性」「筋肉の緊張」「睡眠障害」のうち三つ以上が見出されるものとされる（一昔前なら「神経衰弱」とされた病態である）。

　実際の臨床場面では，他の障害がなく，純粋に持続的な不安のみが存在する病態は極めてまれである。状況因があれば適応障害となる。身体症状が強く出てくれば心気障害か身体化障害とした方がよい。対人恐怖症的不安の色彩が強いこともある。うつ病の前駆症状ということもあり得る。また，BPDや依存性パーソナリティ障害などのパーソナリティ障害も考える必要がある。また，薬物の影響，何らかの身体疾患を疑う必要もある。

　最近では，「病的心配（pathological worry）」という考え方が提出されて，独立した障害とできるとする報告もあるが，現実には，この概念が存立しうるかどうかも怪しい。そのため，臨床現場では，除外診断が特に必要な障害であることは間違いない。

　もし，除外診断をしたのちも持続的不安が純粋に持続しているようであれば，特定のパーソナリティ障害には含まれなくとも，パーソナリティの問題であることが多い。そのため，心理療法的には，パーソナリティ障害に準じたアプローチが必要かと思われる。また，不安といっても，圧倒される不安，孤独になる不安，見捨てられ不安，死の不安，病気への不安など，不安の質を明確にする必要がある。これは力動的アプローチが得意なところである。

2. その他の病態および障害について

(1) 心身症について

　狭義の心身症（喘息，胃潰瘍，潰瘍性大腸炎などなど）に対する心理療法は，内科的治療の必要性もあり，心療内科医・内科医が主に行うことになる。また，自律神経系や神経免疫内分泌系の研究の進歩は凄まじいものがあり，各疾患の内科的治療が進歩してきていることから，心理的アプローチが背景に退いてきている印象が否めない。力動論的な考え方もアレキサンダー以来，さまざまに議論されてきたが，やはり，狭義の心身症に対する心理療法の意義はこのところ袋小路に嵌った状態である。

(2) 性に関する障害

　心身症ともいえる「性機能障害」については，マスターズとジョンソン（Masters WH & Johnson, BE）による行動療法的な治療が効果的であることは間違いないようだ。2週間のプログラムでの改善度は80％に及ぶとした報告もある。しかし，わが国には，彼らの施設に匹敵するような施設もプログラムもない。また，バイアグラの登場で，勃起不全症に対しての薬物療法が進歩したこともあって，従来の心理療法はほとんど行われていない。私も一時期，心因性のインポテンツの複数例を心理療法的に治療した経験があるが，良い結果は得られなかった。治ったケースも私の治療によるものというより，時間経過やパートナーが変わることがきっかけであったと考えている。

　「パラフィリア」については，ギャバードが「パラフィリアの成因は，ほとんど謎に包まれたままである」というように，その本質はなにもわかっていない（精神分析において多くの理論が論じられてはいるが……）。

　わが国には，この領域に関して専門家もいないし専門の施設もない。今後の課題だろう。

(3) PTSDおよび嗜癖関連障害について

　PTSDについては，飛鳥井望氏を中心とした専門のセンターなどが設立されて積極的な活動が行われている。主に行動療法的・CBT的アプローチであるが，明確な外傷体験のあるケースには，とても有効のようである。私のクリニックに受診したケースを何人か紹介したが，順調に回復された方が多い。しかし，幼児期の虐待のような複合的なPTSDについては，いまだ，良い効果が得られていないのも現状である。

嗜癖関連は個人治療だけでは不十分なようだ。入院施設の利用やアルコール問題であればAAや断酒会，薬物関連であればダルクなどの団体あるいはコミュニティーとの連携が必要だろう。私も，一時期，嗜癖専門センター付属のクリニックを手伝ったことがあるが，個人的なアプローチとともに家族の協力と，上記のようなコミュニティーとの連携が不可欠であることを痛感した。

　以上で，ほぼ精神疾患のすべてを網羅したと考えている。ある程度，心理的アプローチが確立できている部門もあれば，不十分な領域があるのも確かである。
　曖昧な部門については，今後の発展を祈りたい。

● 参考文献
鍋田恭孝（1991-2）心因性インポテンスの力動性．Impotence（日本インポテンス学会誌），6（2）；179-186．
鍋田恭孝（1992-10）性における異常と正常．SEXUAL SCIENCE, 1（1）；15-10．
鍋田恭孝（1992）同性愛をめぐる精神医学的な問題．臨床精神医学，21（10）；1573-1579．

むすび

　19世紀後半から20世紀半ばまでは，近代科学の発展とともに，思想が力を持つ時代であった。思想というものは，まず本質論から始まり（プラトンのイデア論のように），多くの事象が体系だって論じられ（アリストテレスのように），やがて，さまざまな学派が乱立し（ヘレニズム学派のように），やがて思想としての力を失っていくという流れをたどることが多い。

　心理療法も人間学であるから，思想が構築された時代は，極めて思想の力を有していた。その代表が精神分析であり，ユング心理学であったと思う。精神分析においては，フロイトが本質論を立ち上げ，多くの弟子が細部まで体系化し，その後，さまざまな変遷をたどり，20世紀半ばには，精神分析をベースにしながらも，諸学派が乱立し百花繚乱の時代を迎えたが，やがて，その力は失われていった。

　このような時代は，それまでの遺産を生かし，その遺産の中で生活に生かせる（臨床においては，治療に役立つ）側面をさまざまに折衷し統合するという方向性が生まれることが多い。認知行動療法は，まさに，このような時代の申し子だと思う。

　私の臨床は20世紀後半に集中している。まさに各学派が輝いた光の残照がまだまだ力強く輝いている時代であった。しかし，同時に，爛熟気味でもあり，真の力を失いかけていた時代でもあった。その時代を，悩める人と向かい合い，「治療に役立つ」という一点を目指して，私なりの方向性を模索して生きてきたように思う。そして，私としては，その集大成が本書だと考えている。

　治療に役立つ心理療法を工夫し，さまざまに研鑽する一方で，ここに行けば，各自の悩み・病理にあった治療を受けられる施設を作ることに努力した。それがさまざまな学派・技法を行える心理臨床家が集う青山心理臨床教育センター（現所長・渡辺奈穂子）であり，フリースペースとしても機能し，リワークプログラムも行えるスペースを備えた青山渋谷メディカルクリニック（現院長・片山信吾）である。

　今後は，質の向上を図るとともに，私のような「治療に役立つ統合的なアプローチ」を行えるレベルの高い臨床家を育てることが使命だろうと考えている。その教育に役立つものとして，本書をまとめようと考えたものである。今後は，スーパービジョンにも力を入れたいと考えている（希望される方は私のホームページを検索のこと）。

著者略歴

鍋田 恭孝……なべた やすたか

慶応大学医学部卒業，同大学医学部助手，講師をつとめたあと，宇都宮大学保健管理センター助教授，防衛医科大学校精神科講師，大正大学人間学部教授，立教大学現代心理学部教授・青山渋谷メディカルクリニック院長を経て，現在は，青山渋谷メディカルクリニック名誉院長。

精神保健指定医，医学博士，臨床心理士，日本精神神経学会認定専門医および認定指導医，欧州共同認定サイコセラピスト。

各大学病院では思春期専門外来，心身症専門外来，うつ病専門外来，精神療法専門外来を担当し研究・臨床にあたる。特に，対人恐怖・ひきこもり・うつ病の治療，思春期の臨床については，わが国をリードする臨床家の一人。

日本青年期精神療法学会常任理事，日本サイコセラピー学会常任理事，日本うつ病学会評議員，日本心身医学会評議員。

2007年，日本精神衛生学会学会賞である土居健郎賞受賞。

主要著書──『対人恐怖・醜形恐怖──他人を恐れ・自らを嫌悪する心理と病理』(金剛出版)，『心理療法を学ぶ』(編著，有斐閣)，『心理療法のできること・できないこと』(編著，日本評論社)，『身体醜形障害』(講談社)，『変わりゆく思春期の心理と病理』(日本評論社)，『思春期臨床の考え方・進め方』(編著，金剛出版)，『うつ病がよくわかる本』(日本評論社)，『子どものまま中年化する若者たち──根拠なき万能感とあきらめの心理』(幻冬舎)，『10歳までの子を持つ親が知っておきたいこと』(講談社)，ほか多数。

実践 心理療法
治療に役立つ統合的・症状別アプローチ

2016年9月1日　印刷
2016年9月10日　発行

著者───鍋田恭孝
発行者───立石正信
発行所───株式会社 金剛出版
〒112-0005 東京都文京区水道1-5-16
電話 03-3815-6661
振替 00120-6-34848

装丁◉本間公俊・北村仁
印刷・製本◉三報社印刷

©2016 Printed in Japan
ISBN978-4-7724-1514-9 C3011

心理療法の統合を求めて
精神分析，行動療法，家族療法

［著］＝ポール・ワクテル　［訳］＝杉原保史

●A5版　●上製　●510頁　●本体 **6,800**円＋税

心理療法の統合に向けて，治療の本質，
治療全体の枠組み，実際的な技法の効果など，
あらゆる理論的・臨床的問題を網羅し，
循環的心理力動論を展開したワクテルの大著。

心理療法家の言葉の技術
［第2版］
治療的コミュニケーションをひらく

［著］＝ポール・L・ワクテル　［監訳］＝杉原保史

●A5版　●上製　●472頁　●本体 **5,800**円＋税

心理療法家によってプログラムされた言葉が，
中断・停滞・悪循環に陥った心理面接を好転させる。
名著の第2版，待望の刊行！

統合的アプローチによる心理援助
よき実践家を目指して

［著］＝杉原保史

●四六版　●上製　●276頁　●本体 **2,800**円＋税

ポール・ワクテルの理論と実践を道標に，
言葉の使い方，暗示，イメージ誘導技法など
サイコセラピーの技法を丁寧に解説しながら，
あるべき実践家の理想を示した好著。

統合的心理療法の事例研究
村瀬嘉代子主要著作精読

[編著]=新保幸洋　[出典著者]=村瀬嘉代子

● A5版　● 上製　● 320頁　● 本体 **4,200**円+税

凄い心理臨床実践が，ここにある！
本書は，これ以上望むべくもない最良の
「統合的アプローチ」入門，
「村瀬嘉代子臨床」の解説書である。

心理療法の基本
［完全版］
日常臨床のための提言

[著]=村瀬嘉代子　青木省三

● 四六版　● 並製　● 368頁　● 本体 **3,600**円+税

心理療法において最も大切なことは？
名著の［完全版］登場。
卓越した二人の臨床家による
最高の"心理療法入門"！　臨床家必携。

現実に介入しつつ 心に関わる

[著]=田嶌誠一

● A5版　● 上製　● 280頁　● 本体 **3,800**円+税

あらゆる臨床現場で，
クライエントのニーズに応えるべく，
心理療法を実践してきた著者が，
効果的な面接のコツをわかりやすく解説。

摂食障害の最新治療
どのように理解しどのように治療すべきか

[編著]=鍋田恭孝

●A5版　●並製　●224頁　●本体**3,200**円+税

摂食障害治療のエキスパートが，
「治療ガイドライン」にはない
現場の血の通ったアプローチを紹介。

統合・折衷的心理療法の実践
見立て・治療関係・介入と技法

[編著]=東 斉彰　加藤 敬　前田泰宏

●A5版　●並製　●190頁　●本体**3,000**円+税

臨床のリアリティとニーズのなかで，
「見立て」「治療関係」「介入」の三局面からつかむ
学派を越えた心理療法統合・折衷の極意。

解決のための面接技法［第4版］

学習用DVD付属［綴じ込み］

ソリューション・フォーカストアプローチの手引き

[著]=ピーター・ディヤング　インスー・キム・バーグ
[訳]=桐田弘江　住谷祐子　玉真慎子

●B5版　●並製　●420頁　●本体**6,000**円+税

特徴的な質問と基盤となる技法を網羅した
解決構築アプローチの最も信頼できるテキスト，待望の第4版。
面接場面の理解を助けるDVD付。